현대중국의 민족정책

현대중국의 민족정책

趙 政 男

한국학술정보[주]

이 연구는 고려대학교 특별연구비에 의해 수행되었음

책을 엮으며

　민족문제가 가장 본질적인 정치문제로 떠오른 탈냉전적 지형에서는 국제정치 무대에서는 물론 개별국의 국내 정치상황에서도 민족문제가 그들 정치질서의 중심적인 영역을 차지하면서 영향력을 증대시켜가고 있음을 직시할 때 현대의 정치현상에서 차지하는 민족과 민족주의의 무게와 폭을 다시 한 번 실감할 수 있다.

　현대정치에서 중심적으로 작동하는 민족적 요소의 중요성에 눈을 떠 이들 영역에 대한 나름대로의 공부를 시작하면서 가장 먼저 그 상관성에 주목한 나라 중의 하나가 바로 중국이었고, 그러한 계기로 현대 중국정치에서의 민족문제의 중심적 역할에 대한 관찰을 해 온지도 벌써 20여년이 지났다. 이 시기는 개혁개방의 신 중국의 전개과정에서 더욱 뚜렷하게 부상되고 있는 정치문제와 민족문제의 상관성이 전에 없이 고조되어온 기간이기도 하다.

　중국은 전통적인 다민족국가의 하나로, 그들 구성 민족들 간의 민족문제의 해결과 이들 관계의 발전적인 전개가 현대정치의 중심적인 현안의 하나로 꾸준히 제기되어온 것은 사실이지만, 특히 탈냉전적인 국제관계의 재편과 이에 맞물려 가속화된 개혁개방의 국내정치상황의 변화는 민족문제가 가지는 중국정치에서의 역할과 무게가 전에 없던 힘과 무게를 가지게 만들었다.

　개혁개방 정책이 바로 중국의 새로운 발전전략으로 등장하면서 중국의 개혁개방의 성패를 좌우하는 관건으로 등장한 것이 바로 다름 아닌 민족문제였다. 개혁개방정책의 추진과정에서 이의 내실화를 통한 실질적인 성과의 추수를 위해서는 무엇보다도 그 동안 고질적인 해결의 영역으로 남아있던 다양한 지역들 간의 균형적인 발전이 초미의 관심사로 등장하지 않을 수 없었다. 특히 西部大開發 등과 같은 낙후지역의 개발에 정책의 우선순위가 주어지면서 더 더욱 중국을 구성하고 있는 소수민족과 이들의 거주지역의 발전의 문제가 가장 중심적인 해결과제의 하나로 등장하게 되면서 중국 개혁개방의 정치과정에서의 민족문제의 중요성은 한층 그 의미를 더 하게 된다. 중국의 민족구성에 있어 소수민족의 수는 미비하지만, 그들 민족지구가 차지하는 면적은 대단히 광활하며, 또 이들 지역이 대단히 낙후된 상태를 이어오고 있기 때문에 민족지구의 개발과 현대화의 달성이 바로 중국에서의 개혁개방과 현대화 건설의 가장 구체적인 내용일 수 있었기 때문이다. 이러한 배경에서 보면 중국이 현대화의 기치를 높이면 높일수록 소수민족과 소수민족지구가 관심의 대상으로 떠오르지 않을 수 없고 또 漢族과 여타 민족들과의 단결과 민족들 간의 실질적 평등이 거론되지 않을 수 없는 실정이다.

이와 함께 개혁개방의 시기를 맞이하면서 변화된 정치과정에서의 이데올로기적 결집력의 변화 또한 중국의 민족과 민족주의에 대한 초조를 가열시키는 또 하나의 원인으로 작용하고 있다고 볼 수 있다. 탈냉전적 정치지형에서는 과거 냉전기와 같은 이데올로기적인 경직성이나 집중성이 크게 상대화되었으며, 특히 과거 경색된 대립양태를 노정시켜 왔던 우월적인 이데올로기들의 마찰은 물론 이들 이데올로기의 현실정치에서의 영향력 또한 크게 그 모습을 달리하고 있음은 세계적인 현상이며, 이러한 이데올로기의 정치지배의 형태와 양식의 변화는 개별국가의 경우에서도 다를 바 없다. 중국의 정치과정에서의 이데올로기 의존성은 여타 사회주의권에 비해서 본질적인 상처를 받지는 않고 있음은 사실이다. 그러나 그렇다고 하여 과거의 정치에서 보이던 것과 같이 개혁개방의 중국에서 여전히 사회주의 이데올로기가 순수성을 유지하지도 또 엄청난 무게를 그대로 유지하고 있는 것도 아니다. 기존의 중국사회주의 색깔은 다양하게 변화를 일으키고 있으며, 그것이 가져오던 배타적인 권위성도 상당부분 이미 그 위력을 잃어가고 있다. 바로 이 같은 기존의 중국사회주의 이데올로기가 가져오던 변화와 탈 권위의 새로운 공간으로 맹렬하게 그 속을 채워가고 있는 것이 바로 민족과 민족주의의 내용물이며, 바로 여기서 중국정치의 변화과정에서 민족문제가 가지는 무게와 새로운 함의가 있다.

이 책은 과거 20년 전에 〈중국의 민족문제〉라는 제호로 이미 발간했던 책의 내용을 기본으로 하고 그것에 최근에 새로 쓴 몇 편의 글과 관련 자료를 첨가한 것이다. 즉 전반부에서는 현대중국의 민족상황, 민족이론, 민족정책을 그들의 자료를 중심으로 소개하고 이에 다섯 개의 민족자치구와 연변조선족자치주를 민족관계를 중심으로 개괄했고, 이에 이번에 '중국의 민족분쟁 지역

분석'과 '중국의 국적법 분석' 등의 논문과 중국 중앙민족대학 김병호 교수의 '중국의 지도자별 민족이론'을 부록으로 새롭게 추가했다. 전체적인 내용에서는 과거 책의 내용을 기본으로 그대로 유지하였을 뿐 아니라, 새롭게 추가된 원고들도 기존의 중국 민족정책의 연장선상에서 그 분석대상만을 달리한 것이기 때문에 전체적인 면에서 신, 구 원고 간의 내용상의 괴리는 크지 않을 것으로 본다.

　　이번 책에서도 중국의 민족문제와 이에 대한 대응태도를 있는 그대로 파악하는 데 주력하였기 때문에 객관성이 문제될 수 있는 중국 측의 주장이나 설명방식의 많은 부분이 여과 없이 소개되고 있다. 이는 그들 민족이론이나 민족정책의 객관적 해석과 평가에 앞서 이에 대한 그들의 인식이나 대응정책을 아는 일이 더욱 절실하다고 생각했기 때문이다.

　　이 책의 편집과 간행에는 고려대학교 특별연구비의 지원을 받았다.
그리고 새롭게 책을 엮는 어려운 일은 한국학술정보(주)가 맡아 애써주었다.
도움을 주신 분들에게 이 자리를 빌려 고마움을 적는다.

2006년 봄
안암동 연구실에서

目 次

책을 엮으며 / 5

제1장 　중국의 민족상황＊＊＊13

　　1. 統一的多民族國家 ················· 16
　　2. 민족거주 상황 ·················· 20
　　3. 소수민족 거주지의 특징 ············· 23
　　4. 소수민족의 인구분포 ·············· 25
　　5. 漢族의 위치 ··················· 28
　　6. 中國의 민족관계 ················· 30

제2장 　민족과 민족문제＊＊＊35

　　1. 민족의 정의 ··················· 37
　　2. 中國民族 ···················· 38
　　3. 古代民族 ···················· 39
　　4. 少數民族 ···················· 44
　　5. 民族識別 문제 ·················· 47
　　6. 民族問題 ···················· 48

제3장 　민족학의 전개＊＊＊55

　　1. 민족학의 경과 ·················· 57
　　2. 민족학의 발전단계 ················ 60
　　3. 민족학의 대상과 과제 ·············· 62
　　4. 민족학의 체계화 방안 ·············· 71

제4장 | 민족정책의 내용 * * *75

1. 민족관계의 현실 ··· 77
2. 민족사회의 현실 ··· 78
3. 民族政策의 이론적 전제 ···································· 83
4. 소수민족정책의 경과 ··· 89
5. 사회주의민족 정책 ·· 96
6. 民族平等과 民族團結 ······································· 104

제5장 | 민족정책의 당면목표 * * *107

1. 민족정책의 현실목표 ······································· 109
2. 無產階級의 민족관 ·· 110
3. 兩種主義의 타파 ·· 113
4. 民族自治區 정책 ·· 117
5. 民族區域自治 정책의 특징 ···························· 122
6. 少數民族 幹部의 양성 ···································· 125

제6장 | 부문별 정책 * * *133

1. 민족지구의 사회개혁 ······································· 135
2. 교육과 문화 정책 ·· 142
3. 언어와 문자 정책 ·· 144
4. 풍속 및 습관에 대한 정책 ····························· 151
5. 종교정책 ·· 154
6. 통일전선정책 ··· 167

제7장 | 민족정책의 이상 * * *171

1. 민족융합의 추구 ·· 174
2. 민족융합의 내용 ·· 179
3. 민족융합의 전제 ·· 181
4. 민족융합의 시기 ·· 185
5. 민족융합의 실제 ·· 188

제8장 **민족자치구의 경제개혁 * * *193**

1. 경제계획의 의의 ································· 195
2. 민족지구의 특성 ································· 197
3. 기업자주권 확대 ································· 200
4. 농촌의 생산책임제 ······························ 203
5. 人民公社制의 부정 ······························ 205
6. 경제개발 전략 ··································· 208

제9장 **민족자치구 현황* * *213**

1. 內蒙古自治區 ···································· 215
2. 寧夏回族自治區 ·································· 219
3. 廣西壯族自治區 ·································· 223
4. 西藏自治區 ······································ 229
5. 新疆維吾爾自治區 ······························ 232
6. 延邊朝鮮族自治州 ······························ 235

제10장 **중국의 민족분쟁지역 분석 * * *251**

1. 신강 위구르의 민족분규 ························ 253
2. 티베트 문제 ····································· 263
3. 몽골문제 ··· 270

제11장 **중국의 국적제도 분석 * * *275**

1. 국적법 내용 ····································· 278
2. 재정현안 ··· 284
3. 화교들에 대한 국적정책 ························ 291
4. 맺는말 ··· 301

부 록* * *325

1. 중국의 지도자별 민족이론 ····················· 327
2. 中華人民共和國 民族區域自治法 ················ 378
3. 中國行政區劃 통계표 ··························· 390
4. 民族自治地方 현황 ···························· 392
5. 中國의 민족명칭 ······························ 397
6. 中國 民族言語 系統表 ························· 398
7. 中華人民共和國 各級 民族自治地方 일람표 ········ 399

제1장
● ● ● ● ● ● ● ● ● ● ● ● ● ● ● ● ●
중국의 민족상황

1. 統一的多民族 국가
2. 민족거주 상황
3. 소수민족거주지의 특징
4. 소수민족의 인구분포
5. 漢族의 위치
6. 中國의 민족관계

세계에서 가장 많은 인구를 거느리고 있는 中國은 포용하고 있는 민족의 갈래 또한 대단히 복잡하다. 수많은 민족집단의 이합집산으로 이어져 온 민족 간의 투쟁의 역사를 그대로 물려받으면서 수립된 '中華人民共和國'의 경우, 명목적으로는 '社會主義 民族' 즉 '中華民族'으로의 탈바꿈을 내세우고 있으나 실제로 그곳에 살고 있는 크고 작은 민족은 자기 민족의 순수성 보전과 민족의지의 확산을 위해 그칠 줄 모르는 노력을 계속하고 있다.

1980년대에 접어들면서 중국이 당면한 가장 커다란 대내적인 현안은 이른바 '四個現代化'와 '民族問題'인 것 같다. 즉 四個現代化의 달성을 통하여 근대화를 이룩하며 민족문제의 정확한 해결로 민족 간의 공존협력체제를 더욱 굳건히 하자는 것이다. 그러나, 이렇듯 그들이 당면한 이 두 가지 문제는 결코 별개의 것이 아니라 오히려 이는 동일한 문제의 다른 표현에 불과하다는 것이 중국 민족이론가들의 주장이다. 이들의 논리에 의하면 중국이 당면한 최대의 정책목표인 근대화는 四個現代化라는 현실적 방법을 통해서만 가능하며, 四個現代化는 무엇보다도 민족문제의 발전을 통해서만 이루어질 수 있다는 것이다.

四個現代化가 오로지 민족문제의 정확한 해결과 발전으로써만 가능하다는 관계 설정은 문화혁명의 혼란기를 거친 오늘의 시점에서 가장 강조되는 정책논리의 하나이다. 이는 중국을 구성하고 있는 여러 민족 간의 원활한 협동과 상부상조 속에서만 근대화의 내실을 다질 수 있다는 의미와 함께, 보다 실질적으로는 수는 적으나 대단히 넓은 면적을 차지하고 있는 少數民族들의 잠재력을 최대한 발휘케 하여 낙후되어 있는 중국 변방의 발전을 독려하려는 의미를 지닌 것이라고도 볼 수 있다.

잘 알려져 있듯 중국은 전통적으로 漢族의 국가라고 해도 지나치지 않을 만큼 漢族은 명실상부한 중국의 支配民族이다. 이렇듯 모든 방면에 걸쳐 압도적인 우세를 유지하고 있는 漢族 중심의 중국이 체제발전기에 접어들면서 민족문제의 해결과 그의 발전이라는 부분에 그처럼 신경을 쓰는 까닭은 무엇인가. 중국의 민족문제에 대한 이러한 최초의 의문에 답하기 위해 우리는 먼저 사회주의 중국이 안고 있는 민족상황을 간추려 볼 필요가 있다.

1. '統一的多民族' 국가

중국은 漢族이 수적인 면에서 절대적 우위를 차지하고 있으면서도 多民族國家의 면모를 그대로 간직하고 있는 보기 드문 사회주의 체제의 하나이다. 중국 민족학자들의 개념을 빌면 그들의 민족구성 형태는 '統一(的)多民族國家' 또는 '多民族 社會主義 國家'의 형태다. 전체인구의 94퍼센트를 차지하고 있는 漢族 이외에 크고 작은 55개의 少數民族이 공존하고 있는 중국은 다민족 사회주의 국가이며, 따라서 중국은 모두 56개의 민족군으로 이루어진 다민족이 中華人民共和國이라는 같은 배에 타고 있는 공동운명체라는 것이다.

그들의 자료에 따라서 중국을 구성하고 있는 민족을 살펴보면, 漢族을 제외한 55개 少數民族은 중국 총인구의 6.7퍼센트에 해당하는 6,723만여 명으로 이를 인구수에 따라 나눠보면 다음과 같다.[1]

인구 100만 이상 민족

蒙古, 回, 藏, 維吾爾, 苗, 彝, 壯, 布衣, 朝鮮, 滿, 侗, 瑤, 白(13개 민족)

---

[1] 中國民委民族問題五種叢書編輯委員會編, 『中國少數民族』, 人民出版社, 1981, p.2

인구 10만 이상 100만 이하 민족

土家, 哈薩克, 哈尼, 傣, 黎, 傈僳, 佤, 畲, 高山, 拉祜, 水, 東鄕, 納西,
土, 珞巴(15개 민족)

인구 1만 이상 10만 이하 민족

柯爾克孜, 景頗, 達斡爾, 仫佬, 羌, 布郞, 撒拉, 毛離, 仡佬, 錫伯, 阿
昌, 普米, 塔吉克, 怒, 門巴, 鄂溫克, 崩龍, 基諾(18개 민족)

55개 소수민족들은 그 수에서 엄청난 차이-예컨대 가장 많은 인구를 가진
壯族은 천3백여만 명이며 인구가 가장 적은 赫哲族은 천4백여 명이다-를
보이고 있지만 이들 모두는 중국 전체인구의 94퍼센트를 점하고 있는 漢族에
구별되어 '少數民族' 혹은 '兄弟民族' 등으로 불리는 '공식적'인 소수민족이다.

여기에서 공식적이라고 하는 것은, 민족의 분류는 분류하는 사람의 의도에
따라 얼마든지 조작될 수 있으며 더구나 인류사회에서 가장 오랜 역사를 가
진 중국에 있어서의 구성민족 분류는 그것을 분류하는 입장과 기준에 따라서
얼마든지 민족의 수가 달라질 수 있기 때문이다. 따라서 중국당국이 밝히고
있는 민족의 수는 엄밀한 의미에서는 중국당국자들의 공식적인 분류관점에
따라서 행해진 것임을 말하는 것이다.

어쨌든 漢族을 필두로 공식적으로 56개의 크고 작은 민족이 공존하고 있는
현재의 중국은 민족 구성 면에서 '多民族國家'이며 이들 여러 구성민족 간의 관
계가 '統一的'이라는 것이다. 또 다민족으로 구성된 국가의 일반적인 민족관계
를 '聯合的 關係', '聯邦的 關係', '民族抑壓的 關係' 등으로 분류해 볼 수 있다
면 중국의 경우는 이러한 일반적 관계보다 한층 발달한 統一的 關係를 이루고
있다고 주장한다. 따라서 민족적으로 볼 때 중국은 '統一的 多民族的 中華人民
共和國'이라는 것이다.[2)]

　　"여러 민족이 하나의 다민족국가를 형성하고 또 여기서 한걸음 더

---

2) 劉先照·韋世明著, 『民族文史論集』, 民族出版社, 1985, p.22

나아가 하나의 민족으로 융합되는 것은 민족관계사의 주요한 내용이
다. 일반적으로 봐서 통일이 먼저이고 민족융합은 다음의 일이다. 통
일다민족국가를 형성함으로써 국내의 여러 민족들 간의 융합을 촉진
시킨다. 우리의 통일다민족국가 제도는 민족의 융합이나 공고화를 이
룩할 수 있는 제도이다."3)

위의 인용문은 중국의 사회주의적 민족관을 잘 설명하고 있다. 우선, 그들
은 민족관계(문제)의 주요내용을 민족의 통일(통합)과 민족의 융합이라는 단
계적 관계로 파악하면서 사회주의 이론가들의 민족문제에 대한 견해를 그대
로 받아들인다. 여기서 말하는 통일(적) 관계라는 것은 민족융합의 전단계를
말한다고 볼 수 있거니와 이 단계를 거치면 민족의 구별이 소멸되고 민족 간
의 융합이 달성되는 사회주의 민족으로의 개조가 이루어질 수 있다고 본다.
따라서 통일적 민족관계는 곧 과도기적 민족관계로 이 시기는 중국 내에 존
재하고 있는 개별민족들의 공존과 평화 내지 상부상조의 원칙이 강조되는 민
족통일(통합)의 시기인 것이나, 여기서 한걸음 더 나가면 이들 현존하는 민
족은 융합과정을 거치면서 결국은 하나의 민족 즉 中華民族이 된다는 것이
다. 그리고 지금의 이 같은 민족적 통일 즉 통일민족국가를 형성한 것은 그
동안 여러 민족의 경제와 문화적 관계의 진전 및 이 같은 경제와 문화상의
관계진전과 더불어 형성된 정치적인 연관성, 긴 역사 과정에서 반복된 민족
간의 정복전쟁 등과 같은 원인으로 형성된 하나의 결과가 바로 지금의 統一
的 多民族國家 체제라는 것이다.4)

그러나 위에서도 잠깐 언급한 대로 지금의 상태-통일다민족국가의 상태는
보다 발전된 상태-민족융합의 상태로 나아가는 하나의 과도기적인 성격으로
이를 파악한다.

---

3) 孫進己, "我國歷史上民族關係的幾個問題", 翁獨健編, 『中國民族關係史硏究』, 中國社
會科學出版社, 1984, p.108

4) 『中國民族關係史硏究』 p.116

"통일다민족국가를 형성하는 것은 이미 각 민족이 하나의 민족으로
융합되었음을 말하는 것은 아니다. 상당기간 동안 각 민족에게는 여
전히 자기들의 활동지역과 자기들의 언어, 풍습, 경제적 특질을 부여
해야 하는 것이다. 우리가 통상 중화민족이라고 일컫는 것은 결코 중
국에 하나의 민족이 존재한다는 것을 말하는 것이 아니라 이는 중화
각 민족의 의미를 가지며 또 이는 중국이 포용하고 있는 각 민족을
통칭하는 것이기도 하다."5)

　지금의 민족적 상태 즉 통일적 다민족 상태는 분명 하나의 민족으로서의
민족융합을 의미하지 않으며 궁극적인 민족융합의 전단계로 평가하고 있다.
따라서 민족융합을 위한 과도기 단계에 해당하는 현재의 統一的多民族國家
시기는 개별민족이 각기 자기들의 주거 내지 활동지역 즉 민족지역을 가지고
있고 또 고유한 민족어를 사용하며 민족적 풍습과 경제적인 특성을 지니고
있다고 본다. 그리고 이 같은 통일다민족국가 상황 아래서 점진적인 민족정
책을 통해 민족융합을 이루어야 하는 것이나, 완전한 중화민족의 실현 즉 민
족융합의 실현은 대단히 완만하게 그리고 장기적으로 실현되지 않으면 안 되
는 목표로 이를 파악하고 있다.6)

　궁극적인 민족융합을 이루기 위해 지금의 단계-통일적 다민족국가 시기-에
서는 우선 여러 민족이 서로 뒤섞여 사는 '雜居'를 적극 추진함으로써 특정민
족이 특정지역을 그들 민족의 집단 거주지로 삼는 일을 없애야 하며, 또 민
족 간에 공동언어를 적극적으로 보급하고 각 민족 간의 '通婚' 등을 더욱 확
대시켜야 한다는 것이다. 이렇듯 현단계에서는 민족문제의 적적할 조작을 통
해 지금까지도 여전히 이어져 내려오고 있는 개별민족의 민족의식을 점진적
으로 둔화시킴으로써만 궁극적인 민족융합의 조건을 마련할 수 있다는 주장
이다.

---

5) 위의 책, p.117
6) 위의 책, p.117

민족융합을 달성하기 위해서는 또 그것을 성취하는 과정이 '自願的'인 것이
되어야 하기 때문에 지금의 단계에서는 경제와 문화적인 영향력의 확충을 통
해 서로가 서로에게 영향력을 증대하는 방향으로 노력하여야 하며, 물리적인
수단을 통한 강압이나 억압이어서는 안 된다. 통일다민족국가 상태는 가능한
한 민족교류의 확대와 민족적 번영의 지원이라는 측면으로 모든 노력이 모아
져야 한다고 본다. 민족이론가들은 민족동화와 민족융합을 엄격히 분리한다.
민족동화는 무력을 통한 타민족의 흡수통합의 방식이기 때문에 이는 민족융
합 달성에 불리할 뿐 아니라 오히려 민족저항과 반발을 불러올 수 있는 소지
가 있다고 본다.[7]

2. 민족거주 상황

중국의 민족 거주형태는 주로 다민족이 서로 뒤섞여 사는 형태이며 특정한
민족만이 한 지역에 모여서 사는 순수한 민족지구는 상대적으로 적다. 즉 중
국 민족의 거주형태가 '大雜居 小聚居'의 형태를 띠고 있다는 것이 바로 그러
한 상황을 말하는 것이다. 여기서 말하고 있는 雜居는 어떤 지역에 둘 내지
그 이상의 여러 민족이 같이 거주하고 있는 상태이며, 聚居는 일정한 지역에
특정민족이 비교적 집중되어 있는 상태를 말한다.[8]
민족 간의 주거현상에서 두드러지는 것은 개별민족이 특정한 지역에서 다
른 민족과는 담을 쌓고 고고하게 살아가는 순수한 민족지구는 적은 반면 대
부분의 민족이 서로 뒤섞여 살면서 공존하고 있다는 사실이다. 이 같은 현상

---

7) 위의 책, pp.118~120.

8) 위의 책, p.2

을 달리 표현하자면 민족 간의 잡거는 소수민족 간의 잡거보다는 중국사회의
주인민족이라고 볼 수 있는 漢族이 중심이 되어 소수민족과 잡거를 이루고
있음을 말하는 것이다. 漢族을 중심으로 한민족 간의 이 같은 잡거는 중국
특유의 역사적 배경-끊임없는 민족 간의 정복과 동화정책의 영향-과 함께
소수민족의 漢族化라는 두드러진 현상에서도 그 원인을 찾을 수 있다.

실제로 중국대륙의 30개 省이나 그 밖의 市와 自治區의 대부분은 2개 이
상의 민족이 공존하고 있다. 24개 소수민족이 집중적으로 공존하고 있는 雲
南省의 경우도 대부분이 민족잡거의 형태이며 취거의 형태를 띠고 있는 곳은
비교적 적다. 또 內蒙古, 寧夏, 新疆, 廣西, 西藏 등 5개 소수민족 자치구
의 경우도 蒙古族, 回族, 維吾爾族, 壯族, 藏族 등의 취거지역이 있기는 하
나 대부분은 漢族과 소수민족이 잡거 형태를 이루고 있는 현상은 대개 비슷
하다. 예를 들어 新疆에 있는 新疆 維吾爾自治區의 경우를 봐도 여러 민족
간의 공존현상은 그대로 나타난다. 전체인구의 5분의 3에 해당하는 수가 維
吾爾族으로, 민족구 가운데서도 自民族이 점하는 비율이 아주 높으나 이 自
民族 이외에 전 지구 인구의 5분의 2가 漢, 哈薩克, 柯爾克孜, 塔吉克, 烏
孜別克, 塔塔爾, 錫伯, 蒙古, 回, 達斡爾, 滿, 러시아 민족 등 10여개의 민
족이 어울려 살고 있다.

현행 중국의 행정편제로는 수많은 민족지구와 민족자치구 등이 존재하고
있으나 위의 예에서와 같이 이들 민족지구도 하나같이 어느 한 민족만의 거
주지역이 아니라 여러 민족의 잡거의 형태를 유지하고 있는 민족지구라는 점
에서는 여타 지역과 별로 다를 바 없다.9)

민족의 잡거, 취거 현상에서 두드러지고 있는 점은 漢族이 가장 광범위하
게 흩어져 다른 소수민족과 함께 살고 있다는 사실이며 이러한 개별민족이
전국적으로 흩어져 살고 있는 경향은 정도의 차는 있으나 소수민족의 경우도
마찬가지라고 볼 수 있다. 소수민족 중에서 전국적인 확산이 가장 심한 민족

---

9) 梁釗韜·陳啓新·楊鶴書編著,『中國民族學槪論』, 云南人民出版社, 1985, p.27

은 回族의 경우로 그들의 비교적 집중 거주지역인 寧夏, 青海, 甘肅省을 제외하고도 전국 대부분의 省, 市, 自治區 등에 넓게 흩어져 살고 있는 대표적 소수민족 중의 하나이다.

그 수는 미미하지만 소수민족의 전국적인 거주가 거의 일반화되어있기 때문에, 漢族의 확산과 소수민족의 전국적인 散居現象이 결과적으로 단일민족만의 주거지구가 거의 없고 민족 간의 광범위한 잡거가 보편화되고 있는 배경이며 이러한 여러 민족 간의 잡거에 대해서는 중국당국의 정책적인 배려 또한 크게 작용하고 있다.

민족 간의 광범위한 잡거현상에 대해 중국은 이를 統一多民族國家 형성의 결과적 현상이라고 말한다. 그들이 혁명 후 여러 민족을 하나의 국민으로 만들기 위하여 민족잡거를 형성하였다는 것이며 이는 오직혁명의 산물이라는 것이다. 따라서 이 같은 민족 간의 잡거현상이 혁명전에는 이루어지지 않았으며, 있었다고 하더라도 국부적이던 것이 혁명 후 이것이 보편화되면서 中華民族이 울타리를 만들었다고 본다. 또 민족잡거는 민족이 살고 있는 지역을 교체하는 데 뜻이 있는 것이 아니라 각 민족 특유의 고유한 사회조직을 파괴하고 이를 전 인민적인 것으로 대체시키는 데 뜻이 있기 때문에, 이를 통하여 결과적으로 민족 간의 관계를 공고히 함은 물론 한걸음 더 나아가 이 같은 민족잡거의 발전이 바로 통일다민족국가의 기반을 공고히 하는 주요한 의미를 가진다는 논리다.

중국은 개별민족이 자기들의 고유한 주거지역에 얽매이지 않고 적극적으로 민족 간의 잡거를 이루는 것은 그들의 민족문제에 있어서의 궁극적인 목표인 민족융합이라고 하는 사회주의적 이상을 실현하는 주요한 과정으로 규정하고 있다.10) 그들은 개별민족이 고유의 주거지역을 갖느냐 갖지 않느냐 하는 문제가 바로 민족융합을 느리게도 하고 빠르게도 할 수 있는 가장 기본적인 관건으로 보고 있다. 구체적으로 민족 잡거지역 중에서도 漢族이 중심이 된 지역은 민족적 융합의 속도가 빠른 반면, 이와는 달리 소수민족의 어느 일족이

---

10) 『中國民族學槪論』 pp.116~117

주도권을 잡고 있는 잡거 내지는 취거지역에 있어서는 민족융합의 속도가 전자에 비해서 느린 것을 그 예로 들고 있다.

여러 민족의 잡거, 취거현상은 중국대륙 특유의 역사적인 산물이기도 하지만, 보다 적극적인 민족잡거 추진을 통하여 그들이 말하는 이른바 사회주의 민족을 실현시키려는 정책의지에서도 큰 영향을 받는다.

3. 소수민족 거주지의 특징

중국의 민족상황에서 또 한 가지 특기할 만한 것은 중심민족인 漢族이 중국대륙의 中原에 본거지를 두고 있는 반면 기타 소수민족 집단의 본거지는 대개 대륙의 邊方에 자리 잡고 있다는 점과, 또 이들 소수민족집단은 수에 있어서는 漢族에 비교가 안 될 정도(전체인구의 6퍼센트)이나 그들이 살고 있는 지역의 면적은 중국 총면적의 약 60퍼센트를 점하고 있다는 사실이다.

中華民族을 구성하고 있는 소수민족의 이 같은 거주상황－소수민족 인구의 수적인 열세, 거주지역의 넓음, 소수민족이 대부분의 변경에 위치함－은 민족자치구 등 소수민족의 취거지역에서도 그대로 나타나고 있다. 대륙의 북부에 위치하고 있는 內蒙古 自治區를 비롯, 서북부의 新疆 維吾爾自治區와 寧夏回族自治區 등이 소련과 국경을 접하면서 광활한 지역에 펼쳐져 있고, 서남의 변경에는 西藏 自治區(티베트)가 히말라야산맥을 가운데 두고 인도, 네괄 등과 접경하며, 남부의 廣西 壯族自治區는 베트남과 접하고 있다. 뿐만 아니라 '소수민족의 야영장'이라고 불릴 정도로 가장 많은 수의 민족군이 공존하고 있는 雲南省을 비롯 貴州, 靑海, 四川, 甘肅省 등도 모두 남부의 오지에 자리 잡고 있으며, 동북으로는 延邊 朝鮮族自治州가 한반도와 접하고 있다.

중국의 전체 국경 중 黃海 및 태평양과 면하고 있는 동남부를 제외하고 타국과 접경을 이루고 있는 지역은 대부분 소수민족의 자치구이거나 또는 취거지구이며, 이들 지역이 차지하는 면적은 중국대륙의 반 이상이다. 물론 여기서 말하는 모든 自治區나 自治州가 소수민족만의 단일 주거지역은 아니다. 이들 지역은 어느 소수민족이 집중적으로 다른 민족 혹은 漢族 등과 잡거 내지 취거의 형태를 이루고 있기는 하나, 나름대로 특정민족의 풍습이나 언어, 문화의 전통이 상당부분 이어지고 있어 그들 민족집단의 자긍심이 그런대로 잔존하고 있다고 볼 수 있는 특수지역들이다.

중국의 입장에서 볼 때 이들 소수민족의 집중 주거지역인 변경의 安保的인 중요성은 말할 것도 없거니와 더욱 실질적인 의미를 가지는 것은 소수민족지구의 광활함과 그것에 대한 이용가치라고 할 수 있다.

사회주의 강대국을 표방하면서 대외적인 국력신장과 대내적인 현대화를 끈질기게 추진하고 있는 중국의 현실을 감안하여 볼 때, 소수민족의 강한 '中華意識'으로의 무장은 말할 것도 없고 더욱 현실적으로는 소수민족 집중 주거지역의 개발과 자발적인 생산력의 제고가 무엇보다도 절실하다. 특히 이들 소수민족지구는 예부터 기후와 지리적 여건이 다양하여 생산물이 풍부한 지역으로 알려지고 있을 만큼 농산물을 비롯하여 지하자원 등 갖가지 산물의 보고인 까닭에 이들 지역이 갖는 의미는 한층 더 크다.

구체적으로 內蒙古 自治區의 河套平原과 黃河中流의 寧夏 回族自治區는 예부터 이름난 곡창지대이며, 新疆地域은 목화산업, 廣西地方은 감자의 특산지이며, 아열대지방에 속하는 云南省 일부와 海南島는 커피 등 열대 경제작물의 보고이다. 또 중국의 5대 천연 목장지구로 일컬어지는 內蒙古, 新疆, 西藏, 靑海, 四川, 甘肅 등도 하나같이 소수민족의 취거지구일 뿐 아니라 삼림자원의 대부분과 함께 희귀 약재인 如貝母, 中草, 麝香, 녹용, 인삼, 천마, 구기자 등도 이들 지구의 특산물이다. 이밖에 지하보물이라고 할 수 있는 如煤, 石油, 黑包金屬, 有色金屬 등과 비금석광 등의 매장량도 풍부하다.11)

4. 소수민족의 인구분포

인구현황

1982년의 인구조사에 의하면 중국의 총인구는 10억 391만 3,927명이며, 이중 漢族이 93.3퍼센트에 이르는 9억 3,667만 4,944명으로 압도적 다수를 차지하고 나머지 6.7퍼센트에 해당하는 6,723만 8,983명이 소수민족인 것으로 집계되고 있다.[12]

중국에 살고 있는 소수민족이 漢族에 비하여 수적으로는 대단히 적다. 그러나 인구조사 과정에서 민족식별은 특정한 지방에 비교적 집단적으로 살아오면서 독특한 언어와 문자, 풍속과 습관을 유지하고 본인들 스스로가 자기들은 漢族이 아닌 소수민족임을 인정해야 비로소 그들을 소수민족의 일원으로 계산하기 때문에 여기서 분류된 수자는 어디까지나 실제와는 상당히 거리가 있는 수치임을 알 수 있다.

공식적인 인구발표에 나타나고 있는 소수민족 인구에 대한 몇 가지 사실을 간추려 보면 다음과 같다.

(1) 소수민족 인구는 전체인구 증가율을 웃돌며 증가하고 있다.

1964년 인구조사에서는 소수민족 인구가 전체인구 6억 9,122만 104명의 5.78퍼센트였던 것이 18년 후인 1982년에는 전체의 6.7퍼센트로 전체인구에서 차지하는 비율이 높아졌다. 이는 결국 소수민족의 인구증가율이 漢族보다 높다는 것을 말한다. 자료에 의하면 1949년의 소수민족 인구는 약 3,290만 명이었던 것이 1953년에는 3,532만 명으로 1.9퍼센트의 연평균 신장률을

---

11) 民族工作編輯部, 『民族工作手冊』, 云南人民出版社 1985. p.23

12) 『中國 1982年 人口普察資料』, 中國統計出版社, 1985. p.18

기록하고 있다. 또 1964년에는 3,999만 명으로 이는 1953년보다 14.58퍼센트가 증가된 수치이나 이는 전체 평균성장률 17.1퍼센트보다는 낮은 수치를 나타내고 있다. 그 후 1964년부터 1982년까지 18년 동안 소수민족 인구의 증가추세가 대폭 늘어 총인구증가율 20.9퍼센트보다 훨씬 높은 29.4퍼센트를 기록하면서 이 기간동안에 2,730만 9천명이 늘어나 대부분의 소수민족은 20퍼센트의 증가율을 넘어서고 있고-단, 朝鮮族만은 15.4퍼센트의 낮은 증가율을 나타내고 있다-특히 土家族과 高山族의 경우는 각각 98.2퍼센트와 83.5퍼센트의 증가율을 기록하고 있다.

특히 소수민족 인구가 급신장을 보인 기간은 1978년부터 1982년 사이의 3년 반 동안으로 이 기간 중 소수민족의 인구증가율은 54.6퍼센트이며 이중 증가율이 100퍼센트를 넘는 소수민족만도 러시아족, 土家族, 景族, 仡佬族, 錫伯族, 赫鐵族, 滿族, 烏玆別克, 東鄕, 塔塔爾, 鄂溫克族 등 11개 민족이며, 인구증가율이 40~99퍼센트의 소수민족은 21개 민족, 10퍼센트 이하의 경우는 標標族뿐이었다.13)

소수민족 인구의 이 같은 급작스런 신장에는 자연증가의 이유도 있겠으나 그보다 이른바 소수민족 정책의 암흑기라고 불렸던 문화대혁명이 끝나고 중국이 새로운 민족평등 정책을 대대적으로 홍보하기 시작하면서 그동안 자기의 민족성을 감추고 지내오던 많은 사람들이 다시 원래의 자기 민족성을 회복한 데 그 주요한 원인이 있다.

혁명 후 이 같은 변화과정을 거치면서 그 인구수가 100만 명을 넘어서고 있는 소수민족 집단은 1953년의 10개 민족에서 1982년에는 13개 민족으로 늘었고 이들은 중국 전체 소수민족 인구의 89.8퍼센트를 차지하고 있다. 또 이러한 전반적인 소수민족 인구의 증가추세로 미루어 본다면 앞으로 100년 후인 2080년에 가서는 지금의 6,700여만 명에서 약 1억에 이를 것으로 예측되고 있다.

---

13) 張天路, "我國少數民族人口的過去, 現狀和發展趨勢", 『民族學硏究』 제5집, 民族出版社, 1983. 9, pp.193~197

(2) 소수민족의 인구구성은 점점 젊어지는 현상을 나타내고 있다.

朝鮮族의 경우를 제외한 소수민족들은 대체로 早婚의 경향을 보이고 있고, 일부에는 아직도 일부다처제가 남아있어 이 또한 소수민족 인구의 증가를 부채질하고 있다.

소수민족의 경우 0~19세 사이의 젊은이들이 전체 6,723만 8,983명의 51퍼센트에 해당하는 3,458만 2,212명으로, 이는 중국 총인구 10억 391만 3,927명 중에서 19세 이하의 어린이가 차지하는 46.07퍼센트인 4억 6,180만 406명보다 그 비율에 있어서 상당히 높다.

학력에 있어서는 소수민족의 6세 이상 총 5,716만 4,045명의 0.32퍼센트인 18만 4,673명이 대학에 다니고 있으나 이는 중국전체에 비하여 열등하다고 볼 수 있다.

지역별 분포

민족구성의 특이성은 지역적인 분포에서도 찾을 수 있다.

(1) 각 민족의 전국적인 분포현상이다. 漢族은 물론 소수민족의 경우에도 도시는 물론 농촌에 이르기까지 광범위하게 분산되어 있는 것이 특징이다. 이 같은 소수민족의 지역적인 분산은 역사적인 민족이동의 흔적이기도 하거니와 또 이는 중공체제 성립 이후 당국의 끈질긴 민족재편 정책의 결과라고도 볼 수 있다.

(2) 일부 극소수를 제외한 대부분의 민족들은 일정한 지역에 집중적으로 모여서 집중적으로 생활하지 않고 지역을 달리하면서 잡거형태로 이루고 있으며 같은 민족인 경우에도 그들이 생활하고 있는 지역의 자연환경이나 생활환경에 따라 엄청난 차이를 나타낸다. 이와 같은 동일민족의 분산은 결국 중국에서 말하고 있는 민족융합의 기초적인 바탕으로 작용될 소지가 충분히 있다.

(3) 각종 民族區域 自治地方의 경우도 이는 그들 '標識民族'의 지방이 아

니라 그 지역 역시 다른 지역과 마찬가지로 여러 민족 간의 混在현상은 그대로 나타난다. 예컨대 新疆 維吾爾自治區의 경우 標識民族인 維吾爾族 이외에도 漢族을 비롯한 47개 민족이 이 지구에 같이 살고 있다. 따라서 중국에 설치, 운영되고 있는 '民族區域 自治制'라는 것도 이는 결코 특정민족을 위한 자치구가 아니며 전체민족의 잡거를 내용으로 하고 있는 형식적이고 상징적인 의미로서의 民族區域 自治라고 하는 점이다.

  (4) 전국의 각 省과 市, 自治區를 통틀어 그 지구에 잡거하고 있는 민족의 구성비율을 보면 대개의 경우 漢族이 압도적으로 많을 뿐 아니라, 西藏自治區와 新疆 維吾爾自治區의 경우를 제외한다면 그곳 소수민족들의 수보다도 漢族이 월등한 분포를 보이고 있다. 소수민족의 수적 열세는 전체적인 면에 있어서나 또 지역적인 면에 있어서나 철저하며, 이러한 열세성은 상대적으로 전반적인 면에서의 漢族의 월등한 우세를 말하고 있을 뿐 아니라 그동안의 민족 간의 通婚이나 계속적인 민족분산 정책이 漢族化를 내용으로 하고 있었음을 말하는 것이기도 하다.

5. 漢族의 위치

  중국의 민족상황에서 또 하나의 중요한 측면은 다민족 간의 관계에서 漢族이 '主體民族'이 되고 있다는 점이다.

  중국은 민족들 간의 관계가 평등과 우호에 바탕을 둔 공존체제를 유지하고 있다고 말하고는 있다. 그러나 이는 어디까지 漢族이 곧 主體民族이라는 등식을 전제로 한 평등이며 우호라는 점은 분명하다. 漢族이 중국대륙의 실질적인 主體民族임은 굳이 중국당국자들의 입을 빌리지 않더라도 분명한 일이기 때문에 많은 사람들이 갖고 있는 '中國＝漢族의 國家'라는 등식은 여전히 흔들리지 않고 있다. 여기에서, 漢族이 왜 중국 내에서 主體民族일 수 있을 까에 대한 그들의 설명을 살펴보자.[14]

(1) 인구가 가장 많다는 점이다.

중국을 구성하고 있는 여러 민족 중에서 漢族은 다른 민족에 비교가 되지 않을 정도로 절대다수를 차지하고 있으며 이 같은 일방적인 수적인 우세는 지금뿐 아니라 과거에도 언제나 그러했다.

(2) 생산과 문화영역에서 최고의 수준을 유지하고 있는 민족 역시 漢族이다.

비록 특수분야에 있어 소수민족이 漢族의 수준을 능가하는 부분이 없지 않 으나 전반적인 면에서 볼 때 漢族은 소수민족보다 단연 높은 수준을 유지하 고 있고 항상 소수민족에게 영향을 미쳐오고 있는 것이 분명하다.

(3) 漢民族이 중국의 긴 역사과정에서 줄곧 국가의 잠재역량이 되어 왔다는 것이다.

중국의 오랜 역사과정에서 볼 때 漢族은 언제나 다른 민족이 갖지 못하는 잠재능력을 가지고 있었고 이 같은 능력은 결국 중국 역사발전의 원동력으로 작용했다. 蒙古族이 支配하던 元代나, 滿州族이 지배하던 淸代에는 漢族이 다른 민족의 지배를 받은 적은 있다. 그러나 이때 소수민족의 지배층은 漢族 지주계급의 도움을 얻고서야 비로소 그들의 지배체제를 유지할 수 있었다. 따라서 중국 역사에서 漢族이 차지하는 중심적 역량은 정권 담당자와 무관하 게 일관되게 유지되었다.

---

14) 白壽彝, "關于中國民族關係史上的幾個問題", 『中國民族關係史硏究』 pp.12~17

(4) 漢族은 지리적으로도 다른 민족들보다 더 많은 혜택을 받고 있다.

인류의 생활환경 중에서 특히 지역적 환경이 민족의 문화발전에 기여하는 비중이 크다는 사실은 결코 새삼스러운 이야기가 아니며 특히 문화발전 수준이 미천한 시기에 있어서 지리적 영향이야말로 거의 절대적이라고 볼 수 있다. 이런 면에서 볼 때 고대 이래 漢族은 줄곧 黃河의 중-하류 유역, 長江의 중-하류 유역, 漢水유역, 衛水유역 등 가장 좋은 지리적 조건과 더불어 생활하여 왔다. 그에 따라 漢族의 거주지방은 토양, 기후, 수리 등 여러 가지 면에서 기타 소수민족들의 주거지역에 비해서 좋은 환경이었다. 특히 오늘날과 같이 지하자원을 인공적으로 이용할 수 없었던 과거에는 지하자원이 풍부하게 매장되어 있어 이용가치가 높은 소수민족의 주거지보다 토양과 수리가 보다 편리한 漢族의 주거지역이 갖는 이점은 대단했다. 따라서 漢族은 이러한 천혜적인 환경의 혜택으로 인류사에서도 보기 드문 고대문화를 이룰 수 있었다.

이상의 여러 측면에서 볼 때 수천 년 부단히 계속된 중국역사의 전개는 漢族이 주도한 것이며 漢族이 없었다면 이 같은 계속적인 역사발전은 거의 불가능할 수밖에 없었고 따라서 漢族을 中華民族을 구성하고 있는 여러 민족 중에서 主體民族으로 인정하는 것은 당연하다는 것이다.

6. 中國의 민족관계

중국에서의 민족들 간의 관계가 主體民族인 漢族과 그 밖의 55개 소수민족과의 관계라고 하는 이상의 입장과는 달리 이를 '相互吸收的 關係', '相互聯合的 關係', '相互依存的 關係'로 파악하려 한다. 王勛銘은 중국 역사에 있어 민족관계의 주류를 어떻게 볼 것인가에 대해서는 여러 가지 이설을 인정

제1장 중국의 민족상황 31

할 수 있으나 위의 세 가지의 관계로 이를 단순화할 수 있다고 주장하면서,
중국의 民族關係의 主流가 이른바 ‘人民 友好合作 關係’ 혹은 ‘歧視와 戰爭
관계’라고 하는 과거의 주장을 다음과 같이 반박한다.15)

우선 중국의 민족관계가 人民 友好合作 關係라는 입장은, 과거의 민족관
계가 착취계급간의 관계였기 때문에 민족들 간에 평화와 우호합작 등이 있었
다 할지라도 이는 어디까지나 진정한 의미에서의 인민과 인민 간의 그것이
아니라 통치계급 위주의 일시적이고 상대적인 平和와 友好合作이라는 점에서
중국 민족관계의 주류가 人民 友好合作 關係라고 하는 것은 타당성을 가질
수 없다는 것이다. 또 歧視와 전쟁 역시 중국 민족관계의 주류라고 볼 수 없
는데 이러한 민족관계는 중국민족에게만 고유한 관계가 아니라 세계의 어느
민족관계의 경우에서도 흔히 나타나고 있는 현상으로 이는 오히려 모든 민족관
계의 일부분이자 정치관계의 일개 구성 부분으로 파악하여야 한다는 것이다.

王勛銘은 이렇게 人民 友好合作 關係나 歧視 및 戰爭關係라고 하는 것이
진정한 중국의 민족관계가 될 수 없다는 것을 전제하고 ‘相互吸收’, ‘相互聯
合’, ‘相互依存’의 關係-민족주류 형성에 필수적인 ‘主導性’, ‘一貫性’, ‘多面
性’을 구비한-가 민족관계의 주류라는 의견을 제시하고 있다. 이를 구체적으
로 살펴보자.

상호흡수적 관계

중국의 각 민족 간의 상호흡수적 관계는 정치, 경제, 문화를 비롯한 각 방
면에서 나타나고 있는 현상이었다. 오래 전부터 다른 민족에 비하여 월등한
문화를 이뤄오고 있던 漢族에 의한 농업, 공업, 문화 등 여러 방면에서 다른

15) 王勛銘, “關于我國歷史上民族關係的主流問題”, 『中南民族學報』 中南民族學院編,
1986 제1기, pp.26~29

민족에 대한 영향은 절대적이었으나 소수민족 집단의 독특한 목축술, 공예, 무악, 복식제도 등이 漢族지구로 광범하게 그 영향을 주어 왔던 것 또한 사실이다. 이같이 漢族과 소수민족 간에 이루어졌던 상호흡수 관계는 비단 기술과 물질 방면에서만 이루어진 간단한 관계가 아니라 보다 광범위하게 실질적인 영향을 끼쳐 왔다. 변방에 위치한 소수민족 집단의 목축, 임업, 수렵업 등을 중심으로 한 경제교류와 평원지방에 위치하여 농업위주의 경제체계를 이루어 온 漢族간의 상호흡수를 통하여 각 민족이 다같이 번영을 이룩할 수 있었다.

비록 정도에 있어서는 漢族의 선진문화나 기술이 후진적이었던 여러 소수민족에게 흡수된 면이 많기는 하나 이 같은 여러 민족 간의 상호흡수관계는 중국대륙에서의 몇 차례에 걸친 집권민족의 교류에도 불구하고 일관되게 진행되어 왔으며, 이러한 상호흡수의 지속은 결과적으로 민족 간의 혈통관계에까지 밀접한 연관을 가져 왔다.

漢族도 민족형성 과정에서는 여러 민족들의 혼혈에 의한 것이지만 漢族의 성립 이후에도 위에서와 같은 여러 민족들 간의 끊임없는 상호흡수의 영향으로 漢族과 소수민족 간의 혼혈은 계속되어 왔다. 그리고 이 같은 상호흡수의 정도는 중국민족 특유의 '民族大雜居, 小聚居'의 거주상황에서 더욱 가속화되었다.

상호연합적 관계

상호연합적 민족관계는 오랫동안의 정치적 상황에서 결과된 것이다. 중국은 秦-漢 이래 오랜 기간을 여러 민족들이 하나의 정치권에서 생활하여 왔다고 볼 수 있다. 역사상 분열기라 할 수 있는 魏晋南北朝, 五代十國 시대에는 비록 민족 간의 분열이 심하였으나, 이러한 가운데서도 다수 인구를 점하는 漢族은 물론이거니와 다른 소수민족들도 민족 간의 완전한 단절이 있었던 것은 아니다. 또 소수민족 중심의 왕조가 건립된 경우에도 漢族을 중심으로 한 다른 민족이 언제나 그들 정치에 관여해 왔다. 결국 중국의 역사과정에서 볼 때 전국이 통일되어 통일정권을 이룩하였을 경우는 물론이거니와 그렇지 못하고 분열되었을 경우라도 개별국가는 엄밀한 의미에서 보면 다민족국가적인 조직체였기 때문에 역사상 진정한 의미의 개별민족 국가 상황은 없다고 볼 수 있다. 이렇게 면면히 이어져내려 온 민족연합의 전통은 근대 제국주의 세력에 의해 중국이 침략을 받았을 때 여러 민족들이 단결하여 이들과 투쟁하는 과정에서 더욱 긴밀하고 밀착된 연합관계를 이뤘으며 이러한 관계는 혁명 이후에 더욱 공고해졌다고 볼 수 있다.

상호의존적 관계

중국민족들의 형성과정을 추적해 보면, 특히 回族의 경우와 같이 외래적인 요소가 전혀 없는 것은 아니나 오랫동안 하나의 국가 내에서 공동생활을 유지하여 왔으며 절대다수의 중국민족의 선조들은 전설시대부터 같은 토지 위에서 같은 배를 탄 공동운명체로 서로 의존하면서 생활하여 왔다.

민족 간의 상호의존적 관계는 정치적인 지위에서도 그대로 나타나고 있다. 민족 간의 수많은 분쟁이나 전쟁이 중국역사에 수없이 나타났지만 그러는 가운데서도 개별민족이 가지는 정치적 지위는 늘 相互轉化的인 것이었고 하나의 민족에 의한 배타적인 독점은 아니었기 때문에 상호의존성은 계속 심화되어 왔다.

이상과 같이 王勛銘은 '相互吸收', '相互依存', '相互聯合' 등의 세 가지 관계가 바로 중국 민족관계의 주류이며 이는 또한 중국 특유의 다민족 공존의 긴 역사적 환경이 만들어낸 중국민족 특유의 민족관계라는 것이다. 따라서 중국민족을 구성하고 있는 개별민족은 하나같이 하나의 중국민족을 구성하는 불가분의 구성요소이며 또 이들 모두는 공동운명을 갖고 공동이익과 공동이상을 추구하는 공동체라는 것이다.

제 2 장
● ● ● ● ● ● ● ● ● ● ● ● ● ● ● ● ●
민족과 민족문제

1. 민족의 정의
2. 中國民族
3. 古代民族
4. 少數民族
5. 民族識別 문제
6. 民族問題

1. 민족의 정의

중국의 민족이론가들은 민족이란 "인간들이 역사적으로 형성시킨 하나의 共同言語, 共同地域, 共同 經濟生活, 共同文化를 가진 공동체"라고 하는 스탈린의 정의를 그대로 인용한다. 그들은 민족을 하나의 역사적 범주로 파악하면서 개별민족은 그 모두가 자기 민족 특유의 생성-형성-발전-소멸의 역사를 가질 수밖에 없는 것으로 보며 특히 이 같은 성질을 가진 민족은 원시사회 후기의 계급발전과 그 후의 공업발전과 사유제 계급의 출현, 국가의 생성과 함께 생겨난 역사적 산물이라는 것이다.

따라서 奴隷社會, 封建社會, 資本主義 社會와 社會主義 社會라고 하는 唯物史觀에 입각한 각각의 역사 발전단계에서는 그 단계마다 민족의 형태와 내용도 필연적으로 달라질 수밖에 없으며 그에 따라 어떤 민족은 다른 민족에 동화되기도 하고, 어떤 민족은 스스로 소멸되기도 하며 또 일단의 민족군은 서로 융합하여 새로운 민족을 탄생시키기도 한다는 것이다. 그리고 민족 내지 민족공동체라는 것은 객관적으로 존재하는 사회현상에 의하여 만들어지는 것이기 때문에 장차 그들이 말하는 공산주의 단계 즉 모든 민족의 경제와 문화가 고도로 발전되고 계급의 존재가 완전히 소멸되는 단계에 이르러서는 민족이라는 계급적 존재물도 필연적으로 소멸되고 만다는 것이다.[1]

---

1) 施正一編, 『民族辭典』, 四川民族出版社, 1984, pp.57~58

2. 中國民族

하나의 단일개념으로서의 中國民族은 중국의 주체민족인 漢族과 또 중국 내에 존재하고 있는 각 소수민족을 포함하는 종합적인 개념이다. 中華民族이란 현재 사회주의 체제 중국의 영토 내에 존재하고 있는 漢族과 소수민족뿐 아니라 과거 中國疆域 내에 살아왔던 모든 민족집단까지를 포함한 종합적 개념이다. 즉 中國民族 중에는 고대의 중국인도 있을 수 있고 현대의 중국인도 있을 수 있으며 고대의 중국인이 바로 중국의 '古代民族'이며 현재의 중국인이 곧 중국의 '現代民族'이라 볼 수 있다. 그리고 이 中國民族 중의 現代民族이 바로 오늘날의 中華民族이라는 것이다. 따라서 中國民族－中國人－이라는 개념은 보다 通時的이고 包括的인 의미를 갖는 반면 中華民族은 中國民族에 대한 하나의 시간적인 제한이 포함되어 있는 개념으로 설명될 수 있다.

개괄적인 정의에 의하면, 현재 중국 국경 내에 살고 있는 모든 민족과, 이에 더하여 현재 국경 내에 살고 있는 모든 민족－中華民族－들의 민족적 근원까지도 모두 中國民族이라는 것이다.

이는 중국의 역사가 中華人民共和國 국경 내에 살고 있는 모든 민족의 역사를 총칭한다고 보는 것과 마찬가지로 中國民族이란 지금의 中國民族 즉 中華民族뿐만 아니라 이들의 원조였던 古代民族도 당연히 中國民族의 범주 속에 포함되어야 한다는 것이다.[2] 이렇게 보면 中國民族의 역사는 지금의 국경 내에 국한되는 것이 아니라 국경 내 모든 민족의 역사상 활동범위 전체가 바로 中國民族의 역사가 된다.

여기에서 문제가 되는 것은 과연 中國民族을 지역적으로 어디까지 확대하여 활동한 민족으로 보느냐는 문제다. 이점에 대해서는 중국의 민족문제 이

---

2) 『中國民族關係史硏究』, 1984, p.7

론가들 사이에도 아직 정설이 없는 듯하다.

　　"현재의 중화인민공화국 국경 내에 살고 있는 모든 민족들의 선조는
　　중국의 토지에서 오랫동안 살아왔으며 또 중국 국경 내에서 활동하여
　　온 사람들이기 때문에 이들은 당연히 중국인이며 또한 중국민족이다."3)

　이상에서 보는 바와 같이 中國民族의 범위를 영토상 어디까지로 볼 것이냐
하는 문제는, 영토라고 하는 개념 자체가 근대적인 개념이기도 하거니와 여
기에 더해 고대민족의 활동이나 부침에 대한 기술이 민족분류학적으로 보아
근대의 것이기 때문에 문제는 더욱 복잡성을 띤다.

　때문에 민족문제와 영토문제 즉 중국민족의 활동범위를 어디까지로 볼 것
이냐 하는 문제-이는 곧 중국민족의 범위를 어디까지 확대하느냐와 직접 관
련된다-는 접어두더라도, 보다 실질적으로는 중국역사상 수많이 부침했던
이른바 古代民族이 모두 中國民族일 수 있느냐 하는 문제에 부딪치는데 이
는 그들이 건립한 국가가 중국의 국가냐 아니면 중국 이외의 독립적인 민족
국가였나 하는 문제와도 연결된다. 이에 대해서는 최근 중국의 민족이론가
劉先照와 韋世明에 의하여 비교적 분석적인 접근이 나타나고 있다.

3. 古代民族

　古代民族과 中國民族의 관계에 대해서는 일반적으로 다음과 같은 세 가지
의 기준이 제시되고 있다.

---

3) 白壽彝, "關于中國民族關係史上的幾個問題", 『中國民族關係史研究』 p.8

(1) 중국역사 지역 내의 모든 古代民族의 역사는 모두 중국의 역사에 포함되어야 한다.

고대민족들은 영토를 개척하는 등 오늘날의 중국을 위한 기초를 다진 장본인들이며 이런 점에서 중국역사 창조에 큰 공헌을 하였다. 예컨대 秦-漢 이전 匈奴－또는 그들의 조상인 北狄族－가 일찍부터 북부의 광활한 토지를 개척하였으며 그 후 突厥, 蒙古族들도 이 지방을 개척하고 건설한 장본인들이다. 契丹, 女眞, 肅愼, 東胡, 挹婁, 靺鞨族 등은 계속하여 동부지역을 개척하였고 吐蕃, 發羌, 唐施, 羌族 등도 西藏지구를 개발하였다. 따라서 이들은 모두 중국의 개별민족이다(일부는 漢族과의 同化에 의하여, 일부는 중국 내의 별개민족－소수민족－으로 남는 등으로 차이는 있다).

(2) 古代民族 중 중국－또는 중국민족－에 귀속되기 이전에 독립적인 민족국가를 이루고 있다가 중국민족화되었으나, 그 후 다시 자기의 민족국가를 건설했을 경우 이들이 건립한 민족국가는 중국이며 따라서 이들도 中國民族이라고 말하고 이에 대해서는 보다 구체적인 설명을 하고 있다.

古代 匈奴族

기원전 3세기 戰國時期 陰山南北과 河南地區－지금의 內蒙古 自治區 중부－에 살고 있던 흉노족이 부락연맹을 결성, 노예제 국가를 건립하여 漢과 병존했다. 이때 漢과 흉노는 서로 싸우는 등 완전히 별개의 민족국가였다. 그런데 이 당시의 흉노족을 어떻게 볼 것이냐가 문제인데 이 흉노족과 그들이 세운 흉노국가는 엄밀한 의미에서 中國民族도 아니며 중국의 국가도 아니라고 볼 수밖에 없다. 그러나 그 후 기원전 51년 남부흉노가 西漢王朝에 귀속되기 시작하였으며 기원전 48년에 이르러 북부흉노가 東漢王朝에 귀속되면서 흉노는 정식으로 중국의 일부가 됨에 따라 흉노민족은 이때부터 정식으로 中國民族의 일부가 되었다는 것이다.

吐 蕃

藏族의 선조인 吐蕃의 선대들은 고대부터 지금의 西藏地區(티베트 지역)에 해당하는 지역에서 생활하여 왔으며, 7세기 초에 노예제 국가인 吐蕃王朝를 건립, 당시의 唐王朝와 각 방면에서 투쟁하면서 장기적 전쟁상태를 계속한 독립적인 민족국가였다. 따라서 이 당시의 吐蕃이 中國民族의 일부분이라고 볼 수 없음은 분명하다. 그러나 13세기 西藏地區의 拉薩 일대의 首領과 宗敎領袖, 八思巴 등이 元朝에 귀속되면서부터 元朝가 이곳에 대하여 행정 관할권을 행사하기 시작하였다. 그때부터 西藏은 중국에 귀속하게 되었고 이 때부터 藏族은 공식으로 중국의 한 민족이 되었다.

(3) 중국의 고대민족 중 독자적인 국가 건립 이전에 이미 중국에 귀속되었다가 다시 그들의 민족국가를 건립하였던 적이 있는 契丹, 女眞, 蒙古族 등과 같은 경우인데 이는 말할 것도 없이 中國民族이라는 것이다.

契 丹

7세기 경 8개의 부락으로 부락연맹을 형성하여 漢水－지금의 西拉木倫河와 土河－지금의 老哈江 유역 일대에서 군집생활을 했다. 그 후 7세기 초에 부락연맹의 수령인 窟哥率部가 唐朝에 귀속하자 唐朝는 그곳에 松漠都護府를 설치하여 窟哥를 '使持第十州 諸軍事 松漠都督'으로 삼고 男爵位를 부여하였다. 따라서 이때부터 唐朝가 契丹에 대하여 행정적 관할권을 행사하였으며 契丹은 중국의 일부분으로 귀속되었다. 그러다가 唐末에 거란의 수령인

阿保機가 916년에 契丹이라고 하는 노예제 국가를 건립하였다. 947년에는 나라의 이름을 遼로 바꾸고 현재의 河北을 중심으로 한 광대한 땅을 영유하면서 宋, 金, 西夏 등의 제국과 공존하였다. 그러나 이상의 상황은 어디까지나 遼朝, 宋朝 그 모두 중국 국내에서 병존하던 정권 이상의 의미를 갖지는 않는다. 그 이유는 契丹族은 7세기 초에 이미 중국민족화하였으며 遼朝의 강역은 중국의 영토인 원래 突厥族의 강역이었으며, 遼朝는 1125년 여진족의 金朝에 의해서, 그 金朝 역시 1234년 蒙古에 망했고, 蒙古와 宋朝 또한 최종적으로 蒙古族의 元朝에 통일되는 등 중국통일의 일부분의 역사로 볼 수 있기 때문이라는 것이다. 결국 契丹은 오래 전부터 중국민족이었으며 따라서 遼朝 또한 중국에 속한다는 사실은 봉건시대의 사학가들도 이미 승인한 사실이다. 그렇기 때문에 「遼史」 또한 분명히 중국의 「二十四史」에 外國史가 아닌 中國史로 포함시켜 왔다는 것이다.

女 眞

女眞族은 南北朝時代에는 黑水靺鞨이라고 불렸으며 이들은 당시 여진의 일곱 부락 중에서 가장 강력한 부족으로 黑龍江 주변에서 살았다. 722년 종족 추장인 倪屬利稽가 唐朝에 귀속하자 725년 唐朝는 그곳에 黑水都督府를 설치하여 그들의 추장을 都督에 봉하고 이를 幽州都督에 관할시켰다. 이때부터 唐朝는 黑水말갈에 직접적인 행정권을 행사하였으며 黑水말갈은 중국에 정식 귀속되어 중국의 일부분으로 되었다. 그러나 黑水말갈족은 7세기 말에 唐朝를 이탈하여 勃海에 귀속되었다가 926년 遼朝에 의해 발해가 망하자 黑水말갈은 다시 遼朝에 속했으며 그 후 그들의 민족명칭을 女眞으로 바꿨다. 女眞族은 115년 金라고 하는 노예제 국가를 건립하여 遼朝, 宋朝와 함께 중국 국내에 동시에 존재하는 정권이 됐다. 따라서 女眞 또한 당초부터 중국의 민족일 수밖에 없다. 왜냐하면 女眞의 先祖인 黑水말갈이 725년 이미 중국의 민족이 되었으며, 金의 영토 또한 원래 말갈의 영토-즉 중국영토의 일부-에 위치했고, 金朝는 1234년 蒙古帝國에 의해 멸망되어 元朝에 흡수되었기 때문이다.

蒙 古

蒙古族은 室書族 중의 蒙兀室書部가 발전해서 성립된 민족이다. 이들 蒙兀室書는 7세기 경 額爾古納江의 하류에 살다가 鄂嫩江 상류의 不兒罕山-大肯特山-일대에서 생활했다. 이들은 부락시기 突厥에 복속되었으나 7세기에 唐이 突闕을 통합하고 그곳에 都督府를 세우면서 蒙兀部는 唐의 통일적 관할 아래에 들어가면서 중국의 일부분이 되었다. 8세기 중기 이후 蒙古部는 回紇點戛斯 등을 차례로 복속하여 1206년 成吉思汗은 각부를 통일하여 蒙古國을 건립했다. 蒙古는 중국국내의 宋, 金, 西夏 등과 동시에 존재하는 정권이 됐다. 따라서 이들 蒙古 또한 중국의 일부이며 이 몽고족 역시 고대부터 中國民族의 일부였다. 왜냐하면 몽고족은 이미 그들의 부락시기에 中國民族의 일부분이 되었으며 蒙古가 차지했던 영역 또한 원래 중국 唐朝와 그후 遼朝가 위치했던 지역이다. 蒙古가 西夏와 金 등을 통합하여 1271년에는 국호를 大元으로 하는 元나라를 세웠으나 뒤에 南宋에 망하였다. 그러나 이는 결국 긴 중국통일의 한 과정에 불과했다.

중국의 민족이론가들은 위의 사례별 설명에서 보듯 가능한 모든 역사적 흔적을 다 동원해서 中國民族의 범위와 中國의 범위를 확대하려는 의지를 분명히 하고 있다. 즉 中國民族이란 현대의 中華民族뿐만 아니라 이들 中華民族의 先祖를 이루는 古代民族은 물론 그 古代民族들에 의해서 장악되거나 멸망되었던 민족들까지도 하나같이 中國民族의 범주에 넣고 있는 것이다.

중국이 공식적으로 발표하고 있는 古代民族은 다음과 같다.

華夏, 東夷, 肅愼, 東胡, 夫余, 挹婁, 靺鞨, 烏桓, 鮮卑, 契丹, 奚, 女眞, 室書, 蒙兀室書, 韃靼, 索倫, 狄, 葷粥, 鬼方, 胡, 林胡, 樓煩, 匈奴, 柔然, 丁零, 鐵勒, 竭, 突厥, 薛延陀, 回紇, 葛還祿, 點戛斯, 戎, 氐, 羌, 燒當羌, 黨項羌, 吐谷渾, 于闐, 蒲婁, 疏勒, 焉耆, 龜玆, 月氏, 烏孫, 瓦剌, 布魯特, 蠻, 三苗, 巴, 巴氏, 蜀, 賨, 廩君蠻, 冉驍, 五溪蠻, 曳, 濮, 僰, 僚, 西南夷, 昆明夷, 哀牢, 掉, 爨, 烏蠻, 白蠻, 六詔, 金齒, 茫蠻, 尋傳蠻, 朴子蠻, 望蠻, 磨些蠻, 和蠻, 銅鉦蠻, 越, 於越, 閩越, 西甌, 駱越, 徭, 俚人, 畲民(이상 84개 氏族)

4. 少數民族

漢族과 더불어 이른바 中華民族의 일원으로 공존하고 있는 수많은 소수민족에 대해서 중국의 당국자들은 이를 어떻게 보고 있으며 또 어떤 기준에서 분류하고 있는가.

주지하는 바와 같이 소수민족이란 다수민족에 대한 대칭어로 특정한 국가를 구성하는 전체 국민 가운데 수적으로나 정치, 문화 등 각 방면에서 우위를 차지하는 주력 민족과는 달리 인종과 언어, 문화, 종교, 습관 등에서 그 주력 민족과는 다른 모습을 견지하고 있는 소수의 여타 민족집단을 일컫는다고 볼 수 있다.

이상과 같은 일반론에서 보면 중국사회의 구성민족의 내용 —종류— 은 현재 중국이 공식적으로 발표하고 있는 바와는 상당한 거리가 있는 것으로 보인다. 우선 소수민족에 대한 여러 가지 발표나 언명은 '공식적'이고 '가변적'이라는 두 가지 커다란 특징을 가진다.

민족분류의 '公式性'

(1) 최근에 발표되는 여러 가지 자료에 의하면 중국에는 현재 다수민족인 漢族 이외에 55종의 소수민족이 생활하고 있는 것으로 발표되고 있다. 그런데 여기서 말하고 있는 55종의 소수민족이라는 것은 특정한 기준과 의도성을 가진 분류법에 따른 수치임을 너무나 분명하다. 분류의 시각에 따라서는 55종이 아니라 100여종이 넘을 가능성도 다분히 있는 것이며, 반대로 그 종류를 훨씬 줄일 수도 있을 것이다.

(2) 개별 소수민족 인구수에 있어서도 공식성은 마찬가지다. 중국은 1982년의 인구통계에서 소수민족의 전체 수와 함께 55개 소수민족들의 인구수도 각각 발표한 바 있다. 그러나 여기서도 애매한 점은 한두 가지가 아닌데 이는 어디까지를 어떠한 기준에서 개별민족으로 분류하느냐에 따라서 엄청난 차이를 가져올 수 있기 때문이다. 이러한 당혹은 특히 중국에서와 같이 오랫동안 여러 민족집단의 이합집산의 정도가 남달리 많았던 역사를 가진 나라에서는 특히 더하다. 따라서 중국의 경우 실제보다 훨씬 많은 수의 민족집단이 漢族으로 분류되었을 가능성은 충분히 짐작될 수 있다.

(3) 민족명칭에 있어서도 공식성은 충분히 읽을 수 있다. 물론 소수민족 중에서도 비교적 인구가 많은 민족집단의 경우는 그러한 경우가 드물지만, 소집단의 경우는 예부터 그들이 부르고 있는 민족명칭과 중국이 공식적으로 이들에게 부여한 민족명칭과 다른 경우를 자주 볼 수 있다.

(4) 민족역사에 관한 부분이다. 文革 때 숨을 죽이면서 움트기 시작한 민족문제에 대한 관심은 1980년대에 들어서면서는 개별민족 민족사의 재정리와 발간 등을 자극했다. 그러나 이러한 민족 붐을 타고 출간되고 있는 소수민족의 개별민족사-漢族史도 마찬가지지만-는 더욱더 당국의 의도가 그대로 나타나고 있어 歪曲性이 높다. 한마디로 중국에서 발간되고 있는 개별민족에 대한 민족사는 개별민족의 생활과 역사과정을 객관적으로 다룬 기술이

라기보다는 그 개별민족들의 中國民族에로의 길 즉 어떤 과정을 거쳐 中國
人이 되었는가에 하나같이 초점을 맞추고 있다. 결국 어느 민족은 언제부터
漢族의 왕조에게 조공을 바치기 시작했다느니, 언제부터 군신관계가 형성되
었다는 식의 전개가 주류를 이룬다. 때문에 중국이 발표하는 소수민족의 역
사는 漢族이 다른 민족에게 겪었던 수모 등 어두운 면을 애써 피하면서 中華
民族의 중심으로서의 찬란한 발자취에만 초점을 맞추고 있다.

민족분류의 '可變性'

중국의 소수민족 분류에서 나타나는 가변성은 또 어떤가. 중국의 소수민족에
대한 여러 가지 정의는 상황의 변화에 따라 달라질 수 있으며 또 실제로 그러
한 현상은 여러 곳에서 찾아볼 수 있다. 우선 민족의 수에 있어서도 지금은 소
수민족의 일원으로 인정되고 있는 基諾族-云南省 남부에 거주-은 1979년 6
월에야 비로소 중국에 의하여 소수민족의 일원으로 새로 공인된 사실에서 나타
나고 있는 바와 같이 소수민족은 새롭게 인정되기도 하고 또 그 필요에 따라서
는 없앨 수도 있는 가변성을 지닌다. 때문에 아직도 위의 基諾族과 같이 새롭게
당국에 의하여 공인받을 가능성이 있는 소수민족군은 많다. 이렇듯 하나의 새로
운 집단이 독립된 소수민족으로 공인되는 등의 변화가 있으면 이에 따라 민족
간의 관계사, 나아가 개별민족사도 새로이 기술되어야 함은 물론 각종 행정기
구의 편제나 민족적 배분-인민대표 등-등도 다시 조정되지 않을 수 없다.

이상에서 중국에서의 소수민족의 개념이 공식적이며 가변적이라는 점을 살
펴보았거니와 여기서 우리가 보다 분명히 알 수 있는 것은 소수민족에 대한
당국의 갖가지 언명이나 발표는 개별민족들의 객관적인 생성과정이나 역사과
정을 근거로 한 접근이라기보다는 당국자들의 여러 가지 상황판단과 민족관
계 등을 고려한 정책적 차원에 이뤄지고 있다고 볼 수 있다. 물론 오랜 역사

를 가진 복합 민족국가에서 그 구성민족들의 역사를 비롯하여 민족들의 관계
를 정확히 규정한다는 것은 쉽지 않은 일이다. 그렇다고 하여 '중국의 소수민
족은 55종', '그들의 민족사는 이것'이라는 식의 소수민족에 대한 태도 그 자
체가 바로 중국의 민족문제에 대한 또 하나의 장벽일는지도 모른다.

5. 民族識別 문제

중국은 복잡한 민족명칭을 보다 적절하게 정리하기 위해 이른바 民族識別
工作을 진행시키고 있는데 이의 내용을 간추리면 다음과 같다.

우선 民族識別에 있어 중국이 내세우는 가장 주요한 기본방침은 과학적이고
또 민족의 의사에 따라서 이를 행한다는 이른바 '科學依據, 民族依願'의 방침
이다.4)

민족식별 문제를 과학적 방침으로 해결한다는 '科學依據'의 입장은 마르크
스주의 민족정의에 따라 민족을 분류하거나 또는 독립민족으로 인정한다는
뜻이다. 여기서 말하는 마르크스주의적 정의란 주로 스탈린이 말하는 共同言
語, 共同地域, 共同 經濟生活, 共同 文化心理素質의 共同體라고 하는 민족
형성의 네 가지 요소를 기본으로 한다.

그러나 민족형성의 조건이라고 할 수 있는 위의 네 가지 조건은 중국의 현
실에 맞게 다소 광의로 해석할 수밖에 없다는 것이 그들의 주장이다. 즉 동
일언어의 문제는 중국 소수민족의 경우에서는 특히 민족 상호간의 이합집산
이 심했기 때문에 비록 고유한 민족 언어를 가지지 못한다고 하더라도 이것

---

4) 『中國民族學槪論』, pp.387~405

으로 민족식별의 결정적인 하자는 될 수 없다는 입장이다. 그리고 공동지역, 공동경제생활 등의 부분도 중국은 다민족들 간의 雜居나 聚居의 형태를 띠고 있기 때문에 이들 조건의 경우에도 이의 배타적인 적용은 곤란하다. 따라서 민족구성을 위한 네 가지 요소 중에서 중국의 현실을 감안해 볼 때 가장 중점을 둬야 할 부분은 '민족적 공동심리'라고 하는 요소라고 말한다.

민족식별을 과학에 근거한다는 것은 또 '사실'에 근거를 둔다는 것을 말한다. 즉 민족식별은 실제의 조사자료와 개별민족의 역사전설과 계보 등을 종합하는 것, 문헌자료 등과 같은 실제적인 사실에 바탕을 두고 이를 행한다는 것이다.

민족식별의 두 번째 근거로 삼고 있는 것은 '民族依願' 즉 민족의 의사라고 말하고 있다. 민족식별에 있어 개개민족들의 의사가 어떤 것인가ー독립된 민족이기를 원하고 있느냐 아니면 동화되고 융합된 민족으로 남는 것을 원하느냐ー가 크게 작용된다는 것이다.

이상과 같은 두 가지의 근거ー科學依據와 民族依願ー를 기본으로 하여 중국은 1953년부터 1957년까지에 걸친 민족식별 작업으로 11개 민족을 개별 소수민족으로 분류했다. 그 후에도 민족식별 작업은 계속되어 1979년 6월ー가장 최후로 1979년 6월에 基諾族이 소수민족으로 확정됨ー까지 모두 55종의 소수민족이 확정되었으나 아직도 이 민족식별이 완전히 끝난 것은 아니다.[5]

6. 民族問題

최근 중국에서 민족적인 사항에서 특별히 강조되고 있는 부문은 이른바 '民

---

5) 『中國民族學槪論』, pp.404~405

族問題'라고 하는 개념이라고 볼 수 있다.

"民族問題를 정확히 해결하자" 또는 '民族問題의 발전을 위한 대책' 등에서 볼 수 있는 바와 같이 다민족국가로 특징지어지고 있는 중국 특유의 복잡한 민족적 연관 속에서 나타나고 있는 모든 문제를 중국의 당국자들은 民族問題 라는 단일개념으로 이를 단순화시키고 있다.

그리고 중국은 이 같은 민족문제의 정확한 해결을 통하여서만 참다운 민족 간의 생존과 상부상조를 이룩할 수 있고, 또 이 같은 민족문제 해결의 바탕 위에서 이루어질 수 있는 민족문제의 발전－민족관계의 발전－을 통해서 진정한 의미의 中華人民 즉 社會主義 人民의 창출이 가능하다는 것이다. 결국 민족문제의 해결과 이에 따른 민족문제의 발전이야말로 중국 내 민족들 간의 새로운 관계의 구축이라는 일차적인 효과만을 가져오는 것이 아니라, 이에 부수하여 민족 외적 제반 효과도 아울러 얻을 수 있다고 본다. 예컨대 현재 중국에서 가장 절실한 국가목표로 제시되고 있는 근대화나 공업화 등도 결국 여기에서 말하는 민족문제의 해결과 발전과 같은 연관성을 갖고 있다고 보고 있다. 이같이 중국 사회주의 체제의 유지 내지는 발전과정에서 민족문제가 차지하고 있는 비중은 대단할 뿐 아니라 이 문제의 귀추에 따라서 그들의 체제발전의 성패를 직결시켜 생각한다.

민족문제의 정의

그러면 중국당국자들이 애써 그의 해결과 그의 발전을 강조하고 있는 民族 問題라는 것은 구체적으로 무엇인가. 이에 대해서는 아직까지도 여러 가지 주장이 난무하고 있을 뿐 분명한 정의를 내리지는 못하고 있으나 중국의 민족이론가들 사이에서 나타나고 있는 정의는 대체로 다음과 같다.

(1) 민족문제는 민족과 민족 사이의 문제뿐 아니라 개별민족 내부의
    문제까지도 포함

민족문제는 민족과 민족 간의 문제로 각 민족들이 생성-발전-소멸되는
모든 과정에서 민족과 민족 간의 상호관계를 말하는 것이며 따라서 이와 같
은 민족들 간의 관계에서 나타나는 민족문제는 사회, 역사조건의 차이에 따
라 그 내용과 성질이 다를 수밖에 없다. 예컨대 사유재산제에 기초하여 계급
적 통치가 이루어지는 사회제도 아래서의 민족문제는 압박과 피압박 관계의
문제이며, 이는 다른 면에서 볼 때 바로 민족해방의 문제라는 것이다. 이에
반하여 사회주의 사회의 민족문제는 다름 아닌 민족들 간의 평등과 합작관계
의 문제라고 보는 것이다.

(2) 민족문제는 민족들 간의 모순의 문제

민족들 간에 일어날 수 있는 관계 즉 민족관계의 유형을 대별하여 보면 그
관계가 '平等-團結'의 경우와 '不平等-不團結'이라고 하는 두 가지로 나눠서
생각해 볼 수 있다. 이중에서 민족들 간의 관계가 平等-團結의 관계를 유지
하고 있을 경우에는 민족문제가 생겨날 수 없으나 민족들 간의 관계가 不平等-
不團結의 관계를 이루고 있을 때 민족문제는 야기된다는 것이다.

(3) 민족문제는 민족과 민족 사이에 존재하는 모순과 차별문제

언어-문자의 표현, 풍속-습관, 생활조건 등의 여러 방면에서 일어나는
민족차별이 민족문제의 내용이라는 것이다. 민족문제는 '民族關係'와 '民族差
別'이라는 두 가지 구성부분으로 볼 수 있다. 때문에 민족관계가 민족문제에
서 커다란 위치를 차지하고 있는 것은 사실이나 이것이 민족문제의 전부는
아니고 이에 더하여 언어와 문학, 풍속-습관의 차이 등에서 오는 모든 차별
즉 민족차별도 민족문제의 주요한 구성부분이라는 것이다.

(4) 민족문제는 광의적인 면과 협의적인 양면성

민족문제를 광의적인 입장에서 보면 이는 민족의 생성-발전-소멸의 장기적
인 민족역사 전 과정 중에 일어나는 모든 문제의 총체를 말하며 이는 또한 민족
과 민족 사이에서 나타나는 문제-민족차별, 민족압박, 민족경제, 민족관계-뿐
만 아니라 개별민족 관계-경제, 정치, 사상, 문화, 언어, 풍속-습관 등-까지
도 포함한 민족흥망의 모든 문제를 말하는 데 대하여 협의의 민족문제란 구체
적으로 민족압박과 민족압박에 직접적으로 관련된 문제를 말한다는 것이다.

(5) 민족문제는 다민족 공동체에서 나타나는 물질적 이익의 차이에
    서 생기는 모순

인류사회의 소유의 불평등이라는 측면을 민족문제의 내용으로 파악하고 있
는 입장이다.

민족문제의 실질

이상에서 민족문제에 대한 여러 가지 정의를 소개하였다. 이어서 민족문제
의 실질이 무엇인가 하는 문제 즉 민족문제의 구체적인 내용을 그들은 어떻
게 보는가를 살펴보기로 하자.

(1) 민족문제의 실질은 민족평등의 문제

이는 역사상 민족문제가 생겨난 이래 그것이 계급사회든 사회주의사회 기
간이든 모든 민족문제의 근원은 민족의 불평등 때문에 일어난 것이기 때문에
민족문제의 실질은 민족평등 문제라는 입장이다. 그리고 민족문제의 실질을
규명함에 있어 역사단계별로 차이를 인정, 각 역사단계에는 특유의 민족문제
의 실질이 있다고 본다. 사유재산제에 기초한 계급사회에서는 민족문제의 실

질이 계급문제라는 것이다. 즉 착취계급이 사회의 통치지위를 차지하고 있는 사회에서는 민족적 압박이나 민족관계 등의 근원은 사유제와 계급압박, 계급 착취에 있는 것이기 때문에 민족압박의 실질은 계급압박이라는 것이다. 그러 나 재산의 공유제에 기초한 사회주의 사회에서의 민족문제의 실질에 대해서 는 여러 가지 설이 아직도 엇갈리고 있다.

(2) 민족문제의 실질을 두 가지로 나눠서 보는 입장

국가와 漢族의 도움 아래 소수민족의 정치와 경제, 문화상의 낙후성을 해 소시키려 하는 경우는 낙후된 소수민족지구가 선진지구를 따라가게 하는 것 이 민족문제의 내용일 수 있고, 다른 하나는 계급문제가 민족문제의 내용이 라는 입장이다. 그런데 여기서 후자 즉 민족문제를 계급문제로 보는 입장은 어디까지나 사유제에서의 민족문제의 실질로 이를 사회주의하의 민족문제의 실질로 보는 것은 '左'적 착오라는 것이다. 실제로 중국은 이 같은 입장이 바 로 林彪-四人幇 등이 범한 민족문제에 대한 중대한 착오라고 주장한다.

(3) 세 시기로 나누어 민족문제의 실질을 생각하는 입장

민족해방 시기의 민족문제의 실질은 계급문제이고, 민족번영 시기의 그것 은 사실상의 불평등이며, 민족소멸 시기의 그것은 민족차별의 소멸과 민족융 합의 도달이라고 보는 입장이다.[6]

이상에서 중국이 견지하고 있는 민족문제에 대한 정의와 또 그것의 실질을 어떻게 파악하고 있는가를 살폈다. 여기에서 중국에서 말하는 민족문제가 구 체적으로 무엇을 말하며 또 그것의 성격이 어떠한가는 대체적으로 유추할 수 있다. 위에서 언급된 갖가지 논의를 종합해 보면 당국이 민족문제에 대해서 가지는 입장 중에서 주요한 면은 다음의 네 가지라고 볼 수 있다.[7]

---

6) 『民族研究』, 1981 제1기, pp.75~77

7) 『民族工作手冊』, pp.512~515

(4) 민족문제는 무산계급 혁명문제의 일부분

민족문제는 현존제도 개조에 대한 문제의 일부분으로 이는 사회환경적 제약을 받기 때문에 사회환경의 변화에 따라 그 성질을 달리한다는 것이다. 즉 자본주의 민주혁명 시기의 민족문제는 자본계급 혁명문제의 일부분이며 무산계급 사회주의 혁명시기에는 무산계급 혁명문제의 일부분이라는 것이다. 이같이 현실적으로 야기되고 있는 민족들 간의 민족문제는 무산자 계급혁명 즉 사회주의 혁명의 실현에 의하여 해결될 수 있다는 논리를 그 안에 담고 있는 것이다.

(5) 민족문제에서 주목할 만한 점은 민족문제를 계급문제와 구별하고 있는 점

그들의 주장은 문화혁명 시기의 林彪—四人幇이 행한 죄과 중에서 두드러진 것이 바로 민족문제를 계급문제와 직결시켜 민족문제는 계급투쟁을 통하여 해결해야 한다는 논리를 편 것이라고 주장한다. 왜냐하면 민족문제가 계급문제의 밀접한 관계를 갖는 것은 착취계급이 존재하는 사회조건 아래에서의 일이며, 계급에 의한 계급의 착취가 없어지게 되면 민족 내부적인 계급대립은 물론 민족과 민족 간의 착취 또한 없어지기 때문에 이 시기의 민족문제 해결은 계급문제의 해결과 연관된다고 볼 수 있다. 그렇다고 해서 이 두 가지 문제가 동일한 문제는 아니며 민족과 계급은 서로 다른 사회현상으로 각기 독자적인 생성—발전—소멸의 과정을 갖는다. 계급은 원시사회 말기 생산력의 발전과 사회의 분화, 상품생산과 사유제의 출현과 함께 생겨나 발전되어 오다가 결국 무산자계급 투쟁으로 사유제가 없어짐과 함께 도래하는 사회주의의 실현과 더불어 소멸되는 것이다. 한편, 민족은 원시사회 시기 혈연관계 이후의 씨족부락 제도 이후 지연을 중심으로 생겨난 것이나 이 또한 장래에 인류가 진입할 공산주의 이후의 일정한 발전시기에 이르러야 소멸되는 것이다. 따라서 이 같은 민족과 계급의 역사를 비교해 볼 때 계급의 역사는 민족의 역사에 비하여 짧다고 말할 수 있다는 것이다.

(6) 민족문제의 내용은 계급문제의 내용보다 넓다

민족문제는 민족압박, 민족투쟁, 민족천시, 민족 간 사실상 불평등 등을 비롯하여 민족언어, 민족문학, 문예표현형식, 생활방식, 도덕, 풍속 등 대단히 광범하다. 그러나 계급문제는 이에 비하여 덜 포괄적이라는 것이다.

(7) 민족문제는 계급문제에 비해 한층 복잡하며 존재기간 또한 길다

먼저 계급이 소멸한 다음 국가가 소멸하고, 국가가 소멸한 뒤에 민족이 소멸한다는 등식에서 보면 중국은 계급은 이미 소멸하였으나 민족은 여전히 존재하는 것이다. 따라서 민족문제는 장기적의 문제이며 사회주의하에서도 계속된다는 것이 그들의 시각이다.

제 3 장
● ● ● ● ● ● ● ● ● ● ● ● ● ● ● ● ● ● ●
민족학의 전개

1. 민족학의 경과
2. 민족학의 발전단계
3. 민족학의 대상과 과제
4. 민족학의 체계화 방안

1. 민족학의 경과

문화혁명 이후 근대화를 위한 총력전을 펼치는 가운데 민족에 대한 문제가 주요한 현안의 하나로 등장하기 시작하면서 중국에서는 개별민족들에 대한 인구, 사회, 역사, 민족문화 및 풍속 등에 대한 조사와 아울러 전반적인 민족문제에 대한 종합적인 학문의 하나로 民族學이 새롭게 정비되어 등장하기 시작하였다.

이렇듯 독립된 학문체계로 민족학이 정비되기 시작하면서부터 그동안 산발적으로 다루어져 오던 민족문제에 대한 제반 논의가 하나의 울타리로 묶여지게 되었기 때문에 우리는 이 학문분야의 개괄을 통하여보다 전반적인 면에서 중국의 민족문제에 대한 접근태도를 읽을 수 있다.

여기에서는 중국 민족학의 간단한 역사와 이에 대한 정의를 비롯하여 민족학의 주요한 대상과 내용이 무엇인가에 대하여 살피면서 중국이 가지는 민족문제에 대한 근본적인 태도가 어떠한 것인가를 유추해보고자 한다.

중국은 민족학의 역사를 혁명 전과 혁명 후의 역사로 나누고 혁명 전의 역사를 계급사회 민족학의 역사, 혁명 후를 사회주의적 민족학의 역사로 각각 구분하여 파악하고 있다. 먼저 그들이 말하는 혁명 전의 중국 민족학의 역사부터 살펴보자.

서구의 민족학을 중국에 최초로 소개, 도입한 사람은 蔡元培이며 그의 1926년의 저작 「說民族學」을 중국 최초의 민족학에 대한 저서로 보고 있으나[1] 그 이후의 민족학의 발전에 대하여서는 이를 進化學派, 歷史學派, 機能學派, 프랑스 민족학파 등으로 나누어서 구체적으로 다음과 같이 기술하고 있다.[2]

---

1) 楊堃, 『民族學槪論』, 中國社會科學出版社, 1984, p.140

2) 李詔明, 『民族學』, 四川民族出版社, 1986, pp.28~32

진화학파

진화학파(Evolutionary School)는 자본계급 민족학의 정통파로 독일의 바스타인(Adolf Bastain, 1826~1905) 등에 의하여 발전된 학파로 이 진화학파가 중국에 도입된 것은 1907년부터 3년간 독일에 유학하였던 蔡元培에 의해서였다. 그는 귀국 후 北京大學에 인류학 강좌를 개설했으며 1928년부터 1940년까지 中央研究院 원장으로 근무하면서 사회과학연구소 民族學組를 설치하여 그곳에서 초창기의 중국 민족학의 기반을 닦았다. 그는, 민족학은 이론과학이며 응용과학이라고 주장하면서 여러 번에 걸쳐 邊境 민족지구의 조사도 행하였고 그밖에도 1930년대에는 서구의 진화학파 민족−인류학자들의 저작을 번역하여, 이를 중국에 소개하는 데 크게 기여했다.

역사학파

역사학파(Historical School) 또는 문화사학파(Culture-Historical School)는 進化學派에 반대하면서 역사주의적 입장으로 민족과 인류문제에 접근한다. 歷史學派는 ①독일−오스트리아의 역사학파 ②영국의 전파학파 ③미국의 역사학파로 나눌 수 있으며 이상과 같은 여러 부류의 歷史學派는 北京의 輔仁대학을 통해 중국에 소개되었다.

기능학파

기능학파(Functional School)는 제1차 세계 대전 이후에 영국 런던대학의 오스트리아인 마린노쉬(Bronizlaw Malinowsh, 1884~1942)와 영국

인 라드크리프 브라운(A. R. Radcliffe-Brown, 1881~1955) 등에 의하
여 대표된다. 이들은 인류사회 문화의 발전이 점진적이라는 진화론적 입장에
반대하여 문화적인 의의와 기능이라는 관점으로 이를 설명하고 있다. 그들은,
하나의 사회에 하나의 문화현상이 나타나는 것은 실제생활의 작용에 의한 것
이며 따라서 민족학은 실제생활과 함께 설명되어야 하기 때문에 이를 위해서
는 실제조사가 필수적이라고 봤다. 이 機能主義的인 입장의 도입은 1935년
燕京大學을 중심으로 이루어졌는데, 특히 吳文藻의 "功能學派 社會人類學的
由來與現狀"3)이 그 직접적인 역할을 하였다. 그 후 1930년대부터 이 학파
의 영향을 받은 갖가지 민족조사가 실시되었으며 이에 의하여 여러 가지의
저술이 속속 출간되었다.

프랑스 민족학파

파리 民族學硏究所(Institut d'Ethnologic de Paris) 설립 이후 본격
화되었다. 그후 이 학파도 뒤르켕(Emile Durkheim, 1858~1917), 꽁트
(Auguste Comte, 1798~1857) 등의 학자들에 의한 實證主義(Positivism)
로 발전되면서 대단한 영향을 미쳤다. 이 프랑스 민족학파적 경향은 楊堃,
凌純聲, 楊成志, 徐益棠, 胡鑒民, 衛惠林, 芮逸夫 등에 의하여 중국에 소
개, 도입되었다. 楊堃의 「中國家族的先祖崇拜」(1930, 星昻大學版), 「中國
兒童生活之民俗學的硏究」(1939, 朋友社) 등에 의하여 대표된다.

---

3) 『民族學硏究集刊』 제1기, 1936·5

2. 민족학의 발전단계

施正一은 혁명 후 지금까지 30여 년 동안 중국에서의 민족학의 발전을 다음과 같이 제4단계로 구분하고 있다.[4]

제1단계

1949년 혁명 후까지 자산계급의 민족학 과정을 취소하고 새로운 민족학 이른바 사회주의적 민족학의 탐색단계로서 초보적인 민족들의 정치, 경제, 문화, 교육, 풍속, 습관 등에 대한 조사가 이루어진 시기이다.

제2단계

1953년 제1차 5개년 계획이 개시된 이후 이른바 "소련에게서 배우자"는 구호가 널리 강조되던 시기이다. 이 시기에는 민족학도 다른 분야에서와 마찬가지로 소련의 도움과 소련문헌의 소개로 민족학 과정이 부분적으로 회복되어 이에 대한 학습과 연구가 이루어지기 시작하던 때로 상당수의 민족에 관한 학술논문이 발표되기도 하였다. 그러나 이 단계에 중국 민족학에 있어 가장 획기적인 발전의 하나라고 평가될 만한 全國人民代表大會 民族委員會가 少數民族社會 歷史調査組를 조직하여 대규모적이고 본격적인 소수민족과 소수민족 지역의 실태파악에 착수한 사실이다. 이와 아울러 이 시기에는 여러 民族學院과 민족지구의 高等學院校와 黨政幹部學校 등에서 '민족문제와

---

4) 施正一, "關于發展我國民族學的幾個問題", 『民族學研究』 제1집, pp.175~178

민족정책' 강좌와 과정이 각각 개설되기 시작되었으며 또한 민족식별, 민족구
역 자치문제 등에 대한 노력이 시작되었다.

제3단계

1957년 反右派鬪爭 이후 林彪-四人幇 시기로 민족학에 대한 대대적인 비
판이 진행되었다. 특히 사회학이나 민족학 등은 자산계급의 고유한 학문분야로
규정하고 이는 자산계급들이 제국주의, 식민주의자들이 식민지-반식민지 민족
들을 침략하고 압박하는 반동사상의 무기이며 도구이기 때문에 사회주의 사회
에서는 전혀 필요가 없으며 폐지되어야 한다는 주장이 강조되었다. 따라서 이
때는 기존의 민족학 관계 강좌 등이 폐지되는 등 중국 민족학 발전의 최악의
시기였다. 그러나 당시 이 같은 민족학에 대한 당국의 탄압에도 불구하고 한편
에서는 연구와 조사에 괄목할 만한 진전이 이루어졌다. 특히 1958년부터 시작
된 대규모적인 소수민족 사회, 역사 조사활동의 결과에 따라 수백 종의 「民族
簡史」「民族自治地方槪況」 등을 비롯한 각종의 조사보고서가 발표되었다.

제4단계

1976년 四人幇 붕괴 이후, 특히 1978년 三中全會 뒤에 중국 민족학의
연구는 본격화되었고 그 이론적 발전이 가속화되고 있는 지금까지의 시기를
일컫는다. 이 제4단계가 시작되면서 과거 10여 년간 이른바 林彪-四人幇
집단에 의하여 왜곡되고 박해받고 있던 민족학에 대한 대대적인 기능의 회복
이 이루어졌고 민족학과 민족공작이 국가의 주도적인 위치에 올라서서 본격
화되었다. 중국사회과학원 民族學系가 설립되었으며, 민족역사와 민족어 등

두개 전문부분이 개설되고 중국민족학원 연구부에는 민족학을 전공하는 연구생이 초빙되기도 했다. 각종의 민족학 전문서가 활발히 간행되고 있고 있는 이 단계는 중국 민족학 연구의 새로운 발전단계라고 볼 수 있다.

1979년에는 全國民族問題五種叢書會議를 통하여 민족문제에 대한 「五種叢書」의 간행을 결정하여 지금까지도 이의 간행을 계속하고 있다. 「五種叢書」라는 것은 「中國少數民族簡史叢書」 「中國少數民族自治地方槪況叢書」 「中國少數民族歷史調査叢刊」 「中國少數民族」 「中國少數民族言語簡志叢書」 등이다.

3. 民族學의 대상과 과제

민족학 연구의 구체적인 대상이 무엇이며 그리고 그러한 대상에 부과시키고 있는 과제를 살펴보면 중국에서 민족학이 부여받고 있는 기능과 함께 이를 통하여 달성하려는 정치적 효과를 짐작할 수 있을 것이다. 여기서 살피려는 민족학의 대상과 현실적인 과제도 앞에서 살펴본 민족학의 정의문제와 마찬가지로 단일의 범주로 확정시킬 수 있는 문제는 아니다. 따라서 이에 대해서는 관계학자들의 논의를 간추려 소개함으로써 그들의 관심을 살펴보고자 한다.

劉孝瑜의 입장

劉孝瑜는 특정한 민족에 국한하지 않고 일반적으로 사회주의 민족학의 대상은 다음과 같은 다섯 가지 면으로 요약할 수 있다고 말한다.5)

---

5) 劉孝瑜, "略論民族學的定義和對象", 『民族學硏究』 제1집, pp.130~132

(1) 민족들의 민족적 현상과 특징을 대상

민족학은 우선적으로 현존하고 있는 민족 현상과 특징을 연구의 대상으로 삼아야 하며 이 같은 민족의 현상과 특징을 이해하고 연구하기 위해서는 자연히 민족이라는 공동체의 구성요소가 되는 개별민족의 언어, 지역, 경제, 문화와 심리 등의 각 방면은 물론 그 민족들이 가지고 있는 자연 및 사회적 환경을 종합 분석하여 이들의 상관관계와 또 그들의 변화내용을 추출해내는 작업이 대단히 중요하다. 그리고 이 같은 개별민족의 현상과 특징을 파악하는 작업은 결국 특정민족과 타민족의 그것과를 비교함으로써 개별민족에 관한 전반적인 모습이 보다 분명히 밝혀질 수 있다. 또 유물사관의 입장에서 개별민족의 발전과정을 생산력과 생산관계간의 모순과 이의 통일 즉 경제적 기초의 모순과 통일 운동과를 연관시켜 개별민족이 처하고 있는 사회적 성질을 파악하는 일도 사회주의 민족학에 있어서 대단히 중요하다.

(2) 민족의 형성과 발전규율을 규명

여기서 말하는 민족의 형성과 발전규율의 문제도 물론 유물사관의 입장에서 민족문제에 접근하는 고유의 입장 중의 하나라고 볼 수 있다. 즉 민족학의 대상으로 앞에서 제기한 민족적 현상의 파악 문제를 포함한 여타 민족학의 논의대상도 이는 어디까지나 유물사관에 입각한 민족의 형성과 발전법칙의 논리에 따라서 규명되어야 한다. 따라서 민족학의 개별대상도 주요한 대상이기는 하나 그러한 개별적인 문제를 포괄하는 민족의 형성과 발전에 대한 규칙성의 규명과 정리 또한 커다란 의미를 갖는다. 유물사관에 따르면 민족이라는 것은 일정한 역사적 범주의 생성체이기 때문에 그것은 부단한 변화와 발전과정을 가질 수밖에 없다. 이같이 개별민족이 가지고 있는 부단한 변화에 대한 발전법칙을 규명하는 일은 민족학의 주요한 대상의 하나라고 볼 수 있다.

(3) 민족 간의 관계규명

중국의 경우, 혁명과정을 거치면서 기존 제 민족 간의 관계가 재정비되고 구획되었으나 그렇다고 여러 민족들 간의 여러 가지 문제가 일소된 것은 아니다. 따라서 다민족국가라는 특수한 상황에서 보면 더욱 민족과 민족 간의 관계에 대한 보다 정확한 규명과 조정이 민족학의 한 영역이 될 수밖에 없다. 왜냐하면 다민족국가의 경우는 특히 이들 다민족들이 서로 공통점도 많이 가지고는 있으나 풍속과 언어, 발전 불균형 문제 등 차이점 또한 적지 않아 이것들이 민족 간의 모순으로 나타나는 경우가 많다. 따라서 이러한 문제의 근본적인 해결을 위해서는 역시 민족관계의 정확한 판단과 이를 통한 민족 모순의 해결이 필요하다.

(4) 민족구역과 민족거주 상황의 문제

민족이라는 것은 역시 주거환경의 영향을 많이 받기 때문에 특정민족이 대를 이어 살아오고 있는 민족구역의 연구는 가장 기초적이면서도 중요한 몫을 차지할 수 있다. 중국의 소수민족 분포상황은 大雜居, 小聚居의 특징을 가지고 있기 때문에 이 같은 점을 충분히 고려하여 이들의 분산과 집중의 정도에 따라 이에 적절한 民族區域 自治制度를 수립하는 것이 중요하다. 따라서 전국적인 면에서 개별민족의 분포현황과, 이들의 분산과 집중의 상태를 정확하게 파악하는 것은 올바른 민족정책을 위한 예비작업이자 민족학의 주요한 한 연구대상이라는 것이다.

(5) 民族識別 문제

민족학의 연구대상은 현대의 개별민족이라고 볼 수 있기 때문에 우선 민족학의 연구대상이 되는 민족을 찾아내 그 민족이 다른 민족과 구별된 특정민족임을 분명하게 밝히는 일이 또한 중요하다. 특히 수많은 민족들의 이합집산이 반복된 민족역사를 가진 다민족국가의 경우, 민족을 분명히 가려내고 확정하는 民族識別은 그만큼 어렵고 그만큼 중요한 의미를 가진다.

林輝華의 입장

林輝華는 또 그의 저서 「民族學硏究」에서 중국 민족학이 안고 있는 현실적 과제를 크게 소수민족별 문제, 소수민족 사회성질의 연구, 소수민족의 문화와 생활의 연구, 소수민족 종교-신앙의 연구 등의 네 가지로 나누어 다음과 같이 설명하고 있다.6)

(1) 소수민족의 민족별 문제

중국 소수민족은 서로 다른 역사적 배경에 따라 각기 독특한 개별적인 민족문제를 가지고 있다. 소수민족이 가지고 있는 특수한 문제로 생각할 수 있는 것을 요약하면 다음과 같다.

① 지금은 하나의 민족을 이루고 있더라도 그들 민족구성원들은 원래 서로 같지 않은 공동체-부락이나 부족-에 속한 집단들이 포함되어 있기 때문에 여기서 민족 내부의 문제가 존재한다.

② 원래는 같은 지방에서 살던 민족이라 할지라도 이들이 다른 여러 지방으로 흩어진 경우, 비록 같은 언어와 습관은 갖고 있다 하더라도 오랫동안의 거리 때문에 여러 가지 민족 내부적인 문제가 존재한다.

③ 어떤 민족은 그들의 이합집산 과정에서 크게 흩어져 거의 민족적 실체를 분간할 수 없을 정도의 민족도 있다. 겉으로는 민족언어마저 이미 없어져 버린 경우도 있으나 이런 경우에 있어서도 심리적인 면에 있어서는 고유한 민족적 흔적이 남아 있을 수 있어 이것이 민족 내부의 주요한 문제의 하나가 된다.

④ 한때는 상당한 정치적 지위를 가졌던 민족이 그 자리에서 물러나게 되면 다른 민족들에 의해 천시받게 되며 결국은 분산되고 언어 등 민족적 특징조차 없어지게 되어 그들의 민족성분을 오랫동안 감추어오기도 하

---

6) 林輝華, 『民族學硏究』, 中國社會科學出版社, 1985, pp.7~36

나, 그들의 마음속으로는 여전히 민족의식을 간직하고 있다.

⑤ 원래는 다른 민족성분을 가진 사람들이 어떤 계기에 의하여 같은 지역에서 같이 오랫동안 생활하게 되면서 같은 민족명을 가지는 경우가 있는데 이때도 언어와 습관 등은 여전히 서로가 다른 모습을 견지하고 있다.

⑥ 하나의 민족과 또 하나의 민족이 언어가 비슷하고 역사관계 또한 서로 밀접한 관계를 가질 경우, 어떤 사람들은 이들을 같은 민족으로 또 다른 사람들은 서로 다른 민족으로 주장하는 등으로 민족 내부에 있어서도 의견이 서로 엇갈리고 있다.

⑦ 오랫동안 漢族과 잡거하는 동안 자기들의 민족성분을 오랫동안 숨겨오다가 어떤 계기로 다시 자기들의 민족성분을 주장하는 경우도 있다.

⑧ 漢族 중 소수민족지구에서 오랫동안 그들과 같이 생활한 사람들 가운데는 여전히 漢族의 특징을 그대로 가지면서도 자기들이 漢族이라는 명확한 인식을 하지 못하는 사람들이 있다. 이들은 흔히 자기들과 같이 살아온 소수민족의 명칭을 자기들의 민족명으로 사용하고 있는 경우도 있다.

(2) 소수민족의 사회성질에 관한 문제

소수민족들의 사회성질에 대한 연구는 특히 이들의 사회주의적 개조와 민주개혁을 위해서도 특히 중요시되는 민족학의 주요 과제라는 것이다. 이는 구체적으로 다음과 같이 구분된다.

① 원시사회적 형태-소수민족 집단 중에는 아직도 여전히 원시사회구조를 견지하고 있는 부류도 있는데 東北 興安嶺 산중에 살고 있는 鄂倫春人이 대표적인 민족이다. 그들은 지금도 여전히 수렵 위주의 생활을 하고 있으며 생활용구 또한 원시상태의 간단한 것들이다. 토지는 공유하고 공동생산과 공동분배를 유지하며 주요 생산물은 짐승의 가죽 등이다. 鄂倫春人 이외에도 云南地方 佤人, 海南島의 黎人과 臺灣의 高山族도 비교적 원시적인 사회형태를 보이고 있다.

② 노예제 형태－일반적으로 彝族이 노예제의 형태를 보인다고 할 수 있으
나 이들의 각기 경우도 살고 있는 지방에 따라서 사회적인 성질이 많이
다르다. 云南 貴州에 살고 있는 彝族들은 일찍 봉건사회적인 단계를
벗어났다고 볼 수 있는 반면, 四川 大凉山 彝族지구의 경우는 아직도
노예제 요소가 많이 남아 있다. 大凉山지구의 彝族은 黑彝와 白彝의
두 부류로 구분되는데 이중 黑彝는 노예주이며 白彝는 노예이다. 적은
수인 黑彝는 대부분의 경작 가능한 토지를 소유하고 있으며 이 밖에 양
목축과 각종 생산용구도 독점하면서 실질적으로는 노예를 매매하고 있
다. 이 같은 같은 민족의 노예관계는 大凉山 彝人 외에도 景頗人의 일
부에서도 찾아볼 수 있다.

③ 봉건사회적 형태－아직도 봉건적 사회성질을 가지고 있는 민족은 비교
적 많으나 특히 新疆의 維吾爾族과 云南 西雙版納의 傣族, 西藏地方
의 藏族 등이 대표적이다.

이상에서 살핀 소수민족사회 성질을 종합하면 중국 소수민족사회 발전이
불형평적이며 또 소수민족사회 성질이 매우 복잡하고 같은 소수민족일지라도
거주지역별로 커다란 차이를 나타내고 있다는 등 몇 가지 기본적인 문제를
가지고 있음을 볼 수 있다.

(3) 소수민족 문화와 생활의 연구

소수민족의 문화와 생활상태는 계속적으로 변하기 때문에 이들의 변화상을
주의 깊게 관찰하지 않고서는 그들의 진면목을 파악할 수가 없다. 그리고 이
러한 변화상을 통한 개별민족의 문화와 생활상은 우선 생산 공구를 비롯한
노동자료 등 물질문화를 중심으로 파악되어야 한다는 것이며 이를 통하여 민
족들의 불평등성도 유추할 수 있다.

인간과 인간관계에서 형성되고 있는 풍속이나 습관 등도 민족문화와 생활
의 이해에 중요하다. 예술과 문학 역시 각 민족문화와 생활의 주요한 부분이

기 때문에 이에 대한 연구도 개별민족을 이해하기 위한 필수적인 작업이다.

(4) 소수민족의 종교와 신앙의 문제

종교와 신앙은 언제나 각 민족의 생활에서 주요한 비중을 차지하고 있는 부분이다. 그러나 종교와 신앙의 연구에는 다음과 같은 분명한 자세가 선행되어야 한다.

① 종교의식과 민족의식의 결합형태를 주의 깊게 살펴야 한다. 특히 이슬람교와 같이 특정종교가 민족공동체의 특징으로 된 경우와, 苗族과 같이 동일민족이면서 서로 다른 신앙을 가진 경우 등과 같은 차이를 확인할 필요가 있다.

② 종교와 정치의 결합 정도 또한 신경을 써야 한다. 西藏 藏族사회에서 나타나고 있는 바와 같은 政-敎 合一制 등에 대한 연구가 아직은 부족한 상태인데, 이러한 종교와 정치의 결합이라는 사회적 배경이 보다 철저하게 연구되어야 한다. 또 각종 종교의 사찰이 지니고 있는 정치와 경제상의 작용은 어떤 것인가 하는 문제, 종교적인 구호와 기치가 대중에게 미치는 작용 등 갖가지 종교상의 문제도 대단히 복잡하다.

③ 종교와 제국주의 침략의 결합관계 또한 주목해야 할 부분이다. 역사적으로 종교를 빙자해서 들어온 선교사들이 침략의 선봉이 된 경우가 허다하다. 따라서 종교를 빙자한 외세의 개입문제는 여전히 주의해야 할 한 부분이다.

劉伯鑒의 입장

(1) 민족발전과 생태환경의 관계연구

소수민족들의 주거지방은 대부분 산림지방이다. 云南에 살고 있는 소수민족의 60퍼센트가 산림지방에 살고 있으며, 延邊 朝鮮族自治州 또한 전체 면적의 60퍼센트가 삼림이며 東北 大興安嶺, 海南島 黎族地區, 甘南 白龍江

유역의 藏族지역, 廣東, 貴州, 湖南省 등의 소수민족 거주지가 대표적인 산림지구다. 따라서 이들 지방의 계속된 삼림채벌과 개간 등으로 자연이 파괴되면서 寒害와 旱害, 태풍피해 등이 가중되어 토지가 유실되거나 토양이 점점 황폐화되고 있다. 민족의 발전과 자연생태적 상황과의 상관성은 대단한 것이기 때문에 이에 대한 정확한 현실을 파악이 중요하다.

(2) 민족지구 경제구성 문제

민족학은 결국 각 민족의 발전을 도모하려는 목적을 가지고 있고 이러한 목적은 특은 민족지구의 경제적인 조직에 크게 의존할 수밖에 없다. 산업조직이라든가 기술문제, 산품조직, 경제구획 조직, 소비조직, 직업조직, 투자조직, 상품조직, 가격정책, 교통-운수 문제 등의 각 분야가 경제정책의 구체적 문제들이다.

(3) 민족인구의 연구

민족인구의 수자가 결국 그 민족의 성쇠를 나타내는 바로미터로 작용되고 있기 때문에 이는 양적인 면에서나 질적인 면에서 커다란 의미를 갖는다. 따라서 양적인 면과 함께 민족소질을 향상시키는 문제도 중요한데 이는 역시 생활환경과 물질문화 수준의 영향을 많이 받는다. 또 민족인구의 신체상태는 사회환경 및 생활조건 등과도 밀접한 관련을 가지는 것으로 이를 통하여 개별민족의 사회환경과 생활조건의 내용을 파악할 수 있다.

(4) 소수민족 가정의 연구

개별민족의 독특한 전통, 도덕관념, 종교-신앙, 풍속-습관, 경제관계, 사상-의식 형태, 남녀의 가정과 사회에서의 지위 등의 문제는 혼인관계와 가정관계에 크게 영향을 미치고 있기 때문에 가정관계와 혼인관계의 연구를 통하여 개별민족이 가지는 전반적인 의식형태를 짐작할 수 있다.

(5) 민족 공동의식 연구

민족 공동심리는 장기간의 공동생활과 역사발전 과정에서 형성된 의식이기 때문에 이는 곧 그 민족의 독특한 성격을 나타내는 것으로 볼 수 있다. 따라서 정확한 민족심리의 파악을 통하여 보다 적절한 민족문제의 해결은 물론 개별민족 간의 단결과 친목도 이루어질 수 있다.

(6) 민족관계에서의 兩種 民族主義 경향의 연구

大民族主義나 地方 民族主義 그 모두는 민족 단결에 지장을 주는 요인이며 민족관계에 있어서 항상 이들 兩種主義는 경계해야 하고 지양해야 할 연구과제의 하나이다.

(7) 종교문제의 연구

종교는 민족생활에 대단한 영향을 미치는 것이기 때문에 혁명 후의 지금의 상황에서 종교가 어느 정도 또 어떻게 민족생활에 영향을 주는가를 정확하게 파악하는 것이 민족학의 또 하나의 과제다.[7]

陳啓新의 입장

陳啓新은 중국민족학의 주요 과제로 다음 여덟 가지를 들고 있다.[8]
(1) 사회형태에 대한 연구. (2) 사회현상 조사연구의 대대적인 전개. (3) 민족사 조사연구의 계속적인 진행. (4) 민족관계사 조사연구의 발전. (5) 민족학 이론연구의 심화발전. (6) 민족 考古史와 계속적인 민족문물을 수집 정리하는 민족박물관의 건립. (7) 민족종교 연구의 발전. (8) 자본주의 민족학에 대한 비판 강화.

---

7) 劉伯鑒, "關于建立中國民族學科學體系問題的探討", 『民族學硏究』 제1집, pp.59~63
8) 陳啓新, "論民族學的 對象, 內容, 方法和任務", 『民族學硏究』 제1집, pp.121~126

吳從象의 입장

吳從衆은 중국 민족학의 임무를 다음과 같은 18가지로 이를 요약하고 있다.[9]
(1) 마르크스-레닌주의, 모택동사상의 민족이론과 당의 민족정책의 학습.
(2) 각종 사회제도의 연구. (3) 각종 사회 경제형태의 연구. (4) 각종 사회
정책과 정치제도의 연구. (5) 각종 종교신앙 연구. (6) 각종 문화생활 연구.
(7) 민족식별 연구의 계속적인 진행. (8) 언어의 연구. (9) 원시 사회사의
연구. (10) 종족에 대한 연구. (11) 민족학 박물관의 건립. (12) 민족 과학
기록의 계속적인 종합. (13) 漢族에 대한 연구. (14) 사회주의 민족의 연
구. (15) 동화 융합의 연구. (16) 민족학과 四個現代化와의 관계 연구.
(17) 세계 민족에 대한 연구. (18) 민족학 연구 대열의 확대를 위한 연구.

4. 民族學의 체계화 방안

중국이 강조하고 있는 민족문제의 발전과 민족문제의 해결 과학으로서의
민족학이 원활하게 제 기능을 다하고 있다고 보기는 어렵다. 아직도 중국의
민족학은 모색단계에 있다고 보는 것이 적절하며 민족학을 어떻게 규정지을
까 하는 기초적인 관심의 수준을 좀체 벗어나지 못하고 있는 것 같다.

때문에 중국 민족학계에서 가장 시급한 일은 민족학에 대한 성격규정과 이
에 따른 민족학의 체계화 방안이라고 볼 수 있다. 따라서 여기에서는 가장
시급한 민족학의 체계화를 위한 현실문제가 무엇인가에 대하여 관계학자들의
의견을 종합해 본다.[10]

---

9) 吳從衆, "淺談民族學的對象, 任務與方法", 『民族學硏究』 제1집, p.140

(1) 민족학의 정의와 대상, 범위 그리고 임무에 대한 보다 명확한 규
정 필요

민족문제의 긴 역사에 비해 아직도 중국민족학의 이론체계는 정확하게 형
성되지 못하고 있다. 때문에 중국의 실제에서 출발하는 진정한 중국 민족학
체계수립이 가장 시급하며 이는 민족학의 정의나 연구대상, 연구범위, 연구
방법 등 가장 기초적인 부분에서 자기 이론을 명확히 정립하는 일이다. 그리고
그렇게 함으로써만 진정한 의미에서 구미의 민족학과 다르고 소련의 민족학
과도 다른 중국의 민족학이 성립될 수 있으며, 이 같은 전제하에서만 민족학
은 명실상부한 하나의 독립된 과학으로서의 떳떳한 위상을 가질 수 있다. 또
이렇게 분명한 성격과 규정하에서 하나의 독립과학으로 민족학이 자리 잡을
수 있을 때 비로소 민족학과 인접한 여타 학문과의 분명한 구별도 가능해질
수 있으며, 그렇게 되어야만 지금과 같이 여타 학문과의 불분명한 관계로 인
하여 민족학 그 자체가 사실상 부정되는 것과 같은 상태는 자연히 해결될 수
있다.

(2) 과학적 조사방법의 결핍

지금까지 민족문제에 대한 갖가지 조사는 그 방법에 있어서 세련되지 못했
고 과학성을 띠지 못하였기 때문에 효과적인 결과를 가져오지 못하였을 뿐
아니라 조사를 위해 기울인 노력에 비하여 그 성과가 상대적으로 크지 못하
였다. 또 민족문제 조사에 임하는 조사원들의 상당수가 고유의 민족언어도
제대로 이해하지 못한 까닭에 겉핥기식 조사가 많았는가 하면 기록된 문헌에
만 의존하는 조사도 많았다. 따라서 민족문제에 대한 앞으로의 조사는 잘 훈
련된 전문적인 조사인원을 양성하고 이들에 의한 현지 확인과 민족문물의 수
집 및 형상화된 민속자료까지도 광범위하게 수집함은 물론, 모든 조사와 민
속자료 처리에 있어서까지도 과학적인 방법이 동원될 수 있어야 하며 그렇게

10) 『民族學硏究』 제1집, pp.164~167

함으로써 더욱 정확하게 체계화된 민족학의 발전이 가능할 수 있다.

(3) 중국민족과 외국 민족과의 민족적 관계의 규명 필요

지금까지의 민족학의 관심은 주로 중국 속의 소수민족에 대한 것에만 집중되었다고 볼 수 있는데, 이렇듯 분명한 울타리를 치고서는 참다운 민족의 생성과 발전의 역사를 제대로 파악할 수 없을뿐더러 민족학 그 자체의 발전 또한 기대하기 어렵다. 따라서 광범위하게 시야를 넓혀 중국민족과 다른 민족과의 관계, 나아가서는 세계 민족들의 생성과 발전의 분야에까지 연구의 시야가 넓혀질 수 있을 때 중국의 민족학은 비로소 그 발전을 기대할 수 있다.

(4) 민족학에 대한 이론과 원리의 개발 시급

민족학이 독립된 학문으로 자리 잡을 수 있기 위해서는 그것의 가장 본질적인 대상이라고 할 수 있는 민족이라는 공동체에 대한 보편적이고 객관적인 이론의 탐구가 필요하다. 민족의 발전과정은 물론 그것의 형성, 또 각종 물질문화와 정신문화의 기원과 발전 등에 대한 광범위한 이론과 원리의 분명한 인식 아래서만 개별민족과 개별민족 문화의 분명한 접근과 파악이 가능하다.

(5) 민족학 연구와 민족정책 간의 구분이 분명하게

민족학 연구와 민족문제에 대한 현실정책이 서로 불분명하게 혼용되고 있는 실정이기 때문에 양자의 관계 또한 설왕설래하고 있는 것이 지금의 실정이다. 분명한 것은 민족학 연구가 어디까지나 민족정책에 종속되어야 하나, 그래도 당과 정부에서 행하고 있는 민족정책과는 구별이 있어야 한다. 이런 점에서 볼 때 지금까지 행한 각종 민족학의 조사활동은 이 같은 본의와는 커다란 거리가 있었다. 예를 들어 1958년 이래의 민족조사 시 각 민족지구의 지하자원 조사라든가 민족지구의 인민공사의 현황 등과 같은 부문에 집중적인 관심을 가지는 등으로 부수적인 부문을 강조하여 왔기 때문에 민족학에 입각한 학문적 조사는 사실상 이뤄지지 않았다. 요컨대 민족학은 하나의 과학이기 때문에 자기의 임무와 구역에 따라 모든 연구와 조사가 이루어져야 하는 것이지 그렇지 않고 일시적이거나 혹은 정치구호에 이용되어서는 안 된다. 이렇게 민족학의 자기의 본분에 충실할 수 있을 때 비로소 중국의 민족학은 중국의 민족정책을 위해 참다운 기능을 제대로 수행할 수 있다.

(6) 민족학의 중추기관으로서의 민족박물관이 건립 필요

보다 체계적이고 종합적인 민족학 연구를 위해서는 각종 자료의 보관은 물론 이들에 대한 효과적인 비교연구와 민족학 지식의 보급을 위해서도 민족박물관의 건립이 필요하다. 따라서 지금 존재하는 민족문화관은 제대로의 학문적 기능을 수행할 수 있는 여건을 제공해 주지 못하고 있어 본격적인 박물관의 건립과 이의 기능 확보가 중국 민족학의 발전과 보급을 위해서 절실하다.

(7) 민족학 연구에 대한 '雙百' 방침이 민족학의 발전에 필수적

과학적인 학문으로서의 민족학이 제대로 발전될 수 있고 또 이러한 발전을 통해서 중국 민족문제의 해결과 발전에 기여할 수 있기 위해서는 무엇보다도 학술연구에서의 자유토론의 분위기가 우선되어야 하며 이는 雙百 방침 아래서만 가능할 수 있다.

제 4 장

민족정책의 내용

1. 민족관계의 현실
2. 민족사회의 실현
3. 민족정책의 이론적 전제
4. 소수민족정책의 경과
5. 사회주의민족정책
6. 민족평등과 민족단결

1. 민족관계의 현실

중국은 혁명을 통하여 그동안 여러 민족 간의 관계를 지배하여 오던 민족 대립, 민족차별, 민족억압, 민족 간의 착취, 민족의 탄압 등과 같은 계급적 모순에서 형성된 문제는 해결되었다고 주장한다. 이들은 계급사회에서 생기는 다른 문제와 마찬가지로 민족문제 역시 이 단계에서는 여러 가지 성질과 형태를 띠고 있으나 그 모든 것은 결국 계급대립이라는 토대에 의하여 유발되고 있는 것이기 때문에 혁명을 통하여 사회구조적인 변화 즉 계급대립의 구조가 소멸되면서 자연히 없어질 수밖에 없었다는 것이다.

그러나 앞에서 살핀 바와 마찬가지로 중국은 혁명과 더불어 모든 민족문제가 다 없어진 것은 아니라는 점 또한 분명히 밝히고 있다. 혁명을 통하여 소멸된 것은 계급사회의 민족문제 즉 계급사회라고 하는 환경 속에서 나타난 민족문제이며, 혁명 이후 사회주의 사회에는 공산주의 사회로 이행하는 과도기 특유의 민족문제가 별도로 여전히 존재한다는 것이다. 때문에 지금 이 시점 즉 사회주의기의 중국에 있어서는 더 이상 민족문제가 존재하지 않는다는 주장은 바로 사회주의하의 민족문제를 제대로 이해하지 못했을 뿐 아니라, 사회주의 내지는 마르크스주의 민족문제에 대한 이해도 제대로 하지 못하고 있는 데서 생기는 主觀主義, 冒險主義的인 잘못이거나 또는 大漢族主義的인 사고방식이라고 이를 비난한다.[1]

이상과 같은 합리화에서 분명히 나타나고 있는 것은 다민족 간의 복잡한

---

1) 李維漢, 『統一戰線和民族問題』, 人民出版社, p.557

민족관계를 형성하여 오는 과정에서 누적된 숱한 문제점들이 혁명 후 중국의 민족관계에서 그대로 드러나고 있다. 이러한 역사적인 뿌리를 가진 민족 간의 제반문제들은 사회주의 혁명이라고 하는 이데올로기적인 슬로건과는 무관하게 사회주의 중국에서도 가장 큰 골칫거리로 등장하고 있다는 사실이다.

중국당국자들이 줄기차게 '민족문제의 해결'이나 '민족문제의 발전'을 부르짖는 것도 민족문제의 계속적인 발생을 인정하는 것임과 동시에 민족문제의 해결이 가지는 어려움을 반영하는 것으로 볼 수 있다.

2. 민족사회의 현실

중국 민족정책의 내용을 살피기에 앞서 이러한 민족정책의 배경이 되고 있는 중국 민족사회의 제반 문제들을 간략하게 살펴보자.[2]

(1) 민족사회 발전의 불균형 문제

민족사회가 여러 가지 면에서 사실상의 불평등 상태를 이루고 각 민족사이의 지식수준이나 기술능력 또한 대단한 차이를 보이고 있다. 그리고 각 민족 내지는 민족사회에서 나타나고 있는 이러한 격차는 민족과 민족 사이에서뿐 아니라 거주지역의 차이에 따라 동일민족 간에도 나타난다. 이렇듯 민족과 민족 간 또는 같은 민족 사이에서 나타나고 있는 불평등 현상은 주거인구의 많고 적음, 거주지역의 생활환경 등과 같은 주어진 여건에 의하여 초래된 현상이라고 볼 수 있다.

이와 같은 민족의 불평등 현상은 혁명 전 소수민족의 사회, 경제적인 상대

---

2) 『統一戰線和民族問題』, pp.615~623

가 워낙 낙후해 있었기 때문에 이러한 前代의 낙후성이 혁명 후에도 상당 부
분 영향을 미치고 있기 때문이라고 설명하기도 한다. 鄂溫克族을 비롯 鄂倫
春族, 獨龍族, 怒族, 傈僳族, 佤族, 布郞族, 崩龍族, 景頗族, 黎族, 高山族
등과 같은 변방의 소수민족 60여만 명은 혁명 이전에 거의 원시사회적 상황
에 놓여 있었고 이러한 낙후된 생활여건 때문에 혁명 후에도 원시제도의 잔
재가 남아 있다. 때문에 이와 같은 소수민족 사회에 있어서는 아직도 여전히
생산자료 사유제가 어느 정도 남아 있고 또 어떤 측면에서는 원시 공산제의
상태가 계속되는 지방마저 존재한다는 것이다.

이상과 같은 여러 가지 요인으로 소수민족은 漢族에 비하여 상당히 낙후된 생
활환경에서 살아왔기 때문에 이 영향이 지금까지도 민족들 간의 불평등의 소지
로 그대로 작용하고 있다. 따라서 중국당국의 민족정책의 주요한 과제의 하나는
이같이 엄연하고 분명한 형태로 존재하고 있는 각 민족 간의 불평등－漢族과 소
수민족 간, 소수민족 상호간, 동일민족 간의 불평등－의 문제라고 볼 수 있다.

따라서 민족 간의 불평등 현상이 다방면에 걸쳐서 그리고 전면적으로 시정
되지 않고서는 전반적인 국력의 결집도 결집이려니와 이에 더하여 근대화를
위한 총력전에 있어서도 막대한 지장을 초래할 뿐 아니라, 어쩌면 민족적인
불평등이 다분히 그들 체제의 결집력을 위태롭게 하는 불씨로 작용할 수 있
는 소지도 있기 때문에 이의 해결이 그만큼 강조되고 있는지도 모른다.

중국은 현재 민족 간의 불평등 문제를 민족정책의 주요한 하나의 내용으
로 삼고 있다. 민족언어를 새롭게 정비한다든가 민족예술의 진작, 새로운 민
족적 영웅의 부상, 심지어는 민족체육의 강조 등에 이르기까지 겉으로 보기
에는 독자적인 개별 민족문화에 열을 쏟는 듯한 갖가지 시책들 그 모두가
사실상 개별민족의 사기진작과 또 이를 통한 그들 지역, 그들 경제의 진흥
을 목적으로 한다. 궁극적으로 중국은 四個現代化를 이러한 개별민족의 균
형된 발전을 통하여 효과적으로 추진하려 한다. 때문에 민족 불평등의 해소
를 위해 펼치고 있는 갖가지 시책들은 앞으로도 상당기간 더욱 강조될 것

이며 이를 통하여 변방의 발전을 유도하려고 하는 노력 또한 계속될 것임
이 분명하다.

(2) 소수민족지구에 남아 있는 봉건 영주제도 등 구제도의 개선문제

秦始皇이 중국을 통일한 이후는 어느 민족 할 것 없이 봉건제로 일괄 편입
되었다고 볼 수 있으며 이러한 상태에서 전제주의적 봉건국가가 형성되었다.
따라서 秦의 이 같은 전제 봉건왕조로의 통일 이후 중국의 각 민족은 다같이
봉건왕조에 예속되어 들어가 봉건국가의 일부분을 형성, 황제의 통치를 받아
왔다. 그리고 역대 봉건왕조의 소수민족의 통치방식은 內地의 경우와는 달리
독특한 방법을 사용하였다. 內地의 경우에 있어서는 황제가 직접 관리를 파견
하여 이를 통치하였으나 外地 즉 소수민족지구의 경우는 이와는 달리 이른바
'以夷制夷'의 방식으로 이들을 다스렸다. 이 방법은 황제가 소수민족지구의 원
래 통치자에게 특별한 관직을 주어 이들을 지방정권의 통치자로 삼음으로써
직접 중앙관리를 그곳에 파견하지 않고서도 이들의 충성에 의해 효과적인 변
방통치와 외세의 경계를 가능케 한 것이다. 특히 元-明 이후 이 같은 土司制
度와 流官土官 등의 통치방법이 정착되면서 후대에도 커다란 영향을 미쳤다.

淸代에는 元-明代에 정착된 이러한 방법을 계승하여 소수민족지구에는 보
다 정밀한 통치제도를 개발하였다. 예컨대 滿州와 內蒙古지방에는 '盟旗制度'
를, 新疆에서는 '伯克制度', 西南지방에서는 元-明代의 '土司制度', 西藏지
방에서는 '政-敎 合一制度' 등이 각각 실시되었다.

봉건왕조의 소수민족지구에 대한 이 같은 통치방법은 소수민족 지구의 생
활여건을 발전시키지 못하게 한 주요한 원인이었다고 볼 수 있다. 따라서 이
당시 형성된 봉건제의 잔재는 상당히 오랫동안 그 흔적을 남기고 있다. 중국
민족정책의 궁극적인 목표가 사회주의 민족으로 단순화시킬 수 있는 민족의
단결과 융합이라고 하는 점을 감안해 볼 때, 이렇듯 현재까지 계속되고 있는
소수민족지구와 그 소수민족의 전통적인 인습과 사고방식은 넘기 힘든 장애

물임에 틀림없다. 따라서 민족정책의 내용에서도 볼 수 있는 봉건잔재의 청
산이라든가 또는 사회주의 민족교육 실시 등의 구호는 이 같은 구습의 타파
를 통한 민족통합에 그 뜻을 두고 있다.

(3) 개별민족이 고유하게 견지하고 있는 종교와 신앙의 문제

중국은 구성민족의 다양성에 못잖은 여러 가지 종교와 종파들이 각 민족사
회에 그 뿌리를 내리고 있다. 개별 민족집단이 오랫동안 그들의 생명처럼 여
겨온 이러한 종교 신앙이 그들 민족과 또 민족지구에 미치는 영향은 실로 대
단하다. 개별민족이 가지고 있는 민족신앙으로서의 특정 종교는 단순히 그
종교인들에게만 영향을 미치는 것이 아니다. 특히 봉건시대의 경우 종교세력
이라는 것은 정치적인 권력의 상징이기도 하였으며 또 경제적으로는 막대한
토지의 소유세력이기도 하였기 때문에 종교는 사실상 정치와 경제, 사회, 문
화의 모든 영역을 지배한 세력이었다. 종교는 그것을 신앙하는 민족의 민족
성의 일부로 자리하기 시작하면서 이것이 민족단결과 민족의식의 주요한 구
성부분이 되기도 했거니와 다른 한편으로는 종교자체가 민족 간의 억압과 착
취의 수단으로 작용하기도 했다.

중국의 공식적인 이데올로기와는 공존할 수 없는 것이 종교문제임에는 틀
림없으나, 그렇다고 하여 획일적 방법으로는 도저히 해결될 수 없는 개별민
족 종교가 민족세계에 내린 뿌리는 깊다.

(4) 사회주의 혁명 진행의 不動性에서 오는 문제

중국의 공식간행물은 하나같이 중국의 공산주의 혁명은 전민족의 혁명이었
다는 사실을 강조하고 있다. 長征 시기부터 중국혁명은 특정민족이 주도하고
또 그들에만 의하여 성취된 혁명이 아니라 중국을 구성하고 있는 전체민족들
에 의한 혁명임을 누누이 강조하면서 특히 혁명과정에서 보인 소수민족들의
공헌을 치켜세운다. 이렇듯 혁명과정에서는 모든 민족이 거족적으로 참가하

여 이를 성취하였으나 혁명 후의 이른바 '혁명발전' 시기에 있어서는 그 발전
의 내용이 서로 다르다는 것이다. 이는 민족지역에 따라 공산당의 혁명－또
는 혁명방식－에 동의하지 않고 이에 저항한 세력이 존재하였다는 사실을 간
접적으로 밝히는 언명이라고 볼 수 있다. 중국이 완전히 공산화된 이후 주로
변경의 소수민족 집단들에 의한 계속된 저항과 중국정부에 대한 도전이 바로
이것이다. 그러나 중국은 공식적으로 이를 이른바 '革命發展의 不平衡性'이라는
묘한 표현방식으로 설명하면서 이 같은 현상의 원인을 다음과 같이 설명한다.

> "민족들 사이에서 또 민족 내부의 여러 가지 발전의 극단적인 불평
> 형성 때문에 민족들의 혁명발전에는 다소 차이가 있으며 일개 민족
> 내부의 혁명발전 역시 차이가 난다."

이는 사회 경제발전이 민족에 따라 서로 다르기 때문에 그러한 기층관계의
상위에 따라 그것에 의하여 크게 영향을 받는 사회주의 혁명의 발전이라고
하는 것이 다를 수밖에 없다는 점과 또 이 같은 혁명의 불평형성은 동일민족
상호간에 있어서도 지역에 따라서 다르게 나타났다고 하는 것이 그 내용이다.
이 같은 공식적인 원인 설명은 앞에서 살펴보았듯이 소수민족 사회의 전통
적인 봉건제적 잔재와 혁명발전의 불평형성을 연계시키려는 노력이기도 하다.
따라서 여전히 민족별로 도사리고 있는 사회주의 방식 내지는 사회주의 체제
에 대한 회의를 하루빨리 일소하고 체제의 정통성을 확산시킴으로써 명실상
부한 사회주의 민족체제가 성립될 수 있다고 믿는다.
이상에서 중국의 입장에서 생각할 수 있는 민족사회의 여러 문제들을 간략
하게 살폈다. 여기에서 분명히 나타나고 있는 바와 같이 중국 통치당국이 대
내외적으로 과시하고 있는 전민족의 화합이라든가 '統一的 多民族社會主義
國家'라고 하는 슬로건의 이면에는 중국의 민족사회가 아직도 종교, 습관, 언
어, 사회구조의 이질성, 경제수준의 상위와 같은 문제에서 기인하는 수많은
민족 간의 갈등의 불씨가 여전히 남아 있고, 이러한 불씨는 그들 사회주의

권력의 힘에 의한 40여 년간의 통치로도 결코 무력화시키지 못하고 있다는 점이다. 물론 민족문제를 둘러싸고 있는 이러한 여러 가지 불씨가 현시적인 위협으로 등장했다고 할 수 있는 정도는 아니라 할지라도, 이 불씨는 다른 어떤 불씨보다도 강인한 지속성과 결집력을 가지고 있는 까닭에 이는 현존체제의 잠재적인 위협일 뿐 아니라 현실적으로 그들 체제 국력결집의 중대한 시련이며 四化의 중요한 관건일 수도 있는 것이다.

3. 민족정책의 이론적 전제

중국이 민족정책을 전개함에 있어서 가장 고심하고 있는 부분은 현실적인 여러 정책을 합리화시킬 수 있는 분명한 민족이론의 정립이다. 사회주의 체제 특유의 '이론과 실제의 통합'이라는 측면에서 볼 때 모든 현실적인 현상이나 정책들은 어떠한 형태로든 이론적인 뒷받침을 통해 그러한 현상이나 정책을 합리화시켜 줄 수 있어야 하는 것이다. 따라서 민족정책에 있어서도 중국이 현재 펼치고 있는 갖가지 민족문제 해결을 위한 조치와 정책들은 이를 합리화 내지 정당화시켜 줄 수 있는 무기 즉 이론적인 뒷받침을 요구하고 있음은 두말할 필요도 없다.

그런데 사회주의 체제에 있어서 어떤 특정한 부문에 대한 이론이 정당화되려면 우선 그것이 사회주의적이어야 한다는 단서가 붙기 때문에 문제는 복잡하다. 민족문제에 대한 이론의 정립 즉 민족이론의 정립에 사뭇 진통을 겪고 있는 것도 바로 이 같은 전제 때문이다.

사회주의 민족이론, 보다 구체적으로 마르크스주의 민족이론의 윤곽은 분명하다고 볼 수 있다. 민족은 인류 역사발전의 일정 단계에서 존재하는 과도기적

현상이라는 것. 또 민족은 계급관계에 의해 형성되기 때문에 민족문제는 계급 문제의 일부라는 것. 따라서 민족문제는 사회주의 혁명 문제에 귀속되는 것으로 혁명에 따른 계급소멸과 함께 소멸된다는 세 가지로 이를 요약할 수 있다.

중국의 민족이론의 경우도 그것이 사회주의적이며 마르크스주의적인 민족이론이 되기 위해서는 이상에서 밝힌 세 가지 요소를 충족시켜 줄 수 있는 체계를 유지해야 한다. 그러나 사회주의 혁명을 경과했으면서도 민족문제는 여전히 해결되지 못하고 그대로 이어져 內政의 커다란 문제점으로 등장하고 있을 뿐만 아니라, 그렇다고 하여 현존하고 있는 민족문제를 계급적인 성질을 가진 것으로 단정하고 이의 해결을 위해 계급투쟁 방식을 도입하여 폭력적으로 이의 해결을 시도하는 것 또한 적절치 못한 상황이다.

이러한 '마르크스주의 원칙'과 '민족문제의 현실' 사이의 거리가 결국은 민족문제에 대한 이론정립에 있어서도 중국 특유의 '창조적'인 해석에 의존하게 될 수밖에 없다.

여기서는 鄧小平 체제가 취하고 있는 민족정책의 이론적 전제가 되고 있는 민족문제에 대한 중국식 변용의 논리를 살피면서 이를 통하여 그들의 민족문제에 대한 접근방식. 나아가 그들의 민족정책이 가지고 있는 목표가 어떤 것인가에 대해 살펴보고자 한다. 중국의 민족정책에 대한 이론적인 전제는 다음과 같이 대략 다섯 가지로 요약할 수 있다.[3]

(1) 민족문제와 계급문제의 구별

민족문제도 사회구조의 차이에 의해서 그 성질이 변할 수밖에 없으며 따라서 계급사회적 조건에서의 민족문제의 본질과 사회주의적 조건 아래에서의 민족문제의 본질이 서로 다르다. 따라서 이러한 사회조건을 무시하고 획일적으로 '민족문제=계급문제'라는 명제는 성립할 수 없다는 것이다. 그들은 사회주의적인 조건하에서의 민족문제는 이미 계급문제로서 파악할 수만은 없기

---

3) 『民族問題基礎知識』, pp.55~66

때문에 이 시기의 민족정책도 계급투쟁의 현상으로만 이를 파악하는 것은 합당하지 못하다는 것이다.

민족문제를 계급사회와 사회주의 사회의 두 단계로 나누어서 설명하고 있는 그들의 입장을 보다 구체적으로 살펴보자.

계급사회에서는 한편으로는 착취계급에 의해서 행해지는 민족압박과 약탈정책에 따라 민족 간의 불평등, 민족투쟁, 민족모순과 충돌 등의 모순이 야기되며 또 다른 한편에서는 착취를 당하고 있는 약소민족의 입장에서는 이같은 민족압박에 대한 투쟁을 통하여 민족해방을 쟁취하고, 민족평등을 실현하며, 민족번영과 발전을 촉진하기 위한 민족투쟁이 나타나 결과적으로 두 방면으로 민족문제가 확산된다고 본다.

그리고 역사발전 단계별로는 노예제 사회와 봉건사회의 민족문제는 노예주와 봉건 지주계급에 의해 행사되는 민족압박과 민족착취에 대한 반대투쟁이며, 자본주의 시기 다민족국가 내의 주요한 민족문제는 낙후된 민족의 신흥 자산계급의 민족적 압박에서 벗어나려는 욕구와 또한 자본주의 발전에 적절한 민족국가 건설의 문제이며, 제국주의 시기는 민족문제와 식민지문제가 하나로 결합된 이른바 '민족-식민지 문제'가 주요한 민족문제라고 각각 보고 있다.

계급사회에서의 민족문제를 파악하는 이상의 논의를 요약하면 이는 민족은 서로 다른 계급에 의하여 만들어졌으며 민족압박은 사유제에 의하여 생겨난 것이기 때문에 민족압박은 곧 계급압박이다. 따라서 민족투쟁의 실질은 계급투쟁이며 민족문제의 철저한 해결은 계급문제의 완전한 해결을 전제로 한다고 보는 것이다.

이에 반하여 사회주의 사회의 시기에서는 민족문제의 본질도 계급사회와는 달리 다음과 같이 변한다고 본다.

"사회주의 시기에 있어서는 민족압박의 소멸과 더불어 정치적으로나 법률적으로 민족평등이 실현되며, 민족문제의 성질 또한 근본적인 변화를 일으킨다. 중요한 것은 사회주의 혁명과 사회주의 건설. 소수민족 경제와

문화의 발전을 돕는 것이다. 뿐만 아니라 자산계급 민족주의 사상경향과
의 투쟁을 지속하며, 이를 통해 각 민족 간의 사회주의 민족관계를 발전,
공고화하며 四個現代化를 실현시키며, 역사적으로 이어져 온 각 민족들
의 경제—문화적인 면에서의 사실상의 불평등을 소멸시키는 일이다."4)

사회주의 시기의 민족문제는 위의 인용문에서 보듯 사회주의 혁명 및 사회주의
건설과 연관된 문제로 파악하려 한다. 따라서 이상과 같은 사회주의 시기의 민족
문제에 대한 인식을 정당화하기 위해 이른바 민족문제에 대한 '實事求是'의 입장
을 강조한다. 다시 말해 민족은 계급사회에서만 고유하게 존재하는 것이 아니라
사회주의 사회에서도 일정기간은 존재하는 것이며, 또 각 민족 간에 나타나는 사
실상의 불평등 현상도 정도의 차이는 있지만 사회주의 사회에서도 민족천시, 민
족편견, 민족멸시 등의 심리상태로 장기간 지속되고 있다는 점을 인정하고 있다.
따라서 사회주의 단계에서도 여전히 존재할 수밖에 없는 민족문제를 올바
르고 철저하게 해결하는 것이 바로 중국에서의 민족정책의 핵심이며 이것이
곧 마르크스주의 민족학의 올바른 계승이라고 본다.
결국 민족문제는 계급사회와 사회주의 사회에서 그 성격과 내용을 달리하는 것
이나 사회주의 사회에서도 여전히 민족문제는 존재하며 또 사회주의 민족문제는
더 이상 계급문제가 아니라 이는 광범위한 각 민족 노동인민 사이의 관계이며,5)
구체적으로는 민족차별과 민족 간의 사실상 불평등의 문제로 이를 요약할 수 있다.

(2) 민족정책을 농민정책으로 보며 이는 민족문제를 농민문제로 보
는 입장에서 확인

"사회주의 시기의 우리나라 민족관계에서 중요한 것은 각 민족 노
동인민 간의 관계이다. 노동인민이 수적으로 가장 많기 때문이다. 실

---

4) 『民族問題基礎知識』, 1984, pp.56~57

5) 『民族學』, p.264

질적으로 국가권력을 장악한 것은 工人계급과 소수민족의 농민, 牧民
의 관계이다. 이것은 중요한 관계다. 신민주주의 시기에 있어 중국
혁명문제는 실질적으로 농민문제이며 중국의 민족문제 또한 실질적으
로 농민문제이다."6)

비교적 초기－1961년－에 집필된 문헌이긴 하나 위의 인용문에서는 민족
문제의 실질적인 대상은 각 민족 노동인민들의 관계이며 따라서 이는 농(목)
민관계라고 단정하는 입장이다. 이상과 같은 민족문제의 파악은 결국 사회주
의 중국에서의 민족정책은 대 농민정책에 그 의미가 있는 것이며, 이는 곧
각 민족집단의 농(목)민들과의 관계개선과 조정이 민족정책의 중요한 내용일
수 있다는 것을 말하는 것이기도 하다.

 (3) 민족정책은 궁극적으로는 사회주의 혁명의 일부분이며 또한 프
      롤레타리아 독재문제의 일부분

 중국은 마르크스－레닌주의의 민족관에 따라 민족문제의 성격을 단계별로
나누어서 설명하려는 입장은 그대로 견지한다. 즉 자본주의 단계에 있어서의
민족문제는 자본주의 계급혁명 문제의 일부분이며, 제국주의 시대에 있어서는
생산자 계급혁명의 일부분이 되며, 무산자 계급혁명－사회주의 혁명 이후에
있어서는 無産者階級 專政－프롤레타리아 독재와 연결된다. 즉 사회주의 혁명
후에는 강력한 프롤레타리아 독재의 수단에 의존하지 않고서는 기존의 민족
압박과 착취제도를 완전히 제거할 수 없으며 각 민족들이 순조롭게 사회주의
경제. 문화발전을 이룩할 수 없고 또 현대화된 사회 생산력을 발전시킬 수
없으며 민족 간에 존재하는 '사실상 불평등' 현상을 해소시키는 것이 어려울 뿐
아니라 진정한 민족문제의 해결 또한 불가능하다는 것이다.7)

---

6) 『統一戰線問題與民族問題』, p.597

7) 『民族辭典』, p.37

이상에서 보듯 민족문제는 궁극적으로 사회주의 혁명의 일부이자 프롤레타리아 독재의 일부로 보고 있기 때문에 민족정책의 성격이 자연히 사회주의 혁명의 성격 내지는 프롤레타리아 독재의 성격을 아울러 가지고 있음을 유추할 수 있다.

(4) '사회주의 민족'을 위한 민족단결을 강조

중국은 민족주의를 大漢族主義와 地方 民族主義로 나누고 이를 이른바 兩種主義라는 단일개념으로 묶어 비난하는 데서부터 그들 민족정책을 진행시킨다. 이는 민족정책의 궁극적인 목표가 민족융합을 내용으로 하는 社會主義 中國民族의 형성을 지향하는 것이기 때문에 개별민족들로 하여금 진정한 형태의 민족의식의 발전이나 계승을 억제하고 이를 제거하려는 큰 목적에 그 근거를 두고 펼치는 현실적인 정책이라고 볼 수 있다. 이런 점에서 볼 때 중국에서 진행되고 있는 각 민족단위 행사의 권장이나 민족 언어와 습관의 계승을 위한 갖가지 행사 등은 다분히 개별민족들의 환심을 사고 이를 통해 민족 간의 단결을 공고히 하기 위한 전략이라고 볼 수 있다.

(5) 민족단결을 위한 갖가지 정책은 하나의 과도기적 정책

이는 중국이 민족정책의 근원이 되고 있는 민족문제를 어떻게 파악하고 있는가 하는 것으로도 확인할 수 있다. 그들은 민족문제는 민족 간의 사실상 불평등 문제와 각 민족집단이 가지고 있는 고유한 역사적인 유습 등 두 가지를 그 실질적인 내용으로 하고 있다는 것이다. 이러한 민족문제의 실질적인 내용은 그 모두가 사회주의기의 일정기간에 한해서만 존재하는 것이라고 보기 때문에 이 같은 민족문제를 대상으로 실시하고 있는 현재의 갖가지 민족정책도 어느 단계에 가서는 내용이 달라진다는 것은 필연적인 것이다.

그러면 다음 단계에서 중국이 선택하게 되는 민족정책의 명분과 내용은 무엇일까. 지금의 민족정책의 구체적인 명분이 민족단결이라고 하는 상대적인 것이라고 한다면 앞으로 펼쳐질 민족정책은 보다 사회주의 민족을 지향한다

는 데 그 구체적인 명분을 둘 것이다. 결국 중국은 민족정책의 내용도 민족
문제의 성격규명과 연계시켜서만 그를 정당화시켜 나갈 뿐만 아니라, 더욱
분명하게는 그들은 사회주의 체제이며 공산주의의 이상-민족 없는 사회-을
목표로 하는 정치체제라는 사실이 이러한 논리를 뒷받침하고 있다.

4. 소수민족정책의 경과

시기별 민족정책

　중국공산당의 소수민족 정책의 기본입장은 두말할 필요 없이 마르크스-레
닌주의에서 설정되고 있는 민족문제에 관한 제 원칙의 범위에 속하는 것이기는
하나 중국의 민족관계가 지닌 역사, 문화적인 특수성을 상당부분 이에 포함시
켜 현실적인 민족전략을 구사하여 온 것이다. 그동안 중국공산당이 취해 온
민족정책은 다음과 같이 다섯 시기로 나누어 설명할 수 있다.[8]

제1기(1922~1949)

　중국공산당의 창당에서부터 정권을 장악하기까지의 시기로 이 시기의 소수
민족 정책의 기본은 소수민족을 漢族의 지배체제로부터 해방시킨다는 것 즉
민족분리와 독립을 명분으로 한 漢族의 고립화와 소수민족의 공산세력에의
가담을 획책하던 이른바 민족분리 정책의 시기다. 당시 중국공산당의 최대

---

8) 『問題與硏究』, 1986·4月號, 國立政治大學 國際關係硏究中心, pp.10~15

목표는 어떠한 방법으로라도 중국대륙에서의 정권을 장악하는 데 있었기 때문에 소수민족의 反漢, 反國民黨의 민족적 감정을 노골화시켜 궁극적으로 民國政府를 고립화시키려는 데에 민족정책의 모든 노력이 모아졌던 시기다. 따라서 구체적으로 이 시기의 공산당의 민족정책은 민족의 자치, 민족자치권의 보장 등과 같은 민족분리를 자극하는 내용으로 특징된다.

제2기(1949~1959)

이 시기는 중국공산당이 정권을 장악한 이후부터 티베트에서 반공폭동이 일어나기까지의 기간으로 민족구역자치 정책을 강조하던 시기이다.

공산당은 대륙에서 정권을 장악한 이후부터, 종전 국민당과의 투쟁과정에서 소수민족 집단에게 행한 민족정책 즉 민족고립 내지는 민족독립 등 민족분리를 중심으로 한 정책을 버리고 적극적으로 통일국가 내의 민족자치의 형식을 빌려 그들을 포용하려 하던 시기이다.

민족자치에 대한 내용이 처음으로 명문화된 것은 1949년 중국의 인민정치협상회의에서 채택된 공동강령인데 이의 50조, 51조의 내용은 각각 다음과 같다.

> "중화인민공화국의 모든 민족은 다같이 평등하다. 각 민족은 서로 단결을 꾀함으로써 제국주의와 각 민족 내부의 인민의 공적에 대항, 중화인민공화국을 모든 민족우애의 큰 가정으로 만들어 대민족주의와, 좁은 민족주의와 싸워야 할 것이다. 민족의 차별과 압박 또는 각 민족의 단결을 분열시키는 모든 행위를 금지한다."(50조)

> "여러 소수민족이 집중되어 있는 지구에서는 민속의 구역자치를 실시해야 한다. 민족이 집중 거주하는 인구의 많고 적음과 구역의 크고

작음에 따라 각각 각공민족의 자치기구를 설립한다."(51조)

이상에서 보는 바와 같이 제2기에 있어서는 민족자치를 형식으로 내세우면서 모든 민족의 단결을 강조하고 더 이상의 민족분리를 허용하지 않는 민족통합의 중요성이 강조되고 있었던 시기라고 볼 수 있다.

제3기(1959~1966)

전 대륙의 통일을 꾀한 이 시기는 티베트 반공폭동에서부터 문화대혁명까지의 시기로 민족과 민족지역에 대한 대대적인 통일 정책을 실시하던 시기다. 이 시기 민족정책의 기본적 논리는 '민족문제의 실질은 계급문제'라고 하는 원칙이었으며 투쟁의 형태를 통하여 현존하고 있는 민족문제를 해결하려던 시기라고 볼 수 있다. 따라서 이 시기에는 반란 민족집단에 대해 무력진압을 수행하는 한편 행정단위를 개별민족 지역으로 확대, 정리하여 원활한 민족관계의 조정을 위해 힘썼다. 이와 함께 전 민족집단에 대한 사회주의 교육의 확대를 통하여 민족통합과 단결을 빙자한 대륙의 통일화를 도모하려던 시기라고 볼 수 있다. 이 시기의 소수민족 대책은 티베트사태를 통해서 구체적으로 나타나고 있다고 볼 수 있다.

중국은 티베트와 1951년 5월에 민족자치를 내용으로 하는 소위 4개조의 협의서에 조인하였다. 그 내용을 보면 "티베트인민은 민족구역자치를 실시할 권리를 갖는다"(제3조) 또 "티베트의 현행 정치제도는 물론 달라이라마의 고유한 지위 내지는 직권에 대하여 이를 변화시키지 않고 각급 관원은 지금까지 행한 대로 그 직책을 유지해도 좋다"(4조)는 것 등이었다. 그러나 1955년 3월 중국의 국무원은 이러한 협의에 반하여 티베트자치구 준비위원회의 설립을 선포하고, 이 기구를 통하여 기존의 달라이라마 정권을 무시하고 티베트의 政-敎 改革을 시도하였다. 이에 티베트인들은 1959년 중국이 그들과의 맺은 4개조의 협의를 파기하고 그들을 예속화시키려고 하는 데 반기를 들어 대규모의 반공폭동을 일으켰다. 이에 중국은 대포와 비행기를 동원하여 이들을 강제 진압시키면서 티베트 지방정부의 해산을 명령하고 티베트 자치구 준비위원회가 티베트 지방정부의 직권을 대행케 한다고 선포했다. 그 후 달라이라마는 인도에 망명하여 반공활동을 계속하였다.

제4기(1966~1976)

민족자치제의 폐지로 요약되는 이 시기는 문화대혁명의 시작에서부터 사인방의 실각에 이르기까지의 기간으로 중국제체 성립 이후 줄곧 유지되어 오던 민족정책의 형식이었던 민족자치제가 전면적으로 부정된 시기이다.

林彪와 江靑 등의 주도로 '지방 민족주의의 청산'이라는 명분으로 민족문화-습관, 민족언어와 문자, 민족학원을 모두 폐지하고 모든 소수민족지구를 하나의 기준 아래 표준화시키고 동질화시키면서 민족차이를 부정하고 강압적인 민족동화를 추진하던 시기이다.

제5기(1976~)

사인방의 실각에서부터 지금에 이르기까지의 시기로 민족 자치제의 회복기라 할 수 있다. 문혁과 사인방에 의하여 배척되었던 민족구역 자치를 형식으로 하는 민족정책이 부활되고 사회주의기의 민족정책 목표가 민족 간의 평등, 단결, 상호협조에 있음을 내세우고 모든 민족정책은 사회주의현대화 건설을 위하여 공헌케 해야 한다고 주장, 민족정책의 형식을 민족구역 자치의 확대와 발전에 맞추고 있다.

이상에서 중국공산당의 창당과정에서부터 오늘에 이르기까지의 민족정책의 변화를 살펴보았다. 그러나 시대별로 나타나고 있는 민족정책의 변화는 어디까지나 형식에서의 변화이며 내용에 있어서는 한결같이 사회주의적 민족의 주형에 초점을 맞춰왔다. 그러면 왜 이 같은 동일한 내용을 추구하면서도 시대에 따라 민족정책의 형식이 바뀌고 있는가. 그것은 결국 중국의 민족문제가 대단히 복합적인 관계를 가지고 있기 때문이기도 하거니와 이것보다는 오히려 개별민족성의 파괴라고 하는 정책추진 자체가 갖는 어려움을 말하는 것이기도 하다.

단계별 민족정책

위의 시기별 구분과는 달리 중국은 또 사회주의 혁명단계별로 민족정책을 다음과 같이 구분하고 있다.[9]

민주혁명 단계

이 단계는 프롤레타리아 혁명 단계를 말하며 이 단계의 민족정책의 주된 내용은 국내 각 민족의 단결이라고 말한다. 혁명 단계는 제국주의 세력 내지는 제국주의의 사주를 받은 봉건주의와 관료 자본주의의 압박에서 민족을 해방하고 사회주의 중국 즉 中華人民共和國을 건립하는 시기이기 때문에 무엇보다도 민족의 단결이라고 하는 명제가 가장 절실하고 당면한 민족정책의 내용이라고 본다. 중국은 1949년 혁명과 더불어 이 같은 민족단결을 목표로 한 갖가지 민족정책을 대대적으로 표방하고 이러한 정책의 내실을 위하여 새

---

9) 『統一戰線問題與民族問題』, pp.557~560

로운 여러 가지 민족문제에 대한 조치들을 강구해 나갔다. 혁명 초기과정에서 민족단결이라고 하는 정책 기치를 특히 강조하고 있는 것은 민족들의 단결을 통한 협력체제가 구축되지 않고서는 사회주의체제의 정비가 어려웠기 때문이다. 따라서 그들은 혁명 이후 곧바로 행정구역자치, 민족 내부의 민주개혁 등의 사회주의 개조정책을 통하여 국민들의 환심을 사고 이를 통하여 진정한 해방세력으로서의 인식을 전파시키기 위해 애썼다.

사회주의 진입 이후

혁명적 동원기에 이은 사회주의 유지기에 있어서의 민족정책의 내용은 人民民主 專政의 공고화와 구역 자치제의 계속적인 추진이라고 하는 두 가지 내용으로 이를 파악하고 있다. 체제수립의 과도기 다음의 중요한 문제는 체제의 공고화와 이의 발전이다. 때문에 그들은 시기의 체제적인 과제에 상응하는 민족정책으로 人民民主 專政과 區域自治 政策의 계속적인 추진을 강조하고 있다. 이 같은 민족정책을 통하여 전 민족적, 전 국가적인 모든 영역에서의 사회주의 개조를 착실하게 진행시키며 소수민족을 철저히 해방시키고 착취계급과 착취제도를 완전히 몰아냄으로써 소수민족의 경제, 문화의 발전을 돕고 나아가 사회주의 민족과 사회주의 민족경제의 발전을 추구한다는 것이다.

사회주의 민족 단계

현재가 이 단계에 해당한다. 현재 중국은 새로운 민족단계인 사회주의민족단계를 맞이하고 있으며 이 새로운 단계에 있어서의 민족정책의 중요한 내용은 이른바 사회주의 민족의 건설과 사회주의 민족 관계의 발전과 공고화라고 주장한다. 이 단계에서는 사회주의 혁명을 계속 완성시키고 人民民主 專政 및 民族區域自治 制度의 완성과 함께 이러한 바탕에서 민족적 공동역량을 연합하고 사회주의 건설을 계속 진행시켜 중국을 현대공업과 현대농업, 과학문화를 구비한 강력한 사회주의 나라로 건설하여야 한다는 것이다. 낙후된 소수민족의 문화수준을 향상시키고 역사적 구습에 젖은 경제, 문화적인 낙후상태 또한 개선시켜 결국 중국의 모든 민족들이 다같이 정치적으로 평등할 뿐 아니라 경제-문화적인 사실상의 평등을 이룩하여 궁극적으로는 계급적 민족이 없는 '民族大家庭'을 이룰 수 있다는 것이다.

이상에 보듯 이른바 사회주의 민족시기에 있어서의 민족정책의 내용인 사회주의 민족 건설과 사회주의 민족 관계의 발전과 공고화를 통하여 모든 영역에서 수평적인 발전을 이루고 개별민족의 민족문화를 발전시켜 개별민족의 민족적 이상을 성취시키려는 것이 아니라, 민족 간의 경계를 완전히 없앤 민족, 즉 사회주의 민족을 주조하려는 것이 단계별 민족정책의 기본 구도이다.

그리고 이러한 이상적인 사회주의 민족 건설의 '이상목표'를 위한 구체적인 '현실목표'로 다음과 같은 몇 가지 사항을 특별히 강조하고 있다.

(1) 당과 국가의 통일적인 집중 영도 아래 소수민족 지구의 사회주의 경제, 문화의 발전을 계획적으로 지도하여야 한다. 그리고 이러한 소수민족지구의 발전을 계획하고 지도함에 있어서는 사회주의 내용과 민족형식적 문화를 발전시키는 데 특별히 주의해야 한다.

(2) 소수민족이 정치적으로나 사상적으로 사회주의 혁명과 사회주의 제도의 발전을 위한 정치적 각오를 향상-심화-발전시킬 수 있도록 도와야 한다. 이를 위해서는 노동인민들에게 애국주의와 국가주의, 사회주의와 공산주의를 계속 진행시키고, 마르크스-레닌주의와 毛澤東思想 교육을 진행시켜야 한다.

(3) 소수민족지구의 인민 민주전정을 더욱 강화시켜야 한다. 이를 위해서 민족구역자치 제도를 계속 추진하고 소수민족의 평등과 자치를 보장하며 자치기관을 강화하여 이의 기능을 충분히 발휘할 수 있도록 해야 한다. 또 당

과 국가와 소수민족 인민들의 관계를 더욱 밀접하게 하여야 한다.

(4) 당 조직 발전에 주력해야 한다. '共靑團'을 발전시키고 소수민족들에 있어서 공산주의 간부의 양성에 주력하여야 한다.

(5) 각 방면에서의 통일전선 공작을 추진하고 종교공작 등을 통하여 민족단결을 더욱 공고히 해야 한다.

(6) 민족정책의 집행상황을 주의 깊게 검사하고 특히 분산주의와 양종주의를 경계해야 한다.

5. 사회주의민족정책

중국이 새로운 시대의 민족상으로 또 민족정책의 내용으로 내세우고 있는 社會主義民族이란 어떤 것인가. 몇 가지 측면으로 그들이 말하는 社會主義民族과 社會主義 民族期의 내용을 좀더 구체적으로 살펴볼 필요가 있다. 그렇게 함으로써 현재 중국이 내세우고 있는 갖가지 민족정책의 정확한 위치와 성격을 분명하게 파악할 수 있기 때문이다.

(1) 社會主義民族 단계는 社會主義期의 민족관계

사회주의 민족단계인 사회주의기는 이른바 공산주의 단계의 전단계이며 공산주의 단계를 준비하는 과도기적인 단계를 말한다. 따라서 이와 같은 시대구분의 논리에서 보면 중국의 이른바 사회주의 민족 단계라는 것은 민족관계로 보면 최종적이고 이상적인 민족관계의 시기라고 볼 수 있는 공산주의 민족 단계의 전단계이자 또 이를 준비하는 과도기적 단계에 해당하는 것이다.

사회주의 민족의 경우나 사회주의 민족관계 그 모두는 민족정책의 궁극적인 목표일 수 없으며, 이는 어디까지나 보다 높은 발전된 단계-공산주의 단계-를 준비하는 과도기적인 과정에서 임시적인 민족정책의 대안임이 분명하다. 이는 또 사회주의 민족과 사회주의 민족관계의 형성과 발전을 위해서 구체적으로 펼치고 있는 현실적인 민족정책-예컨대 민족구역자치 등-그 모두도 과도기적이며 임시적이고 그리고 기한부적인 조치 이상의 의미를 찾을 수 없다는 뜻이기도 하다.

이런 점을 감안하면, 한편에서는 민족문화의 진흥을 강조하면서 또 다른 한편에서는 사회주의 문화의 중요성을 빠뜨리지 않고 또 '형식은 민족으로 내용은 사회주의적으로' 등과 같은 이중적 논리의 공존이 어떤 성격의 것이냐를 보다 확연히 짐작할 수 있을 것이다.

(2) 사회주의 민족의 존재 기간은 장기적

이는 과도기간의 장기성과 결부된 문제로 사회주의 기간이라고 하는 과도기간은 결국 궁극적인 단계라고 하는 공산주의기가 도래함으로써만 비로소 끝난다. 그런데 공산주의가 과연 언제쯤 도래하는 것이며 또 과연 그 같은 사회가 도래할 수가 있는 것이냐 하는 문제와 연관시켜보면 이 사회주의기가 가질 수밖에 없는 장기성은 쉽게 납득할 수 있다.

마르크스-레닌주의자들이 말하고 있는 이상사회로서의 공산주의 사회가 많은 사람들이 생각하는 바대로 실현 가능성이 희박하다면 지구상에 존재하는 모든 마르크스-레닌주의 체제는 그들이 존재하는 한 계속하여 과도기를 벗어날 수가 없을 것이라는 가정도 충분한 설득력을 가진다. 때문에 현존하는 사회주의 국가들은 그 모두가 과도기를 내용으로 하는 사회주의 체제이며 그러한 과도기의 명칭만을 바꿔가면서 과도기의 연장을 지속하고 있는 것이다.

이런 점에서 중국의 민족정책을 생각할 때, 그들이 사회주의 민족정책의 실질적 과제로 생각하고 이의 해결을 부르짖는 민족 간의 사실상의 불평등 현상과 민족사회에 그 뿌리를 깊게 내리고 있는 관습-민족의식을 비롯한 민족전통 등의 총체를 의미—등의 두 가지 문제 또한 당국의 지속적인 해소 노력에도 불구하고 장기적으로 존재할 수밖에 없다.

(3) 사회주의 민족관계는 융합 이전의 공존관계

중국은 지금 각 민족이 고유하게 지니고 있는 민족적 특성을 한층 강조하고 이의 발전을 호소하는 데 노력을 집중되고 있는 것 같아서 얼핏 보면 민족정책의 진의가 무엇인가를 쉽게 파악하기 어려울는지 모른다. 그러나 분명한 것은 민족정책에 있어서도 여전히 사회주의 발전도식을 신봉하고 있고 이 노선에 따른 변화를 전제로 민족정책을 실시하고 있다는 점이다.

이렇게 보면 현단계에서 중국이 개별민족의 민족적 특성을 인정하고 있는 것은 이상스러운 것이 아니다. 각 민족이 가지고 있는 여러 가지 차이를 인정하고 이에 대한 획일적인 통일이나 통합을 일단 유보하고 현실적인 상황을 인정하고 있다. 그러나 이와 같은 다양한 민족들의 특성을 인정하거나 또는 민족문화와 예술의 진흥이라고 하는 민족정책을 통하여 궁극적으로 얻어내려고 하는 것은 민족의 통일이며 또 이의 전제인 민족 간의 단결과 민족 간의 협조라고 볼 수 있다. 즉 민족통일의 전단계에서 행하는 공존의 인정과 개별민족성의 인정을 통한 민족 간의 협조와 체제에의 협조가 현실 민족정책의 근본인 것이다. 이는 중국에서의 민족정책의 궁극적인 이상이 공산주의 사회에서의 민족관계의 형성 곧 민족융합의 달성이라고 하는 점을 생각하면 자명하다.

지금의 사회주의기가 공산주의의 실현을 위한 과도기적인 상황으로 이를 파악하고 있는 것과 마찬가지로 지금 실시하고 있는 여러 가지의 민족정책—공존을 내용으로 하는—은 공산주의의 민족관계 또는 보다 발전한 민족관계인 민족융합을 위한 준비과정이라는 점은 그들 스스로도 분명히 하고 있다.

"민족융합이라는 것은 인류발전의 장래 문제이다. 사회주의 단계에서 민족융합의 요소들이 나타나는 것은 객관적 규율이다. 사회주의 사

회에서 각 민족들은 하나의 公社, 하나의 공장, 하나의 기관에서 서로
평등하고, 서로 배우고, 서로 돕고, 함께 전진하는 과정에서 자연적으
로 융합적 요소를 발생시킨다."10)

여기서 현재의 민족정책이 가지는 과도기성과 민족정책의 궁극적인 목표가
무엇인가를 분명히 확인할 수 있다. 따라서 현재 중국이 펼치는 당면 민족정
책의 위치는 사회주의의 그것이며 따라서 이 단계에 부합하는 정책만을 내용
으로 하고, 이 점에 대해서 다음과 같이 말하고 있다.

"지금 당장 우리는 차별을 강조해야 할 것이냐 아니면 융합을 강조
해야 할 것인가. 현재로서 민족융합을 강조하는 것은 적당하지 못하
다. 민족융합을 강조하는 것은 실제에 부합되지도 않는다."11)

지금은 사회주의 단계이기 때문에 민족정책도 사회주의기에 적합한 것이어야
지 민족융합과 같은 사회주의 이후 시기의 민족관계의 내용이 지금 단계에서 강
조되는 것은 잘못이라는 것이다. 사회주의 민족정책은 결국 민족 간의 차별을
인정하고, 이것을 유지하는 것을 내용으로 하여야 한다고 보고 있는 것이다.

그러면 여기서 그들이 사회주의기에 합당한 민족정책의 내용으로 말하고
있는 민족 간의 차별이란 구체적으로 무엇을 말하는가.

이는 앞에서 이미 여러 번 언급한 민족 간의 사실상의 불평등과 역사적으
로 형성된 개별민족의 독특한 민족습관을 비롯한 민족적 차이를 말하는 것이
다. 그러나 현실적인 민족정책의 내용으로 그들이 강조하고 있는 민족 간 차
별의 인정이라는 것이 완전히 사회주의적 공통성을 외면한 개별민족의 분리
발전을 위한 정책이 아니라고 하는 점은 다시 한번 분명히 할 필요가 있다.

이는 지금의 민족정책의 내용이 과도기적 성격을 지니고 있다는 점에서도

---

10) 『統一戰線問題與民族問題』, pp.558~559

11) 『統一戰線民族與民族問題』, p.558

분명하거니와 이에 더하여 민족 간의 차별은 어디까지나 사회주의적 공통성이라고 하는 또 하나의 지도원칙과 병존하고 있다고 하는 논리에서도 이를 확인할 수 있다.

> "우리들의 민족관계는 두 가지 경향이 있다. 하나는 사회주의적 공통성이며 또 하나는 각 민족들 간에 나타나는 특징과 차별성이다. 이들 두 가지 경향은 그 모두가 중요하며 이들 중 한 가지만 강조되어서는 안 된다.……이들 두 가지 경향이 결합될 수 있을 때 비로소 민족 간의 평등과 단결, 서로간의 존숭, 애호, 상호접근과 왕래, 상호의존, 상호학습, 상호합작이 가능할 수 있기 때문이다."12)

위에서 보듯 현재로서 가장 적합하다고 생각하는 민족 간의 차별과 특징의 인정을 강조하면서도 이는 또 다른 면에서 사회주의적 공통성을 견지한 선에서 강조되어야 한다고 하는 논리이다. 이것이 바로 현재 강조하고 있는 중국의 민족 언어-문자의 보존과 민족문화 진흥 등 민족 간의 차별의 인정을 위한 민족정책이 궁극적으로는 개별민족의 민족문화의 발전을 위한 것도 민족의식의 고양을 위한 것도 아니며 이는 어디까지나 민족단결이라는 현실목표를 이룩하기 위하여 선택한 최선의 현실정책 이상의 의미를 찾을 수 없다는 것을 말하는 부분이다.

당면 민족정책은 이른바 그것이 가지고 있는 과도기적인 성격에 걸맞게 자율과 타율, 개방과 통제, 민족문화의 진작과 사회주의 문화의 확산, 개별민족성의 인정과 사회주의 민족, 중국민족의 강조, 민족 언어-문자의 강조와 전국적인 언어 문자의 통일 등 이율배반적인 논리가 공존하는-민족 간의 차별과 사회주의 공통성이 공존하는 상황으로 이를 요약할 수 있다.

---

12) 『統一戰線問題與民族問題』

(4) 사회주의는 민족정책을 근대화를 위한 하나의 부수적인 정책

다시 말해 지금 중국에서 제시되고 있는 가장 우선적인 국가정책은 '四化'로 표현되고 있는 근대화 정책인바 이 같은 당대의 국가목표의 전략적인 하위정책의 하나가 바로 당면 민족정책의 본질이라고 볼 수 있다.

중국의 민족이론가들 사이에는 민족문제와 四化問題와의 관계에 대해서는 대체로 네 가지의 입장이 보인다.13)

(5) 민족문제와 四化問題를 같은 개념으로 파악하는 관점

양자를 같은 의미로 파악하는 입장은 소수민족들의 전부가 四個現代化를 절대적으로 요청하고 있을 뿐 아니라, 이들이 바라고 있는 四個現代化 또한 이들 민족들의 절대적인 참여를 통하여서만 이룩될 수 있는 성질의 과업이기 때문에 이들 관계는 같은 의미로 볼 수 있다는 것이다.

이러한 입장에서는 민족문제의 발전 즉 민족단결이라고 하는 현실과제가 그들이 추구하는 근대화 추진에 얼마나 절대적인 영향을 미치는가 하는 점과 또 근대화라고 하는 명제를 특히 소수민족의 거주지역을 중심으로 한 산업의 발전이 특히 큰 몫을 차지하고 있음을 강조하는 관점이라고 볼 수 있다.

(6) 민족문제와 四個現化問題를 總體와 部分 내지는 主要와 從屬의
　　관계로 파악하는 입장

이는 四個現代化라고 하는 국가적 목표를 달성하는 하나의 수단으로 민족문제를 위치시킴으로써 양자의 관계를 主와 從의 관계로, 全體와 部分의 관계로 설정하고 있는 입장이다. 중국의 전반적인 통치이론 구조에서 볼 때 널리 설득력을 가지는 논리라고 볼 수 있다.

양자의 관계를 序列化시키고 있는 사람들은 다음과 같이 이러한 관계를 합리화시키고 있다. 즉 사회주의 시기의 민족문제는 사회주의 혁명과 사회주의

---

13) 紀聞, "關于民族理論問題的爭鳴", 『民族研究』, 1981, 제1기, pp.74~75

건설이라고 하는 총문제의 일부분이며 또 이 같은 민족문제의 해결은 반드시 사회주의 혁명과 사회주의 건설이라고 하는 총임무의 전반적인 해결을 통해서만 가능할 수 있다는 것이다. 이는 곧 민족문제라는 것이 별도로 존재하는 문제가 아니라 사회주의 건설과 그것의 구체적인 현실목표라고 할 수 있는 四個現代化 문제에 포함되고 있는 하나의 부분이며, 따라서 이의 해결은 전체적인 문제의 해결과 함께 또는 그것을 전제로 하고서만 달성될 수 있다는 논리다.

민족문제의 실체는 민족지구에 있어서의 경제문화적 빈곤과 낙후성이라고 볼 수 있기 때문에, 민족문제라는 것은 결국 四個現代化가 내포하고 있는 문제의 일부분이며 또 이러한 민족문제의 해결은 자연히 四個現代化 문제에 종속되지 않을 수 없다고 보는 입장이다.

(7) 민족문제와 四化問題를 相補相成적이고 相互依賴的인 관계

민족문제와 사개현대화 문제는 각각 독자적인 이론 바탕과 내용을 가지고 있는 것이기 때문에, 이러한 차이를 무시하고 한꺼번에 싸잡아서 이들의 관계를 설정하는 것은 적절하지 못하다는 입장이다. 이들의 관계는 단지 현실적인 면에서 서로가 서로에게 도움을 주며 어떤 일면이 발전하면 다른 일면도 이에 도움을 받는 相補相成과 相互依賴的인 관계를 갖는 것은 사실이라고 하더라도 이들은 본질적인 면에서는 각기 독자적인 이론체계와 대상을 가지는 문제라고 파악하는 입장이다.

(8) 민족문제와 四代問題는 별개의 문제

민족문제는 민족관계, 민족모순 문제를 말하는 개념인 반면 四個現代化는 경제건설 문제를 주된 내용으로 하고 있기 때문에 서로 다른 개념이다. 또 四個現代化 문제는 민족문제에 비해 단기적 문제이며 또 이는 민족문제가 내포하고 있는 범위와 내용을 가지고 있지 못할 뿐 아니라 두 개념이 처하고 있는 역사적 상황이 또한 민족문제는 민족의 생성에 부수적으로 파생된 것이기 때문에 四個現代化 문제보다 훨씬 일찍 생겨난 문제이고 四個現代化 건설은 사회역사 발전이 상당한 수준에 이른 후에 발생한 것이다. 따라서 四個現代化의 실현은 민족문제의 해결과 같지 않은 것이며 민족문제는 민족이 존재하는 한 계속해서 존재할 수밖에 없다는 것이다. 즉 민족문제는 장기적으로 지속할 수밖에 없는 문제이나 四個現代化 문제는 이에 비해 단기적인 문제라는 것이다.

이상에서 살핀 바대로 民族問題와 四化問題의 관계를 어떻게 인식할 것인가에 대해서는 전문가들 사이에 아직도 많은 이견이 나타나고 있는 것도 사실이다. 그러나 이 같은 이견들은 결국 민족문제를 우선시하느냐 아니면 四個現代化 문제를 더욱 중요시하는가 하는 문제와도 연관될 수 있다.

그러나 민족문제와 사개현대화의 관계를 보는 입장에서 서로 다른 개념으로 이를 파악하는 입장은 별다른 호응을 받지 못할 것이 분명하다. 왜냐하면 그 같은 입장은 사회주의 건설이라고 하는 체제목표를 상당부분 회의하는 입장이기도 하며 민족문제의 존속기간을 지나치게 길게 잡음으로 하여 궁극적으로 역사적인 일정단계에 국한될 수밖에 없는 문제라고 하는 마르크스－레닌주의의 민족인식과도 충돌될 수밖에 없는 논리이기 때문이기도 하다.

따라서 중국에서 설득력을 가진 논리는 이들의 관계가 總體와 部分이며 主要와 從屬의 관계라고 하는 등식일 수밖에 없는 것이며 실제로 이러한 관계 설정논리가 일반화되고 있는 것 같다. 다음의 인용문에서 이러한 경향을 강하게 읽을 수 있다.

> "현대화는 여러 민족 공동의 투쟁목표이자 현대 민족학 연구가 당면한 절실한 문제이기도 하다. 이에는 상호 관계있는 두 가지 측면이 있다. 한가지는, 민족학은 민족지구 현대화 건설과정에서 나타난 새로운 상황과 새로운 문제에 대한 수요이며, 또 한 가지는 민족지구의 현대화 건설에 민족학이 과학적 근거를 제공하는 측면이다. 민족학이 하나의 독립적인 과학으로 성립된 이후, 과거 상아탑 속에 매몰되어 사람들이 감상하지도 못했던 골동품들이 이제는 현실생활과 밀접히 결합된 하나의 과학이 되었다."14)

민족학은 실제생활의 문제를 떠나서는 존재할 수도 발전할 수도 없기 때문에 현실적으로는 현대화 건설에 공헌하는 것이 당연하며 이를 통해서만 민족학 스스로도 발전을 기할 수 있다고 하는 관점에서 양자의 관계를 발전시키려 한다. 이 같은 논리에서 민족학이 현대화 건설 임무를 제대로 할 수 있을 때 비로소 그것의 진정한 발전이 가능할 수 있다는 입장이다. 민족학 이론체계에서 수집된 각종 자료와 각종 민족문제의 자료들이 정확하게 전달되고 이용됨으로써 민족지구의 四個現代化는 효과적으로 추진될 수 있으며, 또 한편으로 현실적으로 현대화를 추진하는 가운데서 생겨나고 있는 각종 민족관계─민족문제─를 민족학이 가장 주요한 대상으로 삼음으로써 이들 양자의 관계를 제대로 유지하고 또 이러한 관계로 민족문제를 위치시킬 때에 그것이 생명력을 가질 수 있다고 본다.

중국은 이 밖에도 그들의 민족정책의 내용으로 민족평등과 민족단결을 강조하고 있다. 따라서 이들이 말하고 있는 민족평등과 민족단결이 무엇을 의미하는 것인가에 대해서 좀더 구체적으로 살펴보기로 하자.

6. 민족평등과 민족단결

民族平等

민족평등은 대─소민족을 불문하고 모든 민족이 여러 방면에서 평등한 지위를 가지고 평등한 권리를 향유하며 어떤 민족도 특권을 갖지 못하는 것을 말하며, 구체적으로는 다음과 같은 세 가지의 기본적인 내용으로 이를 분류할 수 있다.15)

---

14) 秋浦, "民族學與現代化", 『民族學研究』 제5집, 1983, p.1

（1）모든 민족이 완전히 평등하며 어떠한 민족특권도 반대한다. 민족특권이라는 것은 다른 민족보다 우월한 지위를 가지는 것으로 이는 민족압박 등의 불평등을 말하며 이러한 민족특권이 허용된다면 민족평등은 불가능하다.

（2）어떠한 민족적 이익도 그것은 전체민족을 위하여 사용되어야 하며 특정한 민족만의 이익이 되어서는 안 된다.

（3）계급이 소멸된 후 비로소 철저한 민족평등이 이루어질 수 있다. 즉 계급사회 아래서는 계급압박이 존재할 수밖에 없으며 이러한 계급압박이 바로 민족적인 압박의 원인이 되며 또 계급적인 불평등은 그것이 민족적인 불평등의 근원이 될 수밖에 없다.

따라서 민족의 진정한 평등을 이룩하기 위해서는 필수적으로 무산자계급의 영도하에 국가기구를 분쇄하고 계급압박을 소멸하고 사회주의 실현으로 모든 민족이 정치와 법률, 경제, 문화에서의 평등한 권리를 실현할 수 있다.[16]

民族團結

민족단결은 민족 간의 압박과 착취를 반대하고 민족의 공동번영을 위한 공동투쟁 중에 형성된 평등 호조적인 관계로 민족평등과 민족단결은 밀접한 관계를 갖는다. 또 민족평등은 민족단결의 전제이며 민족단결은 민족평등을 실현하는 수단이라는 것이다. 이 같은 관계설정은 마르크스주의 민족문제 처리의 기본원칙이자 중국공산당의 민족정책의 일관된 기본원칙이라는 것이다.[17]

중국이 민족단결을 도모하기 위해 마련하고 있는 각종 법령과 강령은 다음과 같다. 「中國人民政治協商會議共同綱領」「中華人民共和國民族區域自治實

---

15) 『民族問題基礎知識』, p.86

16) 『統一戰線問題與民族問題』, p.88

17) 『民族問題基本常識』, p.89

施綱要」「中華人民政府政務院關于保障一切散居的少數民族成分享有民族平等
權利的決定」「中華人民政府政務院關于處理帶有歧視或侮辱少數民族性質的稱謂,
地名碑碣遍聯的指示」「培養少數民族干部試行方案」「中華人民共和國　民族
區域自治方案」

제 5 장
● ● ● ● ● ● ● ● ● ● ● ● ● ● ● ● ●
민족정책의 당면목표

1. 민족정책의 현실목표
2. 무산계급의 민족관
3. 兩種主義의 타파
4. 민족자치구 정책
5. 민족자치정책의 특징
6. 소수민족간부의 양성

1. 민족정책의 현실목표

　중국의 민족정책이 사회발전 단계별로 변화하고 있음은 앞에서 살핀 바와 같다. 그러나 그러한 변화과정에서도 '민족평등과 민족단결'이라고 하는 명제는 일관하여 견지하고 있다.

　중국은 혁명기에 있어서나 혁명 후의 사회주의기 또는 사회주의 발전기 등의 여러 단계에 구체적인 민족정책의 내용으로 각기 다른 슬로건을 내걸고 있었으나 그 슬로건의 기본 원칙은 항상 민족평등과 민족단결이라는 점을 강조하여 오고 있다. 이 민족평등과 민족단결은 무산자계급 민족관의 핵심문제일 뿐 아니라 마르크스주의적인 민족문제 처리의 기본원칙이라고 말한다.

　민족평등은 민족단결의 기초이며, 민족단결은 민족평등의 실현을 보증하는 것이기 때문에 민족평등이 없으면 진정한 민족단결이 없으며, 진정한 국가통일이나 안정되고 단결된 정치적 국면이 없으며 나아가 四個現代化가 실현될 수도 없다는 것이다. 따라서 사회주의적인 민족관계를 계속적으로 발전시키고 소수민족 사회주의 의식을 확대시키며 사회주의적 물질문명과 정신문명을 함께 건설하기 위하여서는 필수적으로 민족평등과 민족단결을 견지하여야만 한다는 것이다.[1]

　이상에서 보듯, 중국은 그들의 민족정책 내지는 민족관계의 대원칙으로서 민족평등과 민족단결을 내세우고 있고 이를 이룩하기 위해서는 필수적으로 무산자 계급의 영도하에 사회주의를 실현함으로써 각 민족적 경제 문화 사업

---

1) 『民族工作手冊』, pp.518~519

을 발전시켜 각 민족이 정치와 법률, 경제, 문화에서의 평등한 권리를 실현
할 수 있다는 것이다.[2]

2. 무산계급의 민족관

중국은 민족문제 처리를 위한 강령과 정책의 총체라고 볼 수 있는 민족관
을 형성함에 있어 뚜렷한 기준 즉 민족관을 세워야 하며 뚜렷한 민족관의 수
립이야말로 모든 민족문제를 정확하게 해결할 수 있는 관건이라고 주장한다.

중국은 일반적으로 민족관을 '자본주의적 민족관'과 '사회주의(무산계급) 민
족관'으로 구분할 수 있다고 보며, 이 가운데 사회주의 민족관 확립이 모든
민족정책의 기본이 될 수 있어야 한다는 것이다. 그리고 이 같은 무산계급
민족관의 핵심은 국제주의에 있다고 하여 이를 무산계급 국제주의라는 개념
과 동의어로 사용하면서 이의 구체적인 내용을 다음과 같이 설명한다.[3]

(1) 무산계급 국제주의는 민족의 크고 작음을 불문하고 모든 민족의 일체
평등을 내용으로 한다. 그들은 민족들이 여러 가지 현실적인 차이에도 불구
하고 원칙적으로 민족평등, 민족 간의 형제적 관계를 유지하여야 하며 민족
천시나 민족압박 등과 같은 차별적 정책을 공격한다.

(2) 무산계급 국제주의는 민족의 이익과 노동자들의 단결의 향상을 내용으
로 한다. 세계의 무산자 계급은 민족구분에 구애됨이 없이 연합하여야 하며
이를 통하여 민족의 공동적 혁명 이익을 향상시킬 수 있다는 것이다.

(3) 무산계급 국제주의는 민족 간의 압박을 반대한다.

---

2) 『民族問題基礎知識』, p.88

3) 『民族問題基本常識』, pp.256~264

(4) 무산계급 국제주의는 각 민족의 민족적 희생에 대처해야 한다. 아직도 존재하고 있는 피압박 민족들에 대한 해방 전쟁을 돕는 일이 궁극적으로 무산계급 국제주의를 실현시키는 일이라는 것이다.

(5) 무산계급 국제주의와 개별 민족의 진정한 애국주의는 일치한다. 식민지, 반식민지 국가의 무산계급과 공산당들이 제국주의에 반대하여, 식민주의의 침략과 압박에 대한 투쟁 중에 가지는 애국주의와 국제주의는 완전히 일치하는 것으로 식민지에서 민족해방 민족독립을 쟁취하기 위한 전쟁은 애국주의의 표현이자 국제주의의 표현이기도 하다. 그리고 사회주의 혁명 이후 사회주의국가의 노동자와 공산당이 발달한 사회주의 강국을 건설하기 위하여 자본주의 사회제도를 배격하고 사회주의화를 강화시키는 일 또한 애국주의와 국제주의간의 긴밀한 결합의 구체적 표현이라는 입장이다.

중국은 민족주의를 자본계급 민족관의 핵심적인 사상으로 보아 이의 반대를 위하여 갖가지 논리를 동원하고 있다.

> "자산계급 민족관의 핵심은 민족주의이다. 따라서 민족주의는 자산
> 계급적 민족관이자 봉건지주와 노예주적인 민족관이며 이는 그들의
> 민족문제의 처리와 취급의 주요한 표현이고 강령과 정책의 핵심이다."

이상과 같이 민족주의를 계급적인 민족관의 핵심으로 규정하고 나서 그들은 이 민족주의가 갖는 구체적 특징을 다음과 같이 들고 있다.

(1) 자산계급의 민족주의에서는 민족을 여러 가지로 구분하여 민족 간의 불평등을 전제로 하고 있으며 이러한 민족차별의 구체적인 예는 國民黨과 四人幇 정권의 민족정책에서 볼 수 있다. (2) 자산계급 민족주의는 민족압박 정책을 그 내용으로 하고 있다. 즉 이는 자산계급의 이익만을 항상 우선시키기 때문에 자연히 민족멸시와 민족압박을 전제로 하고 전체적인 민족단결을 해친다. (3) 자산계급 민족주의는 '民族至上'의 구호를 가지고 민족내부에서

발생하고 있는 계급모순을 은폐시키고 있다. 그리고 제국주의적 침략을 선동하는 구실로도 이를 강조하고 있다.

이렇듯 그들은 자산계급 민족주의를 사회주의와 엄격히 구분한다. 따라서 어떠한 형태의 민족주의든 간에-대민족주의와 협소 민족주의를 막론하고- 이는 사회주의와 공산주의와는 서로 상치되며 또 국제주의와도 상치되는 잘못된 논리라고 본다.

그들은 민족주의를 자산계급적인 것으로 파악, 이와 사회주의와는 공존할 수 없는 것으로 민족문제의 해결과 이의 발전 과정에서는 이 같은 민족주의를 특별히 경계하고 이를 반대하여야 한다는 것이며, 민족주의의 반대는 구체적으로 兩種主義라는 중국 특유의 현상을 반대하는 데서 출발시키자고 강조한다.

> "漢族과 소수민족과의 관계에서의 우리들의 정책은 비교적 온당한 것이며, 소수민족들도 찬성하고 있다. 우리들은 大漢族主義와 地方 民族主義 또한 반대한다."[4]

大漢族主義와 地方 民族主義라는 두 가지의 민족주의는 하나같이 착취계급 사상과 결부된 민족문제이기 때문에 이를 제거함으로써만 정당한 사회주의 민족관계를 중국에서 실현시킬 수 있다.

> "이들 두개의 민족주의는 자산계급 민족주의적 착오이며, 민족멸시적인 착오이기도 하다. 또 형제민족들 중에는 지방 민족주의의 착오에 젖어 있는 사람들도 있는데 이는 민족분열적인 경향이다. 결국 이들 두 개의 착오적인 태도와 경향은 민족 간의 단결을 저해하고 이들 간의 대립과 분열을 초래한다."[5]

---

4) 『毛澤東選集』 제5권, p.277

5) 周恩來, 『關于我國民族政策的幾個問題』, 民族出版社, 1980, p.1

그러나 이 같은 두 가지 민족주의의 제거를 위한 노력에 있어서는 민족주의와 민족들이 고유하게 견지하고 있는 민족감정이나 민족적 자존심, 민족이익 등과는 분리시켜야 하며 민족들의 민족감정이나 자존심, 민족적 이익 등을 계속하여 유지하고 보호하여야 한다는 것이다.

3. 兩種主義의 타파

중국 민족정책의 지금까지의 기본원칙이 이른바 민족평등과 민족단결 또는 민족 간의 평등연합으로 이어져 오고 있다면 이러한 기본원칙을 추구하는 과정에서 가장 대표적인 실천논리로는 이른바 그들의 兩種主義의 배격을 들 수 있다.

그들은 양종주의의 극복을 통해서만 진정한 민족관계인 민족단결과 민족평등을 이룩할 수 있다는 것이며 또 이러한 민족관계를 통해서만 진정한 사회주의적 민족관계를 완성시킬 수 있다는 것이다. 이런 면에서 볼 때 양종주의의 극복은 현재로써는 중국 민족정책의 대표적인 실천논리이며 또 한편으로는 중국의 민족관계에서 가장 극복하기 어려운 하나의 과제이기도 하다.

중국은 그들의 민족관계에서 나타나고 있는 大漢族主義와 地方 民族主義의 두 가지 개별 민족주의적 경향을 합하여 兩種主義로 말하고 있다.

大漢族主義는 두말할 것도 없이 수적으로나 또는 질적인 면에 있어서 명실상부하게 중국대륙을 지금까지 지배하여 오고 있는 漢族이 가지는 漢族의 민족주의 즉 漢族 中心主義를 말한다.

이와는 달리 地方 民族主義는 중국 내에 살고 있는 변방 소수민족이 오랫동안 대민족의 틈새에서 압박을 받아오는 가운데서 형성된 소수민족의 민족주의를 말한다. 소수민족은 수적인 면에서는 漢族에 비교가 되지 않지만 그런 가운데서도 민족 특유의 언어와 문화를 가지고, 풍속과 습관을 이이 오는 등 독특한 민족문화를 지켜 내려오는 가운데 배타적인 민족의식을 형성시키고 있다.

이상과 같은 대한족주의와 지방 민족주의 사이에 나타나고 있는 갈등과 모순 즉 漢族과 소수민족 사이에 나타나고 있는 갖가지 민족감정과 민족문화의 상위에서 오는 불협화음이 민족정책 수행에 있어서 가장 난처한 문제가 되고 있음은 주지의 사실이다. 이렇듯 역사적인 뿌리를 깊게 내리고 있는 민족적인 차이는 혁명적인 수단으로도 쉽사리 좁혀지지 않는다. 따라서 중국은 이 양종주의가 바로 건전한 민족관계의 형성을 가로막고 있는 최대의 장애물로 보고 혁명 초기부터 줄기차게 이의 극복과 타파를 독려하고 있다.

> "우리들은 대한족주의를 엄중히 반대한다. 또한 지방 민족주의도 반대한다. 이것들은 모두 민족단결에 불리한 것이기 때문에 이는 인민 내부의 모순의 하나로서 마땅히 극복되어야 할 것이다."6)

여기서 그들이 말하는 양종주의의 개별적인 내용은 무엇인지 살펴보자.

먼저 大漢族主義의 문제인데 중국은 이를 "指漢族中地主－資産階級在對待少數民族關係上表現出來的一種反動思想"라고 보고 있으며 毛澤東은 특히 이와 같은 大漢族思想을 淸朝와 북양 군벌정부의 정책을 계승한 국민당의 사상이라고 말하고, 이는 중국 내의 여러 민족의 존재를 부인할 뿐 아니라 漢族 이외의 소수민족이 가지고 있는 종교 또한 부인하는 漢族 중심주의라는 것이다.7)

地方 民族主義는 狹隘의 民族主義라고 부를 수 있는 민족주의의 하나의

---

6) 毛澤東, 『論十代關係』, 人民出版社, 1958, pp.9~10

7) 『民族辭典』, p.92

표현방식이라고 말하고 이는 소수민족이나 小民族 혹은 비주체민족 중에서
그들의 착취계급에 대항해서 생긴 민족관계에서 표현된 사상이라는 것이다.
그러나 이 같은 지방 민족주의는 어디까지나 중국의 경우에 있어서는 大漢族
主義의 영향으로 생겨났다고 볼 수 있으므로 이의 시정은 大漢族主義의 청
산을 통하여 보다 쉽게 극복될 수 있다고 본다.

> "엄격하게 大漢族主義를 반대한다. 소수민족 중에는 협애한 민족주
> 의적 경향이 나타나는 경우도 있는데 이 또한 반대한다. 그러나 이
> 중에서도 우선 대한족주의를 반대한다. 이러기 위해서는 漢族 동지들의
> 정확한 태도가 필요하다.……소수민족 중에서 나타나는 편협한 민족
> 주의는 비교적 그 극복이 용이하기 때문이다."8)

1957년 8월4일 靑島에서 열린 민족공작 좌담회에서 행한 연설에서 毛澤
東은 더욱 분명하게 양종주의의 위험성을 다음과 같이 지적했다.

> "兩種主義는 자산계급적 민족주의의 표현인 까닭에 사회주의 발전
> 을 장애하고 민족적 단결을 저해하며 민족적 대립분열을 조성한다.
> 또 대한족주의는 민족멸시적 착오이며 지방 민족주의는 민족분열적
> 경향을 가진 것으로 그 모두가 시대착오적인 구시대의 유물로서 이는
> 강력한 사회주의 중국의 건설에 해가 된다. 그리고 兩種主義 가운데
> 서도 특히 유해한 것은 漢族이 소수민족에 대해서 가지는 우월적인
> 한족 중심주의-한족주의-인데 이를 버려야 한다."9)

그는 또 大漢族主義는 漢族 지주계급의 민족관계에서 발생된 반동사상으
로 해방 후 설자리를 잃었으나 이 같은 반동사상이 아직도 일부에 남아있어
민족단결을 해치는 요인으로 작용하고 있다는 것이다. 그는 아직도 남아있는

---

8) 『毛澤東選集』 제5권. p.97
9) 『民族團結』 1980. 第1期

大漢族主義의 징후는 소수민족에 대한 태도가 평등하지 못하고 멸시적이며 심지어는 모욕적인 점, 소수민족들의 특성을 전혀 고려하지 않고 漢族의 제 반규율 내지는 풍속습관 등을 소수민족에게 강제적으로 시행하려고 하는 경향, 소수민족에 대한 일방적인 불신임과 소수민족을 존중하지 않고 심지어는 이들을 압제수단으로 생각하는 것, 소수민족과의 관계에 있어서 명령과 강제로 이용되는 것, 중국헌법에서 부과된 소수민족 자유권과 자치권제를 무시하는 처사 등이라고 지적한다.

또 지방 민족주의는 소수민족 착취계급적 반동사상이 계급관계에 반영된 것이며 이러한 경향의 주요한 경향은 중화인민공화국이 중국 각 민족의 共同的 祖國이라는 사실을 승인치 않고 조국의 통일을 파괴하려는 경향, 사회주의적인 방법을 반대하고 각종 각양의 착취제도와 함께 반동세력을 유지 보호하여 사회주의 궤도를 이탈하려는 경향, 중국공산당의 통일적 영도를 반대하고 민족주의적 통일을 기도하는 경향, 중국 각 민족의 평등과 단결을 파괴하고 이에 도발하는 경향 등이라는 것이다.[10]

그러나 이상의 양종주의 가운데서 가장 신경을 써야 할 부분은 漢族中心主義인 大漢族主義라고 그도 지적한다. 이는 漢族은 중국에서의 실질적인 주체민족이기 때문에 이 漢族이 참다운 민족평등과 민족단결의 입장을 생활화하면 소수민족의 地方 民族主義는 자연히 해결될 수 있다고 보기 때문이라는 것이다. 따라서 특별히 민족평등을 견지하고 헌법에서 보장된 소수민족의 자치권제와 민주자유를 보장하도록 힘써야 하며, 각 소수민족과 소수민족지구의 특징을 보장하며, 당의 민족정책을 견지, 구체적으로 소수민족은 祖國－중화인민공화국, 一條道路－사회주의와 공산주의, 一個 領導核心－중국공산당을 철저히 견지해야 한다는 것이다.

---

10) 『統一戰線與民族問題』, pp.542~545

4. 민족자치구 정책

현단계에서 중국이 표방하고 있는 민족정책 가운데 가장 대표적이고 포괄적인 의미를 갖는 정책의 하나가 바로 '民族區域自治' 정책이라고 볼 수 있다.

중국이 목표하고 있는 구성 민족 서로간의 이른바 평등, 단결, 호조적인 민족관계의 형성을 위한 가장 기본적인 민족정책으로 민족구역자치를 내걸고 있기 때문에 현시점에서는 중국의 민족정책 — 민족구역자치라는 등식으로 이해할 수도 있을 듯하다. 따라서 이 정책이 갖는 의미와 그것의 내용, 그리고 이 정책의 실질적인 특징과 이의 현황 등을 차례로 살펴봄으로써 중국의 민족정책이 가지고 있는 명분과 실질을 보다 구체적으로 이해할 수 있다.

중국은 민족구역자치를 다음과 같이 규정하고 있다.

> "민족구역자치는 국가의 통일적인 영도 아래 소수민족 취거지방에서 구역자치를 실행하고 자치기관을 설립하여 자치권을 행사하는 것이다."11)

민족구역자치 정책이라는 것은 인용문에서도 나타나듯 구체적으로 국가의 통일적인 통제 아래 민족구역에 대한 자치를 실시하며, 소수민족들의 취거를 중심으로 구역자치를 실시하고, 이들 자치지구에는 각기 자치기관을 별도로 설립하며, 자치기관은 자치권을 행사한다는 것이다.

그리고 이 같은 민족구역 자치를 통하여 소수민족들의 그들 민족 내부의 사무를 관리하는 정신을 존중 및 보장하고 또 민족평등과 단결, 공동번영의 원칙을 실행하려 한다는 것이다.

중국은 민족구역자치를 통해 그들이 바라고 있는 민족관계를 형성하려 하

---

11) 『中華人民共和國 民族區域自治法』 1984 · 5 · 31, 제6차 전국인민대표대회 제2차 회의에서 통과, 같은해 10월 1일부터 시행

고 있으며 또 이를 통하여 시급한 국가적인 목표를 달성하기 위한 기반으로 삼으려 한다. 때문에 민족구역자치 제도는 바람직한 민족관계 형성이나 국가 목표의 기반형성을 위하여 가장 적절한 제도라고 하는 점을 다음과 같이 강조하고 있다.12)

(1) 민족구역자치 제도는 마르크스-레닌주의 민족문제 해결의 보편적인 원칙이라고 본다. 다민족국가에서는 혁명 이후 연방제보다는 민족구역 자치를 시행하는 것은 합당하다는 것이다. 이는 민족평등이라고 하는 면에서 볼 때도 가장 적절할 뿐 아니라 정권건설과 경제건설의 가장 좋은 형식이며 마르크스-레닌주의 민족문제 해결의 기본강령이자 보편원칙이라는 것이다.

(2) 민족구역자치 제도는 중국에서의 민족문제를 해결할 수 있는 기본정책이라는 것이다. 중국은 역사적으로 통일적 다민족국가 형태를 유지하여 왔기 때문에 이 같은 관계 속에서 개개 민족들은 정치와 경제, 문화적인 면에서뿐 아니라 혈연적인 면에서도 불가분의 관계를 가졌다. 또 오랫동안의 민족 간 동화와 융합의 결과로 대잡거, 소취거적인 특유의 거주형태를 띠고 있는 점도 민족구역 자치제도를 통한 민족관계의 발전을 가능케 하는 환경으로 작용하고 있다.

이상의 논리에서 보듯 그들은 사회주의기의 민족정책 특히 중국과 같은 다민족국가의 경우에 있어서는 민족구역자치 정책이 가장 효과적인 민족정책이라는 것이며, 이것을 통하여 현실적 민족문제 해결은 물론 궁극적으로는 민족관계를 보다 발전시킬 수 있고 그들의 체제 발전의 당면과제인 근대화도 달성될 수 있다고 주장한다.

그러면 그들이 말하는 민족구역자치의 내용은 무엇인가. 민족구역자치는 구역자치의 실행, 자치기관의 설립, 자치권의 행사 등 세 가지를 커다란 줄기로 하고 있는 민족구역자치 제도라고 볼 수 있다. 여기서 이들 각 부분을 좀더 구체적으로 살펴보자.

---

12) 『民族問題基礎知識』, pp.107~113

구역자치의 문제

중국은 소수민족 취거지방을 중심으로 민족구역 자치를 실시함에 있어 자치 지방, 즉 행정단위를 '自治區', '自治州', '自治縣(旗)' 등의 세 가지 등급으로 구획하고 이들 자치구역의 경계는 각 지방의 민족관계와 역사상황 및 그 밖의 경제, 문화적인 여건 등을 종합해서 설정하고 있다. 또 자치지구의 명칭은 특수한 예외를 제외하고는 지역명칭과 민족명칭, 행정지위의 순으로 종합하여 만든다.[13]

민족구역 자치를 실시하는 지방의 민족구성은 대체로 다음 네 가지 형태를 띠고 있다. (1) 일개 소수민족이 절대다수를 점하고 있는 경우(예: 西藏自治區), (2) 여러 소수민족 중 비교적 많은 소수민족을 중심으로, 인구가 비교적 적은 소수민족들을 묶어서 하나의 자치구역을 형성하는 경우(예: 新疆維吾爾自治區), (3) 둘 혹은 여러 소수민족 취거구를 연합하여 하나의 자치구를 형성시키는 경우(예: 靑海省 海西 蒙古族 藏族 哈薩克族 自治州), (4) 몇몇 민족을 연합하여 하나의 자치구를 형성시킨 경우(예: 廣西의 隆林各族自治縣, 龍胜 各族自治縣 등) 등이 있다.[14]

위에서 보듯 민족자치구의 구성민족이 하나의 민족만 있는 경우는 없을 뿐더러 자치구역의 명칭에서 표시되는 특정민족이 반드시 그 자치구에서 다수민족이 아니다. 그리고 또 민속지구의 민족구성에서 중요한 사실은 모든 민족자치 구역에서는 하나같이 그들 소수민족 외에 漢族이 반드시 거주하고 있을 뿐 아니라 이들 漢族이 차지하고 있는 비율은 대단히 높다는 것이다. 따라서 민족구성에서 보면 민족자치 구역이라는 것은 이름만 민족자치구이지 실제로 그 구역 내에는 많은 민족들이 공존하고 있고 민족지역 내에서도 漢族의 수적 우세는 조금도 흔들리지 않고 있다.

---

13) 『民族工作手冊』, p.431 · 147

14) 『民族辭典』, p.47

자치기관의 문제

민족구역자치의 또 하나의 중요한 내용은 민족구역 자치를 위한 자치기관의 설립과 운영이다. 여기서 말하는 민족구역자치를 위한 자치기관이란 自治區, 自治州, 自治縣의 인민대표대회와 인민정부를 말한다.

자치지방의 인민정부는 인민대표대회와 상급 국가행정기관에 보고의 책임과 의무가 있고, 인민대표대회의 폐회 기간에는 그 인민대표대회의 상무위원회에 보고의 책임과 의무가 있다. 민족자치 지방의 인민정부는 또 모두 국무원의 통일적인 지도하에 있는 국가 행정기관이며, 국무원의 지휘 감독을 받는 복종관계의 기관이다.[15]

민족자치 지방의 인민대표대회에는 구역자치를 실행하는 민족의 대표 외에도 그 행정구역 내에 살고 있는 다른 민족들의 대표도 참가시켜야 한다. 그러나 자치구의 대표, 자치주의 長, 자치현의 長의 경우는 구역자치를 실행하는 민족에서 맡아야 하며 기타 정부조직의 인원은 인구비례에 의하여 적절히 조직하여야 한다.[16]

중국은 민족구역자치의 기본적 내용의 하나로 여기서 말하고 있는 자치기관에 대한 민족화를 크게 강조하고 있다. 그들은 이러한 자치기관의 민족화와 자치지방의 자치권 등을 민족구역 자치의 특징적인 내용으로 강조한다.[17]

그러면 여기서는 우선 자치기관의 민족화에 대해서 좀더 구체적으로 살펴보기로 하자.

민족자치 구역의 각종 행정기관인 인민정부, 인민상임위원회, 법원, 검찰원과 그 밖의 각종 기관이 언어와 문자, 형식, 간부 등 3개 부문에서의 민족화를 이룩함으로써 자치기관의 민족화를 이룰 수 있다고 말한다.

즉 각급 자치기관이 자치권을 행사하는 데 그 지방의 언어와 문자를 사용하고,

---

15) 『民族區域自治法』, 제15조

16) 同法, 제17조

17) 『民族工作手冊』, pp.534~536

구체적인 민족 업무를 수행하는 데 그 지방 민족의 민족형식을 실행하며, 자치기관의 조직에 있어서는 그곳 자치민족이 위주가 되어야 한다는 것이 그것이다.

그리고 이러한 자치기관의 민족화가 제대로 실현되기 위해서 무엇보다 중요한 것은 자치기관 간부의 민족화가 선행되어야 한다고 말한다.[18] 자치기관의 조직과 업무에서 가장 중요한 것은 자치민족이 중심이 되어야 하며, 그렇게 되려면 자연히 자치기관의 주요한 직책을 자치민족에서 맡아야 한다. 자치기관에 종사하는 인원은 자치민족은 물론이고 그 밖의 민족들도 골고루 참여하여야 하지만, 각종 자치기관의 주도적 지위는 그곳의 자치민족이 주도적으로 이를 감당하여야 하고, 또 민족 간부는 才와 德을 겸비한 인물이어야 하기 때문에 자치기관의 발전 나아가 민족구역 자치의 성패 또한 민족 간부의 양성과 크게 관련을 가진다.[19]

자치권의 행사

「民族區域自治法」에 각급 자치지방의 주요한 자치권으로 명기되고 있는 내용은 다음과 같다.

(1) 민족자치 지방의 인민대표대회는 그 지방의 정치와 문화, 경제적 특징을 감안하여 자치조례와 단행조례를 제정할 수 있다. 이렇게 제정된 자치조례와 단행조례는 전국 인민대표대회의 비준을 거쳐서 발효된다.(제19조)

(2) 상급 국가기관의 결의, 결정, 명령과 지시 등이 지역의 실정과 부합되지 않을 때는 상급 국가기관의 비준을 얻어서 이를 변경해서 집행하거나 또는 집행을 정지할 수 있다.(제20조)

(3) 민족자치기관들은 국가의 지도 아래 자치적으로 경제건설 사업을 안배

---

18) 『統一戰線問題與民族問題』, p.534

19) 『民族工作手冊』, pp.534~535

하고 이를 관리할 수 있다.(제25조)

　(4) 자치기관들은 국가의 지도 아래 그곳 특성에 따른 경제건설 방침과 정책 계획을 제정할 수 있다.(제26조)

　(5) 법률규정과 지방 경제발전의 특성에 따라 사회주의 원칙 아래 생산관계와 계획경제 관리체제를 합리적으로 조정할 수 있다. 그 지방의 목초지와 삼림의 소유권과 사용권을 확정할 수 있다.(제27조)

　(6) 국가규정과 국무원의 비준을 얻어 대외무역항을 개설할 수 있다. 외국과 국경을 접하고 있는 자치지방의 자치기관은 국무원의 비준을 얻어 대외경제무역 활동을 할 수 있다.(제22조)

　(7) 민족자치 기관은 지방재정을 관리하는 자치권을 가진다.(제23조)

　(8) 그 지방의 교육계획과 각급 학교의 설치, 학제, 수학방식, 수업내용, 수업용어 등을 결정한다.(제36조)

　(9) 자주적으로 그 지방의 과학, 기술 발전 규칙을 결정할 수 있으며(제39조), 또 의료-위생사업을 결정할 수 있고(제40조), 체육사업, 민족전통 체육활동을 발전시키고 각 민족 인민들의 체질을 증강시키는 방안을 집행할 수 있다.(제41조)

　(10) 국가규정에 따라 교육, 과학기술, 문화예술, 위생, 체육 등의 방면에서 국외적인 교류를 할 수 있다.(제42조)

　(11) 법률규정에 따라 인구계획을 제정, 실시할 수 있다.(제44조)

5. 민족구역 자치정책의 특징

　중국의 민족구역자치 정책에서 나타나고 있는 특징은 다음과 같이 정리할

수 있다.[20]

(1) 민족구역자치정책은 중앙정부와 당의 통제를 못 벗어남

민족구역자치법에서도 분명히 나타나고 있는 것처럼 민족구역자치는 국가의 통일적인 영도 아래서만 이루어지며, 이는 또 사회주의의 원칙과 마르크스-레닌주의의 기본입장에 입각한 정책이기 때문에 개별 자치지역에 주어지는 자치권의 영역은 명분적인 영역에서 벗어나지 못하고 있다.

이와 더불어 민족자치의 내용이 이른바 상급 인민정부의 영도원칙을 여기에 추가되고 있기 때문에 자율권의 영역은 더욱 축소되고 있다. 「中華人民共和國民族區域自治實施綱領」(1952·2·22, 정무원 제125차 정무회의 통과, 1952·8·8, 중화인민정부위원회 제18차 회의 비준)에는 이 원칙이 별개의 章으로 규정되고 있다.

(2) 민족구역자치는 민족자치가 실질적 내용이 아니라 이른바 '民族自治와 區域自治의 結合'이 실질적인 내용

"민족구역자치는 민족자치와 구역자치의 정확한 결합인 것이며, 이는 또 경제적 요소와 정치적 요소의 정확한 결합이다."[21]

민족구역자치가 '민족자치+구역자치'를 내용으로 한다는 周恩來의 언명에서 알 수 있듯이 민족구역 자치는 특정지역에 살고 있는 다수민족 간의 문제며, 이는 결코 어느 특정지역에서의 특정민족의 자치를 말하는 개념이 아니다. 이 정책의 궁극적인 목적은 개별민족의 발전이나 민족문화의 창달이라기보다는 민족 간의 동화와 융합 내지는 민족 간의 공존을 그의 목적으로 하고 있다. 따라서 이

---

20) 『民族問題基礎民族』, pp.101~103

21) 周恩來, 『關于我國民族政策的幾個問題』

는 민족의 이름을 반민족적 구별의 소멸을 위한 정책의 하나로도 볼 수 있다.

(3) 민족구역자치는 또 지방자치와도 구별

중국의 민족구역자치는, 자치기관이 가지는 자치권의 극단적인 제한이라고 하는 점에서도 알 수 있는 바와 같이, 어디까지나 국가적 통일과 민족적 단결을 위한 하나의 정치적인 작전의 개념으로 파악해야 하기 때문에 지방자치의 개념을 여기에 대입하기는 어렵다.

(4) 민족구역자치 제도의 실시는 중국 특유의 민족 관계와 환경에서 만들어진 민족문제에 대한 타협책

여러 민족집단의 독자적인 역사와 풍속, 습관, 언어, 문자, 종교, 신앙과 같은 민족의식의 뿌리는 상당기간 漢族에 의한 일방적인 지배를 받으면서도 좀처럼 소멸되지 않았고 기회 있을 때마다 대-소규모의 민족적인 반항과 반발을 거듭하여 왔다. 이 같은 민족 간의 불협화음은 사회주의 체제하에서도 그대로 이어져 아직도 민족단결 나아가 사회주의 민족관계를 위협하는 내재적인 갈등의 하나의 뿌리로 작용하고 있다.

따라서 민족구역자치 제도는 이러한 민족적 상황 속에서 민족의 명분을 살리면서도 실제로는 민족통합을 겨냥한 민족정책의 표현이며 이는 또한 "형식은 민족적이며 내용은 사회주의적"이라는 스탈린 모델의 민족정책의 중국식 적용이기도 하다.

(5) 민족구역자치는 과도기적인 민족정책

이미 앞에서도 지적한 바와 같이 현재 중국은 공산주의기를 향한 과도기적인 단계인 사회주의기로 자기들의 발전단계를 규정하고 있기 때문에 민족정책의 경우도 이 단계에 적합한 정책-사회주의적 민족정책-내용이 바로 민족구역 자치제도라는 것이다. 때문에 이러한 제도는 또 다른 단계의 설정이

있을 때는 언제나 보다 적극적인 민족통합이나 민족융합 정책으로의 전환이
얼마든지 가능한 잠정적 의미로 볼 수밖에 없다.

6. 소수민족간부의 양성

중국공산당이 민족문제 해결과 이의 발전을 위하여 강조하고 있는 또 하나
의 민족정책으로는 '소수민족 간부의 양성'이다.

앞에서도 살핀 바와 같이 중국의 경우 민족문제는 대－소수 민족의 문제이
거나 또는 소수민족 서로간의 문제라고 보고 있기 때문에, 민족문제 발생의
주된 대상인 소수민족에 보다 적절하고 효과적인 민족정책을 실시하기 위해
서는 소수민족 출신의 민족 간부가 필요하다는 것이다. 혁명 이후 민족문제
에 대한 업무를 주로 漢族 출신의 민족문제 전담자들에 의해 다루어져 왔으
나, 민족업무의 주된 대상이 소수민족이었기 때문에 직접 이들의 문제에 뛰
어들기는 漢族출신으로서는 한계가 있다고 판단하면서 소수민족 출신의 민족
간부의 양성의 필요성을 강조하기 시작하였다.

소수민족 출신 민족 간부들에게 민족문제를 전담시킬 경우, 언어와 문자는
물론 풍속과 습관까지도 숙지하고 있어 대단히 효과적일 뿐 아니라 같은 민
족이라는 유대감 때문에 소수민족과 호흡도 잘 맞는다는 것이다. 이렇듯 민
족 간부를 활용하여 소수민족들 사이에 발생되고 있는 제반 민족문제를 처리
할 경우, 漢族출신 민족 간부보다는 훨씬 효과적으로 그들의 정책의지가 확
산될 수 있으며 소수민족 민중의 수용자세 또한 훨씬 우호적일 수 있다. 소
수민족 간부의 필요성은 중국공산당이 혁명투쟁 과정에서부터 전략적으로 활
용하면서부터 눈뜨기 시작하였다고 볼 수 있으며 이는 毛澤東의 다음의 글에

서도 확인할 수 있다.

> "민족문제를 철저히 해결하려면, 민족반동파를 완전 고립시켜야 하며,
> 대중들이 소수민족 출신 공산주의 간부에 복종하지 않으면 안 된다."[22]

특히 민족문제 해결을 통하여 그들이 바라는 사회주의적 민족관계를 형성시키는 일이 혁명의 완성과 발전에 불가결한 전제로 인식되었기 때문에, 민족문제 해결을 위한 가장 효과적인 방편으로 소수민족 출신의 민족문제 해결의 전문가 즉 민족 간부의 필요성이 점점 강조되지 않을 수 없었다. 그리고 민족 간부를 활용함으로써 당의 방침을 별다른 거부감이나 마찰 없이 소수민족에게 효과적으로 전파하고 설득시킬 수 있을 뿐 아니라 민족지구의 사회주의 혁명의 진행과 사회주의 건설을 위해서 이들 민족 간부의 효용성이 크다고 본다.

특히 소수민족지구는 하나같이 혁명 후에도 과거 그들이 가지고 있던 전통과 각종 사회제도와 인습들이 상당부분 그대로 유지되고 있을 뿐 아니라, 생산부문에 있어서도 좀체 전래한 방법에서 탈피하지 못해 중국이 계속 강조하고 있는 의식개혁 등에 있어서도 별다른 성과가 나타나지 않고 있다. 따라서 당국의 입장에서 보면 소수민족 지역의 사회주의화의 완성과 또한 그의 발전을 위해서 보다 적극적이고 대대적인 사회주의 건설의 명분과 실리를 그들에게 설득시키지 않으면 안 된다. 그렇게 하여 우선 그들에게 사회주의화에 대한 믿음과 이의 필요성을 느끼게 하는 것이 가장 시급한바, 이 같은 의식개혁을 통한 사회주의적인 개혁에의 자발적인 참여를 가능케 하기 위한 갖가지 교육이나 설득자로서 민족 간부의 역할이 중요하다.[23]

민족문제 해결의 한 방법으로 실시되고 있는 민족구역 자치 제도가 중국이

---

22) 『關於民族理論和民族政策的若干問題』, 民族出版社, 1980, p.113

23) 『民族問題基礎知識』, p.129

바라는 대로 기능할 수 있느냐 아니냐의 문제는, 결국 '간부의 민족화'가 제 대로 이뤄질 수 있느냐의 문제로 귀결된다고 볼 수 있다. 때문에 소수민족 출신이면서 공산주의적이고 유능한 민족 간부들에 의하여 민족구역자치가 제 대로 발전될 수 있을 뿐 아니라 중국이 바라는 방향으로의 민족단결의 착실 한 이행 또한 가능하다는 것이다.

이밖에 특별히 민족 간부 양성의 필요성을 강조하는 또 하나의 이유는 그들을 통해 소수민족 지역의 현대화를 조속히 추진하려고 하는 의도라고 볼 수 있다.

소수민족 거주지역인 변경이 상대적으로 낙후되고 있는 상황에서는, 국가적 인 당면 목표로 추진하고 있는 四個現代化가 그 결실을 맺을 수 없다. 더군다 나 소수민족 거주지역이 전 국토의 60퍼센트에 가까운 면적을 차지하고 있어 이 지역에 대한 개발과 발전의 필요성은 한층 더하다. 소수민족 거주지역은 외 국과 접경하고 있는 곳이 많기 때문에 이들 지역의 발전과 경제건설은 현대화 라는 측면 이외에도 국방상의 측면에서도 커다란 의미를 가진다. 이들의 거주 지역이 국방상 전략적인 요충이기도 하기 때문에 이 지역의 상대적인 낙후성은 국토방위상 취약지구로 등장할 수도 있다. 따라서 이들 지역의 중점적인 현대 화의 추진의 필요성이 강조되고 있거니와 이 같은 현대화를 그곳 주민들과 더 불어 현지에서 지도하고 독려할 민족 간부들의 필요성은 높다고 볼 수 있다.

이상에서 중국이 소수민족 출신의 민족 간부의 양성을 크게 강조하고 있는 이유를 몇 가지 측면에서 살펴보았거니와 여기에서 확인할 수 있는 사실은, 사회주의 체제 건설과 이의 발전을 위해서는 소수민족 집단의 의식개조와 자 발적인 참여가 절실하지만 이러한 문제는 강압이나 일방적인 명령에 의해서 보다는 같은 민족출신의 훈련된 민족지도자를 통한 간접적인 통제와 설득방 식이 더욱 효과적이라고 하는 판단이다. 사회주의화 및 민족단결과 통합에 대한 여러 민족들의 반발을 최소화함은 물론 오히려 그들의 자발적인 참여를 유도하기 위한 최선의 방법이 이념과 통제가 아닌 혈연에 의한 설득에 있다 고 하는 사실의 인식에서 나온 민족정책의 대안이라고도 볼 수 있다.

그렇다면 이렇듯 강조되고 있는 민족 간부는 구체적으로 어떤 자질을 가진 사람들이어야 하는가에 대해 중국의 입장을 살펴볼 필요가 있다.[24]

(1) '革命化'된 사람이어야 한다.

중국 민족정책의 현실 및 이상 목표는 사회주의 민족관계의 형성과 공산주의 민족관계의 달성이라고 단순화시킬 수 있다고 볼 때 이런 목표를 제대로 추진할 수 있는 민족 간부의 의식성이 어떠한 것이어야 하는 것은 자명하다. 우선 사상적으로 혁명화된 사람이어야 한다는 것이다. 즉 사회주의사상으로 무장이 되지 않고서는 사회주의 민족문제에 대처할 수 없고 또 중국이 바라는 방향으로의 민족정책 집행이 어렵다고 보는 것이다. 때문에 그들은 이 혁명화에 관련하여 먼저 마르크스-레닌주의 내지는 공산주의적인 각오(신념)를 가져야 한다는 것을 크게 강조한다.[25] 아울러 보편적인 사상으로서의 마르크스-레닌주의뿐 아니라 이에 더하여 중국공산당의 노선과 정책에 충실할 수 있어야 하며, 특히 중공당이 이른바 '마르크스-레닌주의의 보편성과 중국의 특수상황을 결합'시켜서 정립하고 있다는 민족정책의 지도노선에 대한 충성과 무조건적인 복종이 절대적으로 필요하다. 결국 여기서 말하는 민족 간부의 혁명화는 민족문제는 분명한 사회주의 혁명문제의 일부라고 하는 논리에서 제시되고 있는 조건으로 민족문제를 담당하는 민족 간부 또한 당연히 혁명활동을 주도하는 혁명가이며 그러한 혁명가가 가지는 혁명의식, 사상무장이 가장 중요한 자질일 수밖에 없다고 하는 논리이다.

(2) 젊고 패기 있는 사람이어야 한다.

이는 민족문제를 담당하는 사람들은 정신적 내지 육체적으로 젊고 자질 있는 사람이어야 한다는 것이다. 소수민족과 어울려 잡다한 격무를 수행해 나

---

24) 위의 책, pp.127~137

25) 위의 책, p.128

가기에 충분한 신체적인 조건은 물론 연령적인 면에 있어서도 소수민족에게 신뢰를 주고 따를 수 있도록 하여야 한다는 것이다.

(3) '知識化'된 사람이다.

민족문제를 다루는 민족 간부는 일정한 수준의 지식을 필요로 한다. 즉 앞에서 말하는 마르크스-레닌주의나 중국공산당의 지도 노선들과 같은 필수적인 사항 이외에도 전반적으로 어느 정도 지식을 가지고 있어야 하며 특히 과학기술, 경제관리 등과 같이 현대화 추진에 필요한 제반영역에 대해서도 기본적인 지식이 있어야 한다. 소수민족 주민들의 교육수준이 향상되고 있어 이에 대처해 나가야 할 뿐 아니라 그들을 어떤 면에 있어서도 지도할 수 있는 자질을 갖추지 못할 때는 신뢰를 확보할 수 없다는 데서도 이의 필요성을 강조된다. 이 같은 입장으로 민족 간부의 선발이나 양성에 점차 학력을 중시하고 있고 선발된 인원에 대한 여러 가지 형태의 교육도 각별히 신경을 쓰고 있다.

(4) '專門化'된 사람이다.

민족 간부는 전문화된 지식이나 기술을 가져야 한다는 것이다. 즉 위에서 말한 일반적인 지식-문화지식이라고 지칭한다-수준에 더하여 민족 간부들은 각자 특정한 분야의 전문적인 지식을 가짐으로서, 이른바 '기술적 행정가'일 수 있어야 한다. 전문화가 된 민족 간부라야 민족지구 현대화의 실질적인 지도자일 수 있으며 민족문제의 올바른 해결을 도울 수 있다는 것이다.

이상에서 네 가지 덕목으로 나누어 중국이 민족 간부에게 요구하는 자질을 살펴보았다. 민족 간부는 이러한 네 가지 덕목을 가진 사람이어야 하며 또 기존의 민족 간부는 이 같은 자질을 갖출 수 있도록 재교육되어야 한다는 것이다.

이상과 같은 민족 간부에게 요구하고 있는 자질을 중국당국은 한 마디로 '德才兼備' 또는 '又紅又專'의 자질이라고 말한다. '德'과 '紅'은 '혁명'과 같은

黨性을 말하는 것이다. 극 마르크스-레닌주의와 중국공산당의 지도 노선-사회주의 노선의 견지, 프롤레타리아 독재의 견지, 마르크스-레닌주의와 모택동사상 견지, 중국공산당의 노선과 방침 및 정책을 옹호할 것 등의 이른바 '四項 基本原則'-에 충실하여야 한다는 것이다. 그리고 '才'와 '專'은 '지식화' 및 '전문화' 등과 같은 실용적인 지식을 말한다.

따라서 민족 간부는 혁명화와 동시에 지식화-전문화가 겸비되어야 하며, 또 紅과 동시에 專이, 德과 동시에 才가 구비될 수 있어야지 어느 한 방면으로만 치우칠 때는 효과적인 민족사업을 수행할 수 없다는 것이다.

이상과 같이 중국은 민족 간부에게 全人的인 능력을 요구하고 있다. 그리고 최근에는 민족 간부의 자질을 향상시키기 위하여 각급 민족학원을 비롯한 교육기관을 점차 확대시키고 일반 고등교육 기관에서도 소수민족 학생들에게는 입학조건을 특별히 완화하여 그들의 입학을 적극적으로 유도하기도 하며 특별히 예과, 민족반, 복습반 등의 제도를 각급학교에 창설하는 등 소수민족 학생들의 교육기회 확대에 노력하고 있다.

그러나 이러한 노력에도 불구하고 지금까지는 전반적으로 보아 민족문제를 전담하는 사람들 중에서 소수민족 출신의 민족 간부가 적은 편이다. 이는 그 동안의 민족정책 수행이 주로 漢族에 의하여 추진되어 온 것에 원인이 있지만 이에 더하여 소수민족 집단의 학력수준의 전반적인 낙후성과 또 각급 행정 간부 임용에 있어서의 차별, 소수민족의 反漢 감정 등과 같은 문제가 복합적으로 작용한 결과이다.

결과적으로 소수민족 출신의 민족 간부는 소수민족이 중국에서 차지하고 있는 인구 점유비율보다도 낮다. 1982년 통계에서 소수민족은 전국 인구의 6.7퍼센트를 차지하고 있는 데 비하여 소수민족 간부는 전국의 5.4퍼센트에 그치고 있다.[26] 특히 이러한 현상이 가장 심한 자치지구로는 寧夏 回族自治區와 廣西의 소수민족지구인데, 寧夏의 경우 민족 인구가 전체의 30퍼센트

26) 『民族問題常識』, p.67

를 차지하고 있는 데 비하여 민족 간부는 12퍼센트에 그치고 있다.

그러나 전반적인 소수민족지구의 민족 간부 부족을 해소하기 위하여 당국
은 「培養少數民族幹部試行方案」과 「籌協中央民族學院試行方案」 등 민족 간
부 양성을 위한 두개의 방안을 마련하고 있는 이외에도 각 지역별로 민족 간
부의 양성 및 재교육과 아울러 민족관계의 일반 사무를 담당하는 '민족학원'
을 설립시켜 -중앙, 중남, 서남, 서북, 운남, 광서, 광동, 청해, 귀주, 서장
등의 10개 민족학원이 운영되고 있다-민족 간부를 집중적으로 양성하는 등
이 문제에 적극성을 보이고 있다.

제 6 장
· · · · · · · · · · · · · · · · · · ·
부문별 정책

1. 민족지구의 사회개혁
2. 교육과 문화정책
3. 言語와 문자정책
4. 풍속 및 습관에 대한 정책
5. 종교개혁
6. 통일전선 정책

1. 민족지구의 사회개혁

민족지구의 현황

중국은 전반적인 사회주의화 정책의 끈질긴 추진에도 불구하고 아직도 여전히 前社會主義 단계적인 여러 징후를 나타내고 있다. 특히 소수민족 거주지역은 여러 가지 계급압박과 낙후된 사회제도를 불식하지도 못하였고 이 때문에 사회진보는 물론 나아가 경제, 문화적인 발전과 일상생활의 개선에 커다란 장애요인이 되고 있다.[1]

소수민족 중에는 아직도 구태의연한 봉건 지주제도, 심지어 농노제와 노예제가 남아 있는 곳도 있다. 농노주, 노예주 등과 같은 봉건적 관계, 민족적인 압박 관계가 여전히 존재하는 상황에서는 노동 민족의 진정한 평등이 이루어질 수 없으며 또 이러한 상황에서도 그들이 말하는 민족해방을 성취했다는 구호마저 의문시된다.

이 같은 전근대적이고 비사회주의적인 민족지구에 대한 민주개혁과 사회주의 개조 등 전반적인 사회개혁이 요청되며 이런 점에서 민족지구에 대한 광범한 사회개혁 진행이 중국 민족정책의 커다란 줄기로 자리 잡게 되었다. 그러나 여기서 제기되고 있는 낙후된 민족지구에 있어서의 사회개혁은 그들이 처하고 있는 특수한 여건 때문에 '민주개혁'과 '사회주의 개혁'이라는 두 단계를 거쳐서 발전시킬 수밖에 없다.

봉건적인 상태에서의 사회개혁은 먼저 노예주 계급과 농노주 계급 및 봉건지

---

1) 『民族問題基礎知識』, pp.139~142

주 계급을 타도하여 민족 내부에 도사리고 있는 봉건제도와 노예제도를 철저히 제거한 다음, 이러한 기반 위에서 봉건통치의 기반이 되어 왔던 토지 소유형태에 대한 개혁―토지개혁―을 실시, 농민의 토지소유제를 도입하여 그들의 낙후된 생산관계와 생산방식을 재정비하고 이들 지역에서의 생산력을 제고시키는 일이며, 이것이 바로 민주개혁이라고 하는 사회개혁의 첫 단계라는 것이다.

그러나 봉건제도로부터 토지의 농민소유로의 이행을 내용으로 하는 민주개혁은 노동자 대중에게 토지가 돌아옴으로써 그들로 하여금 높은 생산의욕을 갖게 하는 효과가 있는 것은 사실이라고 하더라도, 이는 어디까지나 사유제를 기초로 하여 유지되고 있는 것이기 때문에 착취와 압박이 엄존하고 있는 모순적인 상황이라고 볼 수밖에 없다. 따라서 봉건사회로부터의 개혁인 민주개혁을 통하여 얻어진 사유제를 내용으로 하는 자본주의 경제체제는 또 다른 개혁 즉 사회주의적 개조를 통하여서만 노동대중이 완전히 해방될 수 있다고 본다.

이상과 같은 단계별 개혁론의 입장에서 볼 때 민족거주 지구의 경우, 여러 가지의 문제가 중첩되어 있는 까닭에 상당지역에서는 여전히 제1차적인 개혁 즉 민주개혁의 과제가 제기되고 있어 이들 민족지구에 대한 사회개혁의 내용은 한층 복잡해질 수밖에 없다고 본다. 이 같은 인식을 전제로 민족지구에 대한 단계별 개혁의 내용과 그에 대한 개혁방침을 각각 다음과 같이 분류하여 파악한다.

소수민족지구의 민주개혁

민주개혁의 기본적인 내용은 다음과 같다.[2]

(1) 역대 통치자들이 민족지구 통치에 남긴 영향 제거

역대 통치자들은 소수민족지구의 통치에 있어 서로 다른 두 가지의 형식을

---

[2] 위의 책, pp.143~145

취했는데, 이 같은 두 형식-양종형식-의 잔재를 불식하는 일이 필요하다는 것이다. 역대 통치자들은 소수민족지구의 통치에 있어 '직접통치'방식과 '간접통치' 방식을 겸용하였다는 것이다. 직접통치 방식은 漢族 지구 통치방식과 마찬가지로 소수민족 지구에 대해서도 특정한 통치기구를 건립하거나 파견관 혹은 직접 군대를 주둔시키는 방법으로 통치한 것을 말하며, 간접통치 방식이란 소수민족 지구에 민족적 통치계급을 형성시키고 이들을 자기 세력으로 만들어 이들로 하여금 민족지구를 장악하고 통치할 수 있게끔 뒤에서 도와줌으로써 민족지구를 움직여 온 방식을 말한다.

전통적으로 민족지구에 대하여 행하여져 온 이 같은 직-간접 통치의 구습은 혁명 후에도 계속 그 영향이 이어져 이것이 민족지구는 물론 전국적인 사회발전에 커다란 장애요인으로 작용되고 있어 우선 이러한 악영향-대표적인 구습의 예로는 西藏 地區의 政-敎 合一的 '승려 귀족 독재'를 들고 있다-을 제거하는 일이 이들 지구에 대한 민족개혁의 첫 번째 내용이라는 것이다.

(2) 민족 내부 착취계급의 압박을 제거

혁명 전 민족지구는 대부분 노예적 사회형태 혹은 봉건적 농노제를 유지시켜 왔기 때문에 이러한 제도에서 유발된 각종의 계급적인 압박과 착취가 이어졌고 이러한 계급적인 대립에서 착취계급으로 등장했던 통치계급은 세습적으로 그들이 가진 특권을 이어왔다. 이들 지구에서 오랫동안 이어져내려 오고 있는 신분의 구별과 특권계급의 세습적인 특권과 같은 계급착취의 구습을 제거하는 것이 민주개혁 단계에 있어서의 또 하나의 과제다.

(3) 토지개혁을 단행

혁명 전에는 민족지구의 토지 등 대부분의 생산 자료는 거의 전부가 지주 등 통치계급이 독점하고 있었기 때문에 이것이 사회경제 발전의 주요한 장애였으나 민주개혁의 단계에서는 일부 특권계층에 의하여 독점된 생산 자료를 농민에게 돌려주는, 즉 봉건지주 소유를 폐지하고 농민의 토지소유제를 실시하는 것이 주요한 개혁의 내용이어야 한다.

(4) 유해한 구습을 타파

전통적인 봉건사회 제체 속에서 형성된 갖가지 미신이나 습관들은 기존의 억압관계를 정당화시키며 건전한 민족발전에 지장을 주는 것이기 때문에 이의 과감한 제거가 필요하다.

민주개혁의 방침

소수민족지구의 민주개혁은 봉건제와 농노제를 청산하고 이에 따른 사회제도의 정비를 통해 궁극적으로는 제2차적인 사회주의적 개혁을 목적으로 하는 사회혁명으로 파악할 수 있다. 그러나 앞에서도 살핀 바와 마찬가지로 소수민족지구에서 봉건제도의 잔재가 워낙 역사적으로 뿌리를 내려왔기 때문에, 이러한 봉건제도의 잔재를 청산하는 민주개혁은 어려움을 동반할 뿐 아니라 거기에 더해 기존의 생산관계의 계속을 원하는 집단으로부터의 강력하고 끈질긴 반발과 저항 또한 충분히 예상된다. 따라서 이와 같은 여러 가지 여건을 감안할 때 중국이 이들 소수민족지구에 대한 민주개혁의 방침은 대단히 실질적이며 현실의 갖가지 상황을 충분히 고려한 실제적인 것이어야 한다는 것이다.3)

> "소수민족지구의 사회개혁은 대단히 중요하며 신중을 요하는 문제이다. 따라서 조급하거나 조건이 성숙되지 않으면 이 개혁은 진행될 수 없다."4)

---

3) 위의 책, pp.146~147

민족지구에 대한 사회개혁 필요성을 강조한 나머지 무리하게 이를 추진하는 경우 부작용이 심하게 나타날 수 있다. 이러한 점을 충분히 고려하여 신중하게 단계적으로 이를 진행시켜 나가야 한다는 것이다. 개혁은 착실히 진행시키되 조용하게 진행시킴으로써 여기에 따른 반발과 저항 등의 부작용을 최소화시켜 보자는 것이다. 소수민족지구의 사회개혁은 꾸준하고 빈틈없이 진행시켜야 되는 것은 물론이나 이러한 사회개혁을 위한 제반 조치들은 소수민족과의 꾸준한 타협과 설득을 통하여 소수민족 스스로가 이의 필요성을 인식하여 그들 스스로의 결정에 의하여 이루어지는 사회개혁의 형태가 될 수 있을 때 비로소 그 실질적인 효과를 볼 수 있으며 또 이에 대한 그들의 지지를 보장받을 수 있어 개혁이 뿌리를 내릴 수 있다는 것이다.

전체적으로 볼 때 일부 소수민족지구에서의 민주개혁의 형태는 漢族 지구에서와 같은 방식의 강력한 투쟁방법을 통하여 봉건적 토지소유제와 지주계급의 정치적 권리를 제거할 수는 있다. 그러나 생산력의 발전수준이 낙후되어 있으며 봉건제의 뿌리가 깊은 소수민족지구의 민주개혁이 진행은 위와는 달리 평화적인 방법에 의존하는 것이 보다 효과적이라 본다. 또 이와 같이 민주개혁 과정에서의 평화적 방법을 사용하는 것은 특수한 조건 아래서만 성립할 수 있는 특수한 계급관계의 한 형태로 이는 또 무산계급과 그들 전체인민들에게 유리한 정책일 수 있다는 것이다.

이러한 방법으로 지금까지 형성되어 있는 기존의 생산력을 급작스럽게 파괴시키지 않는 것이 필요하며 또 기존질서의 궁극적인 파괴를 위해서는 기존관계를 잠정적으로 이용하는 것을 외면해서도 안 된다는 것이다. 따라서 이 단계에서의 평화적인 민주개혁은 결코 계급투쟁이나 민족투쟁과 같은 내용이어서는 안 되며 공존을 전제한 실질적인 개혁이 그 내용이어야 한다는 것이다.

4) 『毛澤東選集』, 제5권 p.23

민족지구의 사회주의 개조

앞에서 살핀 소수민족지구에 있어 봉건제도의 타파를 내용으로 하는 민주
개혁이 제1차적인 사회개혁의 내용이라고 한다면 여기에서 말하는 사회주의
적 개조는 제2차적이며 궁극적인 사회개조이다.

봉건제도의 탈피를 통한 사유제 경제체제의 확립이 이룩된 후 이 사유제를
중심으로 하는 자본주의적 단계는 또 다른 사회개혁인 사회주의 개혁을 통해
서 궁극적인 발전시킬 수 있다는 이중혁명의 도식을 그대로 소수민족 지구의
사회개혁의 도식으로 작용하고 있는 것이 바로 민주개혁과 사회주의개혁이라
고 하는 2단계 개혁의 내용이다.

그러나 이상과 같은 유물사관의 二重 革命論的인 도식이 전반적으로 또
도식적으로 적용될 수 없는 상황이 바로 소수민족지구이기 때문에 자연히 이
지역에 대한 사회개혁의 내용도 이러한 도식적인 전개만이 이뤄질 수는 없다
고 본다. 혁명 후 상당기간이 지난 지금도 어떤 민족지역에서는 아직도 민주
개혁의 단계가 완전히 성취되었다고 볼 수 없는 지역이 존재하는가 하면 다
른 한편에서는 사회주의적 개혁이 상당수준에 이른 민족지역도 존재하고 있
기 때문에 소수민족지구의 사회개혁에 대한 차등성이 존재한다.

중국이 민족지구별로 존재하고 있는 생산형태의 다양한 각종 상황 등을 감
안하여 타협적인 생산관계의 설정을 모색하여 오고 있으며 여기서 하나의 대
안으로 등장한 것이 이른바 '生産責任制'의 운영이라고 볼 수 있다.[5] 특히
중국공산당 11차 全人代 三中全會 이후 소수민족지구를 중심으로 광범위하
게 도입한 각종의 生産責任制를 통해 지역의 생산력 발전수준을 향상시키고
관리능력을 향상시킬 수 있었다는 것이며 또 이 제도의 도입으로 소수민족들
에게는 권리와 책임, 이윤의 조화를 이루는 등 사회주의적 사회개혁을 위한
대단한 실적을 가져왔다고 주장하고 있다.

---

5) 『民族問題基礎知識』, pp.153~154

소수민족지구에 대한 生産責任制라는 것은 어떤 의미에서 보면 전통적인 사회주의적인 경제정책과는 거리를 갖는 일종의 변태적인 정책이라고 볼 수 있고 또 전래된 사회주의 경제정책인 국유화 내지 공산화 정책에서의 이탈일 수밖에 없다. 특히 生産責任制는 지금의 단계에 있어서는 이른바 '包産到戶' 제도를 그 기본적인 내용으로 하고 있는 데서도 이러한 이탈은 더욱 분명해지고 있다.

아직까지도 生産責任制는 물론 그의 주요한 내용의 하나로 강조되고 있는 包産到戶－農家 生産請負制, 농업부문에서 전개되고 있는 생산책임제의 일종으로 토지와 농기구 등 생산수단의 집단소유제는 종전과 같이 변하지 않고 단 기본채산 단위로서의 生産隊의 기능도 변하지 않는 前提 아래 모든 농사작업을 청부시키는 것 이때 각 농지에 따라 生産割當量(또는 勞動点數)을 매겨 이 할당량의 초과분은 生産者 소유로 하고 不足分은 벌금으로 된다. 할당분은 生産隊의 소유가 되고 노동점수에 의해 통일적으로 분배된다. 請負先이 농가가 아니고 作業場의 경우는 '包産到組'가 된다－제에 대한 여러 가지 찬－반 논의가 있는 것이 사실이지만 특히 현대화를 위한 개방정책이 득세하고 있는 상황에서는 이 같은 包産到戶를 중심으로 하는 生産責任制 자체가 쉽사리 변경될 조짐은 없다.

그러나 앞에서도 살핀 바와 같이 중국의 소수민족 사회가 환경, 역사, 종교, 사회형태의 여러 면에서 다양성을 내포하고 있기 때문에 소수민족지구의 사회개혁 방안도 명확하게 확립되지 못하고 있다. 따라서 包産到戶의 책임생산제 도입을 통해 집체경제를 발전시킨다는 일반 원칙도 민족과 또 그들 민족지구의 독특한 환경 등에 따라서 여러 가지 상태로 변화되고 있다. 소수민족지구에 대한 중국의 사회개혁 정책은 커다란 원칙으로서 사회주의화라는 기치를 세우고는 있으나, 실제 정책에 있어서는 일어나고 있는 문제의 양태에 따라서 이를 '케이스 바이 케이스'로 처리하는 적극적인 사회개혁 조치라기보다는 현상을 인정하고 이 같은 바탕 속에서 점진적인 개혁을 조심스럽게 추진하여 나가는 소극적인 계책이라고 하는 점에 그 특징이 있다.

2. 교육과 문화정책

오랫동안 노예제도와 농노제를 유지해 오는 동안 근대적인 문화-교육과 과학-기술의 습득 기회를 갖지 못한 소수민족의 문화적 낙후성은 민족문자의 미발달, 민족교육 기관의 희소, 무분별한 각종 민족종교의 범람 등으로 나타나고 있다.

혁명 후 중국은 소수민족 집단의 문화적 낙후성이 그들이 추진하는 근대화 노력은 물론 궁극적으로 민족 간의 단결을 저해하는 커다란 요인으로 인식 이의 개선을 위해 소수민족들에 대한 교육기관의 확충과 언어-문자 등의 정비 등을 시도하고 있다. 중국은 민족집단의 문화-교육 수준의 향상이 四化 추진의 주요한 기초이자 또 민족단결과 민족 간의 사실상 불평등 해소는 물론, 궁극적으로 중화민족의 자질을 전반적으로 고양시키는 중요한 관건으로 파악하고 이 같은 민족 문화-교육의 발전을 위해서 구체적으로 다음과 같은 여러 방안을 구상하고 있다.6)

(1) 소수민족의 교육사업 확대를 위해 각종의 민족학교 정비 확대

우선 초급교육(소학교) 기관을 전반적으로 확대시켜 기본적인 교육 기회를 제공하고 이러한 기반 위에 각 지역의 실정에 맞게 다양한 형식의 다양한 학제를 개설하여 전문교육 기회를 넓혀나간다. 특수한 여건을 가진 지역에서는 기숙사를 마련하여 이들의 학습을 돕고, 이 밖에도 일하면서 공부할 수 있는 제도도 널리 활용하여 학습과 노동을 병행시키도록 하는 방법도 강구한다. 또 민족지구별로 각종의 민족학교(민족의학교, 민족위생학교, 민족사범학교)를 확대, 개발하고 고등교육 기관에 입학하는 소수민족 학생을 늘이기 위해

---

6) 위의 책, p.85

이들에 대해서는 연령이나 입학조건 등을 완화하며 또 고등교육 기관에 특별히 민족반과 예과반 등을 설치, 운영하여 修學上의 편의를 도모한다.

(2) 지역의 특성을 살린 과학 연구사업 발전

소수민족지구는 전통적으로 농산업이 중심적인 산업이므로 농업, 임업, 목축업, 어업 등 농-수산업에 활용될 수 있는 과학기술 발전에 특히 힘을 기울인다. 예컨대 농업지구에 있어서는 종자개량과 과학적인 육종을 비롯하여 용수, 시비, 관리, 병충해 방제 및 토지개량 등 각 부문의 과학적 영농방법에 힘쓰고, 임업지구에서는 速成林에 대한 연구, 육묘, 병충해 방제 등에 대한 연구, 목축지구에 있어서는 목초개량, 목장개량, 종축의 개량, 방목제도 등에 대한 연구 등과 같은 실제적인 기술교육이 필요하다. 또 소수민족지구는 도시와 떨어져 있어 그들 스스로의 의료-위생 시설을 개발할 필요가 있으며 이에 대한 체계적인 민족 의료-위생 교육이 필요성도 높다.

(3) 소수민족 문화를 발전시킬 수 있는 민족교육을 강화

소수민족들은 전통적으로 예-체능의 소질을 가지고 있기 때문에 이들의 전통적이고 독특한 민족 음악, 무도, 미술, 체육 등을 계속적으로 발전시킬 필요성이 있다.

(4) 소수민족 문화유산을 정리

소수민족 집단이 독특하게 간직하고 유지하여 온 각종 비전의 한방술, 건축술, 천문, 역사, 언어와 문자, 예술 등 귀중한 문화유산들을 발굴, 이를 정리 분류하고 발전시키는 것은 중화 민족문화를 그만큼 풍성하게 하는 값진 일이다. 특히 이들의 민족 전설, 고사, 가요, 민간음악 등 문화유산을 발굴하고 이를 녹음하는 등의 방법으로 보전책을 강구하고 민족 간의 정기적인 민족문화 발표의 기호를 가짐으로써 이의 발전을 도모할 수 있다.

(5) 민족문화 발전을 위한 제반 교육의 사회주의적 내용을 견지

모든 민족정책이 그러한 것과 마찬가지로 민족문화 교육정책의 궁극적인 목적도 사회주의 민족 형성과 이의 공고화를 위한 과도기적인 조치이다. 때문에 이 정책의 시행과정에 언제나 사회주의적 내용이 결여되어서는 안 된다는 것이 중국의 입장이다. 스탈린의 정의인 이른바 "형식에 있어서는 민족적으로, 내용에 있어서는 사회주의적"인 사회주의 민족정책이 그대로 강조된다. 현실적으로 강조되는 소수민족 집단에 대한 갖가지의 민족문화 정책과 민족문화 진흥 시책들은 외형적이고 형식적인 면에 있어서는 개별민족의 독특한 문화영역 존중과 이의 보호 내지는 유지를 겨냥한 듯하나 이는 어디까지나 명목적인 것이며 그 실제 내용과 목적에 있어서는 사회주의적인 통일을 위한 것이 되어야 한다는 것이다.

소수민족에 대한 문화정책이 이러한 뚜렷한 목적을 가진 것이기 때문에 자연히 개별민족이 가진 다양한 문화전통의 독자적인 발전과 유지보다는 이것이 전 민족적으로 계승-통합되는 과정을 더욱 중히 여기고 이 과정에서 비교 우위의 논리로 자연스러운 문화적인 통일을 기대하는 것이 그들의 기본적인 구상인 듯하다.

3. 언어와 문자정책

소수민족의 언어 및 문자 현황

중국의 55개 소수민족은 回族, 滿州族, 畲族이 漢語를 사용하는 이외에는 그들 전부가 고유한 민족언어를 가지고 있다.

이들 소수민족의 언어를 살펴보면 語系別로는 漢藏語系(Tibeto-Chinese,

Sino-Tibetan 語系), 阿爾泰語系(Altaic 語系), 印歐語系(Indo-European 語系), 南亞語系(Austro-Asiatic 語系), 南島語系(Malayo-Polynesian 語系)로 나눠지며 漢藏語系는 29종의 민족언어(주로 중남과 성남 지방에 분포), 印歐語系는 2종의 민족언어, 南亞語系에는 3종의 민족언어, 南島語系는 高山族語가 각각 속해 있다.

공식적 언어 분류에 의하면 중국의 소수민족 언어는 전부 다섯 종류의 다른 語系를 가지며 이러한 語系는 다시 10개의 語族으로 나눠지고 있으나 朝鮮語와 土家語, 仡佬族語 등은 語族과 語支가 미정이고 珞巴, 怒, 阿昌語 등은 語支가 미정이며 또 京語의 경우에는 語系, 語族, 語支 모두가 미정이라는 것이다.

文字의 경우는 21개 소수민족이 자기 민족 고유의 문자를 가지고 있었으나 (回族·滿族·畲族은 한문 사용. 蒙古族, 藏族, 維吾爾族, 朝鮮族, 哈薩克族, 錫白族, 傣族, 烏牧別克族, 塔塔爾族, 러시아족, 彝族, 納西族, 苗族, 景頗族, 傈僳族, 納高族, 佤族) 혁명 후 다시 壯族, 布衣族, 苗族, 侗族, 哈尼族, 傈僳族, 佤族, 納西族, 黎族 등이 민족문자를 새롭게 정비하였다.[7]

언어 및 문자 정책의 기본원칙

중국의 공식적인 언어 및 문자 정책은 다음과 같은 원칙을 가진다고 말한다.[8]

(1) 언어와 문자에 대한 계급성의 부정
중국은 스탈린의 언어이론을 빌어, 언어와 문자는 결코 계급적인 것이 아니며

---

7) 위의 책, p.196
8) 위의 책, p.198

장기성과 안정성을 가지고 있어 민족을 구성하고 있는 요소 중에서 가장 변화하기 어려운 요소의 하나라고 이를 규정한다. 또 그 특유의 발생—발전—소멸의 규율을 가지고 그것의 변화 발전은 사회형태의 변화와 발전에 따라 발전하는 것이기 때문에 이것이 가지는 비계급성에도 불구하고 인류사회가 공산주의기에 진입하게 되면 각 민족언어는 세계적 공동언어로 융합되고 만다는 것이다.

민족언어는 계급적인 것이 아니라 민족적인 것이기 때문에 민족이 존재하는 동안은 어떠한 계급투쟁의 와중에서도 그대로 존속하나 궁극적인 사회형태의 변화 즉 공산주의 사회가 도래하면 기존 민족의 소멸과 동시에 개별적인 민족언어 또한 소멸될 것으로 본다. 그러나 문자의 경우, 언어가 없어진 경우에도 기록을 통하여 보다 오랫동안 생명력을 가진다고 본다.

(2) 언어와 문자는 생산발전에 기여

언어와 문자를 통하여 민족 내부의 통일을 기할 수 있음은 물론, 각종 정보나 과학지식을 서로 주고받음으로써 민족문화 발전과 사회주의 발달에 기여하는 유익한 수단이라는 것이다.

(3) 언어와 문자의 평등은 민족평등의 전제

민족 언어 및 문자의 인정과 발전 없이 민족의 평등을 말할 수 없으며, 엄연히 존재하는 고유의 민족 언어와 문자를 억압하고 타 민족어를 사용케 하는 것은 민족적인 압제라는 것이다.

(4) 사회주의 민족관계의 공고화와 이의 발전을 위한 전제

민족 언어와 문자의 인정과 장려는 사회주의 과도기에서 요구되는 민족단결을 원활히 하기 위한 형식적인 민족정책이기 때문에 이는 결국 문화융합이라고 하는 공산주의 성립을 위한 전제로서만 가능하다는 입장이다. 즉 민족언어의 소멸을 위해서는 민족언어가 일정수준까지 발전되어야 하며 민족문화

가 소멸되기 위해서는 민족문화가 일정수준까지 발전되어야 한다고 하는 사
회주의 특유의 변증법적 논리로 정당화될 수 있는 것이다.

언어 및 문자정책

중국이 현단계에서 실시하고 있는 구체적인 언어-문자 정책은 다음 몇 가
지로 요약할 수 있다.[9]

(1) 민족의 언어와 문자에 대한 평등정책
이는 민족언어와 문자에 대한 천시를 반대하고 이에 대한 제한이나 탄압을
배제하는 것을 말한다는 것이다. 민족 간에 존재하는 경제적인 불평등에 의
해 민족언어나 문자에 대하여 우-열을 정하거나 또는 어떤 특정의 언어나
문자를 다른 민족어 보다 특수한 지위를 부여하는 등의 행위를 금하며, 특정
한 언어와 문자를 '국어'나 '국문'으로 정하여 이의 사용을 강요해서도 안 된
다는 것이다. 이러한 논리에 따라 전 국민에게 특정 언어와 문자의 사용 강
권하는 것을 비난하면서, 그러나 그들 민족이 자원해서 타민족들의 언어와
문자를 학습하는 것은 권장되어야 한다는 입장에 선다. 이렇게 보면 현존하
는 여러 민족 언어와 문자는 그 모두가 '합법적'인 언어-문자이며 이는 또
결코 국어나 비국어로 구분될 수 있는 성질의 것이 아니라는 것이다.

(2) 민족언어와 문자 사용의 자유
민족들은 모든 생활영역에서 자기들의 민족 언어와 문자를 사용하고 발전
시킬 수 있는 자유를 가진다. 당의 정책에 의해 소수민족은 일상생활은 물론,
정치, 문화, 교육, 위생, 체육 등 각 방면에서 그들이 민족언어와 문자를 사

---

9) 위의 책, pp.201~204

용할 수 있는 자유를 가지며 또 그의 발전을 꾀할 자유도 가진다. 이러한 민족언어와 문자에 대한 사용과 발전의 자유는 어떠한 방해도 받지 않을 뿐 아니라 국가의 보호와 협조를 받는다. 또 문자를 가지고 있는 소수민족일 경우는 각급학교 교육과정에 민족 언어와 문자의 사용을 권장하고 조건이 갖춰진 자치지방에서는 민족어 신문, 방송, 출판사업을 행할 수 있으며 민족자치 지방의 자치기관의 행정업무에도 통용되는 일개 또는 수개의 민족어를 사용하여야 하며, 각종 회의에 참석하는 민족대표는 그 회의에서 민족어를 사용할 수 있는 권리를 가진다. 민족들은 민족어로 소송을 제기할 수 있는 권리를 가지며, 이 밖의 재판 판결문 발표 및 포고와 기타 문건 등도 당지의 민족어를 사용한다는 것 등이 민족어 사용에 대한 구체적인 예다. 민족어 사용과 발전은 물론 어떤 민족이 어떤 언어와 문자를 사용할 것인가 하는 것은 전적으로 그들 민족들의 자유이며, 민족어의 적극적인 교류와 상호침투 등과 같은 자연발생적인 언어변화를 허용하는 자유까지를 포함한 자유라고 말하고 있다. 따라서 중국의 민족언어 정책 또한 다른 부문의 정책내용과 마찬가지로 자연적인 漢語의 확산을 목적으로 하는 유연한 대응이라고 볼 수 있다.

(3) 민족문자 정비

민족문자를 가지고 있지 못하는 민족에 대해서는 문자를 새로 만들거나 또는 현존 문자 중 어느 것을 자기들의 민족문자로 선택하게 하며 문자가 충실히 정비되지 못한 민족에 대해서는 그들 문자의 정비를 도와준다. 중국은 민족들의 의사에 따라 새롭게 민족문자를 만들거나 또는 다른 민족문자를 자기들의 것으로 하는 것을 돕는다는 것이다. 그런데 이 과정에서 가장 중요한 것은 개별민족들이 자기의사에 합당한 것을 스스로 선택하는 것이라고 말하고 있다. 즉 자기 고유의 민족어를 계속 사용-발전시킬 수도 있으며, 민족어가 없는 민족도 새롭게 그들의 민족어를 만들 수도, 그들 고유의 민족어를 가지고 있음에도 불구하고 환경 등의 원인에 의하여 타 민족어를 자기들의 것으로 할 수도 있는 등, 이러한 여러 가지의 선택은 전적으로 그들 민족들의 의사에 따라서 결정될 수 있는 문제라는 것이다.

(4) 민족언어의 상호학습 권장

'自願'의 원칙 아래 각 민족이 서로 다른 민족어를 배우는 것을 적극 권장한다. 중국의 여러 민족은 오랫동안의 접촉과정을 통해 다른 민족들의 민족어를 서로 배우는 기회를 많이 가져 왔고, 이러한 민족어에 대한 상호학습은 각 민족 상호간의 이해증진을 위해서도 대단히 필요하다. 민족어 상호학습 문제에 있어 특히 강조하고 있는 것은 漢族이 여타의 소수민족들에 비하여 선진적인 문화를 가지고 있을 뿐 아니라 정치, 경제 등 모든 분야에서 주도적인 역할을 하고 있으므로 이들 漢族의 언어인 漢語의 영향력을 결코 무시해서는 안 된다는 것이다. 따라서 소수민족 집단은 특히 사회주의 건설사업의 발전을 가속화시키기 위해서도 소수민족들에게 漢語의 학습이 절대적으로 필요하다는 사실을 강조한다.

민족언어와 문자정책의 의의

중국이 말하는 소수민족 언어와 문자 정책의 의의는 다음과 같다.

(1) 민족 평등과 단결을 촉진

민족어의 탄압이 곧바로 민족탄압의 내용이 되기 때문에 민족문제의 건전한 해결을 위해 먼저 민족 언어에 대한 차별 및 압박을 제거하여야 한다는 것이다.

(2) 안보적인 효과

민족언어에 대한 자유 보장을 통해 중국은 변경을 튼튼히 할 수 있으며 소수민족 언어정책을 통해 실질적인 민족단결의 효과를 거둘 수 있었을 뿐 아니라 이를 외교적인 수단으로 활용할 수 있었다는 것이다. 즉 소수민족이 대부분 변경에 위치하고 있어 그들 민족지구에서의 민족어의 사용과 발전을 통해 민족지구와 이웃하고 있는 다른 나라와의 교류에 커다란 도움을 얻을 수 있다.

(3) 과학문화 수준의 향상

민족어 진흥 정책을 통해 선진 문화수준을 유지하고 있는 각종 과학지식을 漢文을 이해하고 있지 못하는 많은 소수민족 집단에게 그들의 민족어로 번역하여 보급시킨 결과, 그들의 지식수준의 향상을 가져오게 되었으며 이를 통해 소수민족지구의 四化 건설에 커다란 도움을 주었다고 주장하고, 특히 이러한 예를 朝鮮族의 경우를 들어 그 효과를 설명한다.[10] 朝鮮族은 혁명 후에도 계속 그들의 고유 문자인 '한글'을 사용하여 1952년에 이미 문맹을 없앴고, 소학교와 중학교(고등학교의 경우는 현재 고려 중에 있음)에서 일관되게 민족어 교육을 실시하고 있어 성인들은 민족은 물론 학생들의 평균성적이 다른 민족집단에 비하여 우수하게 나타나고 있다. 이 같은 현상은 그들이 일찍부터 민족어를 계속적으로 사용해 왔고 이를 통해 문맹을 없앰으로써 선진기술의 흡수에 앞설 수 있었기 때문이라는 것이다. 이에 반해 蒙古族의 경우는 이와 반대라는 것이다. 蒙古族은 1958년에 이미 문맹을 해소하였으나 그 후 文化大革命 기간에 민족어에 대한 탄압이 시작되면서 이들 민족지구에서는 소학교부터 漢文만을 교육시켜 다시 문맹이 발생되기 시작하여 그들의 민족문화 발전에 커다란 지장을 초래하고 있다는 것이다.

---

10) 위의 책, p.208

4. 풍속 및 습관에 대한 정책

중국은 민족의 풍속과 습관을 "각 민족이 가지고 있고 음식, 거주, 생산, 혼인, 상제, 절경, 예의 등 물질생활과 문화생활 방면에서 널리 퍼져 있는 風氣, 習尙, 禁忌 등을 총칭"하는 것으로 이를 파악한다. 풍속과 습관은 또 장기적 역사발전 과정의 특수한 자연환경과 사회역사조건 및 생활조건에서 점진적으로 형성된 것으로 이는 각 민족의 역사, 경제생활, 문화생활과 심리상태는 물론 그들 민족의 민족적 특징을 표현하고 있는 하나의 '역사적 현상'이기 때문에 타고난 것도 불변적인 것도 아니며 반드시 그것의 발생-발전-소멸의 규율을 가지고 있다고 본다.11)

풍속과 습관의 발생원인

중국은 풍속과 습관의 발생원인을 다음 몇 가지로 설명하고 있다.

(1) 개별민족의 풍속과 습관은 개별민족의 민족사를 반영한다. 풍속과 습관은 민족의 발전-변화의 하나의 흔적으로 볼 수 있고, 이는 그들 민족특유의 생존과정을 반영하고 있다. 따라서 각종 풍속과 습관을 통하여 개별민족의 역사를 정확하게 이해할 수 있다.

(2) 민족의 경제생활을 반영하고 있다. 민족의 경제생활은 서로 다르기 때문에 각기 다른 경제환경 과정에서 민족 특유의 풍속과 습관이 생기며 이를 통해 민족의 경제생활의 양태와 내용을 알 수 있다.

(3) 민족문화와 예술을 표현하고 있다.

(4) 민족의 심리와 감정을 표현하고 있다.

(5) 민족 특유의 종교 및 미신과도 관계가 있다.

---

11) 위의 책, p.212

풍속 및 습관에 대한 정책

중국은 헌법과 「민족구역 자치법」 등을 통해 소수민족의 풍속과 습관에 대한 자유를 분명히 하고 이러한 자유의 보장이 다음과 같은 점에서 의미가 있다고 본다.12)

(1) 민족평등과 민족단결을 위한 의미

자기 민족 고유의 풍속과 습관을 다른 사람들이 어떻게 보는가 하는 것에 특히 민감하기 때문에 이의 존중 없이는 민족적인 평등의 내실을 기할 수 없다.

(2) 개별민족이 가지고 있는 풍속과 습관을 존중함으로써 결과적으로 그들 민족들의 적극성을 발휘

자기민족이 가진 독특한 민족적 특징을 인정하여 줌으로써 그들 민족에게 자신감과 민족적 자긍심을 일깨울 수 있고, 이렇게 함으로써 그들 민족들이 민족지구의 사회주의적 물질문명과 정신문화의 건설에 적극성을 나타내고 체제순응의 자발적인 참가와 협조를 이룰 수 있다.

(3) 군중과 관련된 사회주의 혁명과 건설에 유리

민족들이 가지고 있는 풍속과 습관은 일정한 군중성을 가지고 있기 때문에 소수민족지구의 풍속과 습관을 잘 파악하고 이를 이용하는 것이 당과 각 민족군중들과의 연계에 커다란 도움을 준다. 이는 결국 각 소수민족 집단을 당의 주변에 단결시키는 주요한 수단이기도 하다.

(4) 변경 방어에 커다란 도움

민족들이 가지고 있는 풍속과 습관을 무시하게 되면 이는 결국 민족 집단

---

12) 위의 책, pp.221~223

간의 불화와 갈등을 유발하게 되어 이러한 민족적인 마찰이 일어날 경우는 그들이 대부분이 국경지역에 살고 있기 때문에 국방상의 취약점으로 작용할 소지가 충분하다. 따라서 변경보호의 국방상 이유에서도 개별민족들이 가지고 있는 전래된 풍속과 습관 등의 민족적 특징을 존중하여 그들이 민족적 단결과 軍-民간의 단결이 유지되어야 한다.

중국은 또 전래적인 민족풍습과 습관의 유지와 개선을 위하여 다음과 같은 정책기준을 설명하고 있다.

(1)풍속과 습관의 유지와 개혁에 대한 기준을 설정

풍속과 습관은 대단히 민감하고 또한 지속성을 가지는 문제로 이를 그대로 유지할 것인가 아니면 개혁할 것인가에 대해서는 먼저 어느 것이 민족단결에 유리한 것인가 하는 문제와 동시에 생산의 발전에 어느 것이 도움을 줄 수 있는가. 또 개별민족의 심신의 건강과 민족번영에 어느 쪽이 유익한 것인가에 따라 이를 결정한다. 따라서 무해무익한 것은 민족의 의사에 따라 이를 판단하되 민족단결과 생산의 발전, 민족번영과 심신건강에 특히 유해하다고 판단되는 경우의 풍속과 습관은 당연히 개혁되고 시정되어야 한다.

(2)풍속과 습관의 우수한 전통은 이를 유지-발전

대부분의 소수민족의 풍속과 습관은 그들 민족의 우수한 문화적인 전통을 반영하고 있는 것이기에 이는 유지-발전시켜야 하며, 이를 통해 민족적 자존심과 자신감을 제고시킬 수 있으며, 민족감정의 교류를 증진시켜서 민족 내부단결을 꾀할 수 있고, 민족지구의 사회주의적 정신문명 건설을 가속화시키는 등의 효과를 낼 수 있다.

(3) 낙후된 풍속과 습관은 개혁

낙후된 풍속과 습관은 봉건적인 유물이며 소수민족지구의 사회-문화발전의 방해가 되고 궁극적으로는 민족단결의 저해요인으로 작용하며, 소수민족의 신체건강(조혼, 근친혼 등)에도 이롭지 못한 여러 가지 이유 때문에 이를 과감히 개혁해야 한다. 그러나 이러한 낙후된 개별 민족들의 풍속과 습관의 개혁에 있어서는 특별히 신중한 태도를 가져야 하며 궁극적으로는 그들 민족 스스로의 판단에 의해서 이루어지도록 신경을 써야 한다. 따라서 이러한 개혁에는 강제적인 명령보다는 시범교육과 설득 등 온건한 방법을 써 이에서 오는 마찰을 최소화하도록 해야 한다. 그리고 이 개혁은 그러한 개혁이 소수민족 집단의 발전과 번영에 도움을 줄 수 있다고 하는 논리적 설득을 병행함으로써 그들 스스로의 의지로 문제를 해결할 수 있도록 해야 그러한 개혁이 기대한 효과를 창출하며 또 그러한 개혁이 지속될 수 있다는 것이다.

5. 종교정책

종교관

중국은 종교가 가지고 있는 특성을 다음과 같이 지적한다.13)

장기성

원시사회에서 발생한 종교는 시대 변천과 사회형태 변화에 따라 많은 내용과 성격을 변화시켜 오면서도 여전히 인류와 사회에 커다란 영향을 미쳐오고 있다.

---

13) 위의 책, p.235

인류사회 변화과정과 함께 이어져 온 종교는 궁극적인 공산주의 사회의 도래 즉 전 세계적인 공산주의의 승리가 이루어지고 이에 따른 전반적인 계급소멸과 생산력과 과학기술의 거대한 발전이 이루어진 상태에서만 소멸될 수 있으며, 이러한 조건의 실현이 성취되지 않는 한 특정 국가나 지역에서의 사회주의의 실현에도 불구하고 이의 존재가 계속될 수밖에 없는 장기성을 갖는다. 이렇게 볼 때 앞으로의 인류역사의 상당기간 종교는 우리들 인간생활에 커다란 영향을 미치며 그 생존을 계속할 수밖에 없으며 또 사회주의와 종교와의 공존 또한 불가피하다는 것이 중국당국의 종교에 대한 기본적 인식이다.

군중성

종교는 국부적이며 소수인들에게만 영향을 주는 문제가 아니며 이는 군중적이고 전체사회에 영향을 주는 전반적인 문제라는 것이다. 세상에 존재하는 어느 민족치고 종교를 갖지 않는 민족이 존재하지 않으며 또 종교에 영향을 받지 않고 있는 민족집단이 존재하지 않고 있다는 사실에서도 이를 확인할 수 있다. 즉 종교는 전 인민적인 것이며 전 사회, 전 민족적인 성격을 가지고 있다. 이렇게 널리 퍼져있고 또 광범한 인구가 신앙하고 있는 종교는 특히 농-공 노동자 군중에게 더욱 밀착되어 경제적인 면에서 착취계급에 속하는 대중들에게 널리 퍼져있기 때문에 특히 종교는 군중성을 띤다.

민족성

특수한 역사적 조건과 혈통적인 유대를 간직하고 있는 민족집단은 각기 그들의 생활환경 속에서 특정한 종교 신앙과 밀접하게 연관되어 있기 때문에 종교는 민족적인 성격이 강하다. 중국의 소수민족의 경우 특정한 종교는 하나의 소수민족 집단을 다른 소수민족과 뚜렷하게 구별시켜 주는 하나의 기준이 되기도 하며 또 민족의 내부적 단결을 공고하게 하여 주는 촉진제로서의 역할도 하고 있다. 민족문제와 종교문제는 서로 별개 문제라고 보기보다는 서로 영향을 깊게 주고받고 있는 두 측면이기 때문에 종교문제는 민족문제의 주요한 한 부분일 수 있다고 볼 수 있다. 여기서 종교문제는 민족문제와 깊은 연관이 있을 뿐 아니라 민족이 존재하는 한 계급상태의 변화에도 불구하고 종교는 계속적으로 장기간에 걸쳐 존재할 수밖에 없다.

국제성

종교는 지역적인 한계를 벗어나 국제적 영역에서 영향력을 행사하고 있기 때문에 국제성 역시 종교가 가지는 또 하나의 특징이다.

복잡성

이상에서 이미 살핀 여러 가지 특징으로 그것은 대단히 복합적이고 복잡한 문제를 가지고 있는 하나의 사회현상이라고 본다. 따라서 종교문제는 대단히 신중하고 치밀한 계획을 세운 다음 장기적 정책의 실시로써 그것이 가지는 해악을 제거할 수 있다.

> "행정명령으로 종교를 소멸시킬 수는 없으며 또 강제력에 의해 사람들이 종교를 믿지 못하게 할 수도 없다. 강제로 사람들에게 唯心主義를 버리도록 할 수도 또 강제적으로 사람들이 마르크스—레닌주의를 믿게 할 수도 없다."14)

종교가 갖는 이상의 여러 특징 때문에 노동대중으로부터 종교적 편견을 시정하기 위해서는 무신론 교육을 계속하여야 함과 동시에 이들에게 사회와 자연적인 압박으로부터 벗어날 수 있게 도와주어야 한다. 고도로 발달한 사회주의 문명과 정신문명의 건설을 이룩하고 이러한 바탕 위에서 전세계적인 규모의 공산주의를 실현시킬 수 있을 때 비로소 이러한 목적이 실현될 수 있다고 본다. 종교를 믿는 대중에게 그들이 종교에서 꿈꾸고 있는 '천당'을 현실 세계에서 이룰 수 있다고 하는 믿음을 주입시켜야 하며 이러한 상황에서 볼 때 신앙을 갖고 있는 사람들이나 갖고 있지 않은 사람을 불문하고 이들 모두가 일치단결하여 중국에서의 四化를 실현시키는 일이 더욱 중요하다.

따라서 현재 시점에서는 민중들이 갖고 있는 종교의 자유를 허용하여 그들을 건설에 매진할 수 있도록 하는 것이 더욱 시급하고 적절한 대응일 수 있기 때문에 사회주의 발전기에 있어 종교의 자유를 허용하는 것을 마르크스-레닌의 적절한 해석이라는 것이다.

중국은 종교문제 또한 여타의 사회문제에 있어서와 같이 역사적 현상의 하나이다. 따라서 종교는 그 자체의 발생-성장-소멸의 객관적 법칙을 가지고 있다는 유물사관인인 입장에 선다. 중국은 종교가 '원시시기의 종교', '계급사회의 종교', '사회주의 사회의 종교' 등 세 가지 서로 다른 역사적 단계에서 각기 서로 다른 모습으로 존재하다가 궁극적으로는 소멸하는 것으로 보는데, 여기서 이들이 주장하는 각 단계별 종교의 생존형태를 살펴보면 다음과 같다.[15]

원시종교는 인간의 자연에 대한 외경심에서 형성되어 주로 자연숭배의 형태를 띤 다신적인 내용을 가진 자연종교-또는 자발종교라고도 한다-로 그 역사를 시작한다고 보며 이는 일반적인 종교 발전사를 그대로 인용하고 있는 설명 방식이다.

계급사회의 종교를 설명함에 있어서는 그들의 유물사관적인 종교관을 그대

---

14) "關于正確處理人民內部矛盾的問題", 『毛澤東選集』, 제5권, p.268

15) 『民族問題基礎知識』, p.230

로 적용시켜 이를 설명한다. 즉 계급사회의 종교는 지배계급의 도구로 이용
되면서 그들의 비호를 받으면서 성장한다고 보는 것이다. 이 단계의 종교는
착취계급의 착취도구이자 또 계급착취에 대한 피착취계급의 피난처로 활용되
고 있다고 보아 이른바 "신이 사람을 만든 것이 아니라 사람이 신을 만들었
다"고 하는 종교관을 답습하여 종교가 원시상태의 자발종교에서 '사람이 종교
를 만드는' 인위종교 시기로 이행한다고 본다.

착취계급과 계급압박 제도가 소멸되었다고 하는 사회주의시기에 종교는 '일
정한 내용'을 가지고 장기간 존재한다고 주장, 현실적으로 없애지 못하고 그
대로 존속되고 있는 각종 종교의 존재에 대해 그들 나름대로의 해석을 찾으
려 하고 있다.

이상과 같이 세 단계를 거치면서 종교는 그 내용과 성격을 변화시키면서
존재하고 있으나 궁극적으로 완전히 인류사회에서 소멸할 수밖에 없다는 것
이다. 즉 사회주의 사회에서 생산력의 발전이 고도화되고 이밖에 교육－문화,
과학－기술 또한 일정단계 이상으로 고도화되면서 도래하는 공산주의 시기에
있는 종교는 결국 자연소멸될 수밖에 없다는 것이다.

> "인류 역사에서 최종적으로는 종교가 소멸될 것이다. 단지 사회주의
> 를 경과하고 공산주의적 장기발전이 이룩되면 종교가 의지하고 있는
> 사회근원과 인식근원이 소멸될 때가 오며 그때 비로소 종교는 자연히
> 소멸된다."16)

종교가 존재할 수 있는 사회근원과 인식근원이 완전히 해소되는 시점, 공
산주의의 장기발전의 시기에 종교는 생명을 다한다는 것이다. 이를 좀더 구
체적으로 보면 종교의 소멸을 위해서는, 종교가 발붙일 수 있는 사회경제적
기초 즉 생산 자료의 사유제가 소멸되고 또 계급이 소멸되어야 하며 반드시

---

16) 위의 책, p.230

인류의 빈곤과 낙후상태가 완전히 해소되고 물질생산과 과학문화가 고도의
발전단계에 도달하여 인간과 인간의 관계, 인간과 자연과의 관계가 합리성을
띨 수 있는 단계이어야 하며, 전체 인류가 자기개조와 세계개조를 자각할 수
있는 시기 즉 세계적으로 공산주의가 도래되는 시기여야 한다는 것이다.

종교의 실태

당국이 파악하고 있는 중국에서의 종교 분포는 다음과 같다.[17]

원시종교

원시적 잔재가 짙게 남아 있는 곳에서는 원시형태의 종교가 그대로 잔존하
고 있다. 즉 獨龍族, 怒族, 佤族, 景頗族, 傈僳族, 高山族, 鄂倫春族들의
거주지방에서는 원시형태의 자연숭배와 다종신앙이 이어져오고 있다. 이들
소수민족 사회에서는 원시종교의 주요한 내용이라고 볼 수 있는 萬物有靈論,
自然崇拜, 토테미즘, 先祖崇拜, 英雄崇拜의 신앙이 그대로 나타나고 있다.
예컨대 獨龍族의 경우 산과 하천, 큰 나무, 큰 돌 등의 자연물에는 모두
그마다의 귀신이 있다고 믿는다. 이중에서 산귀신과 나무귀신은 사람의 전신
을 아프게 하며, 물귀신은 구토를 가져오게 하고, 땅귀신과 하늘귀신은 풍년
을 들게 한다고 믿는다. 云南 西盟의 佤族의 경우, 자연계 모두가 '精靈'을
가지며 이것이 인류의 吉凶禍福을 주재한다고 믿는다. 景頗族의 경우 자연의
모든 존재물이 귀신을 가지고 있다고 믿고, 凉山 彝族은 사람이 죽으면 신체
는 없어지나 곧 귀신이 된다고 믿는다.

---

17) 『民族學』, pp.202~210

대체로 농업민족의 경우 자연숭배가 그들 원시종교의 주요한 내용이 되며 농업과 관계가 깊은 토지나 농작물 등 자연환경이 중요한 신앙의 대상이 된다.

佤族과 景頗族은 종자의 파종이나 또 농산물 추수 때는 반드시 일정한 제사의식을 가지며, 畲族과 瑤族은 '盘瓠'를 숭배, 개고기를 먹지 못하게 하며 일 년에 한 번씩 이것에 제사 지내고 삼년에 한번씩은 큰 제사를 지낸다.

怒江의 傈僳族의 경우, 호랑이를 비롯한 갖가지 동물은 물론 대나무, 서리, 선박 등도 모두 그들의 토템의 대상이 되고 있다. 鄂溫克族과 鄂倫春族은 곰과 혈연관계를 가지고 있다고 믿으며 이를 숭배의 대상으로 삼고 있다.

云南 滄源縣의 佤族의 경우는 선조숭배로 유명하며 해마다 7월에 대대적인 선조신에 대한 큰 제사를 부락단위로 지내는 것은 물론 20년마다 큰 제사를 지내고 있다.

景頗族은 가정마다 '家鬼堂'을 만들어 놓고 주요한 일이 있을 때는 이곳에 제사를 올린다. 碧江縣 傈僳族의 경우도 일 년에 한 번씩 선조에 대한 제사를 올리고, 凉山 彝族의 선조숭배는 安靈과 靈牌信仰인 점에서 특징적이다. 부모의 상을 당할 때 일 년 이내에는 安靈儀式을 지내며 집에 제상을 모시고 일 년 이후 어느 기간에는 그동안 모시던 靈牌를 산으로 옮기는 의식을 갖는다.

달마교

학술용어로는 '藏傳佛教'로 일컬어지는 달마교는 藏族, 蒙古族, 吐族, 裕固族, 納西族, 門巴族을 비롯하여 珞巴, 錫伯, 羌怒族 지구 일부에서 이어져 오고 있다. 달마교의 교의와 경전은 불교와 동일하나 단지 살아있는 부처가 있다고 믿는 점에서 다르다.

'달마'는 藏語로 '上師', '上人'을 뜻하는 말로 그들은 일반적인 승려를 '扎巴'라고 부르고 고승을 '喇嘛'로 부른다.

혁명 전 중국에는 이 계통의 사원이 5천여 개, 신도가 40여만 명이었다는 통계가 있다. 이 수자는 각 민족 인구의 10퍼센트, 藏族 인구의 30퍼센트가 달마교의 신자였음을 말하는 것이다.

소승불교

云南변경 일대의 傣族, 阿昌族, 布郎族, 崩龍族 등이 믿고 있는 불교의 일파이다. 이 종파는 남자는 일생동안 언제든 한 번은 가정을 버리고 수도생활을 하여야 한다는 교리를 가지고 있다. 대체로 남자는 8~9세 때 출가하여 짧으면 3~5년, 길면 20~30년 만에야 환속할 수 있다.

이슬람교

소수민족 중 이슬람교를 믿는 민족은 回族, 東鄕族, 撒拉族, 保安族, 維吾爾族, 哈薩克族, 柯爾克孜族, 塔塔爾族 등 10여 개 민족이다.

甘肅, 寧夏, 靑海 등지의 回族 중 일부 이슬람교파에서는 '門宦制度'라고 하는 독특한 대지주 겸 대교주 형식의 政-敎 合一的 봉건제도가 남아있다. 이 제도는 교의가 대단히 엄중하며, '門宦'의 권한은 세습적인 것이 특징이다. 이 제도에서 교주는 스스로를 神人이라고 칭하며, 많은 敎坊(區)을 관할하면서 이들 교방에는 교장을 임명하여 이들로 하여금 교구 내의 신도들을 다스리게 하며 이들 교장과 교주와의 관계는 완전한 하나의 봉건적 예속관계를 가진다.

다른 지방의 회교집단에서도 각기 이와 유사한 정-교합일의 예속제도를 가지고 있으며 또 이들 이슬람교들은 부락단위로 '淸眞寺'라고 하는 절을 지

어 여기에 교장을 초빙해 종교 사무를 보게 하며 신도들에게 각종 명목의 종
교세를 징수하고 있다.

기독교

혁명 전 傈僳族, 彝族, 怒族, 獨龍族, 藏族, 羌族, 苗族, 佤族, 拉枯族,
景頗族, 水族, 黎族 등 일부가 천주교나 기독교를 믿고 있었으며 鄂溫克의
일부는 동방정교를 신앙하여 왔다.

기독교는 1860년 四川 凉山 彝族 지구에 천주교가 전래, 교회가 설립된
후 1895년에는 德昌, 冕寧, 漢源縣 등으로 확산 발전되었고 제국주의의 중
국침입과 더불어 점차 그 세력을 확장해 갔다.

종교정책의 내용

중국은 종교정책을 한마디로 '자유정책'으로 말하고 있다.

유물사관 논리에서 보면 종교는 어디까지나 계급사회적인 상황에서 존재하
는 하나의 계급착취의 수단이라고 보아왔다. 그런데 이 같은 계급사회적인
정책내용이라고 할 수 있는 종교의 자유정책을 중국이 그대로 유지해 오고
있는 이유는 무엇인가.

위에서도 이미 살펴본 바와 마찬가지로 중국이 사회주의시기에 접어들었다
고 하는 지금에도 여전히 종교의 자유를 유지할 수밖에 없는 것은 종교가 지
니고 있는 민족성, 군중성, 장기성, 국제성, 복잡성 등에서 그 이유를 찾으며
이 같은 종교가 가지는 여러 특징들을 소멸시킬 수 있는 사회상태가 이루어
질 때까지 종교의 존재를 인정하는 것이 유물사관의 정당한 해석일 수 있다

는 것으로 종교의 인정을 합리화시킨다. 그들은 종교를 갖거나 갖지 않는 것은 전적으로 개인적인 사정이라며 '종교를 갖는 자유'와 함께 '종교를 갖지 않을 자유' 또한 법적으로 엄격히 보장하고 있다.

그러나 종교에 대한 자유-신앙과 불신앙에 대한-는 어디까지나 혁명의 전체적인 이익에 따라서 출발되는 것이며 또 이는 종교의 특성과 발전 규율에 따른 것이라는 것이다. 그리고 종교계 인사들이 단결하여 조국의 통일과 번영, 세계평화 사업에 이바지하고, 이를 통해 사람들의 사상을 해방하며 종교적인 속박에 고생하는 많은 사람들을 해방시키고 궁극적으로는 종교소멸의 조건을 창조하기 위해서라는 것이다.18) 즉 민족단결을 이룩하고 종교소멸의 환경을 준비하기 위하여 그들은 종교자유 정책을 실시한다고 한다. 중국의 종교정책이 이상과 같은 분명한 목적의식에서 출발되고 있기 때문에 그들이 말하는 종교의 자유는 어디까지나 사회주의 체제를 지탱시켜 주는 제반 사회주의 규율의 통제 아래서만 기능할 수 있는 제한된 자유임은 결코 새삼스러운 일이 아니다.

> "종교활동은 명목적으로는 국가와 정부의 보호를 받는다. 동시에 신도들은 반드시 국가의 법령과 정책을 존중하여야 한다. 누구도 국가 정책이나 법령을 어기며 사회적 안정과 단결과 四化 건설을 해치며 종교신앙의 자유를 말할 수는 없다."19)

요컨대 종교는 사상문제로 보고 이 같은 사상문제가 정치문제에 영향을 주는 것은 결코 인정할 수 없다는 것이다. 즉 사상문제는 어디까지나 정치문제의 통제하에서만 존재할 수 있는 개인적인 문제이어야 하며 이것이 어떠한 형태로라도 정치문제에 영향을 미쳐서는 안 된다는 것이다.

---

18) 위의 책, p.236

19) 위의 책, p.238

종교자유의 전제조건

중국은 종교의 자유를 헌법을 비롯한 각종법규에 명문화시켜 이를 보장하고 있다. 그러나 이러한 종교자유는 앞에서 개괄한 바와 같이 어디까지나 그들 체제의 사회주의적 성격 즉 정치성이 허용하는 울타리 속에서의 제한된 자유이며 이는 또 궁극적으로는 종교의 소멸을 준비하기 위하여 존재하는 자유라고 하는 점에서 특이하다고 볼 수 있다.

이상과 같은 명목적인 자유를 구실로 하고 진행되는 실질적인 종교의 통제는 어떻게 진행되고 있는가 하는 것은, 그들이 설정하고 있는 다음과 같은 종교문제에 대한 몇 가지 유의사항을 통해서도 이를 분명히 확인할 수 있다.[20]

종교의 신앙과 종교를 빙자한 반혁명 활동과의 구분

대중들이 종교를 신앙하는 것과 또 종교계 인사들이 애국적 견지에서 종교업무에 종사하는 것은 정당한 종교활동일 수 있으며 이는 또 사상의식의 상위에서 존재하는 인민 내부의 모순으로 볼 수 있어 현실적으로 인정될 수 있는 문제이다. 이에 반하여 제국주의 분자나 반혁명분자가 종교를 빙자하여 중국혁명과 혁명건설에 대하여 반혁명적인 활동을 하는 것은 이는 '敵我矛盾'에 속하는 정치문제이기 때문에 이들 양자는 엄격히 분리하여 대처한다. 따라서 전자 즉 인민군중의 종교-신앙 문제는 자유화 정책이라고 하는 민주적인 방법을 통하여 이를 해결할 수 있는 것으로 보나, 이와는 달리 종교를 빙자한 반혁명 활동과 반혁명 분자는 독재의 방법에 의하여 해결할 수밖에 없는 정치적 문제로 본다.

---

20) 위의 책, pp.239~242

종교와 착취제도의 분리

종교-신앙과 특정 종교제도에서 포함하고 있는 착취제도의 존재는 엄격히 분리해서 대처한다. 종교는 계급사회 과정에서 수많은 착취제도를 그 속에 내포시키고 있기 때문에 사회주의하의 종교의 자유라는 것은 이같이 각종 종교가 내포하고 있는 착취제도를 인정하는 것은 결코 아니라는 것이다. 즉 이들 각종 착취제도는 종교자유와는 엄연히 분리되며 또 이는 사회주의 제도와는 공존할 수 없는 구시대의 유물이기 때문에 이는 종교자유의 범위를 넘어서는 문제로 엄격히 시정되고 개혁되어야 한다고 본다. 결국 중국의 종교정책은 종교는 허용하되 종교가 가지고 있거나 발전시켜 온 각종 고유한 종교제도는 사회주의적 내용으로 개편하거나 또는 폐지를 전제로 허용되는 종교의 유지라고 볼 수 있다.

종교와 행정, 사법, 교육 등과의 구분

종교는 행정, 사법, 교육 정책 등과 같은 기본적인 국가의 정책내용에 관여할 수 없으며 또 이에 영향을 주어서도 안 된다. 종교는 당연히 정부의 영도와 관리에 충실히 복종하여야 하며 일체의 종교활동은 일정한 장소에서 행해야 하고 종교인들이 무신론자들을 대상으로 한 선교행위 또 종교의 자유의 영역을 벗어나는 행위로 이를 금지시킨다.

종교와 일반적인 미신과의 구별

무분별한 혹세무민이나 비합리적 점술행위 등과 같은 미신은 종교의 범위에서 처리할 수 없다. 미신 중에서도 특히 봉건적인 미신은 철저히 규제되어야 하나 일반미신은 규제의 대상일 수 없으며 이는 교육적 방법으로 시정을 보아야 한다.

종교와 풍속 및 습관과의 구별

종교와 민족은 엄밀한 의미에서 볼 때 별도의 동기에 의해서 생겨났고 또 각기 독특한 발전규율을 가지는 개별 현상이다. 종교는 의식형태이며, 민족은 이와는 달리 하나의 인간공동체이기 때문에 양자 사이에는 엄연한 차이가 있다. 따라서 종교와 민족 내지는 민족 특유의 풍속이나 습관과는 분명한 차이가 있다.

공산당의 제의

종교자유의 정책은 어디까지나 군중을 대상으로 하는 것이며 그들 체제의 엘리트 집단이라고 말하고 있는 공산당원에게는 적용되지 않는다. 공산당원은 일반인과는 다르게 마르크스주의 정당의 정당원이며 따라서 그들은 응당 무신론자이어야 하며 결코 유신론적이어서는 안 되기 때문에 종교의 자유가 이들에게는 적용될 수 없다. 이렇듯 종교의 자유가 적용되지 않는 것은 공산당원뿐 아니라 공산당의 예비조직이라고 할 수 있는 '共靑團' 조직원에게도 적용된다. 젊은 共靑團들도 마땅히 공산주의적 사상에 투철한 젊은이들이어야 하기 때문에 이들도 당연히 무신론자이어야 한다.

이상에서 중국이 표방하고 있는 종교자유의 정책이 규정하고 있는 구체적인 '자유화'를 위한 시행세칙을 통하여 우리는 그들의 종교정책의 실질적인 내용이 무엇인가를 분명히 파악할 수 있다.

6. 통일전선 정책

소수민족 상층인사와의 통일전선

소수민속의 단결을 꾀하고 또 이들 지역에서의 효과적인 혁명공작의 침투를 위해 중국은 소수민족지구에서 여전히 상당한 영향력을 행사하고 있는 '少數民族 上層人士'들과의 적극적인 통일전선 전략을 강구하고 있다. 소수민족 상층 인사들과의 통일전선 형성은 그들 지구의 민주혁명을 성공시키는 중요한 요소일 뿐 아니라 전반적인 중국의 통일전선전략의 중요한 구성부분이기도 하다. 따라서 당국은 이를 통해 각 민족 노동인민들의 혁명적인 단결을 꾀할 수 있음은 물론 민족적 반동파를 고립시키고 단결역량을 결집시키는 주요한 수단으로 삼는다.

통일전선 형성을 강조하고 있는 이른바 소수민족 상층인사란 다른 말로 하면 소수민족지구에서 여전히 봉건적 영향력을 행사하고 있는 각종 지도세력을 말한다. 이는 '山官', '頭人', '王子'(원시공사제의 흔적), 노예제 발전단계의 '家支頭人', '노예주' 봉건제도하에서 생긴 '千百戶', '土司', '貴族', '農奴主', '牧主', '地主', 그들 지구의 자본가 내지는 착취계급적인 존재였다고 볼 수 있는 '상층 지식분자', 종교계의 '活佛', '大달마', '敎主', '毛拉' 등과 같은 각종 지위 내지는 신분의 사람들로, 아직도 소수민족 세계에서 상당한 영향력을 행사하고 있는 사람들을 지칭한다. 여기서 말하고 있는 소수민족 상층인사들은 그들의 신분상 대다수가 자본주의적이거나 또는 자본주의적 착취계급의 범주에 드는 사람들로 이들은 노동대중 대항적인 속성의 사람들이라고 볼 수 있다.

그러면 이같이 반혁명적이고 반노동자계급이라고 할 수 있는 이들과의 통일전선을 중국이 강조하고 있는 이유는 무엇인가.

이에 대해 그들은 중국의 구체적인 조건과 소수민족 집단의 특수한 정황 때문이라고 합리화시킨다. 즉 이 상층인사들은 계급적 속성으로 보아서는 반 노동자 세력이라고 할 수 있으나, 혁명 전 오랜 기간 동안 제국주의 열강의 침략세력에 반대하여 애국적인 입장을 견지하였을 뿐 아니라 혁명과정에서도 상당한 협조를 아끼지 않았고, 민족관계에 있어서나 종교적인 측면에 있어 이들은 아직도 소수민족지구에서 상당한 영향력을 가지고 있기 때문에 이들 과의 통일전선의 형성은 중국혁명발전을 위해 반드시 필요하다고 본다.

구체적으로 중국 혁명과정에서는 여러 소수민족 상층인사들과의 통일전선 을 수립함으로써 소수민족 집단의 혁명참가를 유도하는 데 커다란 공헌을 하 였고 1949년 전국적 혁명성취에도 대단한 작용을 했다. 상층인사들과의 통 일전선 전략은 혁명 후 사회주의 건설과 발전의 시기에 있어서도 여전히 강 조되어야 하며, 이를 통하여 반제 패권주의 투쟁을 강화하고 조국통일을 유 지 보호하는 등의 과업 달성을 가능케 하여야 한다고 주장, 다음과 같이 보 다 구체적으로 사회주의기에 있어서의 소수민족 상층인사들과의 통일전선전 략의 필요성을 들고 있다.21)

（1）무산자계급 국가의 강력한 유지의 밑바탕이 되는 각 민족 노동자들의 철저한 단결을 위해 통일전선이 필요하다.

（2）당과 국가가 철저한 민족평등을 실현하기 위해서는 소수민족의 사정을 누구보다도 잘 알고 있는 이들의 경험이 크게 도움이 된다. 이들의 경험을 바탕으로 보다 완전한 민족해방과 사회주의 실현을 전개할 수 있다.

（3）혁명과정에서부터 이들과의 유대를 계속하여 왔고 또 혁명 후에도 이들 스스로가 통일전선의 계속을 요구하고 있다. 따라서 이를 거절할 이유가 없으 며 이러한 요구를 받아들여 그들 지구의 사회주의 건설에 이용할 필요가 있다.

（4）소수민족지구가 아직도 가지고 있는 복잡한 민족문제와 또 국방상의 필요에 의해서도 그들 지구의 발전과 민족적 단결은 크게 요청되며 이러한 현실적 과제들은 통일전선정책을 통하여 보다 효과적으로 추진될 수 있다.

---

21) 위의 책, pp.244~247

(5) 이들 상층인사들은 비교적 높은 문화수준을 가지고 있기 때문에 이들의 높은 문화수준을 그들 민족지구에 확산시키기 위해서도 이들과의 연합이 효과적이다.

이상과 같은 요청에 의해 결국 동원할 수 있는 요소는 모두 동원하고 단결할 수 있는 역량은 모두 단결시켜야 한다는 통일전선 공작의 근본목적에 비추어 볼 때 이들과의 연합은 당연한 것이며, 이들 상층인사들이 가지고 있는 대항적인 기질은 비판과 교육을 통하여 개조시킬 수 있기 때문에 별다른 문제가 없다는 것이 당국자의 계산이다.

신시기의 통일전선

중국은 11期 三中全會 이후를 이른바 '사회주의 현대화건설을 위한 신시기'라고 규정하고, 이같은 '신시기'에는 이에 합당한 새로운 내용의 통일전선 정책 수행을 강조한다.

지금은 벌써 각종 착취계급이 소멸되었고, 따라서 통일전선 공작의 대상이 없어졌기 때문에 당의 중점정책이었던 통일전선 공작은 다른 정책으로 전환되어야 한다는 논리는 완전히 착오라고 규정한다. 이러한 신시기에는 새로운 국내외 정세에 맞춘 새로운 통일전선 정책이 과거 어느 때보다 더욱 필요한 시기라고 주장하면서 신시기의 통일전선전략의 새로운 대상과 임무를 다음과 같이 열거한다.22)

(1) 신시기의 통일전선은 대단히 광범위한 연맹이어야 하며 그 대상도 과거보다 한층 확대

새로운 시기에 있어 통일전선은 중국을 사랑하는 모든 사람과 중국통일을 요구하는 모든 사람들을 전부 포함하여야 한다. 특히 여기에는 사회주의 제

22) 위의 책, pp.252~254

도를 찬성하지 않는 사람들과의 단결도 필요하며 통일전선의 대상도 과거 그 어느 때보다도 광범위하다고 볼 수 있는데 이들 대상을 민주당파, 무당파 저명인사, 비당 지식분자, 투항한 국민당 군정인원, 상공업자, 소수민족 상층인사, 애국적 종교지도자, 대만에 건너간 사람들의 가족, 대만과 홍콩의 동포, 귀국교포와 해외교포, 개별 상공업자 등을 들고 있다.

특히 이중에서도 소수민족 상층인사들과 종교계 지도자들의 경우 이들은 이미 거의 사회주의 노동자화되어 있기는 하지만 그들이 가지고 있는 잠재적인 영향력은 아직도 대단하다. 특히 이들은 외국에 거주하고 있는 소수민족과 종교인들과의 관계가 밀접하기 때문에 이들과의 계속적인 유대가 크게 필요하다.

(2) 신시기의 통일전선 정책은 四化와 조국 통일이라고 하는 두 가지 임무 수행 목적

과거 중국이 견지하여 왔던 통일전선 정책의 목적은 계급소멸과 사회주의적인 인간개조가 그의 주된 목적이었다고 볼 수 있다면, 지금의 목적은 사회주의 四化를 실현시키는 것 그리고 대만을 귀속시키는 일 또한 중요하다고 보고 있다. 따라서 이와 같은 새로운 목적을 달성하기 위해 통일전선 정책을 가일층 광범위하게 전개시켜 기존의 사회주의적 인사는 물론 당외 인사까지도 광범위하게 통일전선공작에 포함시킬 수 있어야 한다.

(3) 신시기 통일전선의 기본정책은 인민 내부의 모순을 처리하기 위한 정확한 정책인 '團結-批判-團結'이라고 하는 공식을 견지하는 것

통일전선 정책을 추진하는 데서 생기는 각종의 내부적 모순은 먼저 '단결'을 이루고, 이 속에서 '비판'을 일으켜 잘못된 부분을 시정, 궁극적으로는 보다 발전된 사회주의적 '단결'을 가능케 하는 기본입장을 고수하여야 한다. 이것이 곧 '長期共存, 互相監督'을 실현하는 길이라는 것이다.

제 7 장

민족정책의 이상

1. 민족융합의 추구
2. 민족융합의 내용
3. 민족융합의 전제
4. 민족융합의 시기
5. 민족융합의 실제

우리는 앞에서 중국 민족정책의 여러 형태와 내용을 살폈다. 앞에서 살핀 중국의 제반 민족정책은 이미 설명한 바 있는 것과 같이 이른바 사회주의기에 적용되는 즉 사회주의 민족관계의 형성과 발전을 도모하기 위해 전개되는 민족정책이다. 따라서 이러한 제반 현실적인 민족정책은 어디까지나 '과도기'적인 민족정책이며 이는 또 다른 형태의 민족정책을 준비하기 위한 '시한부'의 그것이라는 데 특징이 있다.

주지하는 바와 같이 유물사관의 세계관은 어디까지나 '공산사회'의 실현을 이상으로 설정하고 있는 이상추구의 사관이라고 볼 수 있으며 중국은 이 같은 이상사관을 추구하는 사회주의 체제다. 때문에 그들의 민족정책의 궁극적인 이상목표 또한 공산사회를 겨냥하고 있으며, '공산주의적 민족관계'의 형성을 집요하게 추구하고 있는 점에 있어서는 여타 사회주의 체제와 조금도 다를 바 없다.

사회주의자들은 공산주의 민족관계의 형식을 '민족융합'에 두고 있다. 모든 민족적인 구별, 민족적 특징의 소멸과 함께 민족 그 자체의 소멸을 내용으로 하고 있는 민족융합을 통하여서만 '공산주의적 민족관계'가 형성될 수 있고 또 이러한 민족관계의 수립을 통하여서만 참다운 민족관계가 수립되고 민족문제의 진정한 해결과 발전이 이뤄질 수 있다는 것이다.

여기서 먼저 그들이 궁극적인 민족관계 발달의 형식이라고 주장하고 있는 민족융합이란 어떤 것인가를 살펴볼 필요가 있다. 이를 통하여서만 이러한 상태를 준비하고 있는 중국에서의 과도기적 민족정책의 보다 실질적인 의미를 파악하고 또 그들 민족정책의 추이를 제대로 파악할 수 있기 때문이다.

1. 민족융합의 추구

중국은 민족융합이라고 하는 개념을 다음과 같이 파악한다.

(1) 공산주의기에 있어서의 민족관계의 형식

혁명 후 사회주의기 민족관계의 형식이 '민족 평등-단결-협조'라고 보는 반면 이 같은 과도기를 지나 이른바 이상사회라고 말하는 공산사회의 민족관계 형식은 민족융합으로 규정한다. 민족융합은 가장 완전하고 또 가장 궁극적이며 최종적인 민족관계의 형식이다. 이 민족융합이라고 하는 민족관계의 달성을 통하여 민족문제는 완전히 해결을 보는 것이라는 입장이다. 이렇게 보면 지금까지 존재하여 왔고 지금도 존재하고 있는 모든 민족관계는 궁극적으로 공산주의적 민족관계 즉 민족융합을 위한 전제이며, 또 그것들은 모두 이 민족융합이라고 하는 민족관계를 준비하기 위한 과도기적이고 예비적인 민족관계 이상의 별다른 의미가 없다.

(2) 공산주의기의 민족관계의 형식인 민족융합의 실질적 내용은 '민족의 소멸'

그들은 민족을 다른 사회현상과 마찬가지로 독특한 생성-발전-소멸의 규율을 가진 것으로 말하며 공산주의기의 민족관계인 민족융합의 단계는 민족이 가지는 발전규율 중 소멸 단계에 해당한다고 본다.

그러면 여기서 말하는 민족의 소멸이란 무엇인가. 표현 그대로 모든 민족적인 구분이나 민족적 차이가 소멸되는 것은 물론이거니와 궁극적으로 민족이라고 현상 그 자체가 존재하지 않는 상태가 바로 민족융합이라는 것이다. 그리고 이같이 민족의 소멸이 이루어진 뒤에는 더 이상 '민족'이 존재하였기 때문에 발생하였고 또 발생할 수 있었던 모든 문제, 예컨대 민족 간의 대립, 민족 간의 차이, 민족 간의 불평등 등을 비롯한 갖가지 민족문제 또한 더 이상 존재할 수 없고 모든 민족문제의 근원적인 제거를 통해 민족관계는 궁극적인 발전을 이룩할 수 있어 민족의 소멸을 통해서 민족관계를 최고로 발전시킨다고 본다.

그러면 여기서 말하고 있는 민족의 소멸이라는 것은 도대체 어떤 상태를 말하고 있는가를 생각하여 볼 필요가 있다. 다민족 사회에서 민족적인 일체의 구별이 없어지고 모든 구성 개별민족의 자취가 없어지는 것을 민족의 소멸이라고 한다면, 이 같은 민족의 소멸은 곧 그동안 구별되게 존재하여 왔던 여러 민족들이 '하나의 민족'으로 통합된다는 것이라고 볼 수 있다. 다민족이 존재하고 있는 사회에서 그들 다민족들이 하나의 민족으로 통합되는 것이 바로 민족의 소멸인 것이며 이와는 다른 그 어떤 상태라고도 볼 수 없다.

민족이라는 개념의 구성요소는 동일지역, 동일언어, 동일습관, 동일문화를 전제로 형성되는 것이라고 본다면, 특정지역에 살고 있던 여러 민족들이 그동안 사용하던 자기의 언어를 버리고 어떤 한 민족의 언어를 자기의 것으로 하며 또 각 민족의 다양한 문화와 습관과 전통을 골고루 나누어 가지는 상태가 민족 소멸의 단계라고 한다면, 이는 결국 민족의 진정한 소멸이라기보다는 다민족이 하나의 민족화하는 것을 말하는 것으로밖에 해석할 수 없다. 이렇게 보면 중국이 공산주의 시기의 민족관계의 내용으로 표방하고 있는 민족소멸은 민족의 소멸이라기보다는 다민족이 하나의 민족으로 되는 것을 내용으로 하는 민족융합 정책이라고 볼 수 있을 것이다. 그러나 중국은 민족의 소멸을 다민족의 일민족화가 아니라고 애써 부정하고 있다.

  (3) 공산주의기의 민족관계의 형식인 민족융합은 결코 '민족동화'일
      수는 없으며, 이들 양자는 분명히 구별되는 민족관계의 표현

민족융합과 민족동화는 지금까지 무분별하게 서로 혼용되어 온 것이 사실이나 이 두 가지의 개념은 마르크스-레닌주의의 입장에서 보면 분명하게 다른 개념이라는 것이다. 먼저 민족동화는 어떤 민족이 다른 민족의 특징을 흡

수함으로써 그 민족의 특징이 소멸되어 결국 새로운 하나의 민족의 일부분화하는 현상을 말한다는 것이다.

> "민족동화는 일개 민족이 다른 일개 민족의 특징을 흡수하는 것을
> 말하며, 이렇게 되면 점차 개별민족의 특징은 상실되고 최종적으로는
> 다른 하나의 민족적 현상이 나타난다."[1]

즉 지금까지 존재하여 오던 하나의 민족과 민족적 특징이 다른 민족에게 흡수당함으로써 원래 그들 민족의 특징은 흡수를 한 민족 특징의 한 부분이 되는 현상을 민족동화라고 보는 것이다. 이렇게 봐서 지금까지 중국에서 있었던 여러 차례의 민족통합은 그 모두가 민족동화를 형식으로 하여 하나의 민족의 다른 민족을 흡수, 지배하는 현상으로 이를 파악하려 한다. 또 그들은 이 같은 민족동화는 계급사회에서 일어나는 민족 간의 통합의 전형적인 형식으로 즉 계급사회라는 조건에서 민족 간의 통합은 오직 민족동화의 형식에 의해서만 가능할 수 있으며 민족융합을 형식으로 한 민족통합의 관계는 성립하지 않았으며 또 성립할 수도 없다는 것이다.

> "마르크스-레닌주의에 의하면 계급사회 시기에 민족동화는 있으나
> 민족융합은 불가능하다."[2]

계급사회의 민족통합은 강력하고 생산력이 발달한 민족이 그들보다 세력이 약하고 생산력 발달이 낮은 민족을 자기 민족으로 만드는, 즉 자기 민족화하는 것이다. 이 같은 민족동화 과정의 반복을 통하여 결국 대민족은 점점 그의 민족적 규모가 커지는 반면 열세의 민족은 시간이 갈수록 그 자취를 없애

---

1) 王國棟, 『民族問題常識』, 寧夏人民出版社, 1982 p.21

2) 甘肅省民族硏究所編, 『中國民族問題關係史論文選集』, 甘肅民族出版社, 1983, p.74

갈 수밖에 없다는 것이다.

이에 반해 민족융합은 위에서 살핀 민족동화와는 다르다.

이는 보다 세력이 크거나 생산력이 발달한 어느 한 민족이 다른 민족을 흡수하여 자기민족의 일부분으로 하는 것이 아니라 A민족과 B민족이 평등한 관계에서 통합함으로써 지금까지는 존재하지 않았던 새로운 민족을 형성시키는 것이 민족융합의 내용이라는 것이다.

> "민족융합은 하나의 큰 민족이 다른 민족을 소멸시켜 그들의 민족적 특징을 없애고 자기민족을 확대하는 것이 아니라 甲민족도 아니고 또 乙민족도 아닌, 종래에는 없었던 새로운 하나의 민족을 만드는 것이다."3)

(4) 민족동화와 민족융합의 관계

앞에서와 같이 민족동화와 민족융합을 각기 다른 사회적 여건에서 형성된 다른 민족관계의 표현형식으로 보고 있다. 이렇듯 양자를 분명히 다른 내용을 가진 민족형식으로 규정하면서도 한편으로는 이들 양자의 관계를 조심스럽게 연결시키려 하고 있음도 그들의 논리에서 읽을 수 있다. 민족동화의 형식을 민족융합을 이루는 하나의 방식으로 정당화시키는 과정에서 이러한 논리의 전개를 읽을 수 있는데 그들은 먼저 민족동화를 두 가지의 종류로 분류해서 파악하는 데서부터 두 가지 개념의 연결을 시작한다.

민족동화는 크게 보아 '폭력적인 민족동화'와 '비폭력적인 민족동화'로 나누어 생각할 수 있다. 폭력적 민족동화는 보다 강력한 민족이 열세의 민족에 대해 갖가지 물리적 폭력을 행사하여 그들 민족의사에 반하여 그 민족을 흡수하는 강제적인 동화를 말한다. 이에 반해 비폭력적 동화는 보다 선진된 민족의 문화적 영향 등에 의해 열세의 민족들이 이에 자연히 흡수되어 동화되

---

3) 『中國民族問題關係史論文選集』, p.74

는 이른바 자연적인 형상으로의 동화를 말한다는 것이다.

이상은 두 가지의 민족동화 가운데 비폭력적이며 자연적인 민족동화는 전혀 강제성이 없을 뿐 아니라 피동화민족 스스로가 원해서 이루어지는 자발적인 행동으로 볼 수 있어, 이러한 동화는 궁극적으로 민족통합에 유익하며 이는 결국 사회주의적 민족융합의 한 수단이 될 수 있다.

> "자연동화는 역사발전 과정의 진보현상이며 강제동화는 민족압박의
> 표현이다."4)

민족동화 가운데서도 자연동화는 진보적 현상이기 때문에 사회주의적 민족통합 내지는 공산주의적 민족융합이라고 하는 민족관계 달성에 중요한 수단으로 적극 장려하고 환영한다. 이같이 자연동화라는 이름을 붙여 민족동화와의 관계를 적극적으로 인정하고 있으면서도 그들은 자연동화의 인정과 환영 그 자체가 결코 동화정책을 전체로 환영하는 것은 아니라고 하는 사족을 달아 양자의 관계를 표면적으로는 은폐시키고 있다.

> "자연동화는 환영한다. 그렇다고 동화정책을 환영한다는 것은 아니
> 다. 동화정책은 마르크스－레닌주의에서 절대 허락하지 않는다. 그것
> 은 반인격적이며 반혁명적이며 또 해로운 것이기 때문이다."5)

이상에서 우리는 중국이 견지하고 있는 동화정책과 융합정책의 형식적인 구분과 실제상의 연관의 양면적인 논리를 확인할 수 있다.

---

4) 『民族問題常識』, p.21

5) 『中國民族關係史論文選集』, p.79

2. 민족융합의 내용

중국에서 말하고 있는 공산주의기 민족관계의 형식인 민족융합은 다음과 같은 내용을 가진 개념으로 파악할 수 있다.

(1) 민족융합은 민족의 소멸이 그 내용

"일반적으로 말해 자본주의 사회는 현대민족이 형성되고 또 발전되었던 시기이며 사회주의 사회는 민족이 전면적으로 충분히 발전된 시대이며, 공산주의 사회는 민족이 점차 소멸되는 시기이다.[6]

민족관계에 대한 유물사관적 논리에 의하면 자본주의 단계가 민족의 형성과 발전을 시작하는 단계라면, 사회주의 단계는 민족이 최고도로 그의 발전을 이루는 단계이며, 공산주의 단계는 이러한 바탕에서 민족이 소멸되는 최종적인 단계라는 것이다. 즉 민족이라고 하는 사회현상의 생성과 발전에 대한 규율에서 최고발전의 단계가 공산주의 단계이며 그의 내용은 바로 민족의 소멸이다. 그러면 민족의 소멸은 구체적으로 어떤 상태를 말하고 있는가를 살펴보자.

민족소멸은 하나의 '共同的 整體'를 성립시키는 것이라고 말한다. 즉 민족소멸이라는 것은 기존의 민족적 특징과 민족 간의 차별이 없어지고 모든 민족이 서로 융합되어 이루는 하나의 공동적 정체가 바로 그것이다.[7] 그리고 민족소멸은 다른 민족으로 어떤 민족이 흡수되거나 동화되는 것이 아니라 그들과는 전혀 다른 별개의 새로운 민족을 형성하는, 바로 기존의 민족의 입장에서 보는 민족소멸이다.[8]

---

6) 『統一戰線問題與民族問題』, p.550
7) 위의 책, p.550

이렇게 볼 때 결국 민족소멸은 민족이라고 하는 하나의 사회현상 그 자체의 완전한 소멸이라기보다 기존 민족관계의 소멸을 뜻하는 것으로 볼 수 있으며, 민족소멸의 과정을 통해 새로운 민족이 형성된다고 이를 파악하는 것이 보다 정확할 것 같다.

(2) 민족융합의 또 하나의 내용은 민족형성의 4대 기본특징의 소멸9)

민족구성의 4대요소라고 말하는 공동언어, 공동지역, 공동 경제생활, 공동 문화 심리의 공통성이 없어지는 것이 바로 민족융합이라는 것이다. 결국 지금까지 다민족 사회구조 속에서 개별민족들의 민족적 특징을 이루어 왔던 민족언어, 민족 거주지역의 고정, 독특한 경제구조, 고유한 개별 민족문화 등을 없애고 이를 전체 민족들과 같이하는 즉 민족과 민족 간의 구별은 없애고 통합시키는 것이 바로 민족융합의 내용이다. 이러한 논리의 배경에는 기존의 개별 민족어와 민족문화 등의 존재가 바로 민족차별의 근원이라고 보는 데서 출발된다.

> "민족을 구성하고 있는 네 가지의 특징은 동시에 민족의 네 가지 기본적인 차별이다. 이 밖의 차별은 모두 이 기본차별과 연관된 것이다. 민족융합이 이루어졌다는 것은 민족 간의 차별이 완전히 없어졌거나 또는 기본적으로 소멸된 것을 말한다."10)

여기에서 말하는 개별민족의 민족적 양식, 언어, 경제구조, 지역문화 등을 제거한다고 하는 것은 이들 모두를 단일화한다는 것이다. 즉 지금까지 존재하던 개별민족어를 하나의 민족어로 정리하고 경제구조 또한 전 민족적으로 통일시키며 거주지역 또한 과거의 단일지역 거주에서 민족 간 잡거라고 하는 혼거형식을 일반화시키고, 개별민족 문화는 하나의 커다란 단일의 문화 범주

---

8) 『中國民族問題關係史論文選集』, p.74

9) 『統一戰線問題與民族問題』, p.551

10) 『統一戰線問題與民族問題』, p.551

속에 포함되게 하는 것이다.

이 같은 민족구성의 여러 가지 특징의 제거가 바로 민족융합의 내용이라고 하는 주장에서도 우리는 이는 모든 민족이 통합되어 그들이 말하는 하나의 '신민족'을 형성시키는 것이 민족융합 정책이 가지고 있는 실질적인 내용이라기보다는, 지금 존재하고 있는 민족집단 중 어느 한 민족이 이 민족융합의 주체민족이 되어 결과적으로는 이들 주체민족의 언어와 주체민족의 문화로 여타 소수민족들이 동화 내지 흡수되는 현상일 수밖에 없다고 볼 수 있다.

3. 민족융합의 전제

민족융합의 민족관계가 어떠한 내용의 것이며 그것이 가지고 있는 실제적 의미는 어떤 것인가에 대해 살펴보았다. 그러면 이러한 공산주의 시기의 민족관계인 민족융합을 달성하기 위하여 중국이 강조하고 있는 제반 사항들은 어떠한 것인가.

사회주의민족관계의 발전

민족융합을 달성하기 위해서는 무엇보다 사회주의 단계의 민족관계를 최고도로 발전시켜야 한다고 말한다. 즉 공산주의 사회의 실현이 그의 전단계라고 볼 수 있는 사회주의의 완성을 통하여서만 가능할 수 있다는 논리와 궤를 같이 하여, 공산주의 단계의 민족관계인 민족융합의 실현은 그것의 전단계라고 할 수 있는 사회주의 단계의 민족관계의 발달 없이는 불가능하다고 하는 등식을 세운다. 여기서 민족융합의 전제인 사회주의 민족관계란 다름 아닌 각 민

족 간의 평등 단결과 상호협조를 형식으로 하고 각 민족 간의 실질적인 불평
등 해소와 각 민족이 가지고 있는 인습의 탈피를 각각 그 내용으로 한다. 이
러한 형식과 내용을 실현시키기 위해서는 전장에서 살핀 여러 가지 정책의 실
현을 강조한다. 이렇게 사회주의 민족정책을 철저하게 이행함으로써 결과적으
로 여러 민족 간에 통일적 경제구조가 형성됨은 물론 민족 간의 빈번한 왕래
와 문화교류 또 민족 간의 잡거가 더욱 확대되고 보편화됨으로써 민족의 폐쇄
성이 무너지고 실질적인 평등과 공존이 이뤄질 수 있다는 것이다.

또 한편으로 여러 민족 간의 잡거와 교류의 확대 및 상호학습의 강화를 통
하여 모든 민족이 서로 다른 민족들의 언어와 문자, 풍속과 습관, 문화생활
에 익숙하여질 수 있게 된다. 이를 통해 결과적으로 민족 간의 차별은 점차
감소되고 모든 영역의 동질성이 더욱 확대될 수 있다는 것이다.[11]

여기서 분명한 것은 사회주의 민족관계 발전을 위하여 강조하고 있는 정책
들은 결국 그들 국가에 존재하는 개별민족 간의 동질성 확대에 그 초점을 맞
추고 있다는 사실이다. 외형적으로는 민족들의 독자적 생존과 독자적인 문화
의 계승을 위한 것처럼 보이는 갖가지 민족정책들은 한결같이 궁극적으로는
민족 간의 차별성 즉 독특한 민족성을 줄이는 대신 민족 간의 민족적인 동질
성을 고양시키기 위한 수단으로 활용하기 위한 것이다. 이는 이 같은 사회주
의 시기의 민족정책을 통해 궁극적으로는 민족융합의 전제기반을 확보하려고
한다는 데서도 더욱더 분명해진다.

겉으로는 민족적 다양성과 개별성을 내세우면서, 실제로는 민족들의 획일
성과 통합성을 겨냥하고 있는 것이 사회주의 민족정책의 내용이자 또한 지향
목표이다. 때문에 사회주의 민족관계의 발전 즉 민족 동질성의 향상 그 자체
가 바로 다음 단계의 민족관계인 민족융합의 전제일 수 있는 것이다. 이러한
사실은 사회주의 단계의 민족정책 집행의 요체는 차별도 아니고 그렇다고 하
여 성급한 융합도 아니며, 바로 융합의 일보전단계인 상호친근과 공동발전이

11) 『統一戰線問題與民族問題』, p.552

강조되어야 한다는 다음의 문장에서도 분명하다.

> "우리는 차별을 강조하여야 할 것인가 아니면 융합을 강조해야 할
> 것인가. 그 모두가 잘못이다. 우리는 응당 단결과 접근을 강조해야
> 하며 공동발전을 강조해야 한다."12)

여기서 말하는 단결과 접근, 공동발전은 다름 아닌 민족 간의 동질성의 확
보를 말하는 것이다. 그리고 이러한 동질성의 확보를 위한 단결과 접근 및 공
동발전을 위해 서로 다른 민족을 존중하고, 상호간의 왕래와 의존, 상호학습,
사상과 감정의 활발한 교류, 우애합작 등이 강조돼야 하며, 각 민족은 서로
자기들의 결점을 비판하고 이를 시정하기 위하여 노력하여야 한다는 것이다.

특히 민족언어 문제에 대해서도 그들은 대단히 신경을 쓰고 있다. 앞의 언
어정책에서 이미 살핀 바와 같이 지금 단계에서 중국이 내세우고 있는 언어
정책의 명분은 개별 민족언어의 발굴과 이의 발전을 도모하는 정책의 집행이
다. 즉 언어와 문자는 민족형성과 유지에 있어서 중요한 하나의 요소이기 때
문에 언어의 발전이 결과적으로 개별민족의 발전을 위한 전제가 될 수 있다
고 주장한다. 그러나 여타 민족정책에서와 같이 언어정책의 경우 역시 어디
까지나 공산주의기의 민족관계인 민족융합을 준비하기 위한 과도기적인 정책
이라는 데 근본 취지가 있음은 물론이다. 다양한 민족언어가 단일의 공동언
어로 융합되기 위해 또 그러한 조건을 자연스럽게 조성하기 위한 목적에서
존재하고 있는 개별 민족언어의 육성책에 지나지 않는다. 이 같은 사실은 현
재 추진하고 있는 개별 민족언어의 발전이 궁극에 가서는 어느 '선진적 언어'
에 흡수될 수밖에 없으며, 이 같은 언어방면의 영향력 흡수는 유익하다고 하
는 다음의 언명에서도 잘 나타나고 있다.

---

12) 위의 책, p.554

"하나의 공동적 사회주의 대가정 안에서, 각 민족언어의 풍부한 발
전과……각 민족이 언어 방면에서 서로 영향을 주고받는 것은 유익한
일이다."13)

사회주의 단계에서는 민족언어의 발전은 결코 제한되지 않으며 마땅히 발
전이 장려되어야 한다. 그리고 동시에 상호간에 다른 민족언어에 대한 학습
을 강화해야 하며 이러한 과정에서 유익한 부분을 서로 흡수하는 것 즉 비교
적 낙후된 부분에 대해서는 비교적 선진적인 것을 흡수하는 것은 더욱 중요
하다고 하는 논리에서 언어정책의 실질적인 목적은 분명해진다.

이상의 논의를 종합하면 현재 실시하고 있는 각종 민족정책은 하나같이 장래 그
들이 이루려고 하는 가장 바람직한 민족관계라고 보는 민족융합을 준비하는 정책
이라는 데서 그 의미를 찾을 수 있거니와 그렇기 때문에 그들이 말하는 사회주의
민족관계의 발전은 궁극적으로 민족융합의 달성과 연관된 부분임을 알 수 있다.

공산주의조직과 간부의 양성

중국이 민족융합의 전제로서 크게 강조하고 있는 또 하나의 부분은 공산주
의 조직과 간부양성에 대한 문제이다.

사회주의 단계의 민족문제에 대한 정책기조가 현상의 인정에서부터 시작되고
있기에, 자칫 잘못하다가는 이 같은 과도기적 민족정책이 그들의 의도와는
다르게 민족독자성의 발전으로 이어져 개별민족의 민족적 뿌리가 더욱 깊어질
수 있는 소지가 전혀 없는 것도 아니다. 바로 이 같은 우려가 현실화되지 않
게 하기 위해서 중국은 여러 가지 통일전선 전략과 동질성의 확보를 위한 우회
적인 방법을 은밀히 추진하고 있다. 이러한 정책 가운데 가장 신경을 쓰고

---

13) 위의 책, p.555

있는 부분의 하나가 바로 공산당 조직의 전 민족적인 확산과 또 이 조직을 통하여 개별민족들을 하나로 묶을 수 있는 지도자의 양성이라고 할 수 있다.

사회주의 단계에서 취하고 있는 민족 간의 공존적이고 개별민족 양식의 발전을 목적으로 하는 여러 민족정책을 표방하고 있으면서 이러한 공존적인 민족정책을 현장에서 지도하고 통제, 감독하는 사람들은 철저히 공산당원이어야 하며 또 공산당 조직이어야 한다는 것이다.

모든 민주문제의 집행은 민족 간부의 손에 의해 추진되어야 한다. 이러한 민족 간부는 하나같이 공산주의 사상과 공산주의적 민족정책을 철저히 신봉하고 있는 공산당원이거나 그 조직이어야 한다고 하는 논리는 현실적으로 내세우고 있는 민족정책이 굳이 과도기적인 정책이라고 하는 점이 강조되지 않더라도 그의 향방은 너무나 분명하다.

> "사회주의 단계에서 당과 국가는 정치—사상적으로나 경제 및 문화적인 면에서 각 민족 사회주의 사업의 번영과 발전을 위해 노력해야 한다. 또 각 민족 중의 공산주의 조직과 공산주의 간부의 성장—발전을 위해서도 노력해야 한다. 이것이 사회주의 민족과 사회주의 민족관계의 발전에 유리하며 이는 또 민족융합의 요소를 증대시킬 수 있다.14)

4. 민족융합의 시기

그러면 중국은 민족융합의 시기를 언제로 보고 있는가에 대해서 구체적으로 살펴보자.

---

14) 위의 책, p.554

민족융합의 실현도 사회주의 민족관계의 발전을 통해서 이뤄질 수 있다고 하는 점은 앞에서 이미 지적한 바와 같다. 즉 유물변증법에서 말하는 질량전화의 법칙을 그들의 민족정책에 그대로 적용, 사회주의 민족관계의 양적인 축적이 일정수준 이상 이뤄지게 되면 거기서 새로운 질적인 변화 즉 민족융합이 시작되기 시작한다는 것이 일반적으로 그들이 주장하고 있는 민족융합의 시기다. 사회주의 단계에서 점차 증대되고 있는 민족융합의 요소는 공산주의 사회에 도달하게 될 때 비로소 커다란 발전을 이루고 부단한 양적 변화와 이에 따른 질적 변화의 과정을 거쳐 궁극적으로 민족관계의 근본적 변화를 이뤄 민족융합에 이른다. 따라서 사회주의 단계에서 민족융합을 실현시킨다는 것은 사회발전의 객관적 규율에 합치할 수 없다는 것이다.[15]

이 같은 민족융합에 대한 일반적 과정을 보다 세밀하게 분석하면 그들은 융합의 시기를 대단히 먼 훗날의 일로 미루고 있는 사실을 짐작할 수 있다. 그들은 현존하고 있는 여러 민족문제가 완전히 해결되고 명실상부한 민족융합이 이뤄지는 것은 '공산주의 사회의 장기적인 발전'을 통해서만 가능하다는 것이다. 공산주의 실현 이후 상당한 발전기간을 경유하면서 서서히 이루어지는 것으로 당초 공산주의의 실현과 더불어 소멸된다는 입장에서 점차 그 시기를 늦추고 있다. 중국이 민족융합 시기를 장기간의 문제로 돌리고 구체적으로 그 시기를 '공산주의의 장기적 발전기'로 연기하는 데 있어서는 다음과 같은 이유를 들고 있다.[16]

(1) 민족융합 문제가 '장기간'에 걸쳐서 이루어질 수밖에 없는 문제인 것은 그의 전제가 되는 현존하는 민족문제의 해결이 그만큼 오랜 시간을 필요로 하는 문제이기 때문이다.

민족융합을 이루기 위하여 해결되어야 할 민족문제가 그동안 개별민족을 형성시켜 왔던 네 가지 기본요소의 완전한 소멸이라고 보기 때문에, 이 같은

---

15) 위의 책, p.553

16) 위의 책, p.551

네 가지 기본요소의 소멸이 그만큼 시간을 요하는 문제이기 때문이라는 것이다. 기본요소들이 장기간에 걸쳐 형성되어 왔으며 때문에 그만큼 그것들이 가지고 있는 뿌리가 깊고 그에 의하여 형성되어 온 유대감 또한 대단히 견고한 것이기 때문에 이의 소멸을 단기간에 이룰 수는 도저히 없다. 그만큼 민족문제의 완전한 해결은 시간을 필요로 하며 따라서 민족융합의 시기 또한 그만큼 뒤로 미뤄질 수밖에 없다.

(2) 민족융합이 성취되기 위해서는 먼저 계급사회가 완전히 소멸되어야 한다.

이 같은 계급사회의 완전한 소멸이 장기간의 과제이기 때문에 이에 따라 민족융합의 시기도 장기적인 문제일 수밖에 없다. 그런데 여기서 말하는 진정한 계급사회의 소멸이라는 것은 다름 아닌 전 세계에서의 계급사회의 소멸을 말한다. 즉 어느 한두 나라에서 계급사회가 해소되어 사회주의가 실현되고 또 그것이 발전된다고 해서 공산주의가 그 나라들에서만 이룩될 수는 없다는 논리와 마찬가지로, 한두 나라에서 계급사회적 조건이 해결되었다고 하여 그 같은 조건의 해결을 전제로 성립되는 민족융합의 이상이 개별국가 단위에서 성취될 수 없다. 이는 다른 말로 하여 전 세계가 공산화된 이후 즉 계급의 해소가 전 세계적으로 완성된 연후라야, 계급사회의 소멸을 전제로 하여 이루어질 수 있는 민족관계인 민족융합에 도달할 수 있다는 것이다.

> "민족융합은 계급사회에서는 출현될 수 없으며 사회주의가 일개 국가에서 승리한 시기에도 그 실현은 불가능하다."17)

여기서 진정한 공산주의 실현의 구체적인 과제가 무엇이며 또 이에 수반한 이른바 민족융합의 대전제가 무엇인가도 알 수 있다. 그것은 다름 아닌 공산화이며 그러한 전 세계의 공산화를 통해서만 그들이 말하는 민족적 장벽과 또 민족적 장벽을 지탱하고 있는 '국가'의 장벽을 뛰어넘어 민족융합을 이룰

---

17) 『中國民族關係史論文集』, p.74

수 있다는 것이다.

> "민족융합이 왜 사회주의가 일개 국가단위에서 승리하였을 때 실현
> 될 수 없는 것인가. 민족융합의 실현은 민족압박이 소멸되어야 함은
> 물론 민족국가의 장벽도 없어져야 하기 때문이다."18)

한 나라의 사회주의의 발전 내지는 사회주의 민족관계의 발전이 궁극적인 민족융합의 필요조건일 수는 있어도 그것이 이에 대한 충분조건이 아님은 알 수 있다. 민족융합의 필요하고도 충분한 조건은 개별 국가단위 사회주의의 발전과 이에 따른 민족관계 발전은 물론, 이에 더하여 이러한 사회주의의 발달이 전 세계적으로 일어나 민족국가의 경계가 없어지는 상황이 도래될 수 있을 때 비로소 충족될 수 있다. 이것이 바로 '공산주의의 장기발전의 기간'에서만 민족융합이 성취될 수 있다고 하는 배경이다.

5. 민족융합의 실제

민족융합이라는 것이 기존하는 어떠한 특정민족에 의한 다른 민족들의 일방적인 흡수통합이나 동화가 아니라 전혀 지금까지 존재하지 않았던 새로운 민족의 형성을 통해 가능하다는 주장은 이미 전장에서 살펴본 바대로이다. 그러나 이는 어디까지나 형식논리 이상의 것이 아니며 중국이 추진하고 있는 민족융합의 보다 실질적인 내용은 바로 절대 다수를 점하고 있는 漢族에 의한 다른 민족의 동화에 그 목적을 두고 있음을 쉽게 유추할 수 있다.

---

18) 위의 책, p.75

전반적인 민족정책에 관한 지금까지의 논의에서도 이미 이 점은 분명하게 노출되었다고 볼 수 있으나 漢族 중심의 민족동화를 그들 민족정책의 골격으로 하고 있다는 점은 다음의 몇 가지 면에서 더욱 구체적으로 부각되고 있다.

(1) 漢族이 지금까지도 主體民族이었으며 앞으로도 주체민족

중국은 사회주의기의 민족정책을 집행함에 있어서 가장 먼저 전래적인 兩種主義의 타파를 부르짖고, 이 중에서도 특히 大漢族主義를 민족 간의 평등과 단결을 해치는 구시대적 악습이라며 이의 배척을 소리 높이 외친다. 그러나 이 같은 주장에도 불구하고 중국 민족관계에서 主體民族 내지는 主導民族은 언제나 漢族이었고 앞으로도 이는 漢族이어야 한다는 사실을 부정하는 사람은 별로 없다. 또 이러한 민족관계에서 漢族의 주체적 역할의 인정과 앞에서 말하는 大漢族主義와는 별개의 문제로 취급하려고 하는 의도적인 노력도 있다.

따라서 민족관계의 발전과 민족융합이라는 것은 거듭되는 부정에도 불구하고 결국은 漢族에 의한 타민족의 흡수와 동화로서의 민족통합 이상의 그 어느 것도 아니라는 사실은 분명하다. 그러나 다만 이 같은 漢族 중심의 민족동화를 비폭력적인 방법으로 유도하기 위해, 즉 자연적 동화를 유도하기 위해 그들은 지금과 같이 다양한 민족정책의 메뉴를 준비하고 있다.

이렇듯 중국이 그들의 민족관계에서 漢族을 주체민족으로 강조하고 있는 데는 다음과 같은 몇 가지의 구체적인 사실에서도 확인된다.[19]

① 인구수에서 漢族은 다른 민족 집단에 비해서 월등하다고 하는 점이다. 전체인구 94퍼센트를 漢族이 차지하고 있다는 사실은 중국의 역사과정에서 漢族의 영향력을 말하고도 남는다. 따라서 앞으로도 중국의 발전은 어디까지나 이 절대다수의 漢族이 중심이 되고 다른 민족은 이를 돕는다는 관계로 성립될 수밖에 없다는 것이며 여기서 가장 중요한 漢族 중심의 논리를 찾는다. 인구분포 면에서도 漢族은 전국적으로 흩어져

---

19) 위의 책, p.281

있는 까닭에 중국의 어떤 민속지구나 행정단위에서도 그곳의 중심민족
은 대개가 漢族이고 다른 민족은 소취거의 형태 아니면 漢族과의 잡거
형식을 띠는 정도에 불과하다. 결국 중국은 漢族의 천지라고 해도 과언
이 아닐 만큼 중국 각성의 다수 민족이 漢族이기 때문에 이들이 명실상
부한 주체민족임은 여기서도 나타난다.

② 민족의 사회와 문화의 발전 정도로 볼 때도 漢族은 타민족 집단의 그것
에 비교가 되지 않을 정도로 선진적이다. 현재 제창되고 있는 소수민족
지구의 경제와 문화의 발전도 어디까지나 漢族의 그것을 모델로 삼고
그것과의 격차를 좁히는 것이 그 내용이며 이 과정에서 漢族의 도움과
지도는 필수적이다. 漢族은 민족구조 면에서 볼 때 여러 민족들의 혼합
과 동화로 이루어진 복합적인 요소를 가지고 있어 漢族에 의한 소수민
족의 지도는 별다른 마찰을 일으키지 않고 쉽게 이루어질 수 있다.

이상과 같은 여러 사실에서 보면 漢族이 그들 민족관계에서 차지하는 주도
성은 大漢族主義를 강조하지 않고도 충분히 인정될 수 있다.

(2) 중국의 민족정책이 민족들의 경쟁을 장려하고 있다는 데서도 漢
族 중심의 통합 의도

민족문화의 교류를 통한 자연스러운 취사선택의 강조 및 민족 간 통혼의
권장 등과 같은 민족평등정책은 얼른 보기에는 개별민족들의 진운을 그들 스
스로의 자유의사에 맡기는 듯하나 이는 그와는 달리 漢族중심주의의 우회작
전적인 의미가 강하다.

(3) 소수민족과 민족지구에 대한 정책 집행이 보다 '큰 원칙'에 종속
되어 있다는 점이 곧 漢族 중심주의

여기서 말하는 민족정책에 우선하는 큰 원칙이라는 것은 공산주의의 원칙
이자 사회주의의 규율이며 또 이것은 현체제의 유지이기도 하다.

그런데 여기서 모든 민족정책에 우선한다고 강조하는 그들의 체제와 체제이념 즉 공산주의라는 것은 무엇인가. 주지하는 바와 마찬가지로 중국의 공산주의는 漢族 중심의 공산주의이며, 그들 체제는 그의 성립에서부터 지금까지 여전 漢族 중심의 체제다. 따라서 체제의 원리와 이념의 원리를 민족정책의 대전제로 제시하고 있다는 사실은 다름 아닌 漢族 중심 체제와 漢族 중심 사상을 모든 민족정책의 기본이자 지도원칙으로 삼고 있음을 뜻한다. 때문에 그들은 민족정책을 집행하면서 한편에서는 개별민족의 자유의사와 또 개별민족의 독특한 언어와 문화의 전통의 개발과 발전을 강조하면서도 또 한편으로는 민족분리 사상의 위험성과 민족단결을 더욱 큰 소리로 강조하며 갖가지의 통일전선의 계속적인 확대와 민족 간부의 사상무장을 조금도 늦추지 않고 있다.

이렇게 볼 때 중국의 민족정책은 분명히 漢族 중심의 민족통합으로의 길을 분명히 걷고 있으며 이러한 속뜻을 겉으로 내세우지 않으려고 애쓰면 애쓸수록 속으로는 이에 대한 착실하고 지속적인 설득과 그의 합리성 홍보에 부단한 노력을 기울이고 있다.

제 8 장
• • • • • • • • • • • • • • • • • • •
민족자치구의 경제개혁

1. 경제개혁의 의의
2. 민족지구의 특성
3. 기업의 자주권 확대
4. 농촌의 생산책임제
5. 인민공사제의 부정
6. 경제개발 전략

1. 경제개혁의 의의

1978년 12월의 중국공산당 제11기 三中全會 이후 1979년부터 鄧小平 체제에 의해 본격화되기 시작한 경제개혁 노력은 도시와 농촌은 물론 변방의 소수민족지구에까지 집요하게 파고들고 있는 근대화의 몸부림이다.

중국지도자들은 소수민족 정책의 제일 우선순위를 소수민족지구의 경제발전에 두고 있다. 이는 경제발전이 모든 민족문제 해결의 기초이기 때문이라는 것이다. 민족정책의 집행에 있어 가장 기초적인 문제이며 우선순위를 경제발전에 두어야 한다고 주장하는 구체적인 이유로 중국당국은 다음의 몇 가지를 꼽고 있다.[1]

(1) 소수민족지구의 경제를 발전시킴으로써 민족 간의 사실상의 불평등을 근본적으로 해결

중국 민족문제의 실질적인 내용이 민족 간에 존재하는 불평등 문제와 민족적인 구습의 문제라고 이야기하여 왔다. 따라서 민족 간의 불평등문제는 기타의 여러 가지 민족문제를 야기하는 하나의 주요한 전제이다. 그러므로 이 문제가 적절한 해결된다면 현존하는 그 밖의 여러 가지 민족문제는 자연히 해소될 것으로 기대하고 있다.

중국은 혁명을 통해 각 민족들의 정치, 법률상의 평등은 달성될 수 있었으나 민족 간에 존재하는 정치, 경제, 문화적인 면에서의 발전수준 사이에는 상당한 차이가 그대로 존재하고 있고, 이것이 현재의 민족문제를 야기하고

---

1) 『民族問題基本知識』, pp.157~165

또 복잡하게 만든 근본 원인의 하나라는 것이다. 따라서 이 같은 민족 간의 불평등을 해소하기 위한 노력이 바로 민족정책의 주요한 내용으로 되어 있고 이에 대한 적절할 대응이 민족정책의 성패를 가름하는 주요한 계기라고 본다. 민족 간의 사실상의 불평등 해소를 위해서는 다음 두 가지의 민족정책이 성공적인 작용을 하여야 한다고 보고 있다. 그것은 '사회제도의 개혁'과 '경제와 문화의 발전'이다. 사회제도의 개혁이 민족 간의 사실상의 불평등을 해소하는 전제조건이라고 한다면 경제와 문화의 발전은 이의 해결을 위한 근본대책이라고 보고 있다. 이 같은 논리에서 볼 때 경제발전은 곧 민족 간의 사실상 불평등을 해소하는 근본적인 과정이며 이러한 과정을 통해 궁극적으로는 민족문제의 발전적인 해결이 가능하다는 것이다.

경제발전에 대한 이 같은 논리를 실제에 적용하기 위해 중국은 그동안 소수민족지구 경제건설에 대해 특별한 관심을 기울여온 것은 사실이다. 특히 三中全會 이후 소수민족지구의 경제발전이 민족문제의 해결은 물론 그들 체제 최대의 정책목표의 하나인 四個現代化의 성패와도 직결되는 문제로 이의 실현을 강조하여 오고 있다.

구체적으로 민족지구에 대해서 사회주의적인 획일성에서 벗어난 상당히 유연성 있는 정책을 권장하였는가 하면 광범위한 감세정책을 실시하였다. 또 각 지역의 실정에 부합하는 '多種經營制'의 도입을 비롯하여 여러 가지 형태의 새로운 生産責任制 — 包産倒戶, 包干倒戶 등 — 를 도입하기도 하였으며 농, 특산물 수매가격의 상향조정 등과 같은 특혜적인 조치들도 강구해 왔다.

(2) 소수민족지구의 경제발전의 중요성을 특히 강조하는 이유는 그들 민족지구가 가진 경제발전의 잠재력 개발

중국에서 소수민족 인구가 차지하는 비율은 전체의 약 6퍼센트 내외에 불과하나 면적은 전체의 반이 넘는다. 그뿐 아니라 그들 소수민족주거지역은 중앙의 漢族 밀집지방보다 풍부한 자연자원을 가지고 있다. 따라서 중국의

현대화의 내용인 공업의 신장을 위해 이들 소수민족지역의 발전은 물론이고 그러한 발전에 따른 그곳 자연자원의 효과적인 개발과 이용이 필요하다.

소수민족의 거주 지역은 중국 변경의 전 지역을 에워싸고 있어 이 지역의 자연자원적인 특색은 실로 다양하다. 물적 자원의 분포로 볼 때 중국의 공업화는 이들 소수민족 지역의 개발과 불가분의 관계가 있으며, 따라서 소수민족지구의 경제발전이 중국경제의 전면적인 발전과 직결된다는 논리를 가능케 한다.

(3) 민족지구 경제발전 문제를 민족정책의 주요한 근본정책의 하나로 내세우는 또 하나의 이유는 국방상의 효과

소수민족지구가 대부분 외국과 국경을 접하는 안보상의 요충지대기 때문에 이 지대의 개발과 발전을 통해 끊임없이 계속되고 있는 국경문제를 비롯한 국방상의 이점을 얻고자 하는 데서, 변경을 중심으로 한 소수민족지구의 경제발전이 가지는 주요한 의미가 있다고 보는 것이다.

지정학적인 면으로 보면 소수민족의 거주지역이 중국이 다른 12개의 나라와 접경을 이루는 대부분의 지역을 차지하고 있기 때문에 이 소수민족 지역이 차지하고 있는 전략적 의의는 대단하다. 따라서 이 소수민족지구가 경제건설의 뒷받침으로 보다 발전된 면모를 가진다는 것은 그들 소수민족의 자긍심은 물론 대외적으로 체제능력을 과시하는 데도 대단한 몫을 차지할 수 있다는 계산은 당연하다.

2. 민족지구의 특성

鄧小平 체제가 추진하고 있는 근대화를 위한 경제정책에서 나타나고 있는 여러 가지 새로운 실험들은 변방의 소수민족지구에서도 그대로 적용되고 있

을 뿐 아니라, 특히 소수민족지구가 농업과 공업에 있어 이 같은 새로운 실험에 여러 가지의 메리트를 가진 곳이기도 하기 때문에 이 지구에 대한 기대와 노력은 한결 더하다.

본 장에서는, 중국이 이들 민족지구에 대해서 갖는 경제개발에 대한 인식과 그에 따른 접근방법을 개괄함으로써 소수 민족지구의 경제개발에 대한 전반적인 전략구상을 파악하고 이를 통해 보다 구체적으로 중국의 민족문제에 대한 실질적인 태도를 유추해 보고자 한다.

중국은 민족지구에 대한 경제개발 정책을 추진하기에 앞서 민족지구는 기본적으로 다음과 같은 특수성을 가지는 것으로 파악하고 있다. 이러한 민족지구에 대한 특수성 인식은 이들 지역에 대한 개발정책 추진의 전제이자 또한 그의 성공을 위한 참고사항이기도 하다.[2]

민족성

현재 편성되어 있는 각종의 모든 민족지구-5개 민족자치구, 30개 민족자치주, 72개 민족자치현-는 특정한 하나의 소수민족만이 살고 있는 것이 아니라 모든 지구에서 漢族은 물론 수개의 소수민족이 공동잡거하고 있다. 여러 민족들이 공동잡거하는 특유의 상황 때문에 민족지구의 모든 문제는 민족문제적 소지를 가질 수밖에 없으며 이는 이들 민족지구의 경제건설 문제에 있어서도 예외는 아니다. 민족지구의 경제건설에 있어서 어디까지나 이들 민족지구가 가지고 있는 독특한 민족 간의 관계를 충분히 고려하고 이를 반영한 계획을 수립하는 것이 대전제이다. 즉 민족지구의 경제건설에 있어서는 철저히 그 형식과 내용이 이들 민족관계의 특수성을 전제로 민족경제의 형식을 견지하여야 한다.

2) 施正一, "要以戰略眼光來看待少數民族地區經濟發展戰略的問題", 『民族經濟學硏究』 제2집, 寧夏人民出版社, 1984, pp.34~38

지역적 특수성

민족 거주형식이 민족 간의 대대적인 잡거의 형태를 띠고 있는 것은 이미 앞에서도 살핀 바 있으나 그럼에도 불구하고 소수민족들이 비교적 한데 모여 살고 있는 지역은 대부분 중국의 변방이거나 오지이다. 따라서 이들 소수민 족지구는 자연적 환경에 있어 서로 엄청난 차이를 보이고 있다. 기후별로 보면 아한대부터 온대, 아열대, 열대 지방 등으로 넓은 분포를 보이고 있으며 지형에 있어서도 평지, 고지, 산지, 고원 등 서로 다른 조건을 가지고 있다. 그렇기 때문에 민족지구 경제발전을 계획하고 이를 추진함에 있어 이 같은 자연환경의 차이를 충분히 고려하여 개별지역의 지역적인 특수성을 충분히 인식해야 한다.

낙후성

소수민족지구의 후진성을 다음의 자료에서도 분명하게 나타난다. 1981년 의 농－공업 총생산액에 있어서 전국 1인당 연평균이 695元인 데 대하여 5 대 소수민족 지구의 1인당 평균 생산액은 전국 평균의 59퍼센트인 414元이 다. 이를 지역적으로 살펴보면 寧夏 452元, 新疆 482元, 內蒙古 449元, 廣西 371元, 西藏 318元으로 나타나고 있다.[3] 또 공업과 농업의 연평균 성장률 역시 전국 평균은 9.1퍼센트이나 소수민족지구는 7.6퍼센트이다. 특 히 공업생산의 경우에는 소수민족지구의 열세가 더해 1981년의 전국 평균생 산액이 520元인 데 비하여 寧夏304元, 新疆이 283元, 內蒙古 292元, 廣西 225元, 西藏 56元 등 5대 민족지구 평균이 255元으로 나타나고 있다.

---

[3] 『民族經濟學研究』 제2집, p.36

복잡성

민족관계, 자연관계, 사회형태, 인습과 문화의 상위 등과 같은 복합적인
면에서 발생하는 것으로 볼 수 있다.

국제성

대부분의 소수민족지구가 다른 나라와 접경을 이루고 있으며 이에 더하여
이들 변경에 사는 소수민족들은 이웃한 다른 나라에도 살고 있기 마련이다.
따라서 소수민족지구는 국제적인 유대를 가질 수밖에 없는 까닭에 이들 지역
에서의 경제개발 또한 국제적인 의미에서도 중요하다고 보는 것이다.

3. 기업의 자주권 확대

기업에 대한 자주권의 확대 문제는 중국에서 경제개혁 문제가 최초로 거론
되었다고 할 수 있는 1978년 9월 국무원회의에서 李先念 부수상이 행한 총
괄연설에서 분명히 나타난다. 李先念은 이 연설에서 전반적인 경제개혁의 필
요성을 거론하면서 특히 기업에 대해 필요한 독립된 지위를 반드시 부여할
것, 개혁에 있어서는 반드시 중앙과 지방 그리고 기업의 적극성을 철저히 배
려할 것 등을 강조함으로써 기업부문이 자주권의 확대를 강력하게 강조한 바
있다.

같은 해 10월에는 四川省 寧江 기계공장을 비롯한 여섯 개 공장을 선발,

趙紫陽의 지도로 기업의 자주권확대 실험이 시작되었고 그 후 이 같은 실험 기업의 수가 늘어나기 시작했다. 또 12월에 열린 중공 11기 三中全會는 鄧小平 중심의 사회주의 근대화 건설을 전당의 중심적인 활동으로 설정시키는 계기가 되었다. 1979년 4월에는 삼중전회의 결의를 재확인하고 금후의 경제 개혁의 기본방침으로 이른바 '조정, 개혁, 정돈, 향상'이라는 이른바 '八字' 방침을 확정했다.

국무원은 같은 해 7월 13일 경제개혁 지도를 강화하기 위해 경제개혁에 대한 5가지의 규정을 공포하여 이를 각 省과 市, 自治區 및 각 부문에서 공업, 교통계통의 소수의 기업을 선발하여 실험을 계속하여 나갈 것을 지시했다. 다섯 가지의 규정은 (1)국영 공업기업 경영관리 자주권 확대에 관한 약간의 규정 (2)국영기업의 이윤획득에 관한규정 (3)국영 공업기업에서 고정자산세를 징수하는 것에 관한 잠정 규정 (4)국영공업 기업의 고정자산 감가상각률의 현실화 및 그 사용방법의 개선에 관한 잠정 규정 (5)국영 공업기업에서 유동자금의 전액대부를 실행하는 일에 관한 잠정 규정 등이다.[4]

이상과 같은 중앙의 지시에 의해 1979년부터는 공업과 교통계통의 각종 기업에서 자주권 확대의 실험이 강화되기 시작하여 1979년 말에는 2천 개였던 것이 1980년 6월 말에는 6,600여 개로 증가되었다.[5]

이 같은 기업의 자주권 확대 노력과 함께 나타난 또 하나의 경제개혁 노력은 기업에서의 경제책임제의 도입이라고 볼 수 있다.

특히 공업에서의 경제책임제 ─ 상업에서는 '경영책임제'라는 용어가 쓰였다 ─ 에 대한 논의가 활발해진 것은 1981년 4월의 '전국 공업 교통공작회의'에서였다. 여기에서는 보다 효과적인 경제건설을 위해서는 외연적 확대 재생산 방식으로서가 아니라 기존 기업의 내재적인 활력을 강화하고 충실화시키는 것이 필요하고 이 같은 기업의 내재적 활력은 경영진의 능력과 직원과 노동자

---

4) 『國營工業企業法規選論』, 工人出版社, 1982, p.11

5) 『中國百科年鑑』, 1981

들의 의욕에서 우러나지 않으면 안 된다고 주장, 1981년에는 기업의 정돈에 더욱 강력한 힘을 경주할 것을 천명하였다. 여기서 말하는 기업정돈의 주된 내용은 기업의 지도체계 정비와 경제책임제의 도입이 그것이다.[6) 이러한 중앙의 독려에 따라 전국 3분의 2의 국영 공업기업에 경제책임제가 광범위하게 도입, 운영되기 시작하였다.

그러면 여기서 말하는 기업의 경제책임제란 무엇인가. 중국의 설명에 의하면 이는 국가와 기업의 평균주의, 기업 내부 즉 기업과 노동자 간의 평균주의를 극복하는 것이며 이를 위해 다음과 같은 두 가지 책임제가 전제되어 있다는 것이다.

기업의 국가에 대한 책임제

기업은 국가에 대해 계획달성과 재정상의 상납을 청부, 초과달성 부분은 전부 혹은 일정 비율로 기업이 유보한다는 것인데 이는 구체적으로 자주권 확대 기업에 있어서 이윤유보, 적자기업의 적자청부 즉 일정액 이상의 적자는 국가가 보전하지 않고 적자가 감소할 경우에는 그만큼은 기업의 수입으로 한다. 소형 국영기업에서는 이윤상납 방식에서 납세방식으로 개정 즉 집단소유제 기업과 같은 방식으로 한다. 省이나 區 혹은 대도시에서 업종에 따라 이윤상납을 청부하거나 專區, 縣 혹은 중소도시에서의 자치권 단위의 이윤상납 청부 등이다.

---

6) 袁守啓, 『工業生産經濟責任制』, 山東人民出版社, 1984, p.37

기업 내부의 책임제

직장, 반, 급 등의 단위별로 개인이 각기 자기의 임무 달성을 청부하여 직원, 노동자의 수입을 이들의 노동성과와 결부시킨다. 이를 구체적으로 보면 ①임금 ②고정 임금을 초과하는 부분에 대한 성과임금제나 유동임금제 그리고 소집단에서의 계획초과 부분의 성과장려금 등 계획초과 장려금, 점수제에 근거하여 장려금을 계산하는 방법 ③농촌과 직장, 반, 개인의 생산임무 청부제 등이다.[7]

기업의 자주권 확대가 국가와 기업의 권리와 의무의 범위에 관한 실험이라고 한다면, 경제책임제는 청부제의 중점적인 전개를 통하여 기업 내부의 권리와 의무 관계의 개혁에 초점이 맞춰진 것으로 볼 수 있다.

이같이 기업의 경제책임제가 급속하게 추진된 이유는 1981년의 조정강화로 공업생산 임무가 감소되었기 때문에 기업의 이윤 혹은 상납이윤이 감소하는 경향에 대비한 전반적 재정수입을 확보하기 위한 것이었다. 이에 따라 각 기업에 이윤상납 의무를 청부시킬 필요가 있었기 때문으로 볼 수 있다. 그러나 이 제도의 시행 과정에서 본래의 기업책임제의 영역은 점차 감소되고 이에 반하여 '국가계획의 지도'의 영역이 점차 확대되어 나가면서 이에 대한 문제점이 빈발하고 있다.[8]

4. 농촌의 생산책임제

혁명 후 계속되어 온 生産隊를 단위로 하는 집단경영, 집중노동, 통일분배를 청산하고 새로운 형태의 농촌경제 운영이 시도되었다. 당국은 지금까지의 집단화 방

---

7) 『中國硏究』, 1981・9, p.25

8) 『中國槪要』, pp.27~30

식으로서는 농민수입과 노동성과 간의 관련이 높지 않다고 판단하고 이의 개선을 통해 부진한 농업생산력을 향상시키기 위한 이른바 '生産責任制'를 추진하고 있다.

1978년 12월의 黨 三中全會 이후 전국적인 규모로 농촌에 생산책임제가 도입되었다. 문혁시대의 평균주의적인 분배방법을 일소하고 물질적 자극에 의하여 농민의 농업의욕을 향상시키려 하고 있다.

청부의 내용은 '包工'(일정기간 작업을 청부하는 것), '包産'과 '聯産'(생산량을 청부하는 것), '包干'(경영을 청부하는 것)으로 나누어진다.

청부를 맡는 측은 '組'(작업조), '戶'(농가), '勞-人'(개인)으로 나누며 만약 일정의 생산량을 청부맡는 것이 戶 즉 농가일 경우 이는 '包産到戶'라고 말한다.

여러 가지 형태의 生産責任制를 청부내용에 따라 구체적으로 분류하여 보면 작업청부에 있어서는 '包工到組'(作業組 勞動청부제), '包工到戶'(농가 작업청부제), '包工到勞'와 '包工到人'(個人 작업청부제) 등이 있다.

生産量 청부에 있어서는 '包産倒組'와 '聯産倒組'(작업조 생산청부제), '包産倒戶'와 '聯産倒勞'(개인 생산청부제) 등이 있다.

경영청부에 있어서는 '包干到組'(작업조 경영청부제), '包干到戶'(농가 경영청부제), '包干到勞'(개인 경영청부제)가 있다.

이상의 각종 生産責任制 가운데 1983년 2월 현재 包干到戶가 총 농가수의 78.7퍼센트에 달하고, 어떤 형식의 것이든 生産責任制를 실시하는 농가는 92퍼센트에 달하고 있다.

이상과 같은 각종 가족경영 체제의 보급과 더불어 1984년 1월 1일 당 중앙의 「1984년 농촌공작에 관한 통지」(1호 문건)에서는 그동안의 토지 청부기간인 3~5년을 15년 이상으로 연장하거나 또 과수조림, 황폐한 산이나 토지 등에 대해서는 이보다 훨씬 기간을 연장하는 등 가족경영 체제의 내실을 다져가고 있다. 그러나 이 같은 농촌경영 체제의 실질적인 변화에도 불구하고 제반 경영개혁은 반드시 사회주의의 길을 견지하지 않으면 안 된다는 입장을 유지하고 있다. 즉 토지 등 기본 생산수단의 공유제가 장기적으로는 불변의 것이며, 집단경제가 생산책임제를 만들어내는 것 역시 장기적으로는 불변하다는 점을 밝혀, 이는 어디까지나 사회주의적인 공유제를 바탕으로 한 경영형태의 변화라는 점을 강조하고 있는 것이다.

農家生産責任制의 구분

청부주체 / 청부내용	작업조(組)	농가(戶)	개인(勞·人)
작업청부	包工到組	包工到戶	包工到勞 包工到人
생산량청부	包産倒組 聯産倒組	包産倒戶 聯産倒戶	包工倒勞 聯産倒勞
경영청부	包干到組	包工到戶	包干到勞

어쨌든 이 같은 농업부문의 생산책임제는 그 후 임업에도 적용되어 '自留山'의 확대 혹은 植樹者에 수립 소유권을 귀속 내지 상속시키는 방침으로 확대되고 있다.

이 같은 가족 청부방식은 인민공사 등의 집단소유경제 집단에서뿐 아니라 국영농장 노동자 총수의 47.5퍼센트에 달하였다. 이러한 추세에 따라 가족 소농장으로 구성된 대농장으로서의 국영농장이라고 하는 새로운 국영농장의 형태까지 등장하기 시작하였다.[9]

5. 인민공사제의 부정

인민공사의 해체는 1982년 11월 채택된 신헌법에 의하여 명문화되었다.

---

9) 『中國農業年鑑』, 1984년, p.218

즉 이 헌법의 제9조는 인민공사의 政－社 合－制를 부정하며 제8조에서는 인민공사를 생산합작사와 지위가 같은 집단 경제조직의 하나로 위치시키고 있다. 인민공사 제도의 부정은 지금까지 집단경제의 맥을 이어 온 이른바 '三級所有制' 즉 생산대→생산대대→인민공사라고 하는 3단계 형식의 소유형태가 부정되는 것을 의미하는 것으로 이는 그동안 도입된 가족 경영제의 확대에 따른 부수적인 조치의 하나라고 볼 수 있다.

이 같은 특유의 농가 경영방식의 도입은 결국 중국이 추진해 온 집단경영 방식 즉 人民公社 제도 등이 가지는 폐단을 치료하기 조치라고 볼 수 있다. 중국당국자가 말하고 있는 과거의 농촌 경제체제의 병폐는 다음과 같다.

政－社 합일의 문제점

정권과 경제의 합일체인 인민공사 제도는 농촌의 말단정권의 기능 혹은 집단경제 주체의 경영관리 직능을 독점하고 있었기 때문에 결과적으로 집단경제 주체의 경영관리 활동이 불충분하였다. 특히 정부기구가 집단경제 주체 내부의 기업적 경제활동을 직접 지휘하고 있어 기업은 정부기구의 부속물로 전락되어 집단경제 주체는 자기들의 자주권은 물론 잘못된 상부 지휘에 대해서도 전혀 이에 대한 비판력을 갖지 못하였기 때문에 객관적인 경제법칙이나 자연법칙에 따른 적절한 생산활동을 행할 수 없었다.

三級所有, 生産隊를 기초로 한다는 원칙의 한계

전통적인 잔재가 남아있는 농촌 집단체제는 주관색이 농후한 공상적인 측면이 강한 까닭에 변화상황에 적절히 대처하지 못하는 폐단을 가진다. 천차

만별의 조건을 가지고 있는 농촌의 실제상황을 고려하여 볼 때 이 제도의 획일적인 적용에는 무리가 따를 수밖에 없다.

생산대의 관리체제가 갖는 한계

생산대는 그 자체가 하나의 집단경제 조직이며 그 내부에는 고도의 집권관리 체제가 행해지고 있다. 즉 생산대는 통일계획, 통일경영, 집중노동, 통일생산, 통일분배라고 하는 집권제를 실행하고 있으나 이것이 갖는 결함은 많다. 이 제도는 공사원의 민주법권리가 보장되지 않고 공사원의 노동보수가 생산경영의 결과와는 별로 관계를 맺지 못하여, 공사원의 경제적 이익이 보증되지 않는 '惡平等主義'에 기초하고 있다는 것이다.

다종형식 병존에 의한 소유제구성의 파괴

지금까지의 농촌 경영체제는 농촌의 개인경영을 완전히 소멸시켜 공사원의 '自留地'와 가정의 부업을 엄중히 제한하고 있기 때문에 이에 대한 부작용이 심각했다.

유통발전을 저해하는 정부의 통일 매상제도

그동안 농촌의 유통체제는 국영상업의 독점경영으로 일관된 까닭에 특히 농산물에 대한 정부의 매상, 할당매상 제도는 농업생산의 보다 높은 발전에 대해서는 역효과를 가져왔다.

국가계획의 수행과 실태와의 괴리

농촌의 계획체제와 농산물에 대한 정부의 통일매상, 할당매상 제도가 일체화되어 결과적으로 집단농촌에 대해 강력한 영향력을 행사하여 왔으나 이는 농촌 각지의 실태를 정확하게 파악할 수 없는 한계가 있다. 그리고 이러한 국가계획 체제는 자율적인 성장력을 발휘할 소지를 없앴고 특히 가격에 의한 생산조절 작용이 생겨날 수 있는 소지가 없었다는 것이다.[10]

6. 경제개발 전략

소수민족지구의 경제발전을 추진함에 있어 전반적으로는 통치당국의 현대화의 기본적인 노선을 따라야 하는 것이지만 이미 앞에서 지적한 그들 소수민족지구가 처해 있는 여러 가지 특수한 여건을 감안하여 이에 적절한 경제발전 전략을 강구하여야 한다고 본다. 따라서 경제발전전략은 우선 '實事求是'의 입장에서 그들 민족지구가 처한 특수한 여건을 반영한 것이어야 한다고 말한다. 모든 경제발전 전략은 개별 민족지구의 현실을 충분히 반영한 것이어야 한다. 소수민족지구는 자연환경이나 사회구조적 여건이 각기 엄청나게 달라 민족지구의 경제발전 전략을 구축함에 있어서는 어떠한 하나의 모델을 세워 모든 지구가 이 모델에 따라서 발전하기를 기대해서는 안 되며, 개별지구의 발전계획이나 전략은 어디까지나 그들 지구의 고유한 환경과 조건에 부응할 수 있는 실제적인 상황을 고려한 생산계획, 발전계획의 수립에서부터 시작되어야 한다는 것이다.[11]

---

10) 『現代中國의 경제시스템』, pp.138~142

多種經營制度의 적극적인 도입

소수민족지구의 농촌경제가 제대로 발달하지 못한 주요한 원인의 하나가 다종경영제를 도입하지 못한 데 있다고 지적하고 이의 개선을 대대적으로 강조한다. 소수민족지구에서는 그들이 처한 자연환경적인 위치에 적합한 작물의 재배나 이에 대한 연구를 게을리 하고 무조건 농업에만 매달리다 보니 많은 노력을 들이고서도 결과적으로는 제대로의 성과를 얻을 수 없어 좀처럼 그들의 낙후성을 개선할 수 없었다.

소수민족지구는 대부분이 변방에 위치하여 평지보다는 산지가 많고 초원이 넓은 등 식량생산에는 뚜렷하게 한계가 있는 반면 그 밖의 다른 자원은 대단히 풍부하여 이에 대한 개발가치는 대단히 높은 지역이다. 따라서 이들 지구에 대해서는 다종농업을 적극화하여 그 지역의 특성에 맞는 다양한 산업을 적극적으로 발전시키는 일이 필요하며 획일적인 단종경영의 일방적인 실시는 결코 효과적일 수가 없다.

이같이 각 지구의 특수성에 맞춰 그 지구에서 유리한 면을 중점적으로 이용함으로써 전국적인 면에서 볼 때 대단한 성과를 이룰 수 있다고 하여 중국에서는 이를 '大農業 發展戰略'이라고 하고, 이에 반하여 그 지구가 자기들이 먹을 양식을 준비하는 것을 위주로 한 농업경영을 '小農業 發展戰略'으로 나누어 각기 이들 전략의 차이를 비교하고 있다.

즉 개별 민족지구가 고유하게 가지고 있는 우세한 여건을 살려서 다종경영 방식을 활용하여 수익성을 높이는 大農業 發展戰略은 그의 지도사상이나 생산목표, 경영방식, 등 여러 면에서 차이를 가지는 것이며 이러한 大農業 發展戰略의 적극적 도입을 통해서만 민족지구의 효과적인 발전은 물론 더 나아가 중국이 목표로 하고 있는 四化를 위한 효과적인 발전이 이룩될 수 있다는 것이다.

---

11) 『民族經濟學研究』 제2집, pp.44~80

확대 재생산의 발전

민족지구가 가진 자원을 충분히 활용하여 '內包 擴大再生産'과 '外延 擴大
再生産'의 발전을 이룩하려는 것이 중국이 의도하고 있는 민족지구 경제발전
전략의 주요한 구성 부분이다.

공업기업적인 기술개조나 잠재능력을 발휘하여 기술혁신과 기업개조를 통
한 생산 자료의 효율을 높이고 기업적 작용을 충분히 발휘케 하는 것이 내포
확대재생산이라면, 공업 기업적 규모를 확대시키고 생산 장소를 확대 증가시
키는 것 등이 외연 확대재생산이라고 볼 수 있다. 특히 민족지구는 근대공업
의 발달이 대단히 낙후되어 있어 이들 지구에 일정기간 동안 그 지방의 실정
에 맞는 내포 확대재생산의 필요성이 있고 이러한 노력을 통해 어느 정도 내
적인 비축이 이루어진 후에 그들 지역에서 적합한 축산품, 가공업 등을 비롯
한 기타 경공업 및 전통적인 민족수공업 등의 중소형 공업에 대한 외연 확대
재생산의 필요성이 요청된다는 것이다.

생산책임제의 전면적 실시

사회주의의 대원칙을 그대로 견지하면서 경쟁의 요소를 대폭적으로 내포한
농업의 신종 생산책임제의 하나인 이른바 生産責任制의 전면적인 실시를 민
족지구 경제발전 전략의 하나로 강조한다. 이 같은 生産責任制 중에서도 '包
産到戶'와 '包幹到戶'의 두 제도가 가장 높은 효과를 가지는 것으로써 이의
적극적인 확대실시를 통하여 민족지구의 발전을 독려하고 있다.

특히, 이 두 가지 책임제 중에서도 변방의 소수민족지구에는 包幹到戶 책
임제 방식이 적합하며, 이는 그동안 농림과 목축의 생산관계와 생산력의 상
호 부적응의 모순을 제거할 수 있는 새로운 생산책임제의 하나라는 것이다.

국가 및 漢族의 도움과 자력갱생 상호결합

소수민족지구가 처하고 있는 후진성을 개선하기 위해 사상적, 제도적인 지원은 물론 漢族의 기술직인 지원 또한 불가피할 수밖에 없다. 그러나 이러한 외부에서의 도움도 궁극적으로는 소수민족지구의 자력갱생 의지가 결여되어 있을 때에는 제대로 효과를 발휘할 수 없다. 따라서 소수민족들은 국가나 선진된 漢族의 도움만을 기다리지 말고 그들 스스로가 자력갱생의 의지를 가지고 모든 일을 해결할 수 있을 때 그들 지구의 참다운 발전이 가능하다는 것이다.

과학기술 인력과 경영관리 능력의 배양

소수민족지구의 경제적 낙후현상은 전반적인 면에서 뒤떨어진 문화와 교육수준에서 기인하는 것이며 이는 또 과학기술 및 경영관리 인원의 부족이 직접적인 원인이다. 소수민족지구는 학교도 부족하고 교육시설 역시 크게 미비하여 있는 까닭에 청소년의 문맹률 내지 반문맹률이 거의 80~90퍼센트에 이르고 있는 실정이다. 교육수준의 저하에 따라 나타나는 민족 간부의 비민족화 현상이 바로 민족지구 경제발전의 커다란 장애요인의 하나라는 것이다.

가족계획 실시와 인구증가 억제

인구증가율이 생산증가율을 크게 웃돌고 있으며 특히 소수민족의 인구증가율은 대단한 것으로 이것이 여러 가지 발전의 크나큰 장애요인으로 작용하고 있다. 무엇보다도 소수민족 인구의 급속한 증가는 경지면적의 상대적인 축소를 가져온다. 예컨대 青海省의 경우 1인당 평균 경지면적이 1949년에는

137.7평이던 것이 1980년에는 83.4평으로 줄어들었으며, 貴州省의 경우 1953년에는 60평 내외이던 것이 1980년에는 30.9평으로 각각 떨어졌다.[12] 때문에 민족지구의 진정한 경제발전을 위해서는 철저한 가족계획을 실시하여 인구의 증가를 엄격히 규제하여야 한다.

교통발전

소수민족지구의 교통문제 또한 민족지구 경제발전의 주요한 전략의 하나이다. 민족지구가 대부분 변강이나 오지에 자리 잡고 있기 때문에 교통이 발달하지 못했고 이것이 그들 지구의 경제발전에 커다란 장애요인으로 작용하고 있다. 따라서 교통을 원활히 하여 지역 간의 활발한 산업자료와 생산물의 교류를 적극화하여야 할 필요가 있다.

이상에 살핀 민족지구 경제발전을 위한 갖가지 전략을 추진함에 있어 중국은 민족지구의 특수성을 충분히 고려하여 그 지방의 특성에 맞는 경제계획을 작성하고 이의 실현을 위해 조급하지 않고 착실히 그 실적을 향상시켜 나가야 할 것이며, 민족지구 각 부문의 발전은 平衡的인 관계를 유지하면서도 자연경제적인 산업보다는 상품경제 산업의 전략에 치중하는 복합적인 발전전략을 추진하여야 한다고 주장하고 있다.

---

12) 『民族經濟學研究』, p.77

제 9 장

민족자치구 현황

1. 內蒙古自治區
2. 寧夏回族自治區
3. 廣西壯族自治區
4. 西藏自治區
5. 新疆維吾爾自治區
6. 延邊朝鮮族自治州

1. 內蒙古自治區

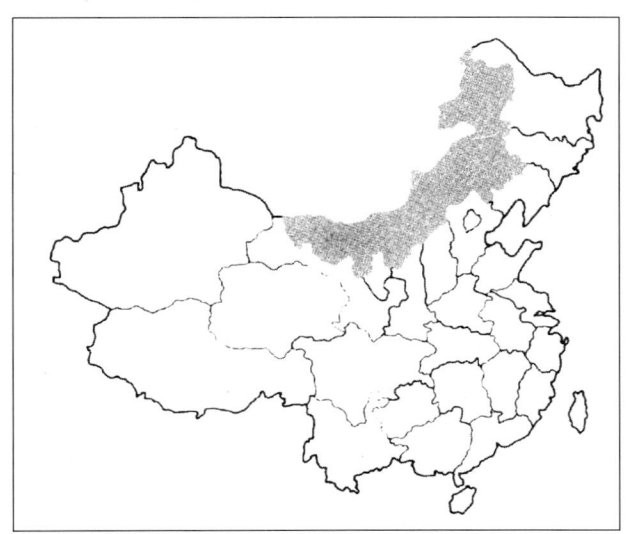

개 괄

　　중국 행정편제 중 5개 '民族 自治區'의 하나인 '內蒙古 自治區'는 대륙의 북부변경에 위치해 있으며 넓이가 중국전체의 8분의 1에 해당하는 120만 평방킬로미터로 新疆과 西藏에 이어 중국에서 세 번째로 큰 면적을 점하고 있다.

　　내몽고 자치구는 呼倫貝爾, 興安, 哲里木, 昭烏達, 錫林郭勒, 烏蘭察布, 伊克昭, 巴彦淖爾, 阿拉善 등의 9개 盟과 呼和浩特, 包頭, 烏海 등 3개 自

治區轄市를 비롯 54개 旗, 鄂倫春 自治旗, 莫力達瓦達斡爾族 自治旗, 鄂溫
克族 自治旗 등의 세 自治旗, 22개 縣, 7개 縣級市, 13개의 市轄區 등의
行政區劃으로 구성되어 있다.[1]

1982년 조사에 의하면 자치구 내의 전체인구는 1,927만 4,281명이며
(남: 10,052,855명 / 여: 9,221,426명), 이중에서 蒙古族은 중국 내 蒙古族
전체의 80퍼센트에 해당되는 215만 3천여 명으로 이는 몽고 자치구 전체인
구의 9분의 1이다. 그 외 몽고 자치구의 인구구성을 살펴보면 漢族(1,627만
7,616명)이 가장 많고, 그 다음으로 滿族(23만 7,149명), 回族(16만
8,997명), 朝鮮族(1만 7,580명) 등 여러 소수민족들이 공존하고 있다.

몽고고원 동남부에 위치한 內蒙古는 대부분이 해발 1천 미터 이상의 고원지
대로 경내에는 山脈綿延, 大興安嶺, 有陰山, 烏拉山, 大靑山 등 여러 산으로
둘러싸여 넓은 초원지대와 호수 또한 많다. 대륙성 계절풍 기온대에 속하고 있
어 대부분의 지방이 四季가 분명하며 여름은 짧고 겨울은 긴 것이 특징이어서
겨울은 지역에 따라서는 5개월 내지 8개월 이상이나 지속되는 곳도 있다.

內蒙古 自治區의 경우 특히 주목할 만한 것은 자치구의 성립시기가 중국
의 여러 자치구 중에서 가장 이른 1947년 5월 1일이라고 하는 사실이다. 內
蒙古 自治區 성립일인 1947년 5월 1일은 1949년 10월 1일 중국에서 공산
당이 대륙을 제패하기 약 30개월 전의 일이다. 1947년 2월 전면적인 國−共
內戰을 피하기 위해서 마샬, 陳誠, 周恩來로 구성되어 있던 '군사 3인 위원
회'가 해산되자, 정부군은 3월 중순에 연안 공격을 개시하였다. 그 결과 3월
28일에는 연안을 점령하고 4월에는 山東에서 대규모적인 멸공 작전을 개시
했다. 중공이 내몽고에 자치정부를 성립시킨 것은 이렇듯 華北 각지에서 국
민당정부의 강력한 도전을 받아 고전하고 있던 상황에서 행한 일이다.

내몽고 자치구가 처음에는 '內蒙古 自治政府'로 발족되었으나 그것이 정식
으로 內蒙古 自治區라고 하는 하나의 민족자치구로 성립된 것은 1949년 9

---

1) 『中國分省槪況手冊』, 中國人民對外友好協編, 北京出版社, 1984, p.64

월이었다. 중국 공산당이 불리한 여건 속에서 내몽고 자치정권을 설립하게 된 이면에는 여러 가지 이유가 있겠으나 그 중에서도 내몽고가 이웃하고 있는 蒙古人民共和國과 결합하는 것을 사전에 방지하기 위한 예방적 조치의 성격이 가장 컸다고 볼 수 있다.

몽고는 1911년 辛亥革命으로 중국의 지배로부터 이탈하여 소련의 원조에 힘입어 1924년 蒙古人民共和國을 성립시켰다. 중국은 몽고의 독립을 인정하지 않았으나 1946년의 국민투표에 의해 몽고의 독립을 결정한 뒤에는 몽고 민족의 자주권을 인정하기에 이르렀다. 이에 따라 내몽고에도 이러한 예가 적용된다면 내몽고는 같은 몽고민족이 건립한 蒙古人民共和國에 합쳐져 강력한 몽고대국을 건설하게 될 가능성을 배제할 수 없었다. 만약 이상과 같은 일이 사실로 나타난다면 중국으로서는 그들의 상당한 영토를 잃는다는 것 외에도, 華北 지방 전체가 몽고의 직접적인 위협 놓이는 결과가 된다. 이 같은 극단적인 내몽고의 이탈을 미연에 방지하기 위하여 중공은 내몽고에 자치권을 부여하여 몽고와 결합하는 것을 미연에 방지하려 하였기 때문에 비교적 일찍 자치정부를 설립시켰다고 볼 수 있다.

내몽고가 차지하고 있는 전략적 중요성은 과거에는 물론 중공이 정권을 수립하고 北京을 수도로 정한 후 한층 큰 의미를 가지게 된다. 내몽고의 존재는 北京 방위에 사활적인 의미를 가지고 있다. 몽고 국경으로부터 北京까지는 직선거리로 보면 약 600킬로미터이나 내몽고가 몽고에 편입될 경우 그 거리는 300킬로미터로 단축된다. 이렇듯 내몽고 자치구는 주요한 방파제 역할을 하고 있는 지역이며, 같은 민족의 독립된 나라와 이웃하고 있는 묘한 상태의 요충적인 지역이기도 한 점에서 이중적인 중요성을 갖는다.

경제상황

농 업

내몽고의 농업생산량은 면적에 비하여 대단한 것은 아니나 농업자원은 대단히 풍부하다. 경지면적은 2조 4천만 평 정도로 이는 중국에서 여섯 째에 해당되며 밤과 보리, 고량, 콩, 메밀 등의 경제작물은 물론 특히 감채의 생산량은 전국에서 2위를 기록하고 있어 중국대륙의 주요한 농작물 생산지의 하나다. 황하의 오르도즈 평원은 관계시설이 발달되어 유명한 곡창지대를 이루고 있으며 갖가지 농산물 생산을 위한 좋은 조건을 가지고 있다.

목축업

내몽고 자치구는 중국 최대의 草地를 가지고 있어 목축업의 중심지로 손색이 없다. 목축업의 중요한 기지가 되고 있는 이곳의 초원면적은 무려 390억 평이나 되는데 이는 중국의 초지면적 및 이용 가능한 초지면적의 30퍼센트 내외에 해당된다. 동부의 초원들은 강수량이 비교적 많아 목초가 풍부하여 좋은 목장이 된다. 중부의 서쪽지대는 구릉과 산지로 목초의 단백질 함유량이 비교적 많아 모피의 주요한 재료가 되는 灘羊과 薄毛山羊 등 두 종류의 값비싼 양을 생산하고 있다. 목축지의 서부는 고원지역으로 초목이 희귀한 까닭에 낙타의 주요한 산지다.

임 업

내몽고 자치구의 돈강과 아루군강의 분수령으로부터 자치구의 중앙지대를 횡단하며, 연 1천 킬로미터의 거리에 뻗쳐 있는 大興安嶺의 전부가 삼림지대라고 볼 수 있다. 연면적은 69억 평에 달하고 林木의 축적량은 9억 평방미터를 넘는다. 이곳의 주요한 수림 품종은 낙엽송, 홍송, 백엽 등이고 특히 이곳에서 생산되고 있는 紅皮雲杉은 세계적으로도 진귀한 수목이다. 자치지구의 조림면적은 6억 3,420만평에 이른다.

광 업

내몽고 자치구는 특히 지하광물이 풍부하여 지금까지 알려지고 있는 광산물의 종류는 70여 종, 광산지구는 6백여 군데나 된다.

稀土의 매장량은 중국의 90퍼센트 이상이다. 稀土라고 하는 것은 스칸듐, 이트륨 계통의 금속원소의 총칭으로 내몽고의 희토 생산량은 세계 제2위를 차지하고 있는데, 그 매장량은 세계 제1위이다. 천연소다의 매장량은 중국 제일이다. 이외에도 석탄과 아연, 크롬의 매장량은 중국 제2위를 차지하고 있으며, 채굴이 가능한 탄광은 180여 군데, 석탄의 매장량은 1,900억 톤으로 추정되고 있다. 크롬은 중국이 새롭게 발견한 지하자원으로, 내몽고 크롬광은 중국의 철광업에서 대단히 주요한 위치를 차지하고 있다. 鉛, 유화철, 철, 구리, 알루미늄, 칼륨, 망강, 금, 석묵, 유황, 석호, 운모, 망초 등도 내몽고 자치구에서 생산되고 있는 주요한 자원이다.

2. 寧夏回族自治區

개 괄

'寧夏 回族自治區'는 6만 6,400평방킬로미터의 면적에 중국 서북부 황하 중류지역의 고원과 산지에 위치해 있으며 2개의 지구(銀南, 固原), 2개의 地區級市(銀川, 石嘴山)와 16개의 縣으로 구성되어 있다.

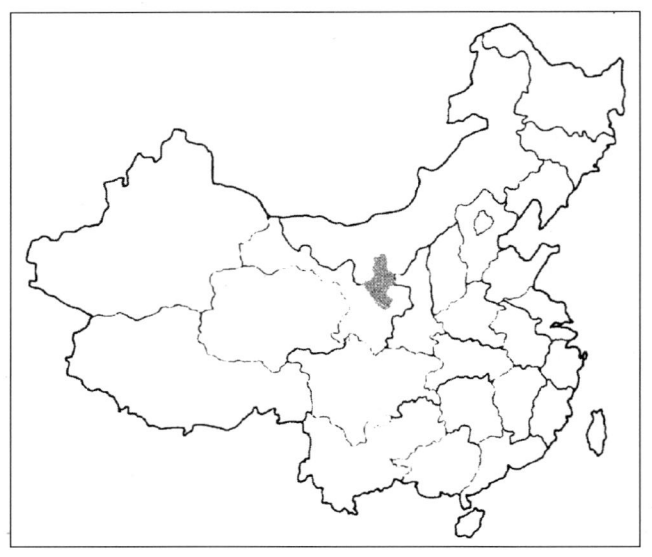

　　1982년의 통계에 의하면 자치구의 총인구는 389만 5,576명이며 回族은
이중 31.71퍼센트에 해당하는 123만 5,207명이다. 寧夏 自治區 역시 인구
분포에 있어서는 漢族이 전 자치구의 68퍼센트를 차지하는 265만 1,336명
이며 回族, 滿族(7,120명), 蒙古族(863명) 등으로 구성되어 있다.
　　이 지방은 특히 중국에서도 가장 높은 인구증가율을 기록하고 있는 지역으
로서 나타나고 있어 당국은 이 지역에서의 인구억제를 중점적 사업의 하나로
설정하여 이에 대한 대대적인 계몽과 선도를 하고 있다. 이 같은 노력으로
1990년에는 寧夏의 인구 자연증가율을 18퍼센트(총인구 453만 명), 2000
년에는 11퍼센트의 자연증가율(총인구 540만 명)을 목표로 적극적인 가족계
획을 독려하고 있다.2)

---

2) 『民族經濟硏究論文集』, pp.86~87

경제상황

이 지방은 중국에서도 빈한한 지역으로 전 자치구의 토지면적은 29억 8,800백만 평인데 이는 지질별로 다음과 같이 나누어진다.

寧夏自治區 土地面積 構成

	면적(萬畝)	구성(%)
전 체	9,960.00	100.00
경 지	1,343.50	13.50
초 지	3,953.00	39.70
삼 림	210.50	2.10
수 면	123.00	1.20
황 지	913.00	9.20
사 막	833.00	8.40
기 타	2,584.00	29.90

(中國人民對外友好協會編, 「中國分省槪況手冊」, 北京出版社, 1984, p.494)

광산물

삼림면적이 대단히 적은 반면 자치구의 상당부분이 사막이라 부존자원이 그리 풍부한 편은 아니다. 주요한 광산물로는 石膏를 들 수 있는데 이의 매장량은 중국에서 으뜸가는 13억 톤으로 추정되고 있다. 석유 또한 연간 수만 톤의 생산실적을 가지고 있다.

농 업

경지면적이 토지면적의 13퍼센트 내외를 차지하고 있다. 자치구의 1인당 평균 경지 면적은 105평으로 이는 중국 평균의 39평 보다 넓고 평원면적은 11만 8,590평으로 전국 7위이다.[3]

寧夏지구는 오래 전부터 자연재해가 심한 곳이기 때문에 관개시설이 발달되어 있는 까닭에 이를 이용하여 새로 확보한 간척지만을 농업인구 1인당 36평에 해당될 정도이다. 또 이 지구는 전체 토지면적의 8.4퍼센트가 사막이어서 이 사막지구에 대한 식수 및 그 이용에 대한 연구가 한창 이루어지고 있다.

寧夏의 농업은 種植業 위주로 되어 있는데 이는 전체농업의 74.2퍼센트에 해당되며 그 밖에 목축업 13.22퍼센트, 副業 8.53퍼센트, 어업 0.11퍼센트 등으로 구성되어 있다. 그리고 농작물 중 양식은 전체 파종면적의 82.7퍼센트를 차지하고, 다음이 경제작물로 10.50퍼센트, 기타 작물 6.8퍼센트 등으로 나타나고 있다. 특히 이 지방에서 생산되고 있는 灘羊 二毛皮와 沙毛山羊皮는 대단히 높은 품질을 자랑하고 있는 유망 상품이다.[4]

토산품

寧夏의 특산품으로는 紅(枸杞), 黃(甘草), 蘭(賀蘭石), 白(羊皮), 黑(髮茱) 등 '五寶'가 특히 유명하다.

400년 이상의 재배 역사를 가지고 있는 枸杞는 껍질이 엷고 알맹이가 커 평판이 자자한 고품질의 한약재로서 외국에도 많이 수출되고 있다. 재배면적은 30만 평이며 연 최고생산량은 약 600톤에 달하고 있다. 감초 또한 이 지방의 대표적 특산품의 하나로 중국 제3위의 생산량을 보이고 있다. 賀蘭石은 하란산에서 생산되는 갈색과 녹색의 빛을 내는 보석으로 賀蘭寶石으로 널리

---

3) 『民族經濟研究論文集』, 民族出版社, 1985, p.79

4) 『中國分省槪況手冊』, p.496

알려져 있으며 특히 벼루를 만드는 데 좋은 재료로 쓰이고 있다. 毛皮는 영하지방의 특산인 灘羊, 沙毛山羊으로 만드는 모피가 특히 유명하며, 탄양의 원산지는 賀蘭山 東麓洪廣營 일대, 沙毛山羊은 中衛縣 지구이다. 發茱는 그 모양이 사람에 흡사할 뿐 아니라 독특한 향취를 가지고 있어 예부터 이 지방의 특산품의 하나로 널리 알려져 있다.

공 업

풍부한 부존 공업자원에 비하여 현대공업이 대단히 낙후되어 있는 지역의 하나로 지적되고 있다. 그러나 최근 공업생산품의 개발에 힘을 기울여 銀川, 石嘴山 등은 신흥 공업도시로 육성되고 있으며 특히 石嘴山 지구는 매탄공업 도시로 크게 발돋움하고 있다. 銀川에는 화학비료공장과 면방공장, 모방공장 등이 세워져 있다.

3. 廣西壯族自治區

개 괄

華南서부에 위치한 면적 23만 6천 평방킬로미터의 자치주로 峰嶺連綿, 土石山 지역이 전 자치구 면적의 3분의 2를 차지하는 중국의 대표적인 산악지대다.

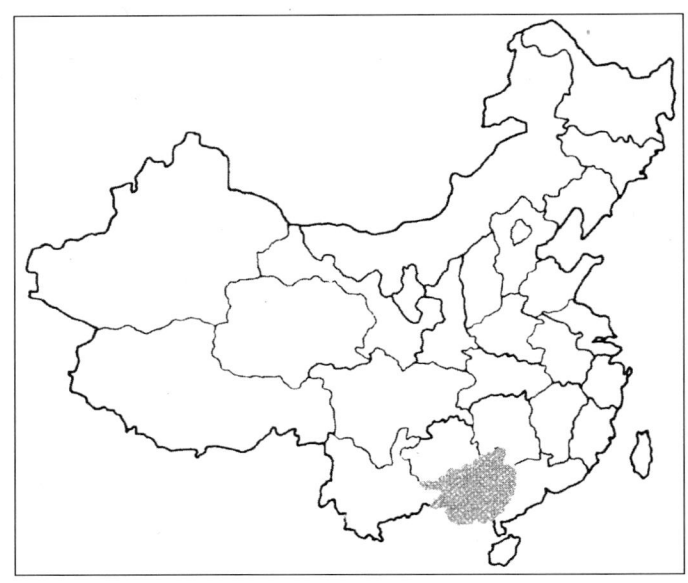

자치구는 8개의 區와 4개의 自治區轄市, 3개 地區轄市, 72개 縣, 8개 自治縣으로 구성되어 있으며 자치구의 수도는 南寧市이다. 南寧市는 오래 전부터 중국남부의 정치와 군사의 중심 도시로 이곳은 元朝 이래 南寧으로 불려져 왔으며 1949년에 南寧市로 명명되어 오늘에 이르고 있다.

자치구의 인구는 3,642만 1,500명으로 이를 민족별로 살펴보면 漢族이 2,248만 5,565명, 壯族 1,232만 3,978명, 瑤族 86만 3,89명, 苗族 33만 7,744명, 侗族 22만 9,593명 등이며 朝鮮族인 韓民族은 248명이 살고 있는 것으로 나타나 있다.

이 지방에 전 민족인구의 90퍼센트가 살고 있는 壯族은 고대 百越－漢族이 들어오기 이전 華北에 살던 원주민을 百越 혹은 百奧로 불렀다ー의 자손이라고 볼 수 있는데, 百越 중에서도 지금 廣西 壯族自治區에 살고 있던 부족은 '駱田'이라고 불려졌던 부족공동의 논을 가진 水稻 경작민 '駱民'이다. 이들은 周代부터 戰國時代에 걸쳐서 '西甌'와 '駱越' 부족으로 갈려 있었는데

西甌人은 廣西의 동부로부터 廣東 서부에 걸쳐 살았고, 駱越人은 廣西의 서
부로부터 云南의 동부 혹은 북베트남에 걸쳐 살았다. 西甌는 절강성 남부의
東甌에 대하여 사용되었던 명칭으로 소위 甌越系의 부족이다. 그러다가 기원
전 3세기에는 秦의 始皇帝가 영남으로 진격하여 西甌와 駱越을 합병해 西甌
越이라고 부르며 이를 통치하기 시작한 이래 西甌越은 廣西 최대의 부족집
단이 되었으며 이들이 곧 지금의 壯族의 조상이다. 이 西甌越은 북베트남 일
대에 널리 퍼져 지금의 베트남인(킹족)의 선조라고도 말하여지고 있는데 중
국의 영남일대로부터 베트남에 걸쳐 발견되고 있는 '銅鼓'라고 하는 청동제
대형 태고는 이 西甌越系의 고대문명의 산물이다. 오랫동안 민족명으로 사용
되어 오던 '獞'이라고 하는 명칭이 혁명 후 소수민족 멸시의 표현이라는 이유
로 이를 '僮'이라고 바꿔 1966년까지는 '僮族'이었다가 1966년에는 다시 壯
族으로 바꿔 오늘에 이르고 있다.5)

그밖에 瑤族은 90만 명으로 중국 내 瑤族 총인구(140여만 명)의 62퍼센
트가 이곳에 살고 있으며 仫族은 9만 명으로 仫族 인구(9만 4백 62명)의
98퍼센트 이상, 毛難族은 3만 7,800여 명으로 毛難族 인구(3만 8,100명)
의 99퍼센트 이상, 京族은 9,400여 명으로 京族 인구(1만 1,900여명)의
82퍼센트 이상이 각각 이곳에 거주하고 있다.6)

이곳에 살고 있는 12개 민족 중 漢族과 回族은 漢語를 사용하고 있으나
그 밖의 소수민족은 모두 자기민족의 독자적인 언어를 사용하고 있다.

경제상황

이 지구는 중국 동남구릉의 일부분으로 대부분이 산지이며 평원은 협소하다.

5) 『中國少數民族』, p.268
6) 『廣西壯族自治州槪況』, 廣西民族出版社, 1985, p.29

예부터 이곳은 '八山一水一分田'이라고 칭할 만큼 산이 많으며 또 용암면적이 총면적의 41퍼센트인 9만 7,735여 평방킬로미터로 중국 전 용암면적의 7.5퍼센트를 차지하고 있다. 매장 용암면적은 2만 4,752평방킬로미터로 廣西 총면적의 10퍼센트를 차지, 이 둘을 합하면 廣西 총면적의 51퍼센트를 차지한다.[7]

廣西壯族自治區 地形分布

지형유형	면적(㎢)	구성비율
보통산지(해발800m 이상)	82,185	34.8
낮은 산지(해발 500~800m)	43,085	18.3
산악지대(해발 250~500m)	25,473	10.8
구릉지대(해발 250m 이하)	25,867	10.9
台地(계단지 포괄)	18,935	8.0
평 원	34,060	14.4
하 천 부 지	6,670	2.8
합 계	236,275	100

(『廣西壯族自治區槪況』 p.8)

이곳은 아열대 계절풍 지대에 속해 있는 까닭에 여름이 길고 무더우며 겨울은 짧고 한해와 태풍의 피해가 잦다. 그러나 이곳은 수력자원이 풍부하여 중국 10대 수력발전 기지의 하나이며 광산물이 풍부하여 전 세계에서 이용되고 있는 160여 종의 광석 중 廣西에서 96종이 생산되고 있다.

廣西壯族自治區 土地資源 構成

유 형	면적(萬畝)	구성비율(%)
경 작 지	3,946	11.1
논	2,473	7.0
밭	1,473	4.1
임 지	8,266	23.3
황산초지	11,261	31.8

7) 『廣西壯族自治州槪況』, 1985, p.9

유 형	면적(萬畝)	구성비율(%)
의농황지	800	2.3
하천부지	1,000	2.8
석 산	6,346	17.9
간 척 지	289	0.8
기 타	3,533	10.0
합 계	35,441	100

(『廣西壯族自治區槪況』 p.23)

농 업

농업 생산량은 1983년 1,635만 6천 톤으로 이중 벼농사의 산물이 절대량을 점하고 있다. 1982년의 경우 벼의 파종면적은 전체 파종면적의 70.3퍼센트를 차지하였으며 총생산량은 1,410만 톤으로 이는 농업 총생산량의 86.8퍼센트에 해당하는 수치이다. 다음은 옥수수로 1983년의 파종면적은 2억 3,430만 평, 총생산량이 127만 8천 톤으로 이는 전 자치구의 파종면적과 생산량의 각각 13.6퍼센트와 7.8퍼센트를 차지하는 수치이다. 그 밖에도 감자, 콩, 소맥 등도 이곳의 특산물이라고 볼 수 있다.

축목업 및 어업

목축업은 廣西의 농업생산량에서 주요한 위치를 차지한다. 1983년 목축업의 총생산액은 15억 4,900만元으로 농업 총생산액의 18.1퍼센트를 차지하고 있다. 주요한 목축동물은 돼지와 소, 양, 말 등이다. 廣西는 또 중국 유수의 어업기지이면서 특히 담수어 생산이 발달하여 있고 1983년의 어획량은 16.6만 톤으로 어업 총생산액이 1억 4천만元에 이르렀다.

임 업

이 지방은 삼림자원도 풍부한 편으로 桂北, 桂東, 桂西北의 壯, 瑤, 苗 소수민족 취거지방을 중심으로 특히 산림자원이 풍부하다. 전 자치구의 삼림 면적은 23억 5,200만평이며 산림의 총 축적량은 2억 2천 평방미터로 그중 에서 높이 5미터 이상의 用材林 축적량은 1억 7,400만 평방미터이다. 이와 함께 이 지방은 목재 가공공업 또한 발전하여 580여 군데의 가공공장이 있 으며 연 가공능력은 10만 평방미터를 넘어서고 있다.

공 업

1983년 현재 공업 및 교통기업은 1만여 군데로 이들 기업의 종업원 수는 141만 명이며 공업 총생산액은 94억 8,800만元(경공업: 59억 4,300만元 / 중공업: 35억 4,500만元)에 이르고 있다.

廣西는 아열대에 속해 예부터 制糖術이 발달하였으며 1983년 현재 전 자 치구에 85개의 제당공장이 있으며 연간 총생산량은 59만 2,300톤으로 나타 나고 있다. 또 이곳에서는 식품공업이 발전하여 각종의 육류를 비롯하여 과 일 등 30여 품종의 가공공업이 성하다. 특히 '三花酒', '乳泉酒' 등은 廣西 茅台酒로 칭송될 만큼 맛좋은 술로 이름나 있다. 이 밖에도 자전거산업을 위 시하여 방직, 전자, 의약, 강철, 기계, 유색금속, 석화, 전력, 매탄, 건축, 건 재 등의 산업이 발달되어 있다.

4. 西藏自治區

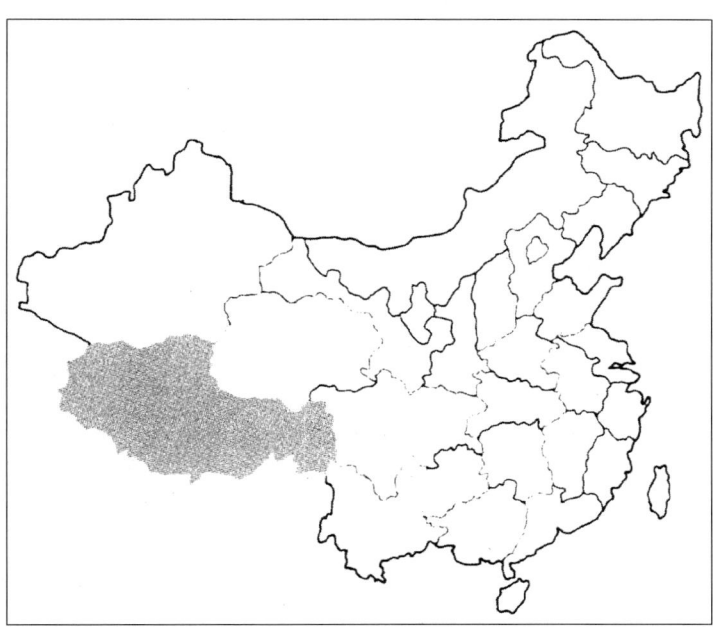

개 괄

중국의 서남변경에 위치한 '西藏 自治區'(티베트)는 면적이 백20여만 평방 킬로미터로 중국의 8분의 1을 차지하고 있으며 新疆 다음으로 넓다.(浙江省 의 11배, 대만의 33배). 평균 해발 4천 미터 이상으로 세계에서도 보기 드 문 고원지대로 '세계의 지붕'이라 널리 알려져 있다.

티베트의 북부는 昆侖산맥 고원지대로 길이 2,400킬로미터, 너비 7백 킬 로미터의 대고원이 이어져 있는데 고원지역은 자치구 전체면적의 3분의 2를

차지하며 이곳의 평균 해발은 4,500미터 이상이다. 남부지방은 계곡으로 그
너비는 대개 5~8킬로미터, 길이는 70~100킬로미터, 해발 평균 3,500미터
이며 지형이 평탄하고 토질은 비옥하다. 티베트의 동부지역은 산이 높고 계
곡이 깊으며, 북쪽이 높고 남쪽이 낮은 지형으로 북부의 평균 해발은 5,200
미터로 산꼭대기와 계곡과의 차이는 무려 2,500여 미터에 이른다. 티베트의
남부는 유명한 히말라야 산지로 길이 2,400여 킬로미터, 너비 2,350킬로미
터, 평균 해발 6천여 미터로 세계최대의 산맥지대이다.

티베트는 중국의 다른 어느 민족 자치지방보다도 감시와 통제가 심한 민족
지역의 하나인데 이는 티베트가 걸어온 혁명 후의 역사가 이를 잘 말하여 주
고 있다.

중국정권이 성립한 1년 후인 1950년 10월, 중공은 그때까지 미점령상태
에 있던 티베트에 대한 공격을 개시하여 별개의 독립국을 주장하던 달라이라
마14세의 주장을 묵살, 티베트가 이미 오래 전부터 중국 영토의 일부분이라
고 주장하면서 공격을 개시하며 1950년 10월 19일 중국군은 昌都를 점령하
고 달라이라마에게 평화교섭을 권고했다. 1951년 3월 달라이라마는 이 권고
를 받아들여 아페이와 아운싱메이를 대표로 지명, 北京측과의 화평협의 끝에
17개의 협안이 조인되었다. 그러나 이 협정은 중공의 강압에 의해 일방적으
로 이루어져 중공 측은 회담이 시작되자 곧 17개조의 화평협정 초안을 제출
하고 조인을 강요하였다.

이렇게 일방적으로 체결된 협정문서를 근거로 중공은 1951년 9월 '우사'에
진주하여 그 곳의 지배를 본격화했고 그에 따라 티베트의 게릴라들은 이에
대한 저항을 계속하여 왔다. 이에 중공은 이들에게 치명타를 가하기 위해 달
라이라마를 北京에 유괴, 감금하려는 작전을 폈으나 이를 알아차린 티베트인
들은 1959년 3월 10일 수만의 민중이 달라이라마를 수호하기 위하여 궁전
주위에 모여 중공에 대한 대대적인 성토를 시작했다. 그러자 중공이 이를 반
란이라고 규정하고 궁전에 공격을 개시하자 달라이라마는 18일 밤 궁전을 탈

출하여 히말라야 산맥을 넘어 3월 31일에 인도로 망명했다.

중공이 이 사건을 계기로 티베트에 대한 탄압을 한층 강화하여 수많은 주민들을 살해하는 등 대대적인 탄압정책을 폈다. 이러한 과정에서 티베트민족의 반감과 불만은 무력에 짓눌렸으나 그 후에도 여전히 민족탄압에 대한 반감을 가지고 있기 때문에 지금도 티베트는 특수지구의 하나로 지목되어 당국이 대단히 신경을 쓰고 있는 지역이다.

자치구의 전체 인구는 186만 3,623명, 藏族은 전체인구의 92.4퍼센트를 차지하는 176만 4,600여 명이고 漢族 9만 1,384명, 回族 1,772명, 門巴族 1,094명 등으로 구성되어 있어 이 지방은 티베트족 단일 주거지방이라고 해도 과언이 아니다.

藏族은 스스로를 '페파'라고 부르나 일반적으로는 티베트인이라고 부르고 있다. 7세기 唐代에 티베트인들이 건설한 왕국을 당나라 사람들은 '吐蕃'이라고 불렀으며 이 명칭의 '蕃'이 티베트인들이 스스로를 부르는 '페'의 음역인 듯하다. 吐蕃이라고 하는 말은 실크로드를 거쳐 서방에 전해졌는데 唐初에 실크로드를 장악하고 있던 突厥人은 그들을 '치벳'(Tuput)이라고 불렀다. 이 투르크계의 발음이 歐洲로 전해져 결국 '티베트'(Tibet)가 된 것으로 추정되고 있다.

경제상황

농 업

티베트는 '거대한 천연 식물원'이자 '야생동물의 왕국'이라고 할 수 있을 정도로 동식물이 다양하며 광산물 또한 풍부하다. 경지면적은 1억 2백만 평, 1981년의 농업 총생산량은 53만 7천 톤이나 자연여건이 그리 좋지 않아 농업이 시원치 못하다.

목축업

1981년 전 자치구의 목축 수는 2,340만 마리로 1인당 평균 12.6두를 소유하고 있는 것으로 나타나고 있다. 중국의 5대 목장 지구의 하나이며 초원 면적은 180억 평으로 한 마리의 가축이 이용할 수 있는 초지의 면적은 1,020평으로 계산된다.

공 업

이곳은 전통적인 민족 수공업이 유명하며 모방산업이 비교적 활발한 편이다.

5. 新疆維吾爾自治區

개 괄

중국 서북변경에 위치하고 있으며 면적은 160여만 평방킬로미터로 중국대륙의 6분의 1을 차지하는 중국최대의 민족자치구이다.

동북과 서남으로 몽고와 소련, 아프가니스탄, 파키스탄, 인도 등 5개국과 접하고 있는데, 국경의 길이는 5,700여 킬로미터나 된다. 혁명 후 파키스탄, 아프가니스탄 등과 국경조약이 확정되었으나 소련, 인도와는 아직도 국경문제가 완전히 해결되지 못한 상태로 남아 있다.

新疆은 阿爾泰山과 昆侖山, 阿呢金山, 天山 등으로 둘러싸인 두 개의 분지로 이루어져 있으며 편의상 天山의 이남을 '南疆', 이북을 '北疆'이라고 부르고 있다.

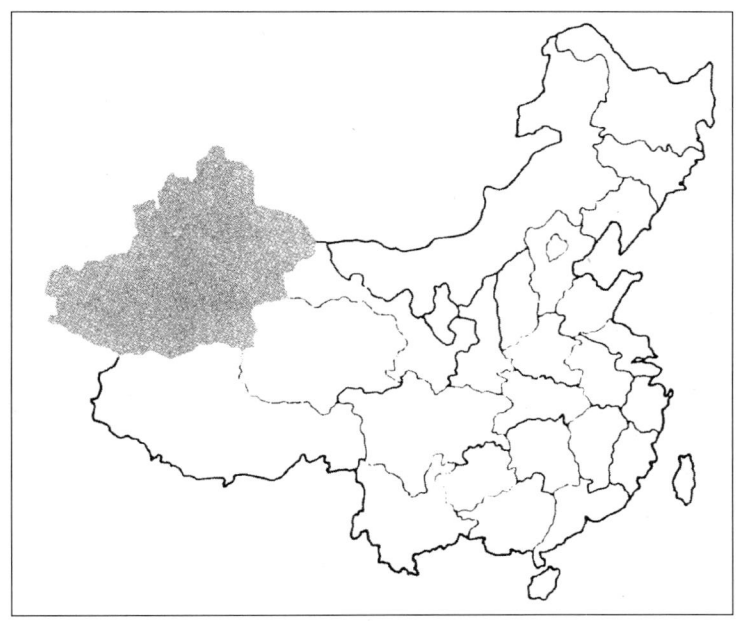

  1955년 10월 1일 자치구가 성립되었으며 현재는 5개의 자치주(伊犁哈薩克 自治州, 昌吉 回族自治州, 巴音 郭楞蒙古自治州, 博爾塔拉 蒙古自治州, 克孜勒蘇柯爾克牧 自治州)와 74개 縣, 8개의 縣級市, 6개 自治縣 등으로 구성되어 있다.

  인구는 1,308만 1,538명으로 維吾爾族(595만 5,947명), 漢族(528만 3,397명), 回族(56만 7,689명), 蒙古族(11만 7,510명), 壯族(4,453명), 藏族(1,967명), 滿族(9,182명), 哈薩克族(90만 9,337명), 東鄉族(4만 346명)등이 고른 분포를 보이고 있다.

  종래 新疆은 漢族이 지금처럼 많지 않아(10만 내외) 維吾爾族이 총인구의 75퍼센트를 점하고 있었으나 1950년대 중기 이후 漢族이 대거 이주하여 지금은 維吾爾族과 漢族의 수가 거의 비슷하다.

  특히 소련 등과 국경을 많이 접해 분쟁이 계속되고 있는 이 지역은 민족적인 문제가 복잡하게 얽혀 있어 구성 민족들의 심상찮은 민족적 분규가 빈발하고 있다.

군사적인 면에서는 1950년대 말부터 중-소 쌍방이 이곳 변경을 중심으로 군사력을 배치하기 시작하다가 1962년 新疆 伊犁의 주민이 대거 소련으로 도망하는 사건이 발생한 후부터 긴장상태는 더욱 심해졌다. 1969년 3월 중국이 동북 우수리 강에서 이른바 '珍寶島사건'을 일으키자, 같은 해 8월 13일 소련은 이에 대한 보복으로 소련군을, 新疆 북부의 裕民縣에 진입시켰다. 그후 두 나라는 新疆 일대에서 줄곧 소규모의 충돌을 계속해 오다가 1976년 毛澤東이 죽은 뒤부터 지금까지 다소 소강상태에 있다. 이곳은 고대 西域의 일부로 歐-亞大陸의 중심에 위치하고 있는 까닭에 중국과 서방과의 교통의 중심지였고 따라서 다양한 민족들이 모여 살아왔다.

경제상황

농 업

1인당 평균 경지면적이 162평으로 중국 평균보다 높으며 석유 등 광산자원이 풍부하다. 1983년의 농업 총생산량은 90억 2,600만 석으로 집계되고 있는데 특히 솜은 이 지방 특산물로 재배면적과 생산량은 각기 전국의 95퍼센트 이상을 차지하고 있고 유과나 감귤도 적지 않게 재배되고 있다.

목축업

우수한 목초지를 가지고 있어 목축업이 발달하고 있다. 목초지 면적은 21억여 평으로 중국의 전 초원면적의 4분의 1을 차지, 21개 縣이 목축업을 위주로 하고 있으며, 16개 縣이 반농반목 지역이다.

공 업

방직공업을 중심으로 한 갖가지 민족 수예산업이 발달하여 있다. 특히 석유공업이 발달되어 있는데 1951년 중국석유공사가 설립되고 1953년의 원유 생산량은 7만 톤에 달했다. 이밖에 매탄과 연금, 기계, 전자, 전력, 화학 공업 등도 발달되어 있다.

6. 延邊朝鮮族自治州

槪 括

吉林省 '延邊 朝鮮族自治州'(1952년 9월 성립)는 중국 최대의 朝鮮族 집결지다. 延邊은 당초 '間島'로 불리던 곳으로 '閑島' 혹은 '墾土'라고도 한다.

자치주는 吉林省 동남부 한반도와의 접경지에 위치하고 있으며 전체인구는 187만 1,508명(남: 94만 9,976 / 여: 92만 1,532)으로 1평방킬로미터에 평균 43.8명이 거주하고 있는 것으로 나타나고 있고 자치주인구 중 朝鮮族은 75만 4,567명으로 전체의 40.32퍼센트를 차지한다. 특히 延吉, 圖們 2개의 市와 延吉, 和龍, 渾春 등 세 縣은 朝鮮族이고 지방인구의 반 이상을 차지하는 朝鮮族의 집중 취거지방이다.

이밖에 漢族(107만 4,240명)은 전체의 57.4퍼센트, 滿州族(3만 6,701명)은 1.93퍼센트, 回族은 5,890명으로 0.31퍼센트, 蒙古族(609명) 등으로 나타나고 있으며 극소수의 壯族, 錫伯族, 苗族, 彝族, 白族, 土家族, 維吾爾族 등이 살고 있다.

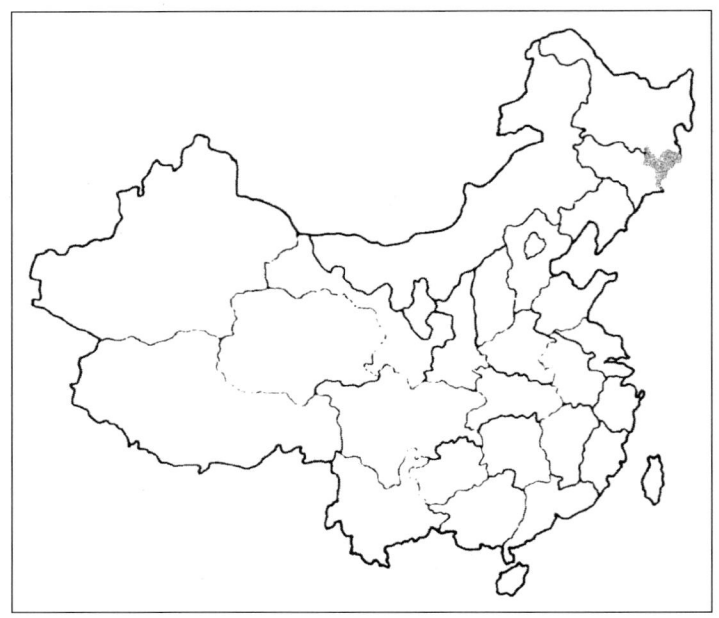

　현재 중국 전역에 살고 있는 朝鮮族의 총수는 176만 5,204명으로 중국을 구성하고 있는 민족 중 12번째이다. 이들의 지역별 분포를 보면 吉林省이 110만 4,701명으로 가장 많고 다음이 黑龍江省으로 43만 1,644명, 內蒙古自治州 만 7,580명, 遼寧省 19만 8,252명, 北京市 3,905명, 河北省 1,737명 등의 순이다.

　朝鮮族이 이곳에 거주하기 시작한 것은 朝鮮朝末에 경제적인 이유로 이곳에 건너가 생활하기 시작하면서부터라고 할 수 있다. 그러나 보다 많은 수가 이곳으로 이주하여 살게 된 것은 일본이 한반도를 지배하면서 그들의 압박을 피해서 국경을 넘어왔거나 日帝가 간도를 지배하고 무순탄광의 경영을 맡으면서부터 의도적으로 많은 우리 민족들을 이곳에 강제 이주시켰기 때문이다.

　朝鮮總督府는 1931년 「鮮人移民會社 設立計劃案」을 작성하여 우리 농민들을 건국 직후의 '滿州'에 이주시킬 계획을 치밀히 추진하면서 거기에서 격

화되는 소작쟁의에 대한 대책, 대 소련 국경방위 대책, 만주의 개척촉진이라
고 하는 세 가지 목적을 달성하려 하였다.

1934년 10월 「朝鮮人 內地移州對策」을 결정하고 한국인의 일본으로의 도
선을 금지하고 그 대신 滿州로의 이주정책을 적극적으로 추진하기로 결정했다.
그 후 우리민족은 '이민개척단'이란 미명하에 집단으로 강제 이주되었는데
1936년부터 1941년까지 5년 동안에 강제이주된 농민만도 18만 명에 달한다.

주요도시

延吉市

'朝鮮族 自治州'의 수도로 자치주의 정치와 경제, 문화의 중심지다. 1952
년 '延邊 朝鮮族自治州'가 성립되면서 延吉은 '州轄市'가 되었으며 1982년의
통계에 의하면 이곳의 인구 17만 5,957명 중 조선족이 56.99퍼센트를 차지
하고 있는 것으로 나타나고 있다.

延吉市에는 현재 연변대학, 연변의학원, 연변사범전과학교와 연변종합대학,
연길시대학 등의 전업학교와 건축학교 등 직업중학, 중학, 소학, 연변경제학
원 등이 있고, 1980년 현재 각급학교 재학생은 4만 5천여 명이며 이 밖에
63개소의 유아원이 개설되어 있다. 또「延邊文藝」등 6개 잡지가 발행되고
있으며 도서관, 박물관, 문화관 등 시설과 함께 연변의학원 부속병원, 결핵병
의원, 정신병의원 등의 의료시설이 있다.

圖們市

혁명 후 주의 직할시로 개편되었으며 吉林省의 주요한 공업도시의 하나이
다. 16군데의 중학교(재학생 9,681명), 30군데의 소학교(만 612명)를 비롯
하여, 도서관, 병원 등의 위생시설이 있다.

延吉縣

자치주 중부에 위치하고 있으며 면적은 4,210평방킬로미터, 인구는 31만 4,672명이다. 朝鮮族은 이중 65.5퍼센트를 점하고 있으며 이들이 밀집하여 살고 있는 지방은 光開, 三合, 明東, 白金, 智新, 勇新 등이다. 延吉縣은 대부분이 산지로 면적이 縣의 반 이상이며 평균해발 450미터이다. 37개의 중학(재학생 3만 3,960명), 162개 소학(재학생 4만 2,925명)이 있으며 현에서 20여리 떨어진 곳에는 黎明農民大學이 있다.

龍井鎭

우리 민족이 가장 먼저 이주하여 살기 시작한 縣城의 하나이다. 露日戰爭후 일본 제국주의의 연변지구 침투를 위한 거점이기도 하였으며 1907년에는 일제가 불법적으로 이곳에 무장군경을 파견, 총독부 간도파출소를 설치하기도 했다.

당시 龍井은 백여 가구의 朝鮮族과 몇몇 漢族이 살고 있었으나 그 후 일제의 淸에 대한 강압에 의하여 이른바 간도협약이 이루어지면서 이곳의 파출소는 영사관으로 개칭되었고 1910년에는 일제가 이곳에 불법적으로 회사 등을 설립, 대량의 물자자원을 수탈하는 역할을 하였다. 1931년 龍井의 인구는 만 8천여 명이었으나, 漢族은 이중 74.1퍼센트를 점하고 있었다.

20세기 초 抗日 民族志士들은 이곳에 瑞甸書塾과 東興, 大成 등의 사립 중학을 설립하여 이곳을 통해 항일 계몽교육을 실시한 까닭에 이 학교들은 항일투쟁의 중심적인 역할을 하였다. 1928년대 연변 최초의 중국공산당 지방조직이 이곳 報社里에서 조직되었고, 1919년 '3·13 반일 시위', 1930년 '5·1 대폭동' 등 반일폭동의 진원지가 바로 이곳이다. 인구 5만 9,970명 중 朝鮮族은 63.57퍼센트를 차지하고 있다. 중학교 6군데, 소학교 6군데 등 및 몇몇 문화시설이 있다.

敦化縣

자치주 서북부에 위치하고 있으며 총면적이 만 1,500평방킬로미터로 자치주 면적의 26.9퍼센트를 차지하는 자치구 최대의 현이다. 1982년 현재 인구는 44만 9,30명으로 우리 민족이 5.28퍼센트를 차지하고 있다.

渾春縣

자치주 동부에 위치하여 동남으로는 소련과 접경을 이루며 서남으로는 圖們江을 사이에 두고 한반도의 북부가 바라다 보이는 지역이다. 총면적은 5,290평방킬로미터, 인구는 14만 6,672명으로 이중 朝鮮族은 56.61퍼센트를 차지하고 있으며 그 다음은 만주족으로 40.2퍼센트를 차지하고 있다. 이곳은 1개의 鎭(渾春鎭), 12개 公社(鄕), 138개 생산대대(村), 744개 생산대로 구성되어 있다.

이곳의 상당부분은 산악지대로, 북부와 동남지방은 산이 많으며 또 일본해와 15킬로미터밖에 떨어져 있지 않아 해양기후의 영향도 받고 있는 지역이다. 縣의 경지면적은 1,298만 4,720평인데 이중 밭이 68.1퍼센트를 차지하고 있다. 주요 농작물은 벼와 콩 등이며 이곳의 특산물로는 산포도, 오미자, 웅담 등을 꼽을 수 있으며 또한 도자기 생산이 활발하다.

渾春鎭

渾春江의 북안에 위치하고 있는 渾春평원의 중심지이다. 인구 3만 2천여명 중 朝鮮族이 45.1퍼센트. 예부터 러시아와 일제의 제국주의 침략의 주요 대상지역으로 露日戰爭 직후인 1906년에 청나라는 일제에 대해 이곳을 개항하였으며, 1909년에 일제는 여기에 영사분관을 설치하였다. 그 다음해인 1920년에 일제는 이곳에서 유명한 '渾春事件'을 일으켰다.

和龍縣

자치주의 서부에 위치한 縣으로 남쪽으로 한반도가 바라다 보인다. 면적은 4,930평방킬로미터인데 이중 山地가 전체의 91퍼센트를 차지하고 있다. 경지 총면적은 1,504만 7100평이며 인구는 24만 1,608명으로 朝鮮族이 이의 60.34퍼센트를 차지하고 있다. 延吉府에 속해 있었으나 1909년에 縣으로 되어 현재는 和龍, 八家子, 福洞 등 37개 鎭과 13개 인민공사, 15개 생산대대, 828개 생산대로 구성되어있다. 1980년 현재 37군데의 중학교와 147군데의 소학교에 6만 6,394명의 재학생이 있는데 전 인구의 27.8퍼센트를 차지하는바 자치구 내의 여러 縣 중에서 취학인구가 가장 높다.

汪淸縣

자치주의 북부에 위치하고 있으며 총면적 8,560평방킬로미터의 縣으로 인구는 26만 4,475명이며 朝鮮族은 이 가운데 34.03퍼센트를 점하고 있다.

安圖縣

자치주 서남부에 자리 잡고 있으며 면적은 7,510평방킬로미터, 인구는 18만 5,901명인데 朝鮮族은 28.10퍼센트를 차지하고 있다. 두 개의 鎭과 11개의 公社(鄕) 194개의 생산대대, 716개의 생산대를 가지고 있다. 奉天省(遼寧省) 長白府에 속해 1909년에 縣으로 되고 1934년 '間島省'으로 개칭되었다가 1949~1958년 사이에 延吉縣의 明月區, 風寧區, 福興區, 石門區 등이 安圖縣으로 확정되었다. 이 지구는 고산지대인 관계로 대부분의 농작물은 내한품종 옥수수, 콩, 벼 위주이며 토산품으로는 인삼, 녹용 등이 유명하다. 또 현 내에는 白頭山 英額嶺의 주요 부분이 있는 등 삼림지구가 전면적의 86퍼센트를 차지한다.

松江陣

安圖縣의 縣城이며 白頭山 동북 二道江의 왼쪽에 자리 잡고 있다. 인구는 2

만 3,400여 명이며 朝鮮族은 이중 20.93퍼센트이다. 이곳은 백두산 밑에 위
치한 가장 큰 도시로 白頭山의 주요 등산로이며 매년 여름철에는 많은 관광객이 찾
아든다.

경제상황

農 業

자치주의 경지가 1억 1,466만 평으로 농업인구 1인당 평균 117이다. 이
지방은 벼와 콩 등의 양식작물을 주로 생산하고 있으며 수리 관개시설에 치
중, 1980년 현재 公社의 전부, 生産大隊의 98퍼센트 이상에 전기가 들어왔
다. 1980년의 경우 농작물의 파종면적은 1억 1,555만 7천 평이며 이곳의
朝鮮族은 벼 재배의 오랜 전통을 가지고 있어 이에 대한 기술이 대단히 높
다. 그래서 이 지방에서는 논 면적의 확대를 위하여 여러 가지로 애써왔는데
혁명 후 새롭게 개간한 논 면적이 1,020만 평에 이른다.

朝鮮族 취거지구의 논 면적은 주 전체의 논 면적의 66.2퍼센트이며 이곳에서
생산되는 논의 총생산량은 자치주 논 생산량의 70.25퍼센트를 차지하고 있다.

牧畜業

연변지구는 자연조건이 목축에 유리하며 특히 이 지방은 양질의 黃牛 생산
지로도 이름이 높다. 1980년 현재 목축기술자가 580여명이 있으며 주내에
는 축목연구소를 비롯하여 축목방역소, 각 縣, 각 市에는 목축 수의연구소
등이 있으며 1980년 현재 16만 889마리의 소와 29만 5,190마리의 돼지,
9만 9천여 마리의 양, 105만 5,800여 마리의 기타 가축이 있는 것으로 파
악되고 있다.[8]

---

8) 『朝鮮族自治州槪況』, p.130

養殖業

연변지구에는 養鹿, 養蜂, 養蠶, 養魚 등이 성하며 특히 梅花鹿의 사육은 각지에서 성하다. 1980년 현재 만 8,950마리(국영녹장 1만 3,900마리)이며 鹿茸은 연산 5,332킬로그램 가량이다. 녹용은 값비싼 약재이며 이는 또 중국의 주요한 특산품 중의 하나이다.

양봉업 또한 이 지방에서는 대단히 왕성하며 1980년 양봉 5만 367상자를 생산하였으며, 그중 집체양봉이 46.3퍼센트이며 개인경영 양봉은 45.7퍼센트이다. 봉밀 생산량은 1만 8,488担이며 이의 주요한 산지로는 和龍, 龍井, 安圖, 敦化 등 각 현이다.

種植業

果樹, 藥材, 양송이 등 종식업의 역사는 길며 질 또한 대단히 우수하다. 1980년 연초 생산량은 1,446킬로그램에 이른다.

과수재배도 역사가 오래며 과수원의 총면적은 26만 2,800평이다. 藥材 종식업의 경우 총 재배면적은 19만 2천 평이며 인삼재배가 대부분이다. 양송이는 1980년 그 수입이 2,366만여 元에 이르렀다.9)

林 業

백여 년 전만 해도 연변은 울창한 원시 삼림지대였으나 그 후 함부로 남벌함으로써 산림이 크게 훼손되었다.

輕工業

이 지방은 전통적으로 공업이 농업에 우선하는 지방이다. 1980년 현재 공업기업 직공수가 15만 4,900여 명이다. 경공업으로는 유리, 도자기를 비롯하여 일용공업인 담배, 술, 통조림 등 食品工業과 印刷工業 등이 비교적 발

9) 『朝鮮族自治州槪況』, p.132

달하였다. 1980년 경방공업 총생산액은 5억 3,800만 元에 달해 공업 총생
산액의 51.1퍼센트를 차지했다. 製紙工業도 발달하여 있는데 開山屯과 石峴
의 제지공장이 유명하다.

연변지구의 식품공업 기업은 113개이며 이곳의 직공 수는 1980년 현재
5,500여 명, 식품공업 총생산액은 1억元에 달했다. 인쇄공업 중에서는 연변
新華 印刷工場이 가장 큰 규모로 7백여 명의 직공이 있다. 방직공업, 화학
공업, 임산종업, 채광공업, 전력공업(전 자치구에 24개의 소형 수력발전소가
있다)이 활발하다. 민족 특산품, 민족 신발공장, 민족 주단공장(七色緞 등
생산)이 활발히 가동 중에 있으며 1980년에는 112만 미터의 주단을 생산했
다. 渾春의 도자기공장은 연변 최대의 공장으로 5백여 명의 직원이 일하고
있고 1980년도에 27만개의 도자기를 생산했다.

機械工業

1980년 기계공업 기업은 291개로 공업기업 총수의 29.2퍼센트를 차지하
였다. 주로 농기계를 생산해 내는데, 1980년대에는 이곳에서 1,470여 대의
농기계를 생산하였다.

對外交易

연변지구의 대외교역은 백여 년의 역사를 가지고 있다. 1970년 전체 주의
대외무역 총액은 1,439만元이던 것이 1980년에는 3,679만元에 달했다. 대
외무역 상품은 주로 농작물, 토축산품, 방직, 경공업제품, 공예, 화공, 기계
설비 등의 제품과 산채, 인삼, 녹용 등의 토산품과 목재 등도 포함되고 있다.
수출상품은 1981년의 경우 120여 개 종목이다.

문화교육

교육을 중시하는 朝鮮族의 전통을 이어 1952년에 小學교육이, 1958년에는 中等교육이 보급되어 청장년층의 문맹이 일찍 해소된 민족지구의 하나이다. 1980년 현재 각급학교 학생수는 50만 6,700여 명으로 이는 전 자치주 총인구의 22.3퍼센트에 해당되는 수치이다. 또 이곳에는 종합대학인 延邊大學을 비롯하여 延邊醫學院, 延邊農學院, 延邊師範專科學校 등 4개의 대학이 있다.

延邊大學

1949년의 설립 시에는 文學部, 工學部, 醫學部, 農學部(1958년 의학부와 농학부는 연변의학원과 연변농학원으로 분리)를 두었으며 60여명의 교직원과 490명의 학생, 1천 평방미터의 校舍로 시작하였다. 졸업생은 5,130여 명이며, 1980년에는 朝鮮語文系, 中文系, 歷史系, 化學系, 物理系, 體育系 등 4년제 10개 과와 11개 전공과, 朝鮮問題硏究所 등이 있다. 1980년 현재 재학생이 1,480명(朝鮮族 學生이 65퍼센트), 교직원 836명(朝鮮族 77퍼센트), 교수-부교수 46명, 학교 건축면적 4만 1,400평방미터, 도서관의 장서는 42만여 권이다. 이곳 학생들은 북한과 소련, 일본 등지에 유학생으로 파견되고 있다.

延邊醫學院

전신은 1948년 10월에 건립한 연변의학전문학교로, 1949년 연변대학 의학부로 통합되어 1958년에 의학원으로 독립되었다. 1980년까지 4,070여 명의 의사를 배출하였으며 이중 고급 의료요원은 1,630여 명, 중급 의료요원은 2천여 명이다. 1980년 현재 이 학원에는 5년제 의학전문과와 4년제 약업전문, 6년제 일어 의학전문과 등이 있으며 양호사, 실험원 등을 양성하는 中專班이 부설되어 운영되고 있다. 전체 재학생은 877명(朝鮮族 39퍼센트)이며 교직원 473명(朝鮮族 69퍼센트), 교수－부교수 24명, 학교 건축면적 1만 9천 평방미터, 도서관의 장서는 15만권, 부설 병원의 건축면적은 2만 1천 평방미터이다.

延邊農學院

1949년부터 연변대학 농학부가 분리, 독립한 것으로 초기에는 農林, 獸醫의 두과가 있었으나 1962년 농학, 과소, 축목, 수의 등 4개 전문과가 설치되었다. 1980년, 4년제의 농학, 수의, 농기 등 3과와 농학, 과수, 축목, 수의, 농기 등 5개 전학으로 되었다. 재학생은 전부 799명(朝鮮族 43퍼센트), 교직원 633명(朝鮮族 89퍼센트), 교수－부교수 21명이다. 실습농지가 2,040평, 논 11만 7천 평, 밭 1만 8백 평과 과수원 등이 있다.

延邊師範專料學校

연변사범학교의 기초 위에 건립된 것으로 여기에는 中文, 政史, 外國語, 數學, 物理, 化學 등 3년 과정의 6개 과가 있는데 현재 206명의 교직원과 400여 명의 학생이 있다.

中等學校

1980년 현재 연변 제1사범학교, 연변 제2사범학교, 연변 漢語사범학교, 연변 예술학교, 연변 위생학교, 연변 재무학교, 연변 체육학교 등의 7개의 중등, 전업학교가 있으며 재학생은 2,461명, 교직원 797명이다.

普通中學校

1980년 현재 241군데가 있으며 재학생 19만 1,330명(高中學 학생 5만 3,910명), 교직원 만 3,980여 명이다. 1977년부터 1980까지 4,406명의

高中 졸업생이 大專院校에 진학하였는데 朝鮮族 학생이 60.46퍼센트를 차지하였다.

小學 및 幼兒敎育

적령아동의 소학교 입학률은 85퍼센트이나 朝鮮族의 경우는 95퍼센트, 1980년 현재 소학 1,300개, 재학생 27만 5천여 명, 교직원 만 3,300여 명이다. 이 밖에 주 내에는 두 군데의 聾啞學校도 있다. 1980년 현재 유아원 881군데, 1,743반이 있는데 이중 910개 반은 당지 소학교에 부설되어 있다. 보아원은 2,454명, 유아원 어린이는 3만 9,700여 명. 특히 화룡현은 전국 유아교육의 선진지구이다.

이 밖에도 1980년 현재 191개의 業余學校가 있으며 이중 5개 고등학교, 525개 중등기술학교, 277개 중학, 1,112개 소학 등이 있으며 전체 학생수는 7만 4,700여 명, 직원은 4천여 명이다. 2만 8천여 명의 농민들이 業余學習에 참가하고 있으며, 1980년의 경우 문맹퇴치반에만 2,800여 명이 학습하였다.

黎明農民大學

1958년에 건립된 제1 農民業余大學─黎明業余農民大學(교지는 연길현 東盛公社 내)이 1980년 12월에 연길현 黎明農民大學으로 승격했다. 교직원은 33명(朝鮮族 31명), 학생은 157명(朝鮮族 152명)이며, 농학과 축산 등 3년의 두 전문과정이 있다. 延吉市 職工業余大學은 1952년 설립된 延吉市 職工業余女學校가 1980년 12월에 발전된 것으로 공업기업자동화, 기계제조, 공예 등의 전문을 배우며 현재 학생은 170여 명이다. 이외에도 敦化 농업기술전과학교에는 3년 과정의 전과반과 1년 6개월의 단과반이 있다.

연구기관

延邊農業科學 研究所

1959년 11월에 창립되었으며, 직원 292명, 과학 연구인원 83명(朝鮮族 74명), 실험용 논과 밭이 2만 4천 평 있다. 이 연구소에서는 '延梗 6호'라고 하는 새로운 벼 품종을 개발했으며 이밖에 '延谷 2호', '延單 7호'(옥미종), '延農 5호'(대두종) 등을 개발하였다.

延邊 蠶業 科學研究所

1962년 설립되었으며 1980년 현재 79명의 직원이 있으며 그중 연구원은 14명(朝鮮族 10명)이다. 연변 林業과학연구소는 1973년 3월에 설립되어, 1980년 현재 직원은 58명이며 이중 연구원은 17명(朝鮮族 7명)이다.

延邊 機械研究所

1973년에 설립되었고 1980년 현재 직원은 55명(과학연구원 25명 중 21명이 朝鮮族)이다. 연변지진대는 1973년 설립되어 1980년 현재 11명의 직원(科技인원 8명 중 7명이 朝鮮族)이 있다. 이 밖에 연변 공업연구소, 경공업연구소, 축산연구소, 양봉과학실험소 등도 있다.

延邊 歷史 – 言語研究所

연변 조선어문연구회 주비회가 1957년 12월에 성립되어 이는 그 후 연변 조선어문 연구위원회, 연변 민족어문 역사연구회 등으로 발전되다가 1964년에 연변 역사–언어연구소로 정착되었다. 연구소 내에는 역사연구실과 語言연구실이 설치되어 있으며 역사연구실에서는 민족관계사, 지방사료 수집, 조선족간사, 조선족간지 등의 저작이 있다. 현재는 연구소 내에 역사연구실, 어언연구실, 사전편찬실 등이 있으며 「朝鮮語小詞典」도 발간하였다.

延邊 文學-藝術研究所

1979년 5월에 설립되어 朝鮮族의 문학과 예술을 연구하고 있다. 1980년에는「중국 조선족 문학개황」을 출간했다.

延邊 社會科學聯合會

1979년 7월에 설립되어, 철학, 정치, 경제, 과학사회주의, 조선어, 민족이론연구, 역사, 당사, 외국어, 법학, 교육, 회계, 통계, 인구 등15개 학회가 연합한 것이다. 1980년 현재 8백여 명의 회원을 갖고 있으며「文學槪論」「語言學槪論」 등을 발간했다.

新　聞

1920년대에 한문판「延邊日報」「吉東日報」 등이 발행되었으나 곧 정간되고, 그 뒤「間島日報」「間島新聞」「間島通訊」(주간),「間島協和報」 등의 간행물이 발행된 적이 있다. 1928년 초에는 龍井에서 한글과 중국어 2개 국어로 된「民聲報」가 간행되었으나 1931년 정간되었고 같은 해 8월에 이「民聲報」의 한문판에 근거한「延邊晨報」로 속간되었으나 1934년 12월에 다시 정간되었다.

1945년에 한문판「延邊民報」가 창간되었으며 1946년 5월에는「吉東日報」가, 같은 해 7월에는 朝-漢 兩文의「吉林日報」가 간행되었다.「吉林日報」는 1948년 4월 1일에「延邊日報」로 개칭되었으나 그후 한글신문인「團結時報」「人民新報」(후에「民主日報」로 개칭)를 합병하여 1949년 4월 1일 연길시에서 조선어「東北朝鮮民報」를 창간하였다.

1955년에「東北朝鮮民報」는「延邊日報」로 개칭되었다가 1958년 1월 1일부터는 격일간「延邊日報」(4×4판)로 이름이 바뀠다. 문화혁명이 시작되던

1967년 「延邊日報」는 한때 「新華社電訊」으로 개칭되었으나 1968년 8월에 「延邊日報」로 다시 회복되어 한글판 4판, 한문판 4판의 일간으로 발전됐다.

「延邊日報」는 1980년 현재 직원이 338명(인쇄공 포함)이며 이 가운데 편집인원은 168명(朝鮮族 61.3퍼센트) 통신원은 약 1,300여 명이 있다. 매일 120편의 원고가 도착되며 하루 평균 신문에 수록하는 원고의 양은 한글판의 경우 5만 단어 가까이가 된다.

자치주는 이 밖에도 1957년 한글판 「少年兒童報」를 창간, 매월 6~7천의 발행부수를 유지하다가 문혁기간 폐쇄되었다. 1980년 9월에 복간되어 지금의 발행부수는 4만 7천여 부이다.

放　送

일제 때 연길시에는 延吉放送局이라는 일본 방송국이 있어 50여 명의 직원을 두고 있었다. 그러다가 혁명 후 1949년 延邊人民放送局이 생겼고, 1956년에 延邊人民放送局에 중국어방송, 한글방송이 동시에 이루어졌다. 1969년 4월부터는 한글과 중국어가 별도로 방송이 되었으나 1974년부터 한글방송은 吉林人民放送局의 조선어 방송프로에서 맡아 매주 3차에 걸쳐 全省의 소식을 한글로 방송하고 있다.

出　版

1947년 7월 3일 연길시가 延邊教育出版社를 건립하여 교과서를 비롯한 각종 서적을 간행하여 왔으며 1952년에는 이 출판사를 教育出版社와 人民出版社로 분리시켰다.

1947년부터 1980년까지의 30여 년 동안 敎育出版社와 人民出版社가 간행한 서적은 각각 8,225종, 1억 3,833만여 권이다. 1980년에만 301종, 545만권을 출판했고 이중 한글로 된 서적이 97퍼센트를 차지하여 총 출판부수의 93.7퍼센트를 차지하고 있다. 이들 두 출판사의 종업원은 1980년 현재 236명이며 이중 편집 종사원은 130명, 25년 이상 편집업무에 종사한 사람이 총 편집인원의 70퍼센트를 차지하고 있다.

병 원

연변에서 가장 대규모의 병원은 延邊醫學院부속의원인 延邊醫院(1948년 건립)으로 855명의 직원(朝鮮族 61.7퍼센트), 건축면적 2만 1천 평방미터, 병상 560개, 개설과목은 內科, 外科, 骨科, 腫瘤科, 마취과 등 50여 개이며 하루 평균 진료인원은 1,900여 명이다.

延邊精神病院은 1956년 8월에 건립되어 193명의 직원(朝鮮族 74.3퍼센트), 건축면적 2,200평방미터, 9개과에 2백여 개의 병상이 있다.

이밖에 농촌의료기구가 1980년 현재 318개(전 자치주 의료-위생기구 총수의 44.5퍼센트), 병상 수 3,528개(전 자치주의 47.2퍼센트)이다. 자치주의 의원과 위생기구는 714개, 의원은 150군데, 병상 수는 7,460개 정도이다.[10]

---

10) 『延邊朝鮮族自治州槪況』, 延邊人民出版社 1983

제 10 장
중국의 민족분쟁지역 분석

1. 신강 위구르의 민족분규
2. 티베트 문제
3. 몽골문제

10 중국의 민족분쟁지역 분석

개혁 개방기를 맞아 새롭게 전개되고 있는 중국의 문제갈등의 중에서도, 여기서는 新疆, 티베트, 蒙古 지방 민족분쟁의 내용분석에 초점을 맞췄다.

1. 신강 위구르의 민족분규

중국의 가장 서북부에 위치하고 있는 신강 위구르자치구는 중국에서도 가장 첨예한 민족분쟁을 계속하고 있는 분쟁지역의 하나다. 이곳의 민족문제는 만주족이 건립한 淸朝가 당초 터키계 무슬림들의 거주지였던 이 지역을 자기들의 정치적 영역으로 편입시킨 것으로부터 시작된다. 그러나 먼 역사적 기원을 가지고 있는 신강 위구르자치구를 중국에서 분리, 이른바 '동투르키스탄공화국'의 새로운 구축을 둘러싼 '민족반란'이 본격화되고 있는 것은 1990년대에 들어와서다.

중국의 대표적 터키계 무슬림들로는 위구르족, 카자흐족, 키르키스족, 우즈

벡족, 타탈족 등이 있으며, 1990년의 인구조사에서는 이들은 각각 7백20만,
1백11만, 14만, 1.5만, 0.5만을 헤아리고 있다. 그러나 이들 민족집단 중에
서 중국으로부터의 분리-독립을 분명히 하고 있는 것은 신강 위구르족이 대표
적이다. 위구르족이 인구의 다수를 차지하고 있는 新疆위구르자치구는 중국
서북부에 위치, 총면적은 중국 전체면적의 17%인 165만 제곱킬로미터로, 5
천6백 킬로미터의 국경선을 가지고, 몽골, 러시아, 카자흐스탄, 키르키스, 타
직, 아프가니스탄, 파키스탄, 인도 등 8개국과 국경선을 접하고 있다.[1]

1991년 말, 소연방이 붕괴이후 독립한 카자흐스탄, 키르키스스탄, 우즈베
키스탄 등 중앙아시아 국가들은 신강 위구르족과 같은 터키계 이슬람민족들
이 주도권을 장악하고 있는 지역이기 때문에 인접 동일민족세력들과의 연대
는 위구르족들의 독립기운을 더욱 부채질하게 하는 배경이기도 하다. 그리고
국경을 접하고 있지는 않지만 우즈베키스탄의 수도 타스켄트가 중앙아시아
이슬람들의 중심지이며 신강 위구르족에 있어서는 메카에 이은 제2의 성지로
인식되는 곳이기 때문에 이곳이 소련 붕괴로 더욱 가까워진 것도 신강 위구
르인들의 독립기운을 높이는 데 크게 작용하고 있다.[2]

신강 위구르자치구는 긴 국경선을 가지고 있으며, 이곳을 통한 빈번한 중
앙아시아제국과의 무역은 단순한 상행위의 장소에서만 아니라, 사실상 양 지
역 사이의 인적 왕래와 정보교환의 파이프역할도 하고 있다. 이전부터 위구
르인들은 '가맹국'의 지위를 가지고 있던 소연방의 중앙아시아 각국들을 그들
민족국가 건설의 모델로 삼아왔다. 과거 모택동이 '신강 사람들의 생활을 개
선, 소련 사람들의 생활과 같은 수준으로 할 뿐 아니라, 그것을 상회하지 않
으면 안 된다'고 말한 것은 신강 위구르자치구와 소련령 중앙아시아제국들과

---

1) 『外交時報』, 1997년6월호, (外交時報社)
2) 龔學增, 胡岩編著, 『民族問題與宗敎問題講座』, (中共中央黨校出版社, 1994), 3면

의 경제적 격차를 축소, 위구르인의 중앙아시아에 대한 의존심을 약화시키는 것을 염두에 둔 말이다.

중국당국은 소련 해체에 따른 인근 이슬람국가들의 독립이 자국내 이슬람 민족지구에 영향을 미치는 것을 극도로 경계했음에도 불구하고 1992-93년에 걸쳐 위구르족을 중심으로 한 터키계 무슬림들에 의한 폭동을 비롯하여, 무차별 폭탄테러 사건이 연이어 발생했다. 1996년 5월 12일에도 카슈칼에서 위구르인 신강정치협상회의 부주석이 모스크바에 가는 도중에 같은 위구르인 민족 독립파 3인의 습격을 받아 중상을 입는 등의 사건이 있었고, 1997년2월 5일에서 6일 양일간에는 동 지구의 伊寧(쿠르자)에서 위구르인들에 의한 대규모 민족폭동이 일어나 많은 희생자를 냈다. 이 중에서 특히 앞의 사건은 피습된 부주석이 신강 위구르자치구 최대의 모스크 지도자이며, 범인이 위구르인 농민의 제보에 의해 체포 총살당하는 주목할 만한 사건이었다.[3] 왜 위구르 민족 독립파가 같은 민족지도자의 암살을 시도, 또 같은 민족인 농민이 이들의 추적에 협력한 것인가. 여기에 지금의 위구르사태의 복잡성이 있다.[4]

위의 두 사건이 카슈칼과 쿠르자에서 일어난 것은 결코 우연한 일이 아니다. 이 양 지방은 1930, 40년대 이 지역에서 일어났던 위구르인들의 민족독립운동이었던 이른바 '동투르키스탄독립운동'과 직접적인 연관성을 가진 지역이기 때문이다. 카슈칼은 1933년11월 '코란 엄수', '중국지배의 타도'를 기치를 내걸고 '동투르키스탄 이슬람 공화국'을 수립한 이른바 '제1차 동투르키스탄독립운동'[5]의 중심지였다. 그리고 쿠루자는 1940년대에 소련의 지지를 얻

---

3) 『人民日報』, 1996년8월1일자
4) 王柯, "ウイグル人の 獨立運動とは"『中央公論』, 1997년5월호
5) 원래 위구르어에는 '동투르키스탄'이라는 말은 없었다. 이 말은 1930년대, 당시의 중국 신강성 남부 위구르인지역에서 민족독립운동이 일어났을 때 터키계 이슬람 주민, 특히 위구르인들에 의해 중국으로부터의 독립운동의 심벌로서 생겨났다. 현

은 위구르 지식인들과 일부 우즈베키스탄인, 타랑 지식인들에 의해 시작된 '제2차 동투르키스탄독립운동'의 중심지다. 특히 1944년 1월 7일에는 소련군의 지원을 얻은 '쿠루자 봉기'에 의해, '동투르키스탄공화국'이 수립되고 그 지배지역을 이리, 달바카타이, 알타이 등으로 확대하면서 존속했던 2년간 쿠루자가 이의 수도였다.

1949년의 중화인민공화국 수립 후에도 이 지역에서의 위구르인 독립운동은 이어졌다. 쿠루자 주변에서는 1962년 4월 이리, 구루바카다이 등의 이스람계 주민 6만 명 이상이 가축과 재산을 가지고 소련으로 망명했으며('이리사건'), 카슈칼과 그 주변지역에서도 1972년 '미짓티 사건', 81년의 '燎原黨事件', '10·30사건', 그리고 90년의 '빠린사건' 등 민족독립운동이 다발했다.

신강 위구르자치구에서의 민족분리운동은 일반적으로 이를 '동투르키스탄독립운동'으로 부르고 있다. 투르키스탄이란 '터키계 사람들의 땅'이나, '동투르키스탄'이란 본래 위구르어는 아니었다. 19세기 말 영국인의 저작에서 사용한 'Eastern Turkestan'도 신강 전체를 지칭한 것은 아니었다. 1933년11월에 신강 남부의 카슈칼에서 '동투르키스탄 이슬람공화국'이 수립된 것을 계기로, '동투르키스탄'은 민족적으로도 지리적으로도 중국으로부터 독립의 심벌로서 위구르어에 정착했다. 33년의 제1차 독립운동기를 거쳐 44년의 제2차 운동기를 맞아, 동년 11월에 이링 시내에서 '동투르키스탄공화국'이 수립된다.[6]

역대의 동투르키스탄 독립 운동을 보면, 그 기본적 주체는 위구르족이며, 그 운동은 우라마(이슬람학자, 종교 지도자)를 비롯한 지식인들에 의해 지도돼, 이슬람의 지하드(성전)를 통해서 민중을 동원하는 등의 행동특징을 가진

재 중국에서는 '동투르키스탄'이라는 말은 당국에 금지되고 있다.
6) 王柯, 『東トルキスタン共和國研究』, (東京大學出版會, 1995) 참조

다. 그리고 운동의 목표는 기본적으로 중국으로부터의 독립을 달성, 독자의
민족국가를 형성하는 것이다.

  이렇듯 과거에는 물론 현재도 이들 양 지역이 특히 위구르인 독립운동의
활발한 거점이 되고 있는 것은 위구르인의 주민이 압도적 다수를 차지하고
있다는 사실과 밀접히 연관되어 있음은 두말할 나위도 없다. 1955년에 성립
한 신강 위구르자치구는 단일의 위구르인에 의한 자치구가 아니라, 터키계
이슬람 민족의 카자흐인, 키르키스인, 우즈베크인, 타탈인, 이란계 타직인,
그리고 몽골인, 회족, 한족, 만주족 등 13개 민족이 공존하고 있는 복합민족
지구의 하나다. 그러나 이러한 복합민족들의 공존지구이기는 하나 특히 위의
두 개 시는 이 자치구 가운데서도 유독 위구르계 인구가 많은 지역이다.

* 신강 위구르자치구 인구 구성

	자 치 구
총 인 구	16,327,775
한 족	6,164,884
위구르인	7,697,311
카자흐인	1,217,026
키르키스인	156,163
몽 골 인	151,976
회 족	740,388
기 타	199,349

출처: 〈新疆年鑑〉(1995년), 중앙공론, 43면

  동투르키스탄 독립운동은 어디까지나 위구르인들이 주체다. 120만 명을 상
회하는 신강 위구르자치구 카자흐인은 거의 이 운동에 동참하지 않고 않다.
중국 국외에 있는 위구르자치구 민족독립조직에도 위구르인 이외의 민족, 특
히 카자흐인, 키르키스인은 거의 참가하지 않고 있다. 동트루키스탄 독립운동

은 위구르인들에 의해 지탱되고 있으며, 이 중에서도 특히 인구의 대다수를 위구르인들이 점유하고 있는 쿠루쟈자와 카슈칼이 그 중심지다.

위구르족은 중국 최대의 터키계 민족집단이며, 선조는 몽골 고원의 回紇, 回鶻 등으로 소급한다. 840년에 回鶻 汗國이 괴멸하고부터 그 일부는 오늘날의 신강남부 지역에 정주, 카라한조 시대(9세기-1212), 차카타이한국 시대(1246-1514), 얄칸드 한 시대(1514-1684), 준갈한국 통치시대(1684-1759)를 거쳐, 乾隆帝의 준갈한국 정북전쟁에 의해 1760년대부터 청조의 지배 아래 들어갔다. 청조는 만주족에 의해 건설된 왕조나, 건륭제는 이 토지를 '신강'으로 이름 붙여, 자기들이 중국에 새로운 영토를 가져왔다고 자만하는 한편, 중국의 한민족을 견제하기 위해, 위구르족을 만주족의 정치적 맹우로 올려 세웠다. 즉 위구르사회를 위구르족의 유력자를 통해서 위구르사회를 직접 관리하는 통치제도를 도입, 문화, 경제의 각 측면에서 한족과의 민족적 거리를 철저히 했다. 그 때문에 위구르족의 중국인 의식, 중국국가의식은 거의 없었다. 그것은 오늘날의 민족분리운동의 먼 원인으로 작용했다. 중화민국시대(1912-49)에 楊增新, 金樹仁 등 한족군벌들에 의한 신강 지배 과정에서 민족차별이 극심했다. 일부의 위구르 지식인들은 지체된 자민족의 민족의식을 고양시키기 위해 신문화운동을 일으켜, 내셔널리즘을 고양시키기도 했으며, 바로 이것이 1930년대의 '동투르크스탄독립운동'이 일어나는 가까운 원인으로 작용했다.7)

위구르지구 민족 소요의 또 하나의 배경은 빈곤문제와 연결되어 있다. 신강 위구르자치구는 전반적으로도 빈곤 지대이나, 특히 위구르지역의 빈곤상은 대단하다. 최근 공산당중앙이 낙후된 지방을 경제적으로 풍부하게 만듦으

---

7) 王柯, "經濟統合と民族分離の相剋", 佐佐木信彰 編, 『現代中國の民族と經濟』, (世界思想社, 2001), pp. 249-251

로써 민족분열과 독립 움직임을 해소하려는 정책의지와 적극적인 개발정책에 힘입어 신강 위구르자치구의 식량 생산은 연속적으로 증가되어 위구르 농민들이 빈곤으로부터 탈출했다고 하는 보도가 있기는 하나 여전히 이곳의 낙후성의 정도는 크다.[8]

이 지역의 대부분이 사막지대기 때문에, 실제로 농업, 공업, 건설용지로써 이용할 수 있는 것은 겨우 38.4%이고, 그 가운데 농업면적은 총면적의 2.21%에 지나지 않아 원천적인 빈곤상태를 벗어나기는 어렵다. 특히 위구르인들이 집중되어 있는 신강 위구르자치구 남부는 농민 1인당 농지 점유면적이 적고, 그것도 매년 감소하는 경향이 있다. 그러나 1996년 현재 이 지구는 100만 이상의 농업노동력이 있는데, 국가의 통제력이 약한 농촌지역에 대량의 잉여 노동력의 발생은 말할 것도 없이 이 지구 사회안정을 위해 커다란 위협이다.

신강 위구르자치구는 공업기반이 약하고, 가공기술을 가지고 있지 않기 때문에, 중국 내지에서 판매하는 상품의 80%이상이 광물자원이나 농산물 등 제1차 생산품이다. 그러나 현재 세계경제시스템에서는 자연자원이나 원재료의 채취에 의존하는 경제는 아주 불안정하다. 예컨대, 원류 1톤 가격은 중국 국내시장에서 1,000元전후이며, 국제시장에서는 1,156원이나, 신강 위구르자치구에서 중국 내지에 운반할 경우는 국가 가격에 따라 216엔밖에 되지 않고, 제1차 상품의 판매에서도 공평성을 잃고 있다는 지적이 있다. 일부 위구르인들이 '신강의 자원이 중국 내지에 약탈되고 있다'는 것은 이런 이유와도 관련되어 있다.[9]

신강의 민족분규는 또 이 지구의 산업개발을 위해 파견된 漢族 노동자들과의 관계에서도 생성되고 있다. 1954년에 '建設新疆, 保衛邊疆'을 슬로건으로

---

8) 『人民日報』, 해외판, 1997 / 2 / 10일자
9) 『續西發, 新疆大學學報』, 1992년 제2기

'新疆生産建設兵團'이 조직된 이후 1990년대 전반까지 40여 년간 건설단은 저수량 30억 제곱미터가 넘는 댐을 112개나 건설했다. 그런데 이 댐을 건설하는 과정에서 이곳에는 많은 한족인구가 모여들었고, 또 댐의 토지와 수자원에 대한 권리를 주장하는 위구르 농민들과 건설단과의 대립이 이어져 왔다. 건설단 인원은 거의 중국 내지에서 온 漢民族으로, 독자적인 행정, 경제, 문화교육, 사회복지의 체계를 형성해오면서 현지의 주력민족 집단인 위구르인들과는 일정한 거리를 두고 민족적 차별의식을 확산시켜 왔고 이것이 현지의 민족분규를 내연시키는 또 하나의 배경으로 자리하였다.10)

구체적으로 현재의 위구르인들이 견지하고 있는 민족주의적 경향은 다양하며, 이 중에는 극단적인 민족분리나 독립운동보다는 민족구역자치제도11)의 완전한 실시를 비롯한 온건한 민족주의노선을 지지하는 사람들도 많다.12) 결국 상당수의 위구르인은 민족독립운동에 참가하는 것보다 오히려 민족자치의 틀 안에서 민족적 권리 확대를 요구하는 현실적인 길을 선택하고 있기도 한 것이다. 카슈칼에서 일어난, 우라마에 대한 암살 미수사건은 이러한 온건한 민족주의적 경향에 대한 극단적인 민족 독립파들의 반발이라고 볼 수 있다. 최근 쿠루자에서 일어난 위구르인들에 의한 민족폭동도 같은 맥락에서 해석할 수 있다.

---

10) 王柯, 앞의 책, 49면
11) '民族自治'는 '民族自決'과 비교할 때 '독립'을 부정하는 의미를 가진다. 중국공산당은 당초, 외몽골 독립문제에서 소련의 영향을 받아서 '민족자결', 즉 각 민족에 독립의 권리를 부여하고 있었으나 그 후 중일전쟁이 시작되자, 중국의 영토상실의 위기의식이 고조되고 또 코민테른 해산에 의해 소련의 영향력도 엷어져 1938년 중국공산당이 기존의 '민족자결'의 원칙을 '민족자치'로 변경시켜, 각 민족들에게 '團結, 抗日'을 호소하기에 이르렀다. 제2차대전 직후 정치적 공백기에 내몽골에서는 민족독립과 외몽골와의 병합 움직임이 있었으나, 중국공산당은 소련의 동의 아래 각 정치세력을 통합하여, 1947년에 내몽골자치구를 설립시켰다. 이것이 오늘날의 중국민족구역자치정책의 원형이 되었다.
12) 西林, 『新疆大學學報』, 1996년 제2기

신강 위구르자치구 민족문제 격화의 또 하나의 배경은 인근 동일민족세력들과의 연계성이다. 최근 중앙아시아의 위구르인 독립운동조직 '민족연합혁명전선'(National United Revolutionary Front)은 1996년 12월에 우르무치에서 일어난 버스 폭발사건에 대해 자신들이 했다고 발표했다. 또 터키에 있는 위구르인 독립파 조직인 '투르키스탄 자유조직'(Organization for Turkistan Freedom)은 1997년 3월 7일 북경시 번화가 西單에서 발생한 폭탄테러사건은 자신들이 했다고 발표했다. 중국 국외에 복수의 위구르인 독립파의 조직이 있다는 것은 확실하다. 최근의 위구르인 독립파에 의한 일련의 사건에 의해 많은 중국인들은 점점 민족문제에 관한 위기감을 가지게 되었으며 이에 따라 이러한 사태의 근원적인 해결책의 하나로 중국의 지도부는 이 지역과 민족적인 연계성을 크게 가지고 있는 대 중앙아시아 외교에 힘써왔다.

구소련 중앙아시아의 주요 민족은 신강 위구르자치구의 위구르인과 같은 터키계 무슬림들이다. 신강 위구르인들의 민족분규의 확산에는 중앙아시아의 영향이 있음은 틀림없다. 실제 중국 정부는 중앙아시아를 활동거점으로 하는 '동투르키스탄 독립', '위구르스탄 독립'을 호소하는 위구르인의 독립운동 조직을 견제키 위해 최근 적극적인 중앙아시아 외교를 전개해 왔다.

1994년 7월 李鵬총리는 카자흐스탄, 키르키스스탄, 우즈베키스탄, 투르크메니스탄 4개국을 방문, 선린우호와 평화공존의 견지, 호혜협력, 타국의 내정 불간섭, 독립주권 존중, 지역안정의 촉진' 등을 내용으로 하는 기본정책을 발표, 이후 중앙아시아제국과 중국 정부 지도자가 수차례의 상호간의 방문외교를 통하여 우호관계 강화를 위해 애써왔다. 그리고 1996년 4월에는 카자흐스탄, 키르키스스탄, 타직스탄과 러시아의 대통령이 중국 上海에 모여, 중국과 '변경지대에서의 군사영역의 상호신임의 강화에 관한 협정'에 조인하고 '보다 좋은 이웃, 보다 좋은 벗, 좋은 사이'인 것을 세계에 과시했다. 7월에는 江澤民이 카자흐스탄, 키르키스스탄, 우즈베키스탄을 방문, 상대국과의 공동 코뮤니케에서는 '양국은 어떤 형태의 민족분열에도 반대, 어떤 조직이나 세력이 자국에서 상대의 분열활동을 행하는 것을 허용치 않는다'고 하는 원칙이 재삼 천명되기도 했다. 특히 인접하고 있지 않는 우즈베키스탄을 강택민, 이붕 두 사람이 일부러 방문한 것은 우즈베키스탄이 중앙아시아 이슬람의 중심이며, 위구르인에 있어서는 타슈켄트가 제2의 종교적 성지인 것을 배려한 것으로, 신강 위구르자치구의 민족문제가 확실히 중국의 중앙아시아외교의 목적이라고 하는 것을 나타내고 있다.

1997년 2월 중순에서 3월 중순까지 열린 중국 제8차 전국인민대표대회 제5차 회의의 회기 중에 강택민을 비롯한 중국 지도자들은 모두 소수민족대표를 찾아, 또 각 민족대표를 초청 이례적인 회견을 통해, 소수민족지역에서의 사회의 안정의 중요성을 역설하기도 했다. 금후 중국은 경제개발을 촉진해 가면서, 중앙아시아제국과의 연대도 한층 강화하여 민족독립운동의 해결에 전력을 다할 것이 충분히 예상된다.

위구르인은 티베트에서의 달라이라마와 같은 카리스마를 가진 종교지도자를 가지고 있지 못하다. 그 때문에 중국 국외에 있는 위구르인 독립파도 다양하며, 통합되어 있지 못하다. 그러나 위구르인은 이슬람이라는, 국경을 초월한 종교가 있으며, 또 중앙아시아제국과 같은 터키계 이슬람 민족국가의 모델도 존재한다. 위구르인 독립파에 의한 독립지향이라고 하는 것은 그렇게 간단히 없어질 수 없는 있는 것으로는 생각지 않는다. 신강 위구르자치구에 언제 조용한 날이 돌아올지는 전혀 알 수 없는 상황이다.13)

---

13) 같은 책, 51면

2. 티베트 문제

티베트는 1950년 중국공산당 인민해방군에 의해 점령당할 때까지 한 번도 중국의 영토가 된 적도, 또 중국인들에게 지배당한 적도 없었다. 그러나 그럼에도 불구하고 중화인민공화국 정부는 일관하여 티베트는 중국 고유 영토의 일부이며, 티베트인은[14] 중국의 한 지방에 사는 소수민족이라는 주장을 계속해오면서 티베트인들과의 갈등을 만들어오고 있다.

티베트 독립의 역사는 티베트 고원의 통일 때부터이며, 이때의 티베트란 현재의 중화인민공화국의 西藏自治區만을 지칭하는 것이 아니다. 지금의 西藏自治區는 원래의 티베트 가운데 중앙티베트, 서티베트, 서북티베트다. 당초의 티베트는 지금 중국 青海省에 포함되어 있는 동북 티베트(암도), 四川省의 서반부의 동 티베트(감) 등을 포함한 보다 넓은 지역이다.

당시 티베트는 당, 아랍과 함께 중앙아시아의 패권을 다퉈왔다. 그러나 9세기 중반 달마 왕이 살해되어 티베트제국이 와해되고 나서는 두 번 다시 정치적 통일이 이뤄지지 않았다. 11세기에 들어, 지방의 제후들이 각각 불교사원을 경영하면서 사람들을 모집하여 교단 재산을 관리하는 것이 성행했다. 이렇게 하여 티베트인들은 중앙정부가 없는 체로 불교 신앙에 의해 연대하는 특이한 종교집단이 되었던 것이다.

13세기 몽골제국이 성립되면서 티베트도 그 일부가 되었다. 몽골제국은 칭

---

[14] 티베트고원지방에 살면서 티베트어를 사용하고 티베트불교 및 티베트 토착종교인 폰교를 신앙하고 있는 민족을 총칭하여 티베트인이라고 부른다. 중국에서는 藏族이라고 부르고 있다.

기즈칸 일족들이 수립한 여러 왕가의 연합체였다. 그 가운데서도 칭기즈칸의 손자 후비라이 칸이 건립한 왕가가 元이였다. 元의 본거지는 몽골고원으로 중국은 그 식민지의 하나에 지나지 않았고, 지금의 북경은 황제의 避寒地였고, 元제국 전체의 수도는 아니었다. 元은 중국인의 왕조가 아니었을 뿐 아니라, 몽골인이 중국에 들어와 건립한 왕조 또한 아니었다. 때문에 원조를 '티베트에 대한 주권을 행사'한 "중국의 중앙 정부'"로 보는 것은 불가능하다.

14세기 원조가 몽골 고원에 철수하고 중국에는 중국인의 명조가 성립하였으나, 明朝는 元朝와는 달리, 지배권을 중국에 국한했기 때문에 물론 티베트는 여기에 포함되지 않았다. 元朝의 후예인 몽골인들은 몽골 고원에서 독립을 유지하고 있었으나, 17세기에 滿洲人들이 발흥하여 그들을 복종시키면서 칭기즈칸으로부터 계승된 지배권을 이어 淸朝를 건립하고 후에 중국을 정복했다. 따라서 청조는 만주인들의 제국이며, 중국은 그 식민지의 하나에 지나지 않았다. 북경은 황제의 겨울 수도로, 여름의 수도는 몽골 고원의 承德이었다. 때문에 淸도 元과 같이 중국을 제국의 일부로 지배한 왕조이기는 하나 '중국의 중앙정부'로는 부르지 않는다.15)

청조는 18세기 티베트를 정복했으나, 이곳은 티베트인의 자치에 맡겼고 게르쿠파 불교의 교주 달라이라마가 지도하는 자치정부를 조직시켰다. 청은 황제의 대표인 만주인과 소수의 호위병을 라사에 주재시켰을 뿐 직접적으로 중국인이 티베트 통치에 관여한 일은 없었다. 청은 이곳의 티베트 불교를 보호했고, 티베트인들은 이런 관대한 종교정책을 쓰던 청을 인정했다.

1911년 신해혁명이 일어나자 그동안 청의 지배를 받아오던 몽골인과 티베

---

15) 山內昌之 編, 『21世紀の民族と國家』, (日本經濟新聞社, 1993), 178-180면

트인들이 독립을 선언, 몽골인은 러시아, 티베트인은 영국의 후원을 요청했다. 중국에 성립한 중화민국은 청조의 전 영토를 계승할 권리를 일방적으로 주장했으나, 16) 몽골인도 티베트인도 그때까지 중국인에 지배당한 일이 없었기에, 중국의 주권을 승인할 리 없었다.

1912년의 청조의 붕괴로, 티베트는 중국의 영향력(군대와 관리 등)을 이 지역에서 추방하는 기회를 가졌다. 이때부터 1951년까지 티베트는 사실상 독립국가였다. 티베트는 이 사이 모든 정부기능을 중국이나 다른 나라의 간섭 없이 스스로의 손으로 운영했다. 그러나 이때도 그들의 국제적인 지위는 불안성을 완전히 청산치는 못했다. 중국은 티베트가 자국 영토의 일부라는 주장을 계속했고, 영미를 포함한 서방제국이 티베트의 독립 승인을 거부한 것은 중국의 주장을 추인했기 때문이다.

1949년 중화인민공화국이 탄생하자, 티베트의 독립 상태는 종말을 가져왔다. 티베트가 중국의 일부라고 주장하는 점에서는 중국 공산당정부도 과거의 장개석 정권과 같았으나, 공산당 정부는 국민당 정부와 달리 자기들의 견해를 강압하는 군사력을 가지고 있었던 것이다. 중국은 티베트에 단순한 점령 이상의 것, 결국 달라이라마와 그의 정부가 중국과의 '재통합'에 정식 합의하도록 요구했다. 티베트가 이를 거부하자, 중공 정부는 1950년10월 티베트 동부를 점령했다. 중공에 점령당한 티베트는 외국에 대해 널리 도움을 요청했으나 티베트의 지원 요청에 대해 인근 국가들은 물론 미국을 비롯한 서구, 심지어는 유엔까지도 적극적으로 호응치 않았다.

---

16) 중화인민공화국의 입장은 몽골인도 만주인도 '중화민족'의 일부이며, 따라서 元도 清도 '중국의 중앙정부'이며, 때문에 그들이 주권을 행사한 티베트는 중국의 고유영토이라고 하는 입장이다.

이 때문에 달라이라마는 할 수 없이 북경에 교섭단을 파견했다. 이렇게 하여 티베트 측은 1951년 5월에, 티베트의 평화적 해방에 관한 17개조의 합의에 서명하지 않을 수 없었다. 이 합의로 티베트는 공식적으로는 역사상 처음으로 티베트에서의 중국의 주장을 인정하게 되었다. 그러나 이 합의에서는 적어도 티베트 국민과 지도자가 개혁을 원할 때까지는 달라이라마 정부가 티베트를 통치할 권리를 인정하고 있었다. 그러나 17개조의 합의는 결국 실행 곤란했다. 8년간의 공존 후, 티베트에서 반중 반란이 일어났다. CIA의 원조에도 불구하고 반란은 즉시 진압되어, 달라이라마는 1959년 8만여 명의 추종자들과 함께 인도로 망명, 그곳에서 티베트 망명정부를17) 세웠다. 중국은 이곳에서 봉건제와 농노제를 폐지, 농목지에 집단농장체제를 도입했다. 거대한 승원 시스템도 해체, 문화대혁명기에는 모든 종교활동이 금지되었다.18)

중국 공산당의 티베트 정책은 민족문화의 철저한 파괴, 티베트어의 사용 근절, 중국인화하지 않는 티베트인들을 철저히 차별하는 방법으로 이곳을 완전히 중국의 일부, 중국인의 거주지화하려는 것이었다. 중국의 이곳에서의 민족탄압 정책은 극심해 심지어 티베트 여성에게는 강제적인 불임 수술을 하게 함으로써 티베트 인구의 증가를 원천적으로 봉쇄하려고도 했다. 이 잔혹한 통치방법은 1978년 이래 등소평이 중국의 최고 권력자가 된 이후에도 별다르게 변화된 것이 없었다.19)

---

17) 1959년 라사에서의 민족반란 직후, 중국이 티베트지방정부의 해산을 명한 직후, 달라이라마14세가 망명지 인도에서 수립한 망명정부. 그러나 이 정부는 인도를 비롯한 어떤 나라로부터도 공식적인 승인을 받지 못했다. 현재는 북인도 히마찰 프라티슈주의 Dharamsala에 있으며 티베트난민들의 정착과 문화의 보전에 노력하는 한편 워싱턴, 주네브 등 해외 7개소에 사무소를 열고 국제연합과 여러 외국에 대해 티베트문제를 호소하고 있다.
18) Melvyn C. Goldstein, "The Dalai Lama's Dilemma", *Foreign Affairs*, Jan-Feb, 1998
19) 山內昌之, 위의 책, 180-182면

1978년 鄧小平이 권력을 잡자, 티베트문제 해결을 위해 새로운 노선을 내걸었다. 등소평은 달라이라마에 조사단을 티베트에 파견하도록 요청함과 동시에 완전한 독립만을 제외한 모든 문제는 함께 논의하여 해결하자고 제의했다. 이에 대해 달라이라마는 1979년부터 80년에 걸쳐 3차례 조사단을 파견했다. 그러나 중국 측의 기대에 반해서 조사단 일행이 현지에서 본 것은 냉엄한 현실과 뿌리 깊은 티베트 민족주의 감정이었다.

티베트에 대한 회유정책은 민족정책과 경제정책의 두 가지를 중심으로 했다. 민족정책은 불교사원의 재개, 새로운 승려의 육성, 티베트어 인쇄물의 배포 인정, 현지의 중국인 간부들을 대거 티베트인으로 교체하는 등의 조치를 통해서 티베트 문화와 종교 활성화를 조장하는 것으로, 궁극적으로는 1965년에 창설된 티베트자치구의 전반적인 성격을 보다 티베트화하는 것에 목적을 두고 있었다. 또 경제적 유화책으로는 티베트 경제를 성장시키기 위해서 세금의 일시적인 면제, 시장가격 이하로 상품가격 인하, 인프라 정비 등의 조치를 도입, 티베트인의 생활수준을 급속하게 향상시키는 것을 목적으로 하였다.

이러한 회유적 분위기 조성에도 불구하고 티베트문제에 대한 양측의 입장은 타협점을 찾지 못했다. 1980년대 들어 국제적인 반중 캠페인에 힘을 쏟던 달라이라마는, 티베트는 티베트 및 티베트인에 관해서 모든 사항을 결정할 권리를 가져야 하며, 외교는 중국이 책임주체가 되나, 통상, 스포츠, 교육과 같은 비정치적 분야에서는 티베트가 독자적인 외교관계를 유지해야 한다고 주장하고 있다. 이러한 주장은 티베트의 독립까지는 요구하지는 않았으나, 중국에서 허용한 한정적 자치의 범위를 대폭적으로 벗어난 것이다.

1980년대 말부터 라사를 중심으로 빈발했던 티베트인들의 폭동을 계기로 북경정부는 티베트의 급속한 경제발전과 티베트의 문화개방을 통해 질적인 변화를 만들어 내려는 우회적인 정책에 착수했다. 실제로 북경정부는 티베트 측의 반발에도 불구하고 티베트의 경제발전을 위해 많은 자금을 이곳에 투입했다. 이곳의 경제발전을 위해 중앙정부에서 투입된 대규모 정부자금에 눈독을 들여 비 티베트계 漢族 기업가와 노동자들이 대량으로 이곳으로 유입되었고, 그 결과 티베트와 중국과의 경제적 통합은 촉진되었다. 이곳의 비 티베트계 사람들의 분명한 목표는 티베트에서의 영주가 아니라, 이곳에서의 돈벌이였다. 영구적인 이주는 아니지만 이곳으로 유인된 비 티베트계 인구는 대단했다.

이런 변화된 상황으로 티베트, 티베트인, 망명 중의 티베트인들은 스스로의 고향이 없어져 가는 것을 목도하고 있다. 그러나 그들에게 상황을 역전시킬 힘은 없다. 달라이라마의 대외 캠페인이 해외에 살고 있는 망명자 사회에 상징적인 이익을 주었으며, 티베트의 티베트인을 달라이라마 지지로 돌아서도록 하는 효과는 있었으나 구체적으로 중국을 굴복시키지 못했기 때문에 티베트의 내실을 변화시키고 있는 현 중국의 新强硬策을 저지하지 못하고 있는 것이다.

북경정부는 현재 달라이라마와의 대화에 거의 관심을 가지고 있지 않다. 북경정부는 자기들이 동의할 수 있는 정치적 타결에는 달라이라마는 관심이 없는 것으로 보고 있으며, 달라이라마의 지지자들에 의한 반정부적인 활동을 대단히 불쾌하게 보고 있다. 특히 북경정부는 달라이라마나 민족주의적 티베트인들이 무엇을 생각하고, 어떤 행동을 취한다고 하여도, 티베트를 급속히 근대화한다고 하는 현재의 정책으로, 중국의 티베트에서의 관여가 보다 공고화될 것이라고 믿고 있다. 티베트가 중국의 일부라고 하는 것이 자기들이 이익이 된다고 믿는 신세대 티베트인이 궁극적으로는 나타난다고 하는 시나리오가 실현되는

것이 북경의 바람이다. 그러나 親中國的인 생각이 나타나지 않는다고 하더라
도, 새로운 정책이 티베트의 인구구성, 경제의 성격을 근본적으로 변혁시킨다
고 한다면, 북경의 티베트 지배가 변경되지는 않을 것으로 믿고 있다. 북경의
경제통합정책은 잘 진전되고 있으며, 반대로 그들의 달라이라마에의 신뢰는 점
차 저하되고 있다.[20]

　　현재의 중국이 안정적인 체제발전을 계속하면서 티베트의 중국화를 착실하
게 추진해가고 있는 상황에서 달라이라마가 취할 수 있는 선택은 한정돼 있
다고 볼 수 있다. 그 하나는 중국정부와 전면적인 타협을 통한 굴복이고 또
하나는 티베트 독립을 위한 투쟁을 더욱 가열화시키는 일이다. 그러나 전면
적인 타협은 티베트의 독자적인 역사성을 포기하고 중국에 굴복하는 의미 이
상이 아니기 때문에 이 정책을 선택하기는 현실적으로 어렵다. 그리고 적극
적인 티베트의 독립을 위한 투쟁을 강화하는 일 또한 현실적으로는 문제가
많다. 내부적으로 티베트 사회에서의 중국화의 정도가 크게 진척되면서 티베
트인들의 독립의식이 크게 퇴색돼가고 있을 뿐 아니라, 미국이 현재의 중국
이 취하는 티베트 정책을 용인하고 있는 상황에서 티베트의 독립노력을 지원
해줄 국제적인 지원세력도 찾기 어려운 게 현실이다. 미국은 1966년 이래
티베트자치구를 분명히 중국의 일부로 보아왔고, 이 정책은 중국의 인근 국
가들을 포함한 국제사회의 견해와 일치하기도 한다. 특히 미국은 티베트를
독립국가로서 승인치 않는 이상, 해외 티베트 망명정부와의 외교관계는 존재
치 않는다고 분명히 하고 있다는 사실도 달라이라마로서는 커다란 한계의 하
나일 수밖에 없다.[21]

---

20) 같은 책
21) 같은 책

3. 몽골문제

중국공산당은 내전초기에 내몽골의 민족자결, 민족독립을 인정, 혹은 적극적으로 선전되었다. 예컨대 1928년에 중공중앙위원회는 '내몽골의 민족독립운동을 환기하기 위하여, "민족독립"을 크게 선전하지 않으면 안 된다'고 하는 내 몽골에서의 운동방침을 지방조직에 확실히 지시. 22) 1929년 2월 30일의 '몽골위원회의 편지' 가운데 또, '내몽골민족공화국을 수립, 민족자결의 권리를 승인한다'고 말하고 있다.23)

그러나 그 후 내몽골에 대한 중공당의 입장은 변화됐다. 일본의 괴뢰정부로 1936에 수립된 '몽골독립정부', 1937년 10월의 '몽골연맹자치정부'가 들어선 상태에서도 계속하여 기존의 '독립 자치'를 견지한다면 내몽골은 결국 일본의 식민지로 전락할 것이라는 명분으로 1937년 중공은 몽골의 독립을 부정하게 된다. '현재 몽골에서의 중심적 임무는 "抗日援蒙'이다. 이 중심 임무에 따라, 현재 특히 중요한 것은, 蒙漢민족의 연합과 일치 항일을 특히 강조해야 한다. 현재도 여전히 몽골인의 독립과 분열을 선전, 한민족 지배자와의 대립을 선동하는 것은 결코 타당치 않다. 그렇다면, 일본에 이용될 찬스를 제공하는 것 이외에는 없다.24) 蒙漢聯合抗日이라고 하는 것은 당면 綏遠蒙古工作의 최고원칙이다.25)

1937년에 이렇게 '몽골인의 민족독립'이 1937년에 부정된 이후 '민족 독

---

22) 中共中央統戰部 編. 앞의 책. '中共中央治內蒙特支的指示信'(1928년10월23일), p.91
23) 앞의 책, P.102
24) '中共中央關於內蒙古工作及民族委員會的信(1937년2월7일), 中共中央統戰部 編, 앞의 책, p.450-1
25) 같은 책, p.546

립', '민족국가 건설', 연방국가 건설'라는 슬로건은 중공 문헌에서 거의 찾아볼 수 없게 되었으며, 이에 대신하여 새로운 슬로건이 등장했다. 그것은 1937년 8월 15일의 '중공항일수국10대강령'에서도 표명된 '民族自治와 民族自決의 원칙에 따른, 연합하여 抗日'[26) 한다고 하는 것이었다.

항일전선에서 중공은 내몽골의 민족문제를 중시하는 태도를 취하고 있었다. 연안에서는 '蒙古文化促進會'(1940년 6월 20일), '蒙古文化陳列館'(1940년 6월 20일), '칭기즈칸기념관'(1940년 7월 24일) 등이 설치되었다. 그러나 몽골인에 대한 민족정책은 기본적으로 '민족자치'였다. 中共陝甘寧邊區中央局은 1941년 5월에 '陝甘寧邊區施政綱領'을 공포, 그 17조에서는 '민족의 평등 원칙에 따라, 몽골, 회민족과 한민족의 정치경제문화상의 평등의 권리를 실행, 몽골, 회민족의 종교신앙 및 풍습 습관을 존중한다'고 되어 있다.[27)

중공이 '민족 독립'을 부정, 주저 없이 민족정책을 항일우선으로 바꾼 것은 당연히 당시 중공의 항일민족통일전선 결성과 제2차 국공합작에 대한 열의와 노력에 연결되는 것이며 이는 또 일본치하 내몽골 민족운동의 고양을 목적으로 하고 있었음도 사실이다.

그러나 이 시기에 중공이 '자결'과 '자치'를 결합, '민족자결'을 공식적으로 부정하지 않았던 것도 사실이다. 정치공동체 레벨에서의 변화가 인정될 수 있을까의 여부에 따라 자치와 자결은 본래 모순되는 것이다.

중공의 민족정책 결정은 결코 '민족자치'의 한길을 걸어온 것이 아니고, 또

---

26) 같은 책, p.553
27) 中國社會科學院民族硏究所편 民族問題理論硏究室, 『中國民族區域自治文獻資料集』, 제1집, p.2

1949년의 인민공화국건국을 경계로, 민족자결에서 민족자치로 변했다고 하는 간단한 도식에서 해석될 수 있는 것도 아니다. 중공당 제2전대회의 민족자결론에서 시작된 중공의 민족정책의 결정은 중공을 둘러싼 사회환경, 국제환경의 변화 및 중공자신의 실력의 성장을 배경으로, 항일전쟁기의 유명무실한 민족자결론의 시기를 거쳐, 전후에 최종적으로 민족자치론으로 귀결되는 길을 걸어왔다.

중국 국내 민족문제와의 관계에서 보면, 중공의 민족정책의 결정은 또 근대의 몽골민족독립의 흥망과 같이하고 있음을 알 수 있다. 외몽골의 독립 운동기에, 중공은 코민테른의 영향을 강하게 받아, 민족자결권의 승인과 연방국가체제의 제창이라는 두 가지 내용의 '민족자결론'을 발족시켰다. 중일전쟁 직전부터 일본의 지지로 내몽골의 민족독립운동이 번성하게 되면서, '민족의 독립'이 일본 제국주의에 이용될 위험을 감지한 중공으로서는 '민족의 독립'의 내용을 그 민족정책에서 배제, '민족자결론'을 유명무실하게 했다. 그리고 전후의 내 몽골에서 일어난 민족독립운동을 진정시키기 위해, 중공은 '민족자결론'을 완전히 방기, 그 민족정책을 '민족자치론'으로 전환시켰던 것이다.

몽골민족독립운동이 중공의 민족정책결정과 강하게 연결된 이유는 민족독립운동 자신이 중국 사회에 커다란 영향을 파급한 것에 있다고 하기보다, 오히려 그 운동의 결과에 좌우되지 않은 중공과 소련과의 관계에 있다고 할 수 있을 것이다. 전기에서, 중공이 소련지지의 외몽골독립 및 내몽골의 민족독립운동을 적극적으로 인정한 것은 중공에 대한 소련의 강한 영향력, 지도력에 의한 것이며, 후기의 중공이 내몽골독립운동에 반대한 것은, 소련과 중공세력의 지배지역과의 중간지대에 해당하는 몽골지역을 확보, 소련에서의 승리를 취한다고 하는 상당히 단순한 지정학적 이유에 의한 것에 지나지 않는다.

여기에서 중국 국내의 민족문제와 민족독립 운동이 중공의 현실이익과 직접 연결되었을 때일수록, 중공의 민족정책결정의 변수가 된 것을 알 수 있다.
이 의미에서는 민족구역자치제도는 지금까지 이어져오고 있는 중국 민족문제
와의 연관성에서, 실로 재검토되어야 하는 것이라고 볼 수 있다.

제11장
중국의 국적제도 분석

1. 국제법 내용
2. 재정현안
3. 화교들에 대한 국적정책
4. 맺는말

11. 중국의 국적제도 분석

이 글에서는 중국의 국적법의 내용을 살피고 이를 둘러싸고 제기되고 있는 쟁점 현안들에 대해 개괄하려 한다. 중국은 1980년 국적법인 '중화인민공화국국적법'을 제정 시행한 이후 지금까지 비교적 일관성 있는 국적정책을 펼쳐오고 있다. 중국 국적법이 규정하고 있는 주요 내용은 중국인들에게는 이중국적을 허용치 않는 점과 부모 양계 혈통주의의 견지를 중심적인 내용으로 하고 있다.

그러나 이러한 일관되게 견지하고 있는 국적정책에서의 중국이 보이고 있는 단일국적제와 속인주의적 원칙은 최근의 다양한 국제환경의 변화가 중국과 중국인들의 세계에 많은 파급영향을 미침으로써 많은 문제점을 만들어 내고 있는 것이 현실이다. 여기서는 중국국적법의 내용을 조문별로 알아보고 이어 중국국적법의 쟁점현안과 중국의 해외화교들에 대한 국적정책을 차례로 알아보려 한다.

1. 국적법 내용[1]

1) 통일적 국적 원칙

중국 국적법은 통일적 국적원칙을 견지하고 있다. 중국은 다민족국가이나 이들 다민족집단들은 국적취득이나 국민으로서의 권리나 의무에서 평등하다는 이른바 평등적 국적권을 가진다. 즉 중국 내에 공존하고 있는 모든 민족집단들은 그들의 민족적 차이와 구획에도 불구하고 국적에서는 '통일적 중화인민공화국국적'으로 통일되고 있다는 것이다. 이러한 국적의 통일성에 대해 중국에서는 이는 중국이 聯邦制 國家가 아니라 單一制 國家이기 때문에 연방제 국가 내에 존재하는 개별 성원국의 존재를 상정할 수 없기 때문에 중국을 구성하고 있는 개별 민족집단들도 그들의 민족별 독자의 국적이 허용될 수 없으며 이들 모두가 통일적 중국국적을 가지는 것이 당연하다는 것이다. (국적법 제2조)

이렇듯 다양한 민족적 구별에도 불구하고 일관되게 견지하고 있는 통일적 국적원칙은 다민족국가 중국에서의 궁극적인 목표인 '中華民族'으로의 민족통합의 논리와도 깊이 연관되어 있다. 현실적으로는 중국을 구성하고 있는 개별 민족집단에 대해 상당한 민족적 자율권을 인정하면서도 궁극적으로는 이들을 하나의 보다 큰 민족집단인 중화민족으로 뭉쳐내려는 의지는 결국 개별 민족집단에 대한 통일적 국적원칙의 견지와 떨어질 수 없는 관계를 가지고 있는 것이다.

---

[1] http://www.cnlawservice.com/chinese/tell/gjf/

2) 이중국적 불인정 원칙

중국국적제도는 이중국적〔双重國籍〕을 허용치 않는 것을 원칙으로 하고 있다. 이중국적은 특정인이 동시에 복수의 국적을 가지는 것으로 이는 의당 관계국들 간에 국적을 둘러싼 충돌을 야기할 수 있다(3조)는 논리로 이를 금지시키고 있다. 그러나 이중국적 금지에 대한 중국의 이런 입장에는 해외화교들에 대한 보다 효과적인 현지정착정책인 이른바 '落地生根'정책과도 깊이 연관되어 있다.

3) 원시취득의 원칙

중국에서의 가장 정상적인 국적취득은 부모 쌍방 혹은 일방이 중국 국적자 사이에서 중국에서 태어난 자녀에게 부여되는 국적이며, 이렇게 중국인 부모 사이에서 중국에서 태어난 자녀에게 부여되는 국적취득방법을 '原始國籍'이라고 칭한다. 원시국적제는 일반적으로 나눠볼 수 있는 국적취득의 속인주의와 속지주의의 두 가지의 원칙을 혼합한 형태로, 이 원칙에 따르면, 부모 쌍방이나 그 일방이 외국인일 경우는, 그들 사이에 때어난 자녀가 중국영내에서 출생하더라도 그에게는 국적을 부여할 수 없다. (4조)

중국의 국적형태는 원시국적(原始國籍)과 계유국적(繼有國籍)으로 나눌 수 있다고 보는데, 여기서 말하는 원시국적이란 한 개인이 태어나면서 취득하는 국적을 말하는 것이며, 계유국적이란 출생이후 귀화나, 결혼 등의 친족관계의 변경, 이주 등으로 새롭게 얻게 되는 국적을 지칭한다. 그런데 특정 개인이 계유국적을 획득한 후 그 전부터 가지고 있었던 원시국적을 포기하지 않고 그대로 가지고 있는 경우가 있으며, 이런 경우 이른바 '쌍중국적'(雙重國籍) 즉 이

중국적 현상이 발생한다는 것이다. 이렇게 볼 때 이중국적 취득은 개인적인 선택이라고 보기보다는 개별 관계 국가 상호간의 법률적 상호 영향이라고 볼 수 있으며2), 해외출생 자녀에 대한 국적부여에 있어서도 이 같은 원칙은 그대로 적용된다. 부모쌍방 혹은 일방이 중국국민의 해외출생자녀에게는 중국국적이 부여된다. 그러나 자녀 출생 시 부모 쌍방이나 일방이 외국국적을 취득하고 있을 때는 그 자녀에게는 중국국적이 부여되지 않는다. (5조)

따라서 중국에서는 해외출생 자녀의 국적취득에 관해서는 두 가지의 원칙이 적용되고 있다. 먼저는 속인주의의 원칙이다. 즉 부모 쌍방이나 일방이 중국국적인 해외출생 자녀에 대해서는 속지주의의 원칙을 배제하고 속인주의의 원칙을 적용하여 이들에게 중국국적을 부여하고 있다는 점이다 . 이와 함께 해외출생자의 국적부여에 있어서 적용되는 또 한가지 원칙은 이중국적 배제의 원칙이다. 즉 해외에서 출생된 중국계 자녀의 경우라고 하더라도 그 자녀의 출생당시의 부모 쌍방 또는 일방이 외국국적을 가진 경우에는 이 자녀에게 중국국적을 부여하게 되면 결과적으로 이중국적자를 만들어내기 때문에, 이러한 경우에는 중국국적을 부여치 않음으로써 중국정부가 견지하고 있는 이중국적 불승인원칙을 관철하려 하고 있다.

4) 무국적자 자녀에 대한 속지주의 원칙

중국에 정주하고 있는 무국적이거나 국적불명 부모의 중국 내 출생 자녀에 대해서는 중국국적을 부여한다. 부모가 무국적이거나 국적불명의 경우라고 하더라도 그들이 중국영내에 정주하고 있는 이상 중국 내에서 출생한 그들의

---

2) 『香港商報』, 2004년11월03일자

자녀의 국적취득에는 문제없을 뿐 아니라, 이들의 공해상이나 외국영해 내를 항해중인 중국선박 내나 외국영역을 비행하거나 착륙한 중국비행기에 승선한 상태로 출생한 자녀들의 경우에도 동일한 원칙의 적용으로 중국적을 부여한다. 이러한 무국적자나 국적불명 부모의 자녀들에 대한 국적부여는 중국의 취하고 있는 국적부여의 한 가지 원칙인 속지주의원칙의 반영으로 볼 수 있다. (제6조)

한편 외국인이나 무국적자가 중국인과 친족관계를 맺거나, 중국에 정주하거나, 기타 정당한 사유를 가진 경우 이들이 중국의 헌법과 법률의 준수를 전제하면 중국국적을 취득하는 귀화의 절차를 밟을 수 있으며, 귀화 신청대상자는 구체적으로 다음과 같다.

먼저, 중국인의 친족이 된 자는 귀화신청을 할 수 있다. 즉 부, 처, 부, 모, 자, 여 혹은 동포 형제자매인 자로 이들의 근친 중의 한 사람이 중국 국적 자일 때는 국적신청이 가능하다. 또 외국인이거나 무국적자 중국가정에 입양되었을 때도 이들의 국적신청 가능하며, 또 중국인과 결혼한 외국인(남, 여) 또한 국적취득신청이 가능하다. 이 밖에도 중국에 정주하고 있는 외국인이나 무국적자나 이 밖에 정당한 사유를 가진 자로 중국헌법의 준수와 자발적인 국적취득의 의사를 가진 사람은 국적취득 신청이 가능하게 되어 있다.

5) 귀화자 이중국적 금지원칙

일단 중국국적 취득을 신청하여 귀화결정이 이뤄져 중국국적을 취득하게 되면 더 이상 외국국적을 보유하는 것이 불가하다. 외국인이나 무국적자 국적취득 신청을 하여 이것이 승인되어 중국국적을 취득하게 되면 더 이상 외

국국적을 가지지 못하게 함으로써 여기서도 중국은 이중국적을 승인치 않은 기본원칙을 견지하고 있다. (8조)

따라서 외국에 정주하는 중국인으로 자발적으로 외국국적을 취득한 경우는 자동적으로 그가 가져왔던 중국국적을 상실케 된다. 중국정부는 화교들의 거주국 국적취득을 일관되게 장려, 고무하면서 이들의 이중국적을 불찬성 해 왔다. 이는 중국 국적정책의 일관된 원칙이자, 이중국적문제를 둘러싼 개별국가간의 국적분쟁의 최소화는 물론, 해외화교들의 거주국에서의 착실한 기반의 조성을 위해서도 유익한 정책일 수 있다는 것이다. 그러나 이러한 자발적인 국적선택을 통한 단일국적 정책은 어디까지나 개개인 각자의 독립적인 원칙으로 이러한 국적상실의 효력은 본인에 국한된 것으로, 그들 가족에게까지 이의 영향이 미치는 것은 아니다. (9조)

6) 국적변경 '신청'의 원칙

중국국적자 중에서, 외국인의 친족이 되거나, 외국에 정주하거나 기타 정당한 사유가 있는 경우는 신청에 의해 중국국적을 포기할 수 있다.(10조) 그러나 중국국적의 포기는 반드시 '신청' 절차를 밟아 허가를 받아야 중국국적을 상실한다. 이 포기신청은 반드시 본인이 신청을 행해야 하며, 이러한 포기신청에 대해서 주관기관의 비준이 필수적이며, 어느 하나의 결격사유가 발생해도 국적포기는 불가하다. (11조)

그러나 국가공무원이나 현역 군인인 중국국적자는 국적포기신청의 대상에서 제외된다. 여기서 말하는 국가공무원은 모든 국가기관 종사자, 기업, 사업단위와 기타 법률기관종사 공무원 등을 말하며, 현역군인은 중국인민해방군과 중국인민무장경찰부대 근무 군인을 말한다. 이들 국가공무원과 현역군인은 '公職人員'으로 많은 국가적 기밀정보를 알고 있기 때문에 만약 이들의 국적을 포기하고 타국의 국적을 취득할 경우는 다대한 국익상의 손실이 예상되기 때문에 이에 대한 예방책의 일환으로 이들에 대한 국적포기를 원천적으로 차단하고 있다.(12조)

과거 중국국적을 가졌던 외국인은 정당한 이유가 있으면 이 또한 '신청'을 통해 다시 중국국적을 회복할 수 있다. 이러한 국적회복이 가능하려면 첫째, 과거에 중국국적을 가지고 있던 자로 현재는 외국국적의 외국인일 것, 둘째, 현재는 반드시 외국인일 것, 셋째, 중국국적을 회복하였을 경우는 반드시 현재 보유중인 외국국적을 포기하여 이중국적자가 되지 않을 것 등의 요건이 구비되어야 한다. (13조)

이렇듯 앞에서 본 중국국적의 취득, 포기, 회복은 반드시 '신청'에 의해서만 가능하다.(제9조의 경우는 제외, 이 경우 18세 미만인 자는 부모 또는 기타 법정대리인이 대리 신청이 가능하다.) 이는 중국국적의 가입, 퇴출, 회복의 요구는 반드시 본인의 '신청'에 의해서만 가능케 함으로써 기타 법률행위에 의한 자동취득, 상실 및 회복을 불가능하게 하고 있으며, 또, 국적의 가입, 포기, 회복 신청은 반드시 신청인이 성인이어야 함을 전제로 하여 이들 행위에서의 만에 하나 본인의 의사와 무관한 결과로 초래될 것을 미연에 예방하려 하고 있다. (14조)

국적에 관한 사항의 변경신청을 담당하는 기관은 중국 내에서는 시, 현 공안국이며, 외국에서는 중국의 외교대표기관이나 영사기관으로 이를 한정하여, 심사의 공정성과 엄격성을 확보하려 했다. (15조) 한편 국적변경 신청에 대한 심사와 비준 또한 이를 공정하고 엄격하게 하기 위해 이를 중화인민공화국 공안부에서 통일적으로 처리케 하고, 변경신청에 대한 증명서 또한 공안부에서 발행케 하고 있다. (16조)

2. 쟁점현안

1) 이중국적 문제

중국의 현행 국적법에서는 이중국적(双重國籍)을 인정하지 않음이 원칙이
나 이러한 이중국적 불허원칙이 근래의 다양한 국내외 환경의 변화에 적절
하지 못하다는 지적들이 널리 대두되면서, 이에 대한 여러 가지 논의들이 계
속되고 있다.

그 동안 중국은 앞에서 살핀 바데로 이중국적은 관계국들 간의 국적충돌을
야기할 뿐 아니라, 3) 해외의 화교들의 보다 효과적인 현지 정착을 위해서도

---

3) 실제로 국적법은 국내법이기 때문에, 이러한 국적법에 의해 규정한 국적귀속 문제는
실제로는 타국과의 사이에 많은 '국적충돌'문제를 현실적으로 만들어낼 수밖에 없다.
일반적으로 국적충돌은 '적극충돌'이라고 할 수 있는 '다중국적'현상과 '소극충돌'현상
이라고 할 수 있는 '무국적문제'로 이를 대별할 수 있으며, 이중에서도 중요한 문제
로 대두되고 있는 다중국적문제에만 국한해 보더라도 다음과 같은 몇 가지 종류를
생각할 수 있다. 첫째, 해외의 화교들의 경우, 그들은 국적 소속 국에서는 속인주의
(혈통주의)를, 이에 반해 거주국에서는 속지주의(출생지주의)원칙을 채택하고 있을 경
우, 이들의 거주국에서 태어난 자녀들은 태어나면서부터 이중국적을 가지게 된다. (거주
국에서는 이를 인정할지 모르나, 중국에서는 이를 인정치 않음) 북미와 유럽 등지에
유학하고 있는 중국 유학생들의 자녀의 경우에 이에 해당하는 경우가 많으며, 이러
한 가족이 유학생활을 마치고 중국으로 귀국하게 되면 이들(특이 그들의 자녀)은
대단히 어려운 국적문제에 봉착하게 된다. 둘째, 동일한 혈통주의를 채택하고 있는
국가들 간에서, 이중국적현상이 상시적으로 일어날 수밖에 없다. 예컨대 같은 혈통
주의를 채택하는 A, B국의 남녀가 결혼할 경우, 그 사이에서 태어나는 자식은 자
연스럽게 이중국적자가 될 수밖에 없으며, 서로 다른 국적부여 원칙을 가진 두 나라
의 남녀가 결혼할 경우, 그 자녀의 국적문제는 더욱 복잡해진다. 셋째, 서로 다른
나라의 남녀가 결혼할 경우, 대부분의 국가에서는 자국 남자와 결혼하는 외국여자를
자 국적에 편입시키고 있기 때문에, 이런 상황에서 여자는 자연스럽게 원래의 소속
국의 국적과 새롭게 시집간 국가 간의 이중국적자가 되게 된다. 넷째, 외국에서 자
녀를 입양했을 때 생기는 이중국적문제. 다섯째, 자발적으로 외국에 귀화했으면서도
원 국적상실을 원하지 않는 자.

바람직하지 않다고 판단, 이 제도의 도입을 계속적으로 거부해 왔다. 그러나 중국정부의 이러한 이중국적 불허 방침은 세계화의 진척에 따라 근래 들어 국내외적으로 많은 도전을 받고 있을 뿐 아니라 보다 구체적으로 이러한 폐쇄적인 국적정책에 대한 재검토 요청이 이어지고 있다.

이중국적 금지에 대한 구체적인 의의제기는 1999년에 열린 전국정협 제9기2차회의에서 陳鐸 등 정협대표 12명이 중국인들에게 이중국적제를 불인정하는 것을 없애자는 건의안(제안 제2172호)을 제출함으로서 표면화되었다.

이들은 건의서에서 중국은 그동안 이중국적 불허를 통해서 국가적 존엄과 외교업무, 교민업무, 국가안전보장의 다양한 방면에서 긍정적인 기능을 해 온 것은 사실이나 이제는 그러한 정책을 그대로 유지해가기에는 국내외의 정세가 크게 변했기 때문에 여러 가지 면에서 이에 대한 제고가 필요한 시기가 되었다고 주장했다.

특히 근래 들어 중국인들의 해외이주가 늘어나면서 그들 해외거주 중국인들은 거주국에서의 제반 활동이나 생활의 뿌리를 내리기 위해서 그곳의 국적을 선택하는 경우가 늘어나고 있으며, 이 같은 과정을 통하여 이들은 자연스럽게 이중국적자가 되는 경우가 늘어나고 있는 것이 현실이라는 것이다. 그러나 세계화의 진전과 더불어 급속도로 확대되어가고 있는 해외거주 중국인들의 증가와 이들의 거주국에서의 국적취득은 자연스럽게 이중국적자를 양산하게 되나, 이들 이중국적자에 대한 중국의 태도는 여전히 이중국적을 인정하지 않은 전통적인 거리를 두는 정책을 고수하고 있어 이들과 그들의 조국인 중국과의 관계에 상당한 문제가 나타날 수 있다는 것이다. 따라서 이러한 해외거주 중국인들과 조국인 중국과의 거리의 단축은 물론 이들의 바람직한 조국애와 애국심을 고양시키기 위해서도 기존의 이중국적제는 전향적으로 개

정될 필요가 있다는 것이다.[4]

 이러한 이중국적제 개정에 대한 건의에 대해 중국 공안부는 1999년 6월 25
일의 답신을 통해, "'국적법'이 20여 년간 시행되어 오는 동안 이중국적 불인정
의 원칙은 국적문제의 처리과정에서 여러 가지 중요한 작용을 했음이 증명되고
있으며, 이 원칙은 당면한 국정과 국가의 근본이익에 부합됨이 증명되었다."고
인정하면서도 외국국적을 가진 중국인(화인)들의 결혼, 업무, 모국방문 등을
위한 중국의 출입국의 경우 이들의 거류, 여행 등의 여러 가지 면에서의 편의
제공을 위한 보다 구체적인 국적제도의 보완의 필요성도 인정하였다.

---

4) 李安山, "華僑華인국적問題爭議",
 http://www.chinadaily.com.cn/gb/doc/2005-06/08/content_449642.htm
 (검색일: 2205 / 09 / 22)

<해외 중국인 수>

　최근 통계에 의하면 해외에 살고 있는 중국계 인구 총수는 3천4백여만 명으로, 이들은 세계 160여 개국에 다양하게 흩어져 살고 있는 것으로 집계되고 있다. 이들의 지역별 분포는 아시아주에 2천6백7십여만 명으로 전체 해외 중국계 인구의 78%가 모여 살고 있으며, 그 다음이 17%를 차지하고 있는 미주이고, 나머지는 유럽(2%), 대양주 (1.8%) 등으로 분포되어 있는 것으로 나타나고 있다.5)

* 해외 화교 화인 인구 및 단체 수

(인구 수는 천명 단위/ (　)안은 화교 화인 단체 수)

연 도	총 계	아시아	미 주	구 주	대양주	아프리카
1993	37,144 (9,233)	31,752 (6,205)	3,976 (2,297)	869 (199)	432 (241)	115 (291)
1994	38,664 (9,255)	32,911 (6,210)	4,262 (2,310)	886 (201)	487 (243)	119 (291)
1995	39,042 (9,283)	32,984 (6,217)	4,542 (2,326)	899 (201)	498 (245)	119 (294)
1996	33,239 (9,294)	26,912 (6,217)	4,730 (2,336)	938 (203)	535 (244)	123 (294)
1997	33,726 (9,328)	27,071 (6,225)	5,020 (2,348)	945 (204)	564 (252)	126 (299)
1998	34,505 (9,342)	26,787 (6,231)	6,013 (2,352)	968 (204)	605 (253)	132 (302)

* 중화민국 각 대사관 조사 자료 종합

* 1995년도 이전은 홍콩 인구를 포함, 1996년 이후는 홍콩 인구 불 포함
<출처>「華聲報」, (2000년5월6일자), http://www.ocac.gov.tw
　이들을 신분별로 보면 그 85%가 거주 국의 국적을 취득, 법적으로는 그 나라의 국민이 되어버린 이른바 '華人'들이며, 외국에서 장기간 생활은 하고 있으면서도 여전히 중국국적을 유지하고 있는 '華僑'들은 겨우 3백만 명 정도이며, 또 전체의 4분의 3이 이민지에서 태어난 사람들이다.

---

5) 1999년도를 기준으로 한 중화민국(대만)의 공식 통계.

따라서 중국정부는 당시 이중국적문제의 개선을 위한 건의에 대해서 구체적인 반응을 보이지는 않았으나, 이 건의를 계기로 하여 해외거주 중국인들에 대한 이중국적 문제가 중국 내의 다양한 분야에서 관심의 대상으로 떠오르기 시작했다.6)

중국학자 曹思源은 국적이라는 것은 公民權의 전제로, 이는 모든 공민들이 가져야 할 제일의 권리로서 한 개인이 외국국적을 취득하는 것은 범죄일 수 없다고 주장, 이중국적제에 대해 보다 적극성을 보였다. 그는 외국에 나가 사는 중국인들은 조국의 국적을 계속하여 보유할 것인가의 여부는 당연히 자주적으로 선택할 수 있는 자격을 가져야 한다. 그러나 중국의 현행 국적법은 외국에 사는 중국인들이 거주국의 국적법을 취득하기만 하면 자동적으로 그들의 조국인 중국 국적을 상실케 되어 있는데, 이는 실제로 강제적으로 그들의 중국 국적을 박탈하는 행위와 다르지 않으며, 이는 또한 해외 거주 중국인들에 대한 처벌이기도 하다. 그런데 이러한 처벌은 그 근거가 없을 뿐 아니라, 그러한 조국의 국적박탈을 통해서 얻어지는 이익 또한 없다. 따라서 해외 중국인들에게 이중국적을 금지하는 잘못된 국적법은 충분히 재검토할 필요가 있다고 주장하고 나섰다.7)

뿐만 아니라 이러한 이중국적제에 대한 필요성은 캐나다, 프랑스를 비롯한 해외 중국인 사회에서도 커다란 문제로 제기되고 있으며,8) 이에 대한 개선

「華聲報」(2000년5월6일자), http://www.ocac.gov.tw
6) 『把握人民的意愿』第2卷, (中國 新世界出版社, 2003年), pp.476-478
7) 曹思源의 주된 입장은 "承認双重國籍, 容納海外華僑"으로 요약된다. www.chilicity.com, 2004年 3月 12日자
8) 해외중국인 사회에서는 "중국정부는 응당 중국이민들에게 이중국적을 허용하여, 이들에게도 중국국적을 보유케 해야 할 것이라고 주장한다. 그리고 이들은 중국정부 이중국적을 승인하지 않는 것은 일종의 곡해이며, 이는 불공정행위라고까지 주장한다. 矯海濤: "談双重國籍 - 寫在國慶55周年之際", http://creaders.net, 2004年9月29日자. 기타 국에서의 이중국적제 주장은 王輝耀, 『海歸時代』, (中國 中央編譯出版社, 2004) 및 "新西蘭僑胞陳書呼求双重國籍", 『國際先驅導報』, 2004年

의 요청은 이들에 의해 중국의 당국자들에게도 계속 건의되어 왔다. 그러다
가 全國政協 제10기2차 회의에서 黃因慧가 다시 중국국적법을 이중국적제를
승인하는 방향으로 관계조항을 개정하는 것을 골자로 하는 건의서(제안 제
0222호)를 제출하였다. 그는 이 건의서에서 기존의 중국국적법 중에서 제3,
5, 9조를 개정, 중국공민들이 중국국적을 보유하든가 포기하는가는 스스로의
선택으로 가능케 할 수 있도록 하자는 것이었다. 이러한 그의 국적법 개정
제안에 대해 중국 공안부는 이를 '105'입법계획에 포함시키겠다는 답신을 하
고 관련부서에서의 검토를 시작했다.[9]

  그런 검토 끝에 중국정부는 이에 대한 대책으로 국적법의 개정이라는 직접
적인 방법은 회피하고 이에 대신하여 일정한 조건을 충족하는 외국적의 중국
인들에게 영구거주자격인 '녹색카드'(綠卡制度)를 교부하여 이들의 중국거주
를 허용하는 편법으로 이에 대처하였다.[10]

  이렇듯 중국정부는 이중국적제 도입요청에 대한 대처태도는 대단히 신중하
다. 2004년 12월 23일자 보도에 의하면 중국 국무원은 아직도 중국은 이중
국적제의 본격적인 도입을 위한 조건은 성숙치 못했다고 판단, 이에 대신하
여 현실적으로 필요한 재외 중국인들의 모국에서의 장기거주와 행동의 자유
를 보장하기 위해서는 우선 이들에 대한 영주카드(녹색카드)제도를 도입했으

12月2日자.
 http://www.sina.com.cn 2004年12月24日자 등 참조
 9) "全國政協十屆二次會議提案第0222号", "中華人民共和國公安部2004年5月10日公提字〔2004〕68
    号函夏", 全國政協提案委員會, 『把握人民的意愿』, (中國 新世界出版社, 2005年),
    pp.614-618
10) 미화 총 200만 달러 이상의 중국에 대한 투자가 있어야 한다. (투자액은 구체적으로 '중국
    정부가 지정하는 투자산업목록에 포함된 산업에 50만 달러, 중국 서부지구와 국가보조개
    발중점지구에 50만 달러, 중국 중부지구에 100만 달러 이상 총 200달러 이상 투자필요) 李
    安山, "화교화인국적문제쟁의" http://www.chinadaily.com.cn/gb/doc/2005-06/08/content_44
    9642.htm(검색일: 2205 / 09 / 22)

며, 앞으로도 상황의 추이에 따라 이들의 편의 제고를 위한 노력을 계속하겠다고 말하고 있다. 국가과기부 부부장 劉燕華는 2004년 12월 29일 유학생들과의 한 좌담회 석상에서 중국이 앞으로 중장기 과학기술 발전정책을 효과적으로 추진하기 위해서는 해외의 우수인재를 흡수하기 위해 인도와 같은 나라에서 현재 실행 중에 있는 해외우수인력 우대정책을 펼 필요가 있다고 강조했다.11)

더불어 중국이 역사적인 배경으로 해외화교들에게 이중국적제를 부여하지 않아왔지만 세계적으로 봐도 약 70여 개국이 이중국적제도를 채택하고 있는 등으로 지금은 국내외적 민족 질서가 크게 변하고 있기 때문에 패쇄적인 단일국적제는 전향적인 수정을 해나가야 할 것으로 주장되고 있다. 이렇듯 국적제도 변경에 대한 논의가 널리 확산되고 있는 가운데 중국민주당파인 中國民主建國會도 현행 국적법의 개정과 이를 통한 이중국적제 도입을 건의하고 나섰다. 그들의 주장 또한 현재는 수많은 중국유학생들이 해외로 유학하고 있을 뿐 아니라, 전문기술을 가진 많은 중국인들이 해외에 취업하고 있기 때문에 보다 효과적인 이들 해외중국인들의 모국에 대한 관심이나 또는 모국으로의 자본과 기술이전 내지는 귀국의 편의를 도모하기 위해서도 기존의 단일국적제는 더 이상 효과적인 국적제도가 되지 못하는 것이다.12)

---

11) "國務院僑辦: 實施双重國籍條件還不成熟", http://www.sina.com.cn 2004年12月23日新華网. "中國官員: 中國擬實行'双重國籍'吸引海外优才",
http://www.sina.com.cn 2004年12月29日華夏經緯网. 由于多个媒体采用 "双重國籍"的提法報道了這一消息, 中國科技部不得不出面糾正這一說法. "劉副部長的原話是: 目前國際上許多國家都非常重視對境外留學人員的吸引. 例如印度采取了 '双重國籍'的方式, 而我國是采取 '永久居留權'作法—也就是所謂的.
http://www.chinadaily.com.cn/gb/doc/2005-06/08/content_449642_4.htm
12) 『北京青年報』, 2005년3월13일자

3, 화교들에 대한 국적정책

1) 해외 화교정책

중국의 해외화교들에 대한 국적정책은 초기의 상당기간은 이중국적제를 채택하여 오다가 혁명 후의 신 중국 시기부터 지금과 같은 단일국적제로 변화되어 왔다.

화교들에 대한 국적정책의 출발이라고 할 수 있는 1909년 청대의 '大淸國籍條例'는 부계혈통주의를 원칙으로 하여 외국에 거주하는 중국공민 및 그 後裔들을 모두 '華僑'라고 규정함으로서 국적법에 입각한 화교의 개념과 지위를 분명히 했다. 그 후 1912년 중화민국정부는 '中華民國國籍法'을, 1924년 1월에는 孫文이 광동 혁명정부 육해군 대원수 신분으로 반포한 '內政部僑務局保護僑民專章'에서 '외국에 거주하는 중화민국 인민을 '僑民'으로 규정하기도 했으며, 1929년에는 '中華民國國籍法'을 수정하면서 血統主義 원칙을 견지하고, 외국에 정주하고 있는 화교들에 대해서는 실질적으로 이중국적을 허용하였으며, 이러한 전통을 현재의 대만정부는 그대로 이어받아 이중국적제도를 허용해 오고 있다.[13]

그러나 중화인민공화국 성립 후, 국적정책을 변경시켜, 종전까지의 이중국적을 버리고 해외에 거주하는 화교들은 자원적인 형식이나 거주국의 국적을 선택하도록 유도하고, 이들의 이중국적을 허용치 않게 하였다. 이 조치에 따라 해외 화교들의 대부분은 이미 거주국의 국적을 취득하고 있기 때문에 이

13) 毛起雄, 林曉東 編著, 「中國僑務法律法規槪述」(中國華僑出版社, 1994), p.4,
『香港商報』, 2004년11월03일자

들은 고국의 국적은 자동적으로 상실케 되었다.

1955년 朱恩來 총리는 중국정부의 이러한 단일국적 정책 원칙을 재차 천명함으로써 해외 화교들의(약 3천만-5000만으로 추정) 약 8할 가까이가 거주국의 국적을 취득하고 중국의 국적을 포기한 이른바 '外籍華人'이 되었던 것이다. 그 후 1980년 9월 중국전국인민대의원대회에서 '중화인민공화국국적법'이 정식으로 통과되었으며, 그 3조에 '중화인민공화국은 중국공민들의 이중국적을 불승인한다'고 못 박고, 제9조에서는 '해외거주 중국공민으로 외국국적을 취득한 사람은 자동적으로 중국국적을 상실한다.'고 규정하고 있다.[14]

이렇듯 중국이 이중국적 정책을 버리고 해외 화교들에게 거주국의 국적을 취득할 것을 적극적으로 권고한 것은 무엇보다도 중국의 이들 해외화교거주국들에 대한 외교적 고려와 또한 이들 해외화교들의 현지 정착의 가속화를 겨냥했다고 볼 수 있다. 먼저 수천만 명이 집중적으로 분포되어 있는 동남아 각국의 경우 이들 국가에서의 화교의 인구비중이 크고 이들의 그곳에서의 경제적 역할 또한 괄목한 상황에서, 그들 화교들의 모국인 중화인민공화국이

---

[14] 혁명 후인 1957년12월에는 '中華人民共和國華僑事務委員會'가 외국에서 거주하는 중국공민을 '華僑'로 칭한다고 규정하고, 여기에는 홍콩과 마카오의 중국인들은 포함시키지 않았으며, 유학생, 관광객, 정부 파견 공무원, 국경 주변에서 일상적으로 국경을 넘나드는 변경에 살고 있는 주민 등 일시적으로 외국에 나가 있는 사람들이나 특수한 신분의 사람들은 제외시키고 장기적으로 외국에서 정착하여 생활하고 있는 사람들만을 '華僑'로 파악했다. 그러나 현대적 의미의 재외 중국인들에 대한 개념규정은 1984년 중국 國務院僑務辦公室이 행한 화교들에 대한 '신분해석' 규정 확정 때였다. 여기서 '화교'는 반드시 해외에 살면서도 중국 국적을 가지고 있는 '중국 공민'이어야 하며, 이들은 또 반드시 외국에서 기반을 잡고 장기적으로 살아가는 정주자(定居)여야 한다고 규정했다.毛起雄, 林曉東 編著, 「中國僑務政策概述」(中國華僑出版社, 1993), pp.6-7) 따라서 이때부터 중국의 해외 교포들에 대한 민족정책은 '화교'와 이와는 다른 현지 국적을 취득한 '華人'들을 분리하여 시행하기 시작했고, 또 이와는 달리 중국으로 돌아와서 살고 있는 "歸僑'들에 대한 정책은 별도로 설정하는 등 유형별 해외 동포 정책을 체계화했다고 볼 수 있다.
毛起雄, 林曉東 編著, 「中國僑務法律法規概述」(中國華僑出版社, 1994), p.3

공산당주도의 강경국가로 건설되고 있던 당시 상황에서 이러한 중국이 해외 교포사회와의 연계성이 강화하는 것은 그들 화교사회에 대한 거주국들의 경계심을 더욱 불러일으킬 수 있다고 판단, 중국정부는 이러한 사태에 대한 예방적 차원에서 해외 화교사회와의 연계성을 약화시킴으로서 오히려 거주국에서의 화교사회의 발전을 도울 수 있다고 판단했던 것이다.15) 이와 연계된 또 한 가지의 배경은 중국당국의 해외화교들에 대한 이른바 '落地生根'정책이다. 이는 해외화교들은 그들이 살고 있는 그 땅(落地)에서 뿌리를 내리는 것이(生根) 그들을 위함은 물론이고 그들의 고국을 위해서도 좋다는 논리다.

중국이 나타내보이고 있는 해외교포들에 대한 정책은 시기별 차이를 두고 있으나 기본적인 면에서는 '現地化'와 '中華意識의 繼承'이라는 두 가지 원칙을 중심으로 전개돼 왔다고 볼 수 있다.

우선 중국은 해외 거주국에서 장기적으로 뿌리를 내려 생활하고 있는 사람들은 하루빨리 그곳의 국적을 취득하고, 그곳의 문화를 익혀, 그곳 현지의 떳떳한 국민으로서 뿌리를 내려야 한다는 것이며, 그런 연후에는 중국인 고유의 중화의식을 발양시켜 중국계 상호간의 민족적 유대를 공고히 함으로써 그들의 개인적인 안녕은 물론 모국애도 함양됨으로써 궁극적으로는 거주국과 모국간의 관계발전을 위해서도 유익한 역할을 할 수 있을 것으로 보고, 이러한 맥락에서 해외 교포정책을 지속시켜왔다.

중국은 혁명 후인 1951년 8월 中央華僑事務委員會에서 '關于華僑與東南亞革命運動關係呈毛主席和中央的報告'와 1952년 1월 당 중앙의 '關于海外僑民工作的指示' 등을 통하여 변혁기적 시대상황에서, 해외 교포들이 거주국

---

15) 『香港商報』, 2004년11월03일자

에서 장기적 생존과 발전을 도모하고 그들의 대동단결을 위해서 이들의 광범위한 통일전선을 구축하려는 목적을 분명히 하면서 '현지화'와 '중화의식의 계승' 등을 해외 화교정책의 기본원칙을 제시하고 이러한 원칙의 구체화를 위한 실천적 정책들을 펼쳐나갔다.[16)

중국이 해외 교포들의 거주국에서의 장기적인 생존과 발전을 위한 현지화 정책으로는 '단일 국적'정책과 거주국에서의 '정치활동 금지' 정책을 중점적으로 강조해 왔다.

중국은 역사적으로 볼 때, 1909년 청조의 '국적법'이래 상당기간 '父系血統主義' 원칙을 견지하고 있었고, 이에 따라 해외 거주 중국계도 상당 기간동안 의당 중국국적이 유지되어 왔다.[17) 그러나 중국 정부는 화교들의 이중국적 문제가 그들의 현지 정착과 발전을 위해 결코 바람직하지 않다고 보아, 이들을 단일 국적으로 전환시키려는 방침을 정하고 이를 위한 제반 조치를 강구했다.

50년대 초부터 중국 정부는 지속적으로 해외 화교들의 이중국적제 시정을 위해서 노력했다. 당시 중국정부는 화교들의 이중국적제는 본인들의 항구적인 발전이나 또 거주국의 이익을 위해서도 반드시 시정되어야 할 역사적인 과제라고 보고, 이의 시정을 위해 노력한 결과 해외 화교의 85% 이상이 거주 국의 국적을 취득하는 '현지화'를 이뤄낼 수 있었다.

1980년　國務院僑務辦公室[18)도 '對外的華人工作方針政策的請示報告'를

---

16) 위의 책, pp.265-350
17) 중국혁명 후 해외 화교 중에서 '이중 국적자'가 과반수를 차지하고 있었는데, 예컨대 태국의 경우 350만 화교인구 중에서 이중 국적자는 230만여 명을 차지하고 있었다.
18) '國務院僑務辦公室'(僑辦)은 중국혁명 후인 1949년10월 교포문제를 처리하는 행정기관으로서는 최초로 설치되었던 中國人民政府 華僑事務委員會의 후속기관이다. 1954년 中華人民共和國 華僑事務委員로 개칭, 새로운 활동을 시작했다. 광동, 복건, 광서성 등에 華僑事務委員會가, 상해, 운남, 천진, 산동, 강소, 절강, 하북, 강

제출, 중국의 화인들에 대한 정책을 다시 한번 분명히 했다. 여기서는 먼저 해외 화인들에 대한 정책은 이들이 외국의 국적을 가진 사람들이기 때문에 중국 정부의 이들에 대한 정책의 한계를 분명히 하고, 이들이 비록 일반 외국인들과는 달리 대부분이 중국적인 풍습 습관을 유지하고 있을 뿐 아니라, 또 중국 국내에 가족이나 친척을 많이 가지고 있는 등의 특수성을 가지고 있기는 하나 이들은 어디까지나 거주국의 공민이고 앞으로도 그곳에서 계속하여 생활해 나갈 사람들이기 때문에 중국이 이들에게 해야 할 일은 그들이 거주국의 떳떳한 국민으로 자립하여 그 나라 발전에 기여할 수 있도록 간접적으로 도와야 한다고 주장하면서 해외 중국계들에 대한 현지화를 독려하기도 했다.19)

또한 해외 교포들에 대한 현지화정책은 1980년 9월 10일 제5차 전국인민대표대회 제3차회의에서 통과 실시된 '中華人民共和國國籍法'에서는 법적으로 구체화되었는데 그 중심적 내용은 단일국적제가 바로 그것이다. '국적법' 제3조에서는 '중화인민공화국은 중국 공민들의 双重國籍을 승인하지 않는다'고 명확히 규정하면서 이중국적제에 대한 반대 방침을 공식화하고 있다. 이렇게 국적법을 통하여 중국 정부는 그들이 지속적으로 견지해 오던 이중국적 반대의 입장을 공식화하면서, 해외 화교들의 자발적인 거주국 국적 취득을 독려한 중국 정부는 이러한 해외 교포들의 단일국적제로의 이행이 궁극적인 면에서 화교들의 권익을 옹호하는 일이며, 이는 또한 중국과 해외 교포들의 거주국과의 발전과 상호 우호관계 발전에 기여할 수 있는 길이라는 입장이다.20)

서 등에 僑務處가 설치 운영되었다. 그러나 문혁이 시작되자 이들 기구들은 활동을 중단, 그 후 폐지되었다가 1978년1월 이를 계승하여 신설된 기구가 바로 '國務院華僑事務辦公室'(僑辦)이다. '僑辦'은 티베트를 제외하고, 29개의 일급 행정구, 그리고 그 하부기구가 1,300여의 현급 행정구에 설치되었다.

19) 위의 책, p.315
20) 『中國僑務法律法規槪述』, pp.132-133

2) 귀국화교(歸僑) 정책

중국의 새로운 민족환경에 대응한 귀국 화교(歸僑)들에 대한 정책은 이를 한 마디로 '落實政策'으로 말해지고 있으며, 구체적으로 과거의 잘못된 귀교정책을 시정하고 보다 적극적인 이들에 대한 수용과 보호를 그 내용으로 하고 있다.21)

50-60년대에 걸쳐 중국정부는 귀교들과 귀권들을 '地主分子', '資産階級分子' 등으로 매도하면서 이들에 대한 정당한 권리를 박탈했다. 그들이 가진 해외와의 연관성을 과장, 특수혐의 분자로 취급하는가 하면, 툭하면 정치범으로 몰거나, 공직에서 배제하기까지 했다. 문화대혁명시기 이들에 대한 정치적 박해의 정도는 한층 더했다. '외국 특무분자'라는 낙인을 찍어 이들을 당직이나 공직에서 추방하는가 하면, 강제적으로 노동개조를 강요하기도 했다. 이들에게는 공산당에 입당하는 것, 군대에 가는 것, 대학에 진학하는 것, 인민대의원대회 대의원이 되는 것, 정협위원이 되는 등의 모든 것이 인정되지 않는 등으로 제반 권리가 철저히 제한되었다.

이들에게는 이 밖에도 국외 가족이나 친척들과의 서신 왕래, 해외 가족 상봉, 결혼의 자유마저 제한되었으며, 중국 내에서의 가옥 소유권, 점유권, 사용, 처분권 등의 합법적인 재산 권익 또한 침탈당했다. 이들의 직접적인 국내 투자나, 각종 기업 자금을 동결하거나 몰수하고, 문혁 시기에는 이들의 사유재산이 몰수되어 국가 소유가 되기까지 했다. 그러나 1970년대 후반의 개혁개방기에 접어들면서 중국에서는 귀국 화교들에 대한 이 같은 지난날의 잘못된 정책을 시정하고 이들을 보다 적극적으로 포용하려는 이른바 '落實政策'으로 정책방향을 바꿔가기 시작했다.22)

---

21) 위의 책, pp.121-136
22) 위의 책, pp.121-123

중국은 1978년12월의 全國僑務工作會議 제2차 全國歸僑代表大會에서 중국으로 귀국하여 생활하고 있는 화교 즉 '귀교'들에 대한 정책으로 '一視同仁, 不得歧視, 根據特点, 適當照顧'의 이른바 '16字 原則'을 채택, 실시하게 된다.[23]

'一視同仁, 不得歧視' 원칙은 귀교, 귀권은 떳떳한 중화인민공화국 공민의 한 구성원으로서, 이들은 국내의 다른 일반적 중국인들과 마찬가지로' 정치, 경제, 문화, 교육, 법률 및 사회생활의 각 방면에서 중국 공민으로서의 권리를 가져 결코 차별되거나 무시되지 않으며, 또한 의무에 있어서도 귀교와 귀권들은 다른 중국인들과 동일하다는 것을 의미한다는 것이다.

또한 '根據特点, 適當照顧'의 원칙은 이들 귀교, 귀권들은 다른 국내 일반 중국인들과는 다소의 차이점을 가지고 있기 때문에 그러한 차이점을 인정하고 그들을 대해야 할 것이라는 것이다. 예컨대 이들은 그들 가족 구성원의 일부가 외국에 거주하는 경우가 대부분이어서 자연히 외국 가족들과의 교류나 내왕 등이 다른 사람들과는 달리 빈번할 수밖에 없으며 이에 따른 적당한 고려를 해야 함은 당연하다는 것이다. 여하튼 개혁개방기의 중국의 귀교, 교권들에 대한 '16자 원칙'은 이를 통해서 귀국 화교들의 합법적인 권익을 보호하고, 또 이들을 사회주의 건설 대열로 적극적으로 동참시키려는 데 목적이 있었다고 볼 수 있다.[24]

그리고 1990년9월 제7기전국인민대표대회 상무위원회 제15차회의에서는 '中華人民共和國歸僑僑眷權益保護法'이 제정되어, 다음해 91년 1월 1일부터 시행되게 되면서 이들에 대한 보다 구체적인 보호 조치가 명문화되었다.[25]

---

[23] 위의 책, pp. 118-120
[24] 위의 책, pp.119-121
[25] 하위법인 '歸僑僑眷權益保護法實施辦法'과 '省一級'歸僑僑眷權益保護法'實施辦法' 등도 각각 제정 실시되었다.

전문 22개조로 된 이 법은 제1조에서 법률 제정의 목적을 '귀교, 교권의 합법적 권리와 이익을 보호'하는 데 있음을 분명히 했다. 또 제2조에서는 華僑, 歸僑, 僑眷의 정의를 공식적으로 내리고 있는데, '화교'라는 것은 국외에 정주하는 중국 공민이라는 것이며, '귀교'라는 것은 모국으로 귀국하여 정주하고 있는 화교이며, '교권'이란 화교, 귀교의 국내에 있는 친척, 즉 화교, 귀교들의 배우자, 부모와 그 배우자, 형제자매, 조부모, 손, 및 화교, 귀교와 장기간에 걸쳐 부양관계에 있는 그밖의 친족을 말한다고 각각 밝히고 있다. 중국에서 법률에 의해서, 화교, 귀교, 교권의 정의가 공식화된 것은 이것이 처음으로 이는 중국 화교정책의 대상별 차별성을 구체화한 작업으로서의 의미가 크다고 볼 수 있다. 이 법에서는 또 귀교와 교권의 권리와 의무를 명확히 하여, 어떤 조직이나 단체도 그들을 차별해서는 안 될 뿐 아니라, 국가는 그들에 대해서 적절한 배려를 해야 하며, 그 구체적인 조치는 국무원과 관계기관이 정하도록 하고 있다(제3조). 뿐만 아니라 여기서는 귀교들에 대한 주거, 직장 등의 보장(4조), 이들에 대한 인민대표대회 의석의 특별 배당(현재는 35명) 등의 보호책이 포함되어 있다.(제5조)

이밖에도 귀교와 교권들에 대한 사단 설립의 권리(6조), 농장이나 임업장의 설치와 그 경영의 원조(7조), 이들의 자본투자에 대한 지방정부의 지지와 법적인 보호(8조), 그리고 이들의 공익사업(교량, 도로, 노인 홈, 유치원 등의 건설) 경영에 대한 지방정부 지지 및 법적 보호, 세제 면에서의 우대(9조), 가옥 사유의 보호(10조), 귀교 자녀 및 화교 자녀들의 중국 국내에서의 진학, 취직 배려(11조), 화교로부터 송금된 돈의 보호(12조), 유산 상속의 보장(13조), 국외의 친지들과의 왕래, 통신의 보장(14조), 친척 방문을 위한 출국 보장(16조), 국외에서의 정주 보장(17조), 유학의 보장(18조), 국외에서의 권익 보장(19조), 합법적 권리가 침범되었을 경우 관계기관, 재판소에 제소할 수 있는 권리(20조) 등이 구체적으로 명기되어 있다.26)

귀교들의 권익보호와 이들의 중국 투자를 적극적으로 유치하려는 노력은 중앙정부뿐 아니라 지역과 도시 단위에서도 활발한데, 그러한 노력의 구체적인 예의 하나가 최근 북경시가 해외 유학생들이 적극적으로 귀국하여 창업할 것을 유도키 위해 제정 공포한 '北京市鼓勵留學人員來京創業工作若干規定'이다.27) 이 규정에서는 호적 관리상의 우대정책을 특별히 설정, 유학생들의 입출국의 자유를 보장함을 물론, 이들에게는 출국 전의 호적지가 어디이든 이를 불문하고 북경에서 창업하는 것을 환영하며, 이들의 북경 거주기간 또한 자유로이 선택케 하고 있다. 또한 유학생들이 북경으로 돌아와서 직접 자본을 투자하여 사업을 하는 형태를 취하든, 아니면 간접투자의 방식을 취하든 다양한 형태의 투자를 자유롭게 허용하고, 유학생들의 해외에서의 경력과 학력 및 전문지식의 수준에 따라 그에 상당하는 대우를 하며, 또 개별 기업 단위에 초빙된 경우의 보수는 그들이 구체적인 실적에 따라서 지급하며, 또 이들이 북경에 와서 기술개발이나 이와 관련된 영업으로 얻은 수입에 대해서는 영업세를 면제할 뿐 아니라, 또 이들이 과학기술구역 내에서 창업했을 경우 사업 기간 내에 취득한 수입 중에서 합법적으로 납세한 후의 나머지 수입에 대해서는 이를 자유로이 국외로 반출할 수 있게까지 하고 있다.28)

북경시는 현재 외국에서 유학 중에 있는 유학생 30여만 명 중에서 그 80%가 중국에 돌아와서 창업하려는 희망을 가지고 있으며, 그리고 이들 중의 60%는 그 창업대상지를 북경으로 희망하고 있다고 파악, 이들에 대한 보다 적극적인 귀국 독려책을 통하여 이들의 북경에서의 효과적인 창업과 기술력의 발현을 통한 북경, 내지는 중국의 산업발전을 유도하려 하고 있다.

---

26) 『中國僑務法律法規概述』, 제5장
27) 『華聲報』, 2000년5월12일
28) 이밖에도 북경시는 구체적으로 북경으로 돌아와 사업을 하려는 유학생들을 장려하기 위해 '북경시유학인원창업장'제도 등을 만들어 이들에 대한 유인책을 쓰고 있다. http://huashengnews.com/htm/news/qqhr.htm

특히 최근 들어 이러한 일련의 귀교들을 위한 편의제공과 더불어 더욱 구체적으로 단일국적제의 기본 틀을 유지하면서도 이들의 중국 출입국과 중국 내에서의 활동에 불편을 최소화하기 위한 각종 제도들이 보다 다양하게 모색되어 왔다. 어떤 학자들은 이들 해외화교들이나 귀교들에 대해서 당장 중국 국적법을 개정하여 대처하기는 어렵기 때문에 이들에게도 현재 홍콩과 마카오 주민들에게 발부하여 사용하고 있는 '回鄕證'제도를 원용할 수 있을 것이며, 또 외적화인들에게 홍콩적인 방법을 차용하여 중국에 들어와서 살고 있는 외국국적 화인들에게 '중국공민(해외)여권'(中國公民(海外)護照)을 발급하여 이들의 편의를 도모할 수도 있을 것으로 제의한 바도 있다.29)

그러나 더욱 본격적인 것은 이들 중국에 돌아와서 활동하는 위에서 거론한 일정한 조건을 충족하는 외국적의 중국인들을 비롯한 외국인들에게 영구거주 자격인 '녹색카드'(綠卡)제도를 본격적으로 실시하고 있는 점이다. 중국정부

는 國務院 비준을 거쳐 2004년 8월 15일, 공안부장 周永康과 외교부장 李肇星이 '外國人在中國永久居留審批 管理變法'을 정식으로 서명 발표함으로써 외국인 영구 거류증인 '녹색카드' 제도가 정식으로 발효되면서 해외의 화교들을 포함한 영주외국인들에 국내 거주에서의 제한이 대폭적으로 없어지고 각종 편의가 제도적으로 보장받게 되었다.

이 제도의 시행으로 우선 영주거주 자격을 가진 외국인들에게는 중국거주

---

29) http://www.cnwnc.com/20041103/ca1245850.htm

의 기한제한이 철폐되었고, 출입국도 별도의 입국사증을 반복적으로 받을 필요도 없이 이 녹색카드의 지참으로 자유로운 입출입이 보장되었다. 뿐만 아니라 영주거주증을 받은 외국인은 중국에서의 그들의 거주나 주택은 물론 취업에서의 제한 또한 받지 않게 되었다.

  그러나 이렇듯 다양한 편의를 제공하면서 실질적으로 중국 내국인들과 별다른 차별을 받지 않으면서 중국에서의 영주거주와 활동이 보장된 녹색카드 제도는 그 부여조건이 상당히 까다롭다. 이 카드의 신청대상자로는 크게 4가지 부류를 들고 있는데 첫째, 중국의 경제, 과학기술과 사회발전을 크게 기여하는 기관에 근무하는 외국인 고위간부, 둘째, 중국에 거액을 투자한 외국인, 셋째, 중국에 대해서 다대한 공헌을 했거나 국가가 특별히 필요한 외국인, 넷째는 부부결합이나 부모의 양육을 받는 미성년자, 친척들의 도움을 받는 노인들이 그들이다. 위의 자격을 가진 외국인이 녹색카드 신청을 하게 되면 이를 접수한 공안기관은 6개월 이내에 이에 대한 가부를 결정하게 되며, 녹색카드는 유효기간을 두 종류로 나눠 발급(5년, 10년)하며, 5년 유효카드는 미성년자에, 10년 유효 카드는 성년에게 발급된다.[30]

4. 맺는 말

  탈냉전적 세계 질서의 재편과정에서 두드러지게 나타나고 있는 세계화의 확산은 인적 교류의 대폭적인 증가현상을 가속화시키고 있으며, 이러한 과거

---

[30] 2003년 중국에 출입한 외국인 수는 2200여만, 장기거주외국인은 23만 여명.
  『珠江時報』, 2004.08.21자

에 없던 국경을 넘나들고 있는 인적 교류의 확산은 개별국가의 국적제도에도 새로운 많은 문제를 던지고 있다.

중국에 오랫동안 견지되어 오던 단일국적제 또한 이러한 세계화의 추세확산에 따른 국내외적인 인적환경의 변화 속에서 새로운 변화를 모색하고 있다. 아직까지 원칙적인 수준에서는 기존의 단일국적제를 중심으로 한 원시국적제를 본격적으로 손질하는 데까지는 이르지 못하고 있으나, 실제적인 운영과정에서는 변화된 내외환경을 상당부분 적극적으로 받아들여 과거에 없던 귀화제도의 확대, 조건부 이중국적제 허용범위의 확대를 비롯하여 중국에서 장기적으로 생활하고 있는 화교를 비롯한 외국인들에 대한 장기거주증인 '녹색카드'제를 발급하는 등으로 착실하게 이중국적제에 근접한 정책적인 접근에 인색하지 않고 있다.

그러나 이같은 제한적인 국적제도의 개방조치로서는 근본적인 문제해결이 어렵다는 판단 아래 많은 전문학자들이나, 관계 단체 또는 해외의 현지 화교사회는 중국정부가 더 이상 과거의 패쇄적인 단일국적제를 폐지하고, 보다 적극적인 중국동포들의 편의를 도모하기 위해 대만에서 시행하고 있는 것과 같은 이중국적제를 전면 실시할 것을 계속적으로 요구하고 있는 실정이어서, 이 같은 국적정책에 대한 명분과 실제 사이의 괴리를 어떻게 조화시켜 나갈지가, 향후 중국정부가 해결해야 할 중요한 정치적 현안의 하나로 점점 강력하게 부상되고 있다.

〈자료 1〉

中華人民共和國國籍法

(1980年9月10日第五屆全國人民代表大會第三次會議通過,
1980年9月10日全國人民代表大會常務委員會委員長第八号令公布實施)

第一條 中華人民共和國國籍的取得、喪失和恢复, 皆适用本法.

第二條 中華人民共和國是統一的多民族的國家, 各民族的人都具有中國國籍.

第三條 中華人民共和國不承認中國公民具有双重國籍.

第四條 父母双方或一方爲中國公民, 本人出生在中國, 具有中國國籍.

第五條 父母双方或一方爲中國公民, 本人出生在外國, 具有中國國籍; 但父母一方爲中國公民爲幷定居在外國, 本人出生時卽具有外國國籍的, 不具有中國國籍.

第六條 父母无國籍或國籍不明, 定居在中國, 本人出生在中國, 具有中國國籍.

第七條 外國人或无國籍人, 愿意遵守中國憲法和法律, 幷具有下列條件之一的, 可以經申請批准加入中國國籍:

　　1. 中國人的近親屬;

　　2. 定居在中國的;

　　3. 有其它正当理由的.

第八條 申請加入中國國籍獲得批准的, 卽取得中國國籍; 被批准加入中國國籍的, 不得再保留外國國籍.

第九條 定居外國的中國公民, 自愿加入或取得外國國籍的, 卽自動喪失中國國籍.

第十條 中國公民具有下列條件之一的, 可以經申請批准退出中國國籍:

　　　　1. 外國人的近親屬;

　　　　2. 定居在外國的;

　　　　3. 有其它正当理由的.

第十一條 申請退出中國國籍獲得批准的, 卽喪失中國國籍.

第十二條 國家工作人員和現役軍人, 不得退出中國國籍.

第十三條 曾有過中國國籍的外國人, 具有正当理由, 可以申請恢夏中國國籍; 被批准恢夏中國國籍的, 不得再保留外國國籍.

第十四條 中國國籍的取得、喪失和恢夏, 除第九條規定的以外, 必須辦理申請手續. 未滿十八周歲的人, 可由其父母或其他法定代理人代爲辦理申請.

第十五條 受理國籍申請的机關, 在國內爲当地市、縣公安局, 在國外爲中國外交代表机關和領事机關.

第十六條 加入、退出和恢夏中國國籍的申請, 由中華人民共和國公安部審批. 經批准的, 由公安部發給証書.

第十七條 本法公布前, 已經取得中國國籍的或已經喪失中國國籍的, 繼續有效.

第十八條 本法自公布之日起施行.

〈관계법〉

中華人民共和國歸僑僑眷權益保護法

(第九屆全國人民代表大會常務委員會第十八次會議修正)

2000年10月23日至31日

第一條 爲了保護歸僑、僑眷的合法的權利和利益, 根据憲法, 制定本法.

第二條 歸僑是指回國定居的華僑. 華僑是指定居在國外的中國公民. 僑眷是指華僑、歸僑在國內的眷屬. 本法所称僑眷包括: 華僑、歸僑的配偶, 父母, 子女及其配偶, 兄弟姐妹, 祖父母、外祖父母, 孫子女、外孫子女, 以及同華僑、歸僑有長期扶養關系的其他親屬.

第三條 歸僑、僑眷享有憲法和法律規定的公民的權利, 幷履行憲法和法律規定的公民的義務, 任何組織或者个人不得歧視. 國家根据實際情况和歸僑、僑眷的特点, 給予适当照顧, 具体辦法由國務院或者國務院有關主管部門規定.

第四條 縣級以上各級人民政府及其負責僑務工作的机构, 組織協調有關部門做好保護歸僑、僑眷的合法權益的工作.

第五條 國家對回國定居的華僑給予安置.

第六條 全國人民代表大會和歸僑人數較多地區的地方人民代表大會應当有适当名額的歸僑代表.

第七條 歸僑、僑眷有權依法申請成立社會團体, 進行适合歸僑、僑眷需要的合法的社會活動. 歸僑、僑眷依法成立的社會團体的財産受法律保護, 任何組織或者个人不得侵犯.

第八條 中華全國歸國華僑聯合會和地方歸國華僑聯合會代表歸僑、僑眷的
利益，依法維護歸僑、僑眷的合法權益.

第九條 國家對安置歸僑的農場、林場等企業給予扶持，任何組織或者个人
不得侵占其合法使用的土地，不得侵犯其合法權益. 在安置歸僑
的農場、林場等企業所在的地方，可以根据需要合理設置學校和医
療保健机构，國家在人員、設備、經費等方面給予扶助.

第十條 國家依法維護歸僑、僑眷職工的社會保障權益. 用人單位及歸僑、
僑眷職工應当依法參加当地的社會保險，繳納社會保險費用. 對
喪失勞動能力又无經濟來源或者生活确有困難的歸僑、僑眷，　当
地人民政府應当給予救濟.

第十一條 國家鼓勵和引導歸僑、僑眷依法投資興辦產業，特別是興辦高新技
術企業，各級人民政府應当給予支持，其合法權益受法律保護.

第十二條 歸僑、僑眷在國內興辦公益事業，各級人民政府應当給予支持，其
合法權益受法律保護. 歸僑、僑眷境外親友捐贈的物資用于國內
公益事業的，依照法律、行政法規的規定減征或者免征關稅和進口
环節的增值稅.

第十三條 國家依法保護歸僑、僑眷在國內私有房屋的所有權. 依法征用、拆
遷歸僑、僑眷私有房屋的，建設單位應当按照國家有關規定給予合
理補償和安善安置.

第十四條 各級人民政府應当對歸僑、僑眷就業給予照顧，提供必要的指導和
服務. 歸僑學生、歸僑子女和華僑在國內的子女升學，按照國家
有關規定給予照顧.

第十五條 國家保護歸僑、僑眷的僑匯收入.

第十六條 歸僑、僑眷有權接受境外親友的遺贈或者贈与. 歸僑、僑眷繼承境外
遺產的權益受法律保護. 歸僑、僑眷有權處分其在境外的財產.

第十七條 歸僑、僑眷与境外親友的往來和通訊受法律保護.

第十八條 歸僑、僑眷申請出境, 有關主管部門應당在規定期限內辦理手續. 歸僑、僑眷确因境外直系親屬病危、死亡或者限期處理境外財産等特殊情況急需出境的, 有關主管部門應당根据申請人提供的有效証明优先辦理手續.

第十九條 國家保障歸僑、僑眷出境探親的權利. 歸僑、僑眷職工按照國家有關規定享受出境探親的待遇.

第二十條 歸僑、僑眷可以按照國家有關規定申請出境定居, 經批准出境定居的, 任何組織或者个人不得損害其合法權益. 离休、退休、退職的歸僑、僑眷職工出境定居的, 其离休金、退休金、退職金、養老金照發.

第二十一條 歸僑、僑眷申請自費出境學習、講學的, 或者因經商出境的, 其所在單位和有關部門應당提供便利.

第二十二條 國家對歸僑、僑眷在境外的正당權益, 根据中華人民共和國締結或者參加的國際條約或者國際慣例, 給予保護.

第二十三條 歸僑、僑眷合法權益受到侵害時, 被侵害人有權要求有關主管部門依法處理, 或者向人民法院提起訴訟. 歸國華僑聯合會應당給予支持和帮助.

第二十四條 國家机關工作人員玩忽職守或者濫用職權, 致使歸僑、僑眷合法權益受到損害的, 其所在單位或者上級主管机關應당責令改正或者給予行政處分; 构成犯罪的, 依法追究刑事責任.

第二十五條 任何組織或者个人侵害歸僑、僑眷的合法權益, 造成歸僑、僑眷財産損失或者其他損害的, 依法承担民事責任; 构成犯罪的, 依法追究刑事責任.

第二十六條 違反本法第九條第一款規定, 非法占用安置歸僑的農場、林場合
法使用的土地, 有關主管部門應当責令退還; 造成損失的, 依法
承担賠償責任.

第二十七條 違反本法第十三條規定, 非法侵占歸僑、僑眷在國內私有房屋的,
有關主管部門應当責令退還; 造成損失的, 依法承担賠償責任.

第二十八條 違反本法第二十條第二款規定, 停發、扣發、侵占或者挪用出境
定居的歸僑、僑眷的离休金、退休金、退職金、養老金的, 有關
單位或者有關主管部門應当責令補發, 并依法給予賠償; 對直
接負責的主管人員和其他直接責任人員, 依法給予行政處分; 构
成犯罪的, 依法追究刑事責任.

第二十九條 國務院根据本法制定實施辦法. 省、自治區、直轄市的人民代表大
會常務委員會可以根据本法和國務院的實施辦法, 制定實施辦法.

中華人民共和國歸僑僑眷權益保護法實施辦法

中華人民共和國國務院令(第410号)

≪中華人民共和國歸僑僑眷權益保護法實施辦法≫
已經2004年6月4日國務院第53次常務會議通過, 現予公布,
自2004年7月1日起施行.

總 理 溫家宝

二〇〇四年六月二十三日

第一條 根据≪中華人民共和國歸僑僑眷權益保護法≫的規定, 制定本辦法.

第二條 歸僑、僑眷的身份, 由其常住戶口所在地的縣級以上地方人民政府
負責僑務工作的机构根据本人申請審核認定.

　　与華僑、歸僑有長期扶養關系的親屬申請認定僑眷身份的, 應当
提供由公証机构出具的扶養証明.

第三條 華僑、歸僑去世后或者華僑身份改變后, 其國內眷屬原依法認定的
僑眷身份不變.

　　依法与華僑、歸僑及其子女解除婚姻關系, 或者与華僑、歸僑解
除扶養關系的, 其原依法認定的僑眷身份喪失.

第四條 縣級以上地方各級人民政府應当重視和加强歸僑、僑眷合法權益保護工作.

　　縣級以上人民政府負責僑務工作的机构應当組織協調有關部門
做好保護歸僑、僑眷合法權益的工作,　并組織開展本行政區域內歸

僑、僑眷權益保護的法律、法規執行情況的監督、檢查.

　　縣級以上人民政府有關部門應当在各自的職責范圍內做好歸僑、僑眷合法權益的保護工作.

第五條 華僑要求回國定居的, 按照國家有關出入境管理的規定核發回國定居証明.

第六條 地方人民政府和有關部門對回國定居的華僑, 按照國家有關規定給予安置.

第七條 中華全國歸僑華僑聯合會以及地方歸僑華僑聯合會按照其章程開展活動, 維護歸僑、僑眷的合法權益.

　　歸僑、僑眷有權依法申請成立其他社會團体, 進行适合歸僑、僑眷需要的合法的社會活動.

　　歸僑、僑眷社會團体的合法權益以及按照章程進行的合法活動, 受法律保護; 其依法擁有的財産, 任何組織或者个人不得侵占、損害.

第八條 各級人民政府核撥給安置歸僑的農場、林場等企業的專項經費應当專款專用, 任何組織和个人不得挪用、截留或者私分.

　　地方人民政府應当對安置歸僑的農場、林場等企業給予扶持.

第九條 安置歸僑的農場、林場等企業合法使用的土地、山林、灘涂、水面等資源, 企業依法享有使用權, 其擁有的生産資料、經營的作物、生産的産品, 任何組織或者个人不得侵占、損害; 國家依法征收或者征用安置歸僑的農場、林場的土地的, 依法給予補償.

第十條 在安置歸僑的農場、林場等企業所在的地方設置的學校、医療保健机構, 應当納入地方人民政府的教育、衛生規划, 統一管理.

第十一條 國家依法維護歸僑、僑眷的社會保障權益. 用人單位和歸僑、僑眷應当依法參加当地的社會保險, 繳納社會保險費. 參加社會保險的歸僑、僑眷依法享受社會保險待遇.

　　地方人民政府對生活确有困難的歸僑、僑眷, 應当給予救濟, 并對其生産、就業給予扶持; 依法保障喪失勞動能力又无經濟來源的歸僑、僑眷的基本生活.

第十二條　歸僑、僑眷依法投資開發荒山、荒地、灘涂, 或者從事農業、林業、牧業、漁業生産, 有關地方人民政府應当給予支持.

第十三條　歸僑、僑眷在國內興辦公益事業, 各級人民政府及其有關部門應当給予支持, 其合法權益受法律保護.

歸僑、僑眷境外親友捐贈的物資用于國內公益事業的, 依法減征或者免征關稅和進口环節的增值稅.

歸僑、僑眷及其境外親友在境內投資的企業捐贈的財産用于公益事業的, 依法享受所得稅优惠.

歸僑、僑眷境外親友向境內捐贈財産的, 縣級以上人民政府負責僑務工作的机构可以協助辦理有關入境手續, 爲捐贈人實施捐贈項目提供帮助, 并依法對捐贈財産的使用与管理進行監督.

第十四條　國家依法保護歸僑、僑眷在國內私有房屋的所有權. 歸僑、僑眷對其私有房屋, 依法享有占有、使用、收益和處分的權利, 任何組織或者个人不得侵犯.

第十五條　租賃歸僑、僑眷的私有房屋, 須由出租人和承租人簽訂租賃合同, 并到房屋所在地的房産管理部門登記備案. 租賃合同終止時, 承租人應当將房屋退還出租人.

第十六條　依法拆遷歸僑、僑眷私有房屋的, 拆遷人應当按照國家有關房屋拆遷管理的規定給予貨幣補償或者實行房屋産權調換. 按照政府規定的租金標准出租的歸僑、僑眷的私有房屋被拆遷的, 補償安置的辦法由國務院建設主管部門會同有關部門規定.

第十七條　華僑子女回國就讀實施義務敎育的學校, 應当視同当地居民子女辦理入學手續; 歸僑學生、歸僑子女和華僑在國內的子女報考國家擧辦的非義務敎育的學校, 敎育等有關部門應当按照國家有關規定結合本地區實况給予照顧.

第十八條 僑匯是歸僑、僑眷的合法收入, 其所有權受法律保護, 任何組織或者个人不得侵占、延遲支付、强行借貸或者非法凍結、沒收.

第十九條 歸僑、僑眷需要赴境外處分財産或者接受遺産、遺贈、贈与的, 有關部門和我國駐外國的外交(領事)机构或者外交部授權的其他駐外机构, 可以根据歸僑、僑眷的請求提供必要的協助.

第二十條 歸僑、僑眷的通信自由和通信秘密受法律保護, 任何組織或者个人不得非法開拆、隱匿、毀弃或者盜竊歸僑、僑眷的郵件. 歸僑、僑眷的給据郵件丟失、損毀、內件短少的, 郵政部門應当依法賠償.

第二十一條 歸僑、僑眷申請出境的, 有關主管部門應当在規定的期限內依法辦理手續.

歸僑、僑眷因境外直系親屬病危、死亡或者處理境外財産等特殊情況急需出境的, 有關主管部門應当根据申請人提供的有效証明优先辦理.

第二十二條 歸僑、僑眷按照國家有關探親規定享受出境探親待遇.

第二十三條 按照國家規定退休(离休)的歸僑、僑眷獲准出境定居的, 按照國家規定享受的退休(离休)待遇不變. 其養老金可以委托他人領取, 但需每年向原工作單位或者負責支付養老金的社會保險經辦机构提供由我國駐其所在國的外交(領事)机构或者所在國公証机构出具的本人生存証明文件.

歸僑、僑眷退休(离休)后出境定居又回國就医的, 按照当地有關規定享受相應的医療待遇.

不符合國家規定退休條件的歸僑、僑眷職工獲准出境定居的, 按照國家有關規定辦理辭職、解聘、終止勞動關系手續, 按照國家有關規定享受一次性离職費及相關待遇, 已經參加基本養老保險、基本医療保險的, 由社會保險經辦机构按照國家有關規定一次性結清應歸屬其本人的費用, 并終止其基本養老保險、基本医療保險關系.

　　歸僑、僑眷獲准出境定居,　出境前依法參加前款規定以外的其他
社會保險的,　按照國家有關規定享受相應的社會保險待遇.

第二十四條　歸僑、僑眷在獲得前往國家(地區)的入境簽証前,　所在工作單位或
　　　　　者學校不得因其申請出境而對其免職、辭退、解除勞動關系、停
　　　　　發工資或者責令退學,　幷且不得收取保証金、抵押金.

　　歸僑、僑眷按照國家有關探親規定獲准出境探親的,　在批准的假
期內,　其工作、租住的公房應当保留.

第二十五條　歸僑、僑眷出境探親或者定居的,　按照規定可以兌換外匯;　出境
　　　　　定居的,　其領取的社會保險金、住房公積金可以按照規定兌換外
　　　　　匯匯出或者携帶出境.

第二十六條　我國駐外國的外交(領事)机构根據我國締結或者參加的國際條約或
　　　　　者國際慣例,　保護歸僑、僑眷在境外的合法權益.

　　歸僑、僑眷在境外有養老金、撫恤金等需要領取的,　我國駐外國
的外交(領事)机构可以根據其請求提供必要的協助.

第二十七條　歸僑、僑眷的合法權益受到侵害的,　有權要求有關主管部門依法處
　　　　　理,　或者向人民法院起訴. 對有經濟困難的歸僑、僑眷,　当地法律
　　　　　援助机构應当依法爲其提供法律援助. 各級歸國華僑聯合會應当給
　　　　　予支持和帮助.

第二十八條　經辦僑務專項經費的机构、人員,　違反本辦法規定,　挪用、截留、私
　　　　　分僑務專項經費的,　對直接負責的主管人員和其他直接責任人員依
　　　　　法給予行政處分或者紀律處分;　构成犯罪的,　依法追究刑事責任.
　　　　　被挪用、截留、私分的僑務專項經費,　由其主管部門責令追回.

第二十九條　國家机關工作人員濫用職權、玩忽職守、徇私舞弊,　致使歸僑、僑
　　　　　眷合法權益受到損害的,　　對直接負責的主管人員和其他直接責任
　　　　　人員依法給予行政處分或者紀律處分;　构成犯罪的,　　依法追究刑

事責任.

第三十條 本辦法自２００４年７月１日起施行. １９９３年７月１９日國務院發布
的≪中華人民共和國歸僑僑眷權益保護法實施辦法≫同時廢止.

中華人民共和國台湾同胞投資保護法

一九九四年三月五日第八屆全國人民代表大會常務委員會第六次會議通過
中華人民共和國主席令(第二十号) 1994年3月5日公布, 自公布之日起施行.

第一條 爲了保護和鼓勵台湾同胞投資, 促進海峽兩岸的經濟發展, 制定本法.

第二條 台湾同胞投資适用本法: 本法未規定的, 國家其他有關法律、行政
法規對台湾同胞投資有規定的, 依照該規定執行.

　　本法所称台湾同胞投資是指台湾地區的公司、企業、其他經濟
組織或者个人作爲投資者在其他省、自治區和直轄市投資.

第三條 國家依法保護台湾同胞投資者的投資、投資收益和其他合法權益.
台湾同胞投資必須遵守國家的法律、法規.

第四條 國家對台湾同胞投資者的投資不實行國有化和征收; 在特殊情況下,
根据社會公共利益的需要, 對台湾同胞投資者的投資可以依照法
律程序實行征收, 并給予相應的補償.

第五條 台湾同胞投資者投資的財産、工業産權、投資收益和其他合法權益, 可
以依法轉讓和継承.

第六條 台湾同胞投資者可以用可自由兌換貨幣、机器設備或者其他實物、
工業産權、非專利技術等作爲投資.

　　台湾同胞投資者可以用投資獲得的收益進行再投資.

第七條 台湾同胞投資, 可以擧辦合資經營企業、合作經營企業和全部資本
由台湾同胞投資者投資的企業(以下統称台湾同胞投資企業), 也可
以采用法律、行政法規規定的其他投資形式.

擧辦台湾同胞投資企業, 應当符合國家的産業政策, 有利于國民經濟的發展.

第八條 設立台湾同胞投資企業, 應当向國務院規定的部門或者國務院規定的地方人民政府提出申請, 接到申請的審批機關應当自接到全部申請文件之日起四十五日內決定批准或者不批准.

　　設立台湾同胞投資企業的申請經批准后, 申請人應当自接到批准証書之日起三十日內, 依法向企業登記机關登記注冊, 領取營業執照.

第九條 台湾同胞投資企業依照法律、行政法規和經審批机關批准的合同、章程進行經營管理活動, 其經營管理的自主權不受干涉.

第十條 在台湾同胞投資企業集中的地區, 可以依法成立台湾同胞投資企業協會, 其合法權益受法律保護.

第十一條 台湾同胞投資者依法獲得的投資收益、其他合法收入和清算后的資金, 可以依法匯回台湾或者匯往境外.

第十二條 台湾同胞投資者可以委托親友作爲其投資的代理人.

第十三條 台湾同胞投資企業依照國務院關于鼓勵台湾同胞投資的有關規定, 享受优惠待遇.

第十四條 台湾同胞投資者与其他省、自治區和直轄市的公司、企業、其他經濟組織或者个人之間發生的与投資有關的爭議, 当事人可以通過協商或者調解解決.

　　当事人不愿協商、調解的, 或者經協商、調解不成的, 可以依据合同中的仲裁條款或者事后達成的書面仲裁協議, 提交仲裁机构仲裁.

　　当事人未在合同中訂立仲裁條款, 事后又未達成書面仲裁協議的, 可以向人民法院提起訴訟.

第十五條 本法自公布之日起施行.

[1] 此爲教育部2002-2003年重点課題"籌建華僑華人學科調查報告"的階段性成果. 作者在此對北京大學法學院的張騏教授和劉泉同學爲本人提供有關資料信息表示深深的謝意. 本文的 "華僑"是指定居在國外的中國籍僑民; "華人"是指已取得定居國國籍的原華僑或華裔, 特此說明.

[2] 關于這方面的學術文章不多. 參見楊玉斌: "論國籍唯一原則", ≪河北法學≫, 1997年第5期; 盧以品: "一人一籍原則的再論証", ≪湖北三峽學院學報≫第22卷增刊(2000年8月).

[3] 關于中國學者對這一問題較權威的研究, 參見周南京、梁英明: "略論中國血統主義的歷史作用", ≪華僑歷史≫, 1986年第4期; 蔡仁龍: "印度尼西亞華僑國籍問題的産生及其演變", 福建省華僑歷史會編: ≪華僑歷史論叢≫, 第二輯(1985年). 還可參見吳前進: ≪國家關系中的華僑華人和華族≫, 新華出版社, 2003年, 第126-54頁; 劉華: ≪華僑國籍問題与中國國籍立法≫, 广東人民出版社, 2004年, 第160-92頁; 程希: "從'双重國籍'的放弃看中國僑務与外交的關系", ≪東南亞研究≫, 2004年第3期.

[4] "(政治法律270)政協九屆二次會議提案第2172号", "中華人民共和國公安部公提字(1999)104号: 對政協九屆全國委員會第二次會議第2172号提案的答夏", 選自全國政協提案委員會: ≪把握人民的意愿≫, 新世界出版社, 2003年, 第2卷, 第476-478頁.

[5] 參見"加拿大中國商會關于恢夏双重國籍的討論綜述"的附件, 載加拿大-中國商會网站(Canada-China Business Association), 2000年5 月. 國內与香港一些媒体所載文章多將此次問卷与2003年10月份進行的調查混爲一談. 參見"華人渴望中國承認双重國籍", ≪鏡報月刊≫2004年11月号.

[6] 關于曹思源的觀点, 還可參見石具: "承認双重國籍, 容納海外華僑", 引自辣椒城(www.chilicity.com), 2004年3月12日.

[7] 注意此處的"中國政府應該允許中國移民在**承認双重國籍的國家**入籍公民后保留中國國籍, 卽**對應承認双重國籍**"的提法. 片面認爲他們要求中國政府无區別地承認双重國籍, 是一种曲解, 也是不公正的.

[8] 參見矯海濤: "海外華人是民族夏興的偉大力量: 紀念祖國國慶55周年兼談承認双重國籍國策", 引自BeiFang.ca(North Chinese Community); 矯海濤: "談双重國籍 - 寫在國慶55周年之際", 引自http: //creaders.net, 2004年9月29日, 万維讀者网.

[9] 王輝耀: ≪海歸時代≫, 中央編譯出版社, 2004年.

[10] "新西蘭僑胞陳書呼求双重國籍", ≪國際先驅導報≫, 2004年12月2日.

[11] "委內瑞拉總統頒布大赦, 六万中國人受益", http: //www.sina.com.cn 2004年12月24日浙江在線.

[12] "全國政協十屆二次會議提案第0222号", "中華人民共和國公安部2004年5月10日公提字〔2004〕68号函夏", 全國政協提案委員會: ≪把握人民的意愿≫, 新世界出版社, 2005年, 第614-618頁.

[13] "國務院僑辦: 實施双重國籍條件還不成熟", http: //www.sina.com.cn 2004年12月23日新華网.

[14] "中國官員: 中國擬實行'双重國籍'吸引海外优才", http: //www.sina.com.cn 2004年12月29日華夏經緯网. 由于多个媒体采用"双重國籍"的提法報道了這一消息, 中國科技部不得不出面糾正這一說法. "劉副部長的原話是: 目前國際上許多國家都非常重視對境外留學人員的吸引. 例如印度采取了'双重國籍'的方式, 而我國是采取'永久居留權'作法—也就是所謂的綠卡'. 劉燕華在此會上幷未談及中國考慮'双重國籍'的問題."≪競報≫, 2004年12月30日.

[15] 李双元、蔣新苗主編: ≪現代國籍法≫, 湖南人民出版社, 1999年, 第5-7頁; 金默生、柴發邦: ≪中華人民共和國國籍法講話≫, 群衆出版社, 1981年, 第1-4頁.

[16] 參見李浩培: 《國籍問題的比較研究》, 商務印書館, 1979年, 第49-50頁. 對个別國家的國籍法原則有不同看法. 李浩培在此將阿根廷列爲以出生地主義爲主, 以血統主義爲輔的國家, 有學者認爲阿根廷采取的是出生地主義原則, 參見金默生、柴發邦: 《中華人民共和國國籍法講話》, 第6頁.

[17] 金默生、柴發邦: 《中華人民共和國國籍法講話》, 第33頁. 關于因收養産生的双重國籍問題, 參見李双元、蔣新苗主編: 《現代國籍法》, 第108-109頁. 我國目前頒布的有關涉外收養的法律規定有《收養法》(1991年)、《關于外國人在中華人民共和國辦理收養登記若干問題的通知》(1992年)和《外國人在中華人民共和國收養子女實施辦法》(1993年). 關于外國人在華收養子女的法律的問題, 參見梁淑英主編: 《外國人在華待遇》, 中國政法大學出版社, 1997年, 第409-413頁.

[18] 湯加政府特意制定"受保護者護照"這一計划, 幷明确規定, 受保護者護照"只是旅行証件, 幷非公民護照", 購買此种護照的費用爲10,000-20,000美元之間, 湯加政府希望從這一計划中賺取一亿美元. 1996-1997年間, 西蘭摩亞媒体披露了湯加出現的非法買賣護照的交易. 參見Graham Hassall, "Citizenship in the Asia-Pacific: a Survey of Contemporary Issues," Alastair Davidson and Kathleen Weekley, ed, *Globalization and Citizenship in the Asia-Pacific,* Macmillan Press, 1999, p.61.

[19] 例如委內瑞拉駐香港總領事曾因出賣護照而被拘捕. 參見高琳: "論中國國籍的自動喪失", 《公安大學學報》, 1996年第6期, 第28頁.

[20] 本公約与兩个議定書("關于某种无國籍情況的議定書"与"關于双重國籍某种情況下兵役義務的議定書")于1937年7月1日生效. 中華民國政府于1934年12月18日批准本公約(聲明保留第四條"國家對于兼有另一國國籍的本國國民不得違反該另一國而施以外交保護."), 幷于1935年2月14日交存批准書. 中華人民共和國政府未承認本公約. 本公約及兩个

議定書, 可參見≪國際條約集(1924-1933)≫, 世界知識出版社, 1961
年, 第454-65頁.

[21] 楊玉斌: "論國籍唯一原則", 第23頁; 盧以品: "一人一籍原則的再論
證", 第139頁.

[22] "中國反思'單一國籍'應否改行'双重國籍'制", ≪國際先驅導報≫, 2004年
12月2日; "中國双重國籍問題探索", 引自http://www.51ielts.com
2002年7月18日, 无憂雅思网. 由于傳統的囿見, 對中國政府不承認
双重國籍這一政策的反面意見未見于學術刊物. 此觀点多出現在香港
報刊和网上. 最近, 贊成双重國籍的觀点以消息報道的方式出現于2004
年12月2日的≪國際先驅導報≫上.

[23] 例如陶正華教授曾指出, 中國政府如果承認双重國籍, 有可能使居住
國政府對中國人加入其國籍的動机産生怀疑, 有可能導致對中國人的
歧視, 包括增加中國人申請入籍的難度等. 一旦發生法律糾紛, 因爲
涉及到双重國籍和双重管轄問題, 有可能增加案件的處理難度. 參見
"中國不承認双重國籍政策對海外華人華僑有利", 2004年12月17日,
國際在線. 實際上, 卽使中國不承認双重國籍, 居住國對加入其國籍
的中國人的動机也可以産生怀疑, 也能導致對中國人的歧視(如1955
年中國廢除双重國籍后印尼發生的多次排華運動). 至于增加中國人
申請入籍的難度則与双重國籍无直接聯系, 這是一个國家根據對人力
資源的需求(如對高科技人才或投資者)和國內政治原因(如爲爭取選
票而實行大赦)等多方面因素決定的.

[24] 台湾当局的國籍政策仍保留血統主義原則, 視所有海外華人爲華僑. 由
于沒有中國國籍, 一些支持"一个中國"、反對"台獨"的華人在当地往往
會面臨一个尷尬的問題: "你們自己都失去了中國國籍, 作爲外國人,
你們有什么資格侈談中國的統一呢?"如果他們擁有中國國籍, 成爲法
理上認可的中國人, 他們就更能够理直气壮地說話. 參見"新西蘭僑胞

陳書呼求双重國籍", ≪國際先驅導報≫, 2004年12月2日.

[25] ≪關于國籍法冲突的若干問題的公約≫, ≪國際條約集(1924-1933)≫, 第455頁.

[26] 金默生、柴發邦: ≪中華人民共和國國籍法講話≫, 第34頁.

[27] 一說有70多个國家. 參見"中國不承認双重國籍政策 對海外華人華僑有利", 引自2004年12月17日, 國際在線. 一說約有90个國家, 參見"菲律賓總統簽署了双重國籍法案", http: //www.sina.com.cn 2003年8月29日新華网. 一說150多个國家. 參見"全國政協十屆二次會議提案第0222号", 第615頁.

[28] Graham Hassall, "Citizenship in the Asia-Pacific: a Survey of Contemporary Issues," p.61.

[29] Graham Hassall, "Citizenship in the Asia-Pacific: a Survey of Contemporary Issues," p.66.

[30] "Instruction regarding submission of application of dual nationality, July 1, 1998," http: //www. Bagladesh ConsulateLA.com.

[31] "Dual nationality allowed," "Notifications," Embassy of the Islamic Republic of Pakistan, Washington, D.C. August 29, 2002.

[32] Ruth Donner, *The Regulation of Nationality in International Law,* New York: Transnational Publishers, 1994 (second edition), pp.203-204.

[33] 參見丘立本: "從國際僑匯新動向看我國僑匯政策", ≪華僑華人歷史研究≫, 2004年第2期, 第9頁.

[34] 張應龍、黃朝暉: "印度僑民政策研究", ≪僑務工作研究≫, 2004年第6期, 第23頁.

[35] 賈海濤: "印度的双重國籍計划: 背景、內容、前景", ≪學術研究≫, 2003年第9期, 第148-51頁. 1月9日正是甘地1915年從南非回到印度領導獨立運動的日子, 選擇這一日子作爲海外印度人節意義深遠.

[36] 這16个國家是美國、加拿大、英國、澳大利亞、塞浦路斯、芬蘭、法國、希臘、愛爾蘭、以色列、意大利、荷蘭、新西蘭、葡萄牙、瑞典、瑞士. "Latest update on dual nationality (overseas Indian citizenship), December 23, 2003", Consulate General of India, New York, U.S.A. 還可參見Immihelp.com.网站上相關信息. 有的文章上称"印度政府只同意7个國家的海外印度人可以申請印度國籍, 這7个國家是美國、英國、加拿大、澳大利亞、新西蘭、新加坡和馬來西亞." 參見賈海濤: "印度的双重國籍計划: 背景、內容、前景", 第150頁. 這种說法顯然有誤.

[37] "澳大利亞修改法案 將允許其公民擁有双重國籍", http://www.sina.com.cn, 2001年8月3日 中國新聞网.

[38] "菲律賓總統簽署双重國籍法案", http://www.sina.com.cn 2003年8月29日 新華网.

[39] 普京在訪問烏克蘭時, 烏克蘭總統、總理以及烏克蘭公民都提出了俄烏双重國籍問題, 他因此敦促俄聯邦委員會(議會上院)主席米羅諾夫和國家杜馬(議會下院)主席格雷茲洛夫開始与烏克蘭議會領導人就俄烏實行双重國籍問題進行協商, 幷建議就此問題在俄烏兩國公衆中展開广泛討論. "從烏克蘭大選看俄烏關系中的双重國籍問題", http://jczs.sina.com.cn, 2004年11月26日, 光明日報. 俄羅斯曾与土庫曼斯坦有承認双重國籍的双邊協定, 2003年1月13日土庫曼斯坦宣布中止這一協定. 在獨聯体中, 俄羅斯僅与塔吉克斯坦有承認双重國籍的双邊協定, 目前, 除烏克蘭外, 已經出現要求俄羅斯与白俄羅斯、哈薩克斯坦等國之間實現双重國籍政策的呼吁, 以實現勞動力、資本、商品和服務在四國之間的自由流動.

[40] Stephen Castle, "Citizenship and the Other in the Age of Migration," Alastair Davidson and Kathleen Weekley, ed, *Globalization and*

Citizenship in the Asia-Pacific, p.35.

[41] 中國僑務系統包括全國人大華僑委員會、全國政協港澳台僑委員會、致公党、國務院僑辦、中國僑聯, 統称"五僑".

[42] 在處理香港居民双重國籍的問題上, 中國政府也采取了較爲寬松和務實的政策, 幷未要求当事人直接選擇國籍, 從而談化了中國國籍法第9條中有關喪失中國國籍的規定. 參見"全國人大常委會≪關于中華人民共和國國籍法≫在香港特別行政區實施的几个解釋≫", 張勇、陳玉田: ≪香港居民的國籍問題≫, 法律出版社, 2001年, 第180-181頁.

[43] 各國有關國籍或公民的法律不斷修正以适應需要. 以美國的公民法爲例, 每隔几年卽有補充修正. 近年來已有四次修正, 卽1978年公民法修正案(Pub.L. 95-432); 1986公民法修正案(Pub.L. 99-653); 1994年公民法修正案(Pub.L. 103-416)和2000年公民法修正案(Pub.L. 106-395).

[44] 美國針對个別國家(如波多黎各和巴拿馬)的特殊情況在根据出生地原則入籍上有特別的法律規定; 對申請歸化入籍者也有一些明顯的限制, 如支持极權政府者和曾在美國有逃兵經歷者均不得歸化入籍. 參見T. Alexander Aleinikoff and David A. Martin, *Immigration and Nationality Laws of the United States, Selected Statutes, Regulations and Forms,* West Publishing, 1992, pp.279, 287-89.

[45] 關于歐盟的國籍問題, 可參見Stephen Hall, *Nationality, Migration Rights and Citizenship of the Union,* Martinus Nijhoff, Publishers, 1995. 歐盟的情況更爲夏雜, 鑒于任何人只要具有成員國的國籍卽成爲歐盟的公民, 因此原殖民地、海外領地及成員國与歐盟以外其他國家的國籍關系都需要單獨處理.

[46] Ruth Donner, *The Regulation of Nationality in International Law,* p.206.

[47] 這些都在美國護照上明确規定.

[48] Ruth Donner, *The Regulation of Nationality in International Law,* p.105. 英國在1977年對英國及其殖民地的双重國籍者進行達估計, 其數字爲300万. 1980年3月, 內政大臣威廉·怀特洛在下議院表示, 英國政府經過仔細的考慮, 還是決定不對那些來英國以歸化或注冊的方式獲取英國公民者的双重國籍進行任何限制. House of Commons debates, Vol.989, cols.1516-18, July 30, 1980. Ruth Donner, *The Regulation of Nationality in International Law,* p.205. 英國曾是一个老牌殖民帝國, 又是英美法系的起源地, 在法律方面和國際方面應是极富經驗的國家. 它堅持其承認双重國籍的政策是有所考慮的.

[49] Ruth Donner, *The Regulation of Nationality in International Law,* p.204.

[50] Ruth Donner, *The Regulation of Nationality in International Law,* pp.-108-109.

[51] "全國人大常委會關于≪中華人民共和國國籍法≫在香港特別行政區實施的几个問題的解釋, 參見參見張勇, 陳玉田: ≪香港居民的國籍問題≫, 第180-81頁.

[52] 關于澳門居民的國籍問題, 參見宋錫祥: "澳門居民构成及其國籍問題", ≪上海大學學報(社會科學版)≫, 第6卷第5期(1999年); 吳卓强: "澳門回歸后居民國籍定位冲突評析", ≪五邑大學學報≫, 第1卷第4期(1999年).

[53] 外國(如美國和英國)的相關法律中經常出現"可能"(may)一詞, 這就爲國家的行動提供了灵活廻旋的余地.

[54] Joseph S, Nye, Jr., "The Decline of America's Soft Power," *Foreign Affairs* (May / June, 2004), p.16. 他雖然于1990年就在≪外交政策≫ (*Foreign Policy*)上發表了"軟實力"的文章, 但他的著作2004年才出版. 參見Joseph S. Nye, Jr., *Soft Power: The Means to Success in World Politics,* New York: PublicAffairs, 2004.

부 록

1. 중국의 지도자별 민족이론 · · · 金 丙 鎬
2. 中華人民共和國 民族區域自治法
3. 中國 行政區劃 統計表
4. 民族自治地方 현황
5. 中國의 民族名稱
6. 中國 民族言語 系統表
7. 中國 民族 自治地方一覽表

1. 중국의 지도자별 민족이론

金 丙 鎬(중국중앙민족대학 교수)

1 모택동의 민족이론

모택동은 위대한 마르크스주의자이며, 중국 각 민족의 위대한 지도자다. 모택동은 중국혁명 건설 중, 마르크스-레닌주의의 보편원리를 중국혁명의 구체적인 상황과 결합시켜 마르크스-레닌주의를 더욱 발전시켜 독창성이 풍부하며, 중국국가현상에 맞는, 중국 특수의 과학지도사상이 담긴 모택동사상을 만들어냈다. 모택동사상은 중국혁명건설의 정확한 이론원리와 경험이 결합된, 중국 각 인민을 응집시키며, 중국혁명을 승리로 이끄는 이론이다. 모택동사상 중의 민족문제는 중국공산당의 풍부한 마르크스-레닌주의를 반영하는 것으로, 모택동 민족관의 기본내용은 공산당과 국가의 민족문제해결 방안과 정책을 반영한다. 사회주의 현대화건설의 새로운 시기에 우리는 더욱더 모택동의 민족이론을 지지하며, 민족평등을 실행하고 민족단결을 굳건히 유지하여, 각 민족의 공통번영과 발전을 이루어야 한다.

제11회 3중전회 이래, 국가개혁개방과 경제발전에 더불어, 사회과학연구자들 특히 민족연구자들이 광범위하게 모택동이론 사상체계를 연구하고 있다. 1983년 이전까지 모택동의 민족이론에 대한 연구는 매우 적었다. 그러나

1983년 이후, 모택동 탄생 90주년과 100주년을 기념하며, 각국 각지의 출판사가 다량의 모택동 민족이론저작과 논문 음향제품 등을 발표하며, 모택동 민족이론과 마르크스 민족이론에 큰 발전을 보였다. 지금부터 근 20년간의 모택동 민족연구에 대한 내용을 요약해 보고자 한다.

1) 민족문제에 대한 연구

(1) 민족과 민족소멸 이론

모택동은 그의 반세기가 넘는 혁명활동 중 수차례 민족과 민족문제에 대한 중요한 관점들을 제시했다. 이것은 모택동의 마르크스주의 민족이론에 대한 응용과 발전이며, 모택동의 민족이론은 마르크스의 민족이론의 발전에 큰 공헌을 했다.

① 민족주체이론
金炳鎬는 〈모택동의 마르크스주의 민족이론에 대한 위대한 공헌〉이라는 글에서, 모택동은 마르크스주의 경전이론 속에서 민족주체이론에 관하여 더욱 심도 깊은 지적을 했으며, 이것은 농민과 노동자 등의 인민군중이 민족의 주체라는 이론이다.
모택동은 민족에는 두 부류의 사람이 있다고 지적했다. 첫 번째 부류는 상층부류로 착취계급이며(자본계급) 소수다. 또 하나의 부류는 100분의 90을 차지하는 부류인 노동자, 농민, 소자산계급으로 이들 없이는 민족을 구성할 수 없다. 농민, 노동자 등의 인민은 민족의 주체이며, 이들은 민족을 대표하며, 이들의 이익은 곧 민족의 이익을 대변한다. 이 이론은 민족문제와 계급문제 간의 관계를 정확히 파악한 것으로 민족문제의 실질과 민족이익의 진정한 함의, 민족해방과 발전의 진정한 意義 등을 포함한 매우 중요한 이론이다.

② 민족소멸이론

모택동은 1958년 成都회의 중 "첫 번째로 계급이 소멸되며, 그 후 국가가 소멸되고 그 다음으로 민족이 소멸되며, 전 세계는 모두 이와 같다"고 말했다.

朱在憲은 〈마르크스주의민족이론에 대한 위대한 공헌자 모택동〉이라는 글에서 위에서 상술한 문단이 마르크스주의민족이론에 중대한 공헌을 했는데: ① 마르크스-레닌의 민족이론 중 민족소멸에 대한 객관적 규칙을 가장 먼저 과학적으로 제시했으며, ② 민족소멸과 계급, 국가소멸문제를 가장 먼저 하나로 연관시켰으며, 민족소멸의 객관적인 규칙에 대한 심도 깊은 연구로 민족이라는 역사적 범위의 확실한 경계를 만들었다. ③ 마르크스-레닌주의 민족이론은 古今中外의 역사와 실전을 연구한 보편적인 원리이다.

③ 정치상 민족과 부족

金炳鎬는 이 문제에 대한 모택동의 생각이 소련과는 다르다고 지적한다. 1953년 중공중앙은 〈과거 몇 년간의 공산당의 소수민족에게 실행했던 정책의 주요경험〉에 대한 토론 중, 모택동은 부족문제에 대해 "과학적으로 분석이 가능하나, 정치적으로는 어느 것이 민족이며 어느 것이 부족이라는 구분을 해서는 안 된다고 말했다. 이것은 마르크스주의의 민족평등이론을 나타내는 것이다. 이러한 사상 아래 중국민족은 성공을 거둘 수 있으며, 모택동은 각 소수민족, 특히 人數가 적고 발전이 낙후된 소수민족도 똑같이 민족평등의 권리를 누려야 한다고 지적했다

(2) 민족문제 이론

① 민족문제발생의 근원과 실질적 이론

金炳鎬는, 모택동은 중국과 세계민족문제현실에 대한 고찰분석을 통해 마르크스주의 민족이론을 더욱 발전시켰다고 말한다. 모택동은 1934년 "민족의

압박은 민족 착취에 있으며, 이러한 민족착취제도를 뒤엎지 않으면 안 되며 민족의 자유연합은 민족의 압박을 대신하여야 한다."라고 지적했다. 또한 항일전쟁 중 그는 "민족투쟁 중 계급투쟁은 민족투쟁 형식의 표현이며, 이러한 형식은 양자의 일치성을 나타낸다"라고 지적했다. 그의 이러한 논술은 민족압박의 발생 근원이 무엇인지를 말해주며, 민족압박 소멸의 루트를 명시해주며 민족문제의 실질이 무엇인가를 가르쳐준다. 민족투쟁은 즉 계급투쟁 문제의 일부분이다.

徐傑舜은 모택동은 민족의 상이는 민족문제를 발생시키는 기본요소로, 이러한 민족의 상이는 중국에 大漢族主義와 地方民族主義를 발생하게 하는 원인이며, 중국의 민족문제를 발생하게 하는 기본요인이라고 말했다고 지적했다.

② 민족문제와 사회혁명 이론

金炳鎬는, 모택동이 마르크스주의 민족문제와 사회혁명 관계이론에 의거하여 일으킨 중국혁명은 세계혁명의 일부분이며, 국내의 민족문제는 중국혁명 전체문제의 일부분이라고 지적했다고 말했다. 〈모택동 동지의 민족문제와 사회혁명문제에 관한 이론〉이라는 글에서 金炳鎬는 마르크스가 제일 처음 지적한 민족문제가 사회혁명 전체문제 중의 일부분이었다는 원리를 가지고, 모택동은 중국혁명과정 중 이 이론을 심도 깊게 분석했으며, 국제와 국내 정세의 변화에 의거하여 중국혁명 성질의 변화와 중국혁명이 속해 있는 전선의 변화 속에서 결론을 얻어냈다고 말한다. 이것은 마르크스주의의 중국원리의 구체화며 당대 국제민족문제의 구체화이다. 또한 모택동의 민족문제와 사회혁명 관계이론에 대한 발전이다. 이 결론은 우리에게 민족문제와 사회혁명의 관계를 주의하여야 한다는 점을 깨우쳐 준다. 즉 민족문제는 사회혁명과 병렬적인 문제가 아닌 사회혁명 전체의 일부분인 문제이며 사회혁명과 밀접한 관계를 가지고 있는 문제이다.

叔時遠은 〈중국민족문제 해결에 대한 모택동의 공헌〉이라는 글에서 제1차국공합작이 실패로 끝난 후, 공산당은 잘못된 소수민족의 민족해방투쟁과 중국혁명과의 관계문제를 처리하고, 민족문제를 구체화하여 소수민족지구의 혁명과 중국혁명의 관계를 설명하고, 민족의 압박의 근본원인은 민족착취이며, 이러한 착취제도는 반드시 뒤엎지 않으면 안 되며, 민족 자유연합은 이러한 민족압박에 대신하여야 한다고 했다. 이 사상은 당시 민족혁명의 임무가 반제국주의 반 봉건주의투쟁으로 민족압박을 뒤엎고, 민족해방과 민족자결권을 실현시키는 것을 말한다. 즉 소수민족의 해방을 위한 투쟁은 독립적인 것이 아니라 중국혁명의 구성부분의 일부분인 것이다. 이 중요한 사상은 중국혁명과 항일전쟁 시 가장 넓은 민족통일전선을 만드는 이론 기초가 되었다. 또한 공산당은 소수민족내부 혁명이 漢族지구의 혁명과 과정, 정책, 방식, 기본원칙이 다를 수 있다는 것을 확실히 하였다.

③ 국제주의와 민족주의 문제

朱在憲은 국제주의와 민족주의, 國內 大漢族主義와 지방민족주의 등에서의 모택동의 마르크스-레닌주의에 대한 공헌에 대해 연구하였다. 그는 모택동은 마르크스-레닌주의 민족이론상 처음으로 국제주의의 내용과 민족형식을 결합시켰으며 진정한 국제주의는 잘못된 민족주의나 애국주의 사상을 반대하는 것이라고 했다. 모택동은 중국 민족문제 중 大漢族主義와 지방민족주의를 반대하고, 특히 大漢族主義를 철저히 비판하며, 한족과 소수민족이 함께 발전할 수 있는 관계를 강조하여, 당과 국가의 민족정책의 중요한 사상을 논했다.
椒時遠은 모택동은 大漢族主義의 근원이 구사회의 통치계급의 민족압박의식에 있다고 보고, 〈大漢族主義에 대한 비판〉이라는 글에서 모든 당은 이 사상이 현실 민족관계에 미치는 위험작용을 충분히 인식하여, 민족정책진행과정을 철저히 조사해야 한다고 했다. 그밖에 모택동은 〈인민내부 모순문제에 대한 정확한 처리방법에 관하여〉라는 연설 중 이 두 종류의 민족주의의 근원이 민족내부 모순에 있으며, 정확한 처리 방법과 과학적인 해결방법을 통해

사회주의혁명시기의 민족문제를 해결해야 하며, 이는 매우 중요한 현실적이
고 역사적인 의의를 가진다고 말했다.

2) 중국의 민족문제 해결 정책

모택동은 중국 신민주주의혁명과 사회주의 혁명건설 과정 중, 중국민족문
제를 해결하는 이론과 정책을 제시했다. 그 핵심내용은, 민족평등, 단결, 자
치, 발전이다. 민족평등과 단결은 중국민족문제의 근본원칙이며 총괄적인 정
책이다. 민족구역 자치는 중국민족문제를 해결하는 기본형식이며 기본정책이
다. 각 민족의 발전은 민족문제를 해결하는 근본 목적이며, 현실 목표이다.

(1) 민족평등, 민족단결 이론

모택동은 중국혁명건설의 지도자로서 살아온 그의 일생 중 민족평등과 민
족단결을 민족문제를 처리하는 기본원칙과 근본사상이라는 것을 강조하며,
중국의 민족문제를 순조롭게 해결하기 위한 독자적인 견해를 가지고, 마르크
스-레닌주의이론에 새로운 내용을 첨가했다.

① 민족평등이론과 정책

金炳憲은 모택동이 〈소수민족의 과거와 현재의 생활의 본질〉에서 제시한
민족이론과 정책을 4가지로 정리했다. ① 국내 각 민족의 평등을 추구한다.
蒙, 回, 藏, 番 등 각 민족은 한족과 같은 평등한 권리를 가진다. ② 중국
내의 각 소수민족의 자치권을 인정한다. ③ 각 민족은 언어, 문자, 풍습, 습
관 종교, 신앙 등 방면에서 평등한 권리를 가진다. ④ 모든 국가사업에서 민
족평등정책을 철저히 준수한다.

楊進銓은 〈모택동의 민족평등사상〉이라는 글에서 모택동의 민족평등사상을 8가지로 정리했다. ① 민족단결은 사회주의사업의 승리를 보장하며, 모든 사업은 민족단결과 조국통일에 유리해야 한다. ② 중국의 각 민족은 인구, 역사, 발전정도에 상관없이 모두 조국의 문명발전에 위해 공헌했으며 모두 평등하다. ③ 소수민족의 풍습 습관을 존중한다. ④ 민족구역자치를 실행하며, 모든 소수민족이 진정한 주인이 되도록 한다. ⑤ 성심성의껏 소수민족의 경제, 문화발전에 힘쓴다. ⑥ 소수민족 간부 배양에 힘쓰며, 지, 덕, 미를 갖춘 소수민족 간부를 육성한다. ⑦ 각 민족의 원활한 관계 유지를 위해서는 大民族主義(대한족주의)의 극복이 무엇보다도 중요하다. ⑧ 민족단결로 광범위한 통일전선을 이룩한다.

〈모택동의 민족평등과 민족단결사상에 대하여〉 라는 글은 모택동의 민족평등사상에는 3가지의 내용이 있다고 지적했다. ① 착취제도가 사라져야만 진정한 중국 각 민족의 평등을 실현할 수 있다. ② 마르크스주의의 기본원리에 의거, 스탈린의 자본계급민족 형성의 4가지요소에 집착하지 않고, 중국소수민족이 어느 발전계급에 속해 있느냐, 인구가 얼마냐에 상관없이 모두 정치상 민족이라고 승인한다. ③ 우월한 민족이란 없으며, 각 민족은 모두 평등하다.

② 민족단결이론과 정책

金炳鎬는, 모택동은 중국혁명과 건설과정 중 마르크스주의의 민족이론을 최대한 발전시켰다고 말한다. 모택동은 민족 단결의 중요성과 민족단결의 기초, 조건, 목적, 목표, 민족 내부 단결과 민족 간의 단결의 관계 등 완전한 사상이론체계를 만들었다. 모택동은 과학적인 방법으로 민족단결의 핵심역량을 서술했으며, "공산당의 단결을 통해서만 계급과 민족의 단결이 가능하다고 말했다. 그는 大漢族主義와 지방민족주의를 일종의 인민 내부 모순으로 보았으며, 무산계급의 투쟁 속에서 중요한 경험을 얻을 수 있었다. 모택동은 민족단결을 중국혁명과 건설의 승패를 좌우하는 중대한 문제로 인식했다. 그는 특히 소수민족의 통일전선사업을 중요시하고 이것을 각 민족단결의 중요한 과정이라고 보고 소수민족 간부들의 민족단결을 위한 노력을 강조했다. 이는 모택동 민족이론 중 가장 큰 특징이며, 또한 중국 민족단결의 기본경험이다.

민족단결에 영향을 미치는 주요 요인에 관하여, 爲勝强은 〈모택동의 민족단결관에 관한 위대한 意義〉라는 글에서, 모택동은 해방 전 민족 단결에 영향을 미친 중요한 요인으로는 제국주의와 봉건주의의 압박과 착취를 들 수 있으며, 해방 후에는 大漢族主義를 들 수 있다고 했다. 그 밖에 모택동은 민족단결을 실현하기 위한 4가지 조건으로 ① 大漢族主義와 지방민족주의를 반대한다. ② 소수민족의 경제발전에 힘쓴다. ③ 민족구역자치는 민족단결을 실현시키는 정치적 보장이다. ④ 소수민족 간부를 대거 육성한다.

布赫은 모택동의 마르크스-레닌주의에 대한 공헌은 고도의 민족평등과 민족단결 원칙의 고수와, 소수민족의 언어와 문자 풍습, 습관 종교신앙을 존중한 것에 있다고 말한다. 사회주의시장경제가 발전하고 있는 지금, 모택동의 민족평등단결사상은 개혁개방에 여전히 중요한 의미를 가진다. 王刈柳는 중국의 민족문제의 내용은 변하지 않았으며, 민족관계 역시 각 민족노동인민 간의 관계를 말하며, 민족모순은 여전히 인민 내부 모순이 원인이며 특히 경제방면에서 그 모순이 많이 나타난다. 이는 각 인민 이익의 불일치에서 오는 모순이라고 말한다. 그럼으로 우리는 모택동의 민족평등과 단결사상을 지지하고 동시에 大漢族主義를 비판하며 민족이기주의를 극복해야 한다.

(2) 민족구역자치이론과 정책

민족구역자치는 모택동과 중국공산당이 마르크스 민족이론을 응용하여 만든 전무후무한 성과이며, 중국의 민족문제를 해결하는 기본 형식이며 제도이다. 몇 십 년의 경험이 증명하듯 민족구역자치는 중국민족문제를 해결하는 정확한 정책이다.

① 민족구역자치이론의 형성에 관하여

모택동의 민족문제에 대한 초기 주장은 연방제와 민족자치자결이었다. 그러나 혁명의 발전에 따라 특히 많은 경험과 이론 활동을 통해. 모택동은 항일전쟁시기 중국에 가장 적합한 민족문제 해결 대안을 생각했다. 周忠揄는 〈연방제도에서 민족구역자치로〉라는 글에서 모택동의 연방제, 민족자치자결에서 민족구역자치로의 변화는 당시의 역사배경과 특수한 환경이 좌우했으며, 다량의 접촉과 소수민족에 대한 분석, 연구 또한 매우 중요한 역할을 했다고 한다. 또한 모택동과 당 중앙은 교조주의의 잘못을 극복하고 정확한 대처를 했다고 말한다. 金炳鎬는 敎條主義의 잘못에 대한 극복은, 모택동의 정확한 중국민족관계상황과 혁명투쟁 상황에 대한 분석에 의해 가능했다고 말하고 있다.

② 민족구역자치 이론

張崇根은 〈민족구역자치이론은 모택동 사상의 중요한 구성부분이다〉에서 민족구역자치내용을 두 가지로 정리했다. ① 이는 국가구성형식으로 단일 인민공화국을 실행하며, 연방제를 취하지 않는다 ② 이는 민족문제강령이며, 민족구역자치를 실행하며, 민족자결권을 취하지 않는다. 정리해서 말하자면, 집중 통일된 중화인민공화국 안에서 민족구역자치제도를 실행, 민족문제를 해결하는 기본정책으로 한다. 그밖에 張崇根은 민족구역자치제도는 중국정치의 특색인, 국가통일을 지지하며, 민족평등원칙을 고수하고 다양한 형식의 존재를 인정하며, 각 민족의 특이성을 인정한다는 내용을 포함한다고 말한다.

③ 민족구역자치의 완성과 발전

학자들은 이 문제에 대하여 소수민족 간부의 육성과 민족구역자치제도의 법제화의 중요성을 강조한다. 金炳鎬는 모택동의 민족구역자치이론 정책의 관건은 소수민족 간부의 육성으로, 이것은 민족문제 자체 특징으로 민족 간부의 특징과 특수 작용이 결정한다고 했다. 溫華는 〈모택동의 소수민족육성이론〉이라는 글에서 모택동은 소수민족 간부의 육성을 위한 정확한 방향과 목표를 제시했으며, 직접 소수민족 육성을 위한 방침과 정책을 정하여, 광범위한 소수민족공산주의 간부를 만드는 데 공헌했다고 한다. 溫華는 모택동의 소수민족출신의 공산주의간부 육성은 매우 중요하며, 깊은 이론 의의를 가진다고 말한다. ① 소수민족공산주의 간부는 민족노동인민을 대표하며 민족노동인민의 이익을 대표한다. ② 소수민족 간부는 공산주의를 지향하며 각 민족 공동의 발전을 실현하고 공동번영을 이룩한다. ③ 자본주의계급과 민족주의와 민족은 쉽게 소멸되지 않을 것이다. 국제, 국내 계급투쟁은 일정한 범위 내에서 민족문제를 반영할 것이며, 그렇기 때문에 소수민족 간부를 육성하는 것은 매우 중요하다.

소수민족공사주의 간부의 육성은 간부의 민족화와 공산주의화를 결합시켜, 마르크스주의 민족이론을 더욱 발전시켰다.

④ 민족구역자치제도의 법제화

〈모택동 민족이론연구〉라는 책의 제5장에 모택동과 중국공산당의 민족구역자치에 대한 입법과정에 대해 상세히 나와 있다. 모택동은 자신이 직접 정한 기초 위에 헌법으로 민족입법을 형성하고, 민족구역자치법을 주체로 그 밖의 관련법규와 민족자치, 지방자치조례, 단행조례 등 민족법규체제를 만들었다.

3) 소수민족발전이론과 정책

① 소수민족발전이론과 정책

金炳鎬는 모택동의 소수민족발전이론과 정책을 3가지로 말한다. ① 이런 지역(소수민족지구의 해방 전 낙후된 모습)에서는 반드시 사회혁명이 필요하다. ② 국가와 한족은 성심성의껏 소수민족발전에 힘써야 한다. ③ 소수민족은 정치, 경제, 문화 등 전면적인 발전이 필요하다. 특히 경제발전이 가장 시급하다. 이러한 모택동 사상은 마르크스 민족이론에 큰 공헌을 했다.

② 민족지구 사회혁명

모택동은 해방 전 중국의 소수민족지구에는 원시적인 노예제나 봉건제가 존재, 반드시 개혁이 필요하다고 강조하고, 개혁을 통해 소수민족지구의 민주개혁과 사회주의개조를 완성해야 한다고 했다. 高延祥은 모택동은 민족지구의 사회혁명은 낙후된 사회제도에 대해 개혁을 진행하는 것으로 민족경제를 발전시키고, 민족번영을 촉진시키는 것이라고 했다. 모택동은 사회혁명은 생산력을 발전시키고 사회와 민족발전의 동력이라고 역설했다. 또한 그는 소수민족지구의 사회혁명은 매우 중요한 것으로 반드시 신중하게 대처해야 하며, 이러한 혁명은 반드시 소수민족 자신들이 이루어내야 한다고 말했다. 蘇華淸, 張秋生은 〈모택동의 민족관〉이라는 글에서 모택동이 소수민족지구의 민주개혁을 강조하고 반드시 소수민족 자신들의 힘으로 이끌어야 하며, 신중하고 적극적인 방법을 채택해야 한다고 했다.

③ 소수민족 발전

모택동은 구소련의 민족과 소수민족과의 관계를 매우 비정상적인 것으로 보고, 이것을 교훈 삼아 성심성의껏 소수민족 발전에 힘써야 됨을 강조했다. 金炳鎬은 모택동은 중국 국내의 경험과 소수민족지구의 중국 현실사회 속의 지위, 국제 민족문제를 교훈으로 소수민족을 성심성의껏 최대한으로 도와주는 것이 소수민족 발전에 얼마나 큰 힘이 되는지를 역설했다. 黃鑄는 민족간의 불평등이라는 각도에서, 모택동이 말한 각 소수민족을 돕는 것은 각 소수민족의 발전과 진보를 뜻하며, 이는 국가전체의 이익을 뜻한다는 관점에서 오직 민족단결만이 강력한 사회주의조국을 건설한다며, 조국의 건설과 밀접하게 연관시켜야만, 소수민족의 정치, 경제, 문화 등이 발전하고 불평등이 없어질 수 있다고 했다. 그밖에 소수민족의 정치, 경제, 문화를 발전시키고, 불평등을 서서히 해소하는 것은 현대화된 사회주의 조국을 건설하는 가장 중요한 구성부분이라고 강조했다.

모택동은 소수민족의 정치, 경제, 문화발전사업에 있어서 공산당에 중요한 지표를 만들고, 이 방면에 중요한 이론을 제시했다. 朱在憲은〈마르크스주의 민족관의 위대한 공헌자-모택동〉이라는 글에서 소수민족지구의 정치, 경제, 문화건설사업이 국가건설사업에 차지하는 전략적인 지위를 설명하고, 구소련의 잘못된 소수민족정책을 교훈 삼아 각 소수민족 모두에게 적합한 정책을 펼쳐야 한다고 말했다. 高延祥은 자력갱생과 함께 국가의 도움으로 소수민족의 경제를 발전시켜야 한다고 말했다. 金炳鎬는 모택동의 소수민족발전에 대해 이야기하며, 무엇보다도 민족지구의 경제사업에 힘써야 하며, 소수민족의 문화 정치 교육의 발전에도 힘써야 한다고 말했다. 〈모택동사상 중 민족문제 이론의 새로운 발전〉이라는 책은, 모택동은 중국의 사회주의개조를 완성시킨 후 먼저 소수민족의 경제발전에 힘을 기울여 불평등을 해소해야 한다며, 전당의 경제노선과 방침, 정책을 소수민족지구와 연결시켰다고 말했다.

4) 민족공작원칙과 방법

학자들은 모택동의 민족공작사상을 두 가지로 나눈다.

(1) 모택동 사상은 민족지구 사업 발전에 지도적인 작용을 한다.

將成光의〈모택동의 西藏 문제 해결을 위한 연설의 역사적 지위와 작용〉은 등소평의 西藏문제해결을 위한 몇 가지 중요한 지시점을 민족, 종교, 통일정책과 민족 규율 등 여러 가지 방면에서 제시하고 있다.

〈민주혁명시기의 내몽골에서의 모택동 민족이론의 실전〉은 내몽골 민족문제라는 관점에서 모택동의 민족이론의 형성과 발전과정을 설명하고 있다. 朱培民의 〈모택동과 新疆〉은 新疆의 평화해방을 위해 모택동이 新疆에서 실행한 우수한 정책들에 대해 설명하고 있다. 〈모택동 주석과 소수민족〉은 모택동이 소수민족에 대해 특별한 애정을 표하고, 소수민족의 지위를 존중하고, 소수민족권리를 대한 보장하며, 소수민족의 중국혁명에 대한 공헌을 인정하여 소수민족의 발전에 관심을 기울였다고 말한다. 〈모택동과 민족공작〉은 민족사업 중 있었던 구체적인 사건을 서술하고, 3가지 방면에서(민족자치구, 민족차별을 인정하고 민족 특징을 인정하는 것, 통일전선이론의 민족공작에서의 運用) 모택동의 민족공작 원칙을 논하고 있다.

陳國安의 〈건국초기 모택동 민족이론의 貴州소수민족지구에서의 실전〉은 건국초기 貴州에서의 민족공작을 내용으로(사회혁명, 소수민족 간부 배양, 민족구 자치, 민족공동번영 등) 모택동 민족이론을 설명하고 있다.

(2) 모택동의 중국민족문제 해결과정 중 제시한 민족공작 원칙과 방법

金炳鎬는 〈모택동의 마르크스 민족이론에 대한 위대한 공헌〉이라는 글에서 모택동의 민족공작의 원칙과 방법에 대해 상세히 설명하고 있다. 1. 원칙성과 유연성, 동일성과 특수성의 결합. 2. 인민 내부모순의 정확한 처리는 사회주의 민족공작의 주제이다. 3. 민족공작은 각 민족의 서로 다른 상황을 고려하여 처리해야 한다. 4. 반드시 상담을 통해서 일을 처리한다. 5. 모든 공작은 민족평등과 민족단결을 원칙으로 한다. 6. 수시로 한족과 소수민족의 관계를 조사한다. 7. 광범위하고 장기적인 무산계급의 민족정책교육을 실시한다.

모택동 민족이론 연구 중 金炳鎬의 모택동 탄생 100년 기념으로 쓰인 〈모택동의 마르크스주의 민족이론에 대한 위대한 공헌〉은 전면적이며 체계적인 모택동 이론의 저서로 평가받고 있는 책이다. 이 책은 모택동이 이론과 정책 방법 3방면에서 마르크스주의 민족이론에 공헌을 했다고 설명하고 있다. 또한 모택동이 중국신민주주의 혁명과 사회주의 건설 중 마르크스주의 원리와 중국의 실제상황을 결합시켜 더욱 내용이 풍부하고 발전된 마르크스-레닌주의를 완성시켰으며, 중국의 민족문제 해결에도 큰 공헌을 했다고 말하고 있다. 1995년 5월 민족출판사에서 출판된 〈모택동 민족이론연구〉는 모택동 민족이론에 대한 전문연구서적으로 중국특색민족이론 연구에 큰 영향을 미쳤다. 중국 민족이론 계는 개혁이후, 모택동 민족사상 연구에서 큰 성과를 거두고 있으나, 아직까지도 모택동 민족 이론에 대해 전문서적은 부족한 편이다.

2 등소평의 민족이론

등소평의 민족이론은 등소평의 중국특색사회주의 이론의 중요 구성부분이다. 민족이론학계의 등소평 이론에 대한 연구는 끊임없는 발전을 보이고 있다. 1996년 출판된 金炳鎬 主編의 〈등소평 민족공작사상〉은 중국 민족이론 학계의 전면적이고 체계적인 연구 성과다.

1) 민족이론체계 연구

(1) 민족이론체계 형성

많은 학자들은 등소평 민족이론이 제11회3중전회 이후, 중국민족문제해결을 위한 실전 중 서서히 형성되었다고 생각한다. 金炳鎬 主編의 〈등소평 민족공작사상〉은 등소평 민족이론의 체계형성문제를 다루고 있다. 등소평 동지는 새로운 역사시기에 마르크스주의 민족이론과 현 단계의 중국민족문제를 연합시켜 정확한 민족문제해결의 길을 열었으며, 중국의 민족문제해결을 위한 이론과 방침 정책은 이때부터 새로운 등소평 사상의 색채를 띠게 되었다. 그러므로 등소평 이론은 새로운 시기에 중국의 민족문제해결을 위한 고심 끝에 서서히 형성된 이론이라 할 수 있다.

彭英明은 〈중국특색사회주의민족이론〉에서 중국특색사회주의 이론의 형성과 발전과정 중 등소평 민족이론의 형성과 발전을 상세히 설명하고, 중국특색사회주의 민족이론을 이해하기 위해서는 반드시 그 형성과정을 정확히 알아야 한다고 말하고 있다. 당의 11회3중전회 이후 중국의 마르크스주의, 모택동 사상의 민족이론은 더욱 심오한 발전을 거듭해, 등소평의 중국특색사회주의 민족이론으로 탄생했다. 등소평 민족이론의 형성은 중국 공산당의 중국특색사회주의이론의 형성과 일치한다. 등소평은 제5회 전국 정치협력 2차 회의 보고에서 중국특색사회주의민족이론의 시작을 밝히고, 1992년 중앙민족회의와 당의 14大에서는 중국특색사회주의민족이론이 이미 전면적이고 완전한 이론으로 형성됐다고 밝혔다. 중국특색사회주의민족이론은 등소평의 중국특색사회주의 지도 아래, 중국의 새로운 시기의 민족사업실전 속에서 형성되고 발전된 것이다.

杜玉亭은 〈등소평의 중국특색사회주의민족이론 연구〉에서 제 13회3중전회에서 등소평의 민족이론이 처음으로 등장했다고 밝히고 있다. 그는 제 11회3중전회는 역사적 전환점으로 지금까지의 민족문제의 실질은 계급문제라고 생각해 왔던 사상을 접음으로써 중국특색사회주의이론 탄생의 시초가 됐다고 말했다. 楊發仁은 〈등소평 민족이론은 중국민족문제해결을 위한 위대한 사상무기이다〉라는 글에서 등소평 민족이론이 신민주주의시기에 형성되었으며, 등소평 이론의 형성과 발전은 두 가지 단계를 거쳤다고 말한다. 첫 번째 단

계는 11회3중전회 이전으로 이 시기에 등소평의 민족이론은 주로 항일전쟁
과 건국초기 中央 西南局공작에 초점을 맞추었다. 두 번째 시기는 제11회3
중전회 이후로 이 시기는 등소평 민족이론이 새로운 발전을 보인 시기이다.

(2) 민족이론 체계 구성

많은 학자들의 등소평 민족이론에 대한 연구가 여러 각도에서 이루어지고
있지만, 등소평 민족이론에 대한 연구는 다음 3가지를 출발점으로 한다. 1.
중국민족문제 기본사상에 대한 이해 2. 중국민족문제해결을 위한 기본이론과
정책사상, 3. 민족공작 기본 원칙방법 방면의 사상

金炳鎬는 등소평 민족이론사상의 내용범위가 넓고 심오해서 중국의 민족문
제 기본사상뿐 아니라 중국민족문제해결을 위한 기본이론과 정책사상, 그리
고 민족공작 원칙 방법사상까지 포함한다고 한다. 彭英明의 〈중국특색사회주
의민족이론〉, 李家秀의 〈등소평의 마르크스주의민족이론에 대한 발전〉등에서
는 각각 다른 중국민족문제해결 각도에서 등소평 민족이론의 사상내용을 논
하고 있다. 그들은 중국과 같은 경제가 낙후한 다민족국가에서 어떻게 하면
소수민족지구의 사회주의현대화건설을 이룩할 수 있을까, 그리고 어떻게 하
면 빠른 시일 내에 선진사회를 따라잡을 수 있을까, 또한 어떻게 하면 민족
공동번영을 이룩할 수 있을까에 대해 연구하고 있다.

〈등소평 동지의 민족문제이론의 학습은 민족지구 경제사회발전을 촉진시킨
다〉라는 보고는, 등소평의 민족문제이론에는 4가지중요 관점이 있다고 지적
하고 있다. 1. 중국 각 민족 대단결은 모든 인민의 근본이익이다. 2. 중국의
민족정책은 완전한 민족평등 위에 자리 잡고 있다. 3. 민족지역자치제도는
중국민족정책의 우수성을 말해준다. 4. 민족지역발전은 각 민족의 공동번영
을 가져온다. 黃鑄는 〈등소평 민족문제사상의 학습은 중국 전체 민족의 대
단결을 발전시킨다〉라는 글에서 등소평 민족문제의 2가지 기본사상을 말했

다. 1.진정한 민족평등과 민족구역자치 2. 소수민족지구 발전은 곧 민족 공동의 번영을 의미한다. 金炳鎬는 등소평 이론을 4가지 층으로 구성된 체계로 이해하고 있다. 核心層은 민족발전이며, 基礎層은 민족문제의 기본논점이며, 中心層은 정책과 보장제도, 마지막으로 目的層은 최종적인 민족공동번영을 위한 실현이다.

朱在憲의 〈등소평 동지의 民族問題이론체계 初探〉은 등소평문집 1-3이 등소평 민족이론체계를 완벽하게 나타내고 있다고 말한다. 또한 朱在憲은 〈중국소수민족번영의 실현을 위한 이론〉에서 등소평 민족이론을 지도사상, 민족문제인식론, 민족정책론, 민족공작론, 역사사명론, 지도자 지위론의 6개의 이론으로 설명하고 있다. 杜玉亭은 등소평이 마르크스-레닌주의와 모택동 민족이론을 계승하는 과정에서 중국특색사회주의 민족이론이 형성됐고, 또한 이것이 중국특색사회주의 민족이론의 기초가 됐다고 말한다. 중국특색사회주의 민족이론은 기본이론과 목적, 保障 3부분으로 이루어진 이론체계이다.

(3) 민족이론의 지위

근래 학자들은 이 문제에 대해 2가지 방면에 중점을 두고 있다. 1. 등소평 민족이론과 마르크스-레닌주의, 모택동 민족이론과의 관계, 2. 등소평 민족이론과 등소평의 중국특색사회주의 이론과의 관계 등이 주된 관심영역이다. 등소평 민족이론과 마르크스-레닌주의, 모택동 민족사상의 관계에 대해 강택민은 1994년 9월 29일 〈국무원 2차 전국민족단결표창대회강연〉에서 등소평 동지는 중국의 새로운 시기의 민족사업에 중대한 역할을 했다. 그는 마르크스-레닌주의와 모택동 민족이론을 계승 발전시켰다고 말했다. 이것은 등소평 민족이론과 마르크스-레닌주의 모택동 사상과의 관계를 명확히 해주는 말로 등소평 민족이론이 마르크스-레닌주의와 모택동 사상을 계승하고 발전시켜 새로운 시기의 중국의 민족사업을 위한 지도사상이 되었음을 말해주고 있다. 이러한 기본 인식을 둘러싸고 서로 다른 각도에서 많은 연구가 행해지고 있다.

金炳鎬는 등소평 민족공작사상에 대한 주요내용, 특징, 이론 등을 가지고 등소평 이론과 마르크스-레닌주의 모택동 사상과의 관계를 논하고 있다. 金炳鎬는 등소평 민족이론이 민족발전을 핵심으로 하고 있다고 말한다. 또한 등소평 민족이론의 돌출은 주로 3가지 방면에서 나타나는데, 1. 민족문제실질에 대한 이론 돌출, 2. 민족지역자치이론에 대한 돌출, 3. 민족공작근본임무이론에 대한 돌출이 그것이다. 杜玉亭은 진정한 민족평등과 지역자치 등 6가지 방면에서 등소평이 마르크스-레닌주의 모택동 사상을 계승 발전시켜, 중국특색사회주의이론을 탄생시켰다고 말하고 있다.

〈등소평민족관初探〉은 등소평 민족이론과 마르크스-레닌주의, 모택동 민족이론의 계승 발전관계를 1. 민족지구발전 2. 민족지역발전 성공여부에 대한 관찰, 3. 진정한 민족평등, 4. 민족구역자치제도 등으로 파악한다. 李家秀는 "등소평은 새로운 시기의 중국 민족문제에 기본원칙을 제시했을 뿐만 아니라 또한 그것을 실현하기 위한 목표와 방침 정책 등을 제정해, 마르크스주의 모택동민족이론의 내용을 더욱 풍부하게 했다.

〈등소평 동지의 마르크스주의 민족문제에 대한 중요한 공헌〉은 등소평이, 후진민족과 후진국이 어떻게 사회주의이론을 건설할 수 있는가, 마르크스 민족이론에 대한 체계적인 설명, 중국의 현 단계 민족문제해결을 위한 기본원칙 등 3가지 방면에서 큰 공헌을 했다고 말한다. 80년대 이래, 등소평의 민족문제에 대한 수많은 공헌 중, 가장 중요한 것은 무산계급정당의 사업 중점의 경제건설로의 전환과 소수민족지구의 발전이었으며, 등소평은 후진민족이 어떻게 사회주의를 건설할 수 있나 라는 중대한 이론을 제시했다. 이 이론은 마르크스주의의 과학사회주의 이론과 민족문제이론이 매우 풍부하다.

王連芳은 마르크스-레닌주의 민족이론발전역사와 중국의 민족공작실전각도에서 등소평 민족이론과 마르크스-레닌주의 모택동 사상 민족이론의 계승발전문제를 연구, 등소평 민족이론에 2가지 중요점을 제시했다. 1. 중국이 아직 사회주의 초급단계에 있다는 것을 명확히 인식할 것, 2. 중국경제개혁제도의 지향목표는 사회주의시장경제체계라는 것. 우리는 중국특색사회주의 민족이론이 이 두 가지를 떠나서는 존재할 수 없음을 인식해야 하며, 또한 등소평 동지의 각 민족에 대한 위대한 공헌을 잊어서는 안 된다고 말한다.

등소평 이론과 중국특색사회주의이론의 관계에 대하여 金炳鎬는 전자는 후자의 구성부분이라고 말한다. 〈등소평 민족공작사상〉은 등소평 민족이론과 중국특색사회주의 이론 건설에 관하여 분석하고 있는데, 등소평의 민족공작사상은 등소평의 중국특색사회주의이론 건설의 중요구성부분으로 이는 중국특색사회주의이론의 포함부분으로 이 이론의 영향을 받고 있지만 또한 자신만의 독특한 특색을 띠고 있다고 말하고 있다.

(4) 민족이론의 특징

학자들의 등소평 민족이론에 대한 특징에 대한 의견은 분분하지만, 그 주요관점은 '三性'과 (求實性, 系統性, 時代性), '三統一'(민족이론과 객관적인 실제상황의 통일, 사회주의본질과의 통일, 당의 정책과의 통일)로 요약할 수 있다.

金炳鎬는 등소평 민족이론의 특징을 다음 3가지로 개괄했는데, 그 주요 특징은 求實成, 系統成, 時代性으로 들고 있는데 求實性은 현실을 중시하고, 형식주의를 반대하는, 등소평 이론의 중요특징이라고 말한다. 또한 등소평 이론은 새로운 시기의 시대감으로 충만하다고 말하고 있다. 杜玉亭은 등소평 민족이론의 특징을 三統一로 정리하고 있는데, 1. 중국특색사회주의이론과 세계의 객관적인 실제상황과의 통일, 2. 민족이론과 사회주의 본질과의 통일, 3. 민족이론과 당의 노선, 방침, 정책과의 통일이 그것이다. 朱在憲은 등소평의 민족 관에 대한 사상체계는 완벽한 이론성과 계통성 그리고 논리성을 특징으로 한다고 말한다. 등소평의 민족관은 이론성과 논리성의 통일, 전략

관과 정책 관의 통일, 그리고 인식론과 실전 론의 통일을 나타낸다. 등소평의 민족 관은 중국실제상황을 중시하며, 민족사업을 강조하는 체계적인 이론이다.

2) 민족이론의 내용

(1) 민족평등사상

민족평등은 마르크스-레닌주의 모택동 사상의 민족문제처리 기본원칙 중에 하나이다. 민족이론학계는 등소평이 제시하는 민족평등사상이란 민족평등원칙의 새로운 발전으로 등소평 민족이론의 중요관점이라고 말한다. 金炳鎬는 '민족평등은 등소평 이론의 기본입장이라고 말한다. 〈등소평민족공작사상〉 제4장에서는 등소평이 진정한 민족평등사상을 실행했으며 이는 중국의 민족정책 민족공작, 민족관계에 객관적이고 과학적인 결과를 가져왔다고 했다. 진정한 민족평등은 비록 西藏을 지적하고 한 말이었지만, 그 정신은 보편적인 의미를 가지고 있다. 진정한 민족평등은 "각 민족의 경제생활 문화생활에 평등한 정치적 전제와 보장이 주어지고, 각 민족경제생활과 문화생활의 평등이 실현되는 것이다. 민족평등을 위해서는 1. 민족지구의 빠른 발전과, 2. 사회주의 민주건설과 정신문명건설의 강화, 3. 사회주의 법제건설의 강화가 필요하다.

〈등소평의 민족평등사상에 대한 분석〉에서는 진정한 민족평등의 실현은 등소평이 일관된 주장으로 "민족평등은 책 속에서만 가능한 것이 아니라 중국민족 내에서 진정 실행될 수 있는 것이다."라고 말하고 있다. 또한 진정한 평등의 실현 중 가장 중요한 것은 각 족이 진정으로 평등을 실감할 수 있나 하는 것으로, 각 민족이 경제 및 문화의 개선을 실감할 수 있어야 한다고 말한다. 그는 민족관습과 종교신앙의 존중은 민족평등의 전제이며 보장이다, 또한

민족자치는 민족평등의 루트이며, 민족공동번영의 실현과 공동 진보는 민족
평등의 핵심 내용이라고 말한다.

　杜玉亭은 민족평등은 각 시대마다 서로 다른 의미를 가지고 있다며, 당대
중국민족문제에는 아직도 불평등 현상이 존재하며, 중국특색사회주의현대화
건설시기는 진정한 평등을 실현하는 시기이라고 말한다. 朱在憲은 등소평 동
지의 민족평등은 민족지구 발전전략 입장을 나타낸 사상으로 중국발전의 기
본전제는 안정이며, 내부모순과 개혁을 순조롭게 처리하고, 발전과 안정의 관
계를 잘 이해하는 것이 중요하다고 말한다. 등소평의 민족평등은 민족모순을
정확히 처리하고 개혁을 올바르게 시행하고 발전과 안정의 관계를 정확히 이
해하는 데 있다.

(2) 민족단결 사상

　민족단결은 중국공산당의 중요한 민족정책중의 하나이다. 민족단결사상은
등소평 민족이론의 중요한 구성부분이다. 등소평은 마르크스-레닌주의와 모
택동 사상의 민족평등단결사상을 계승, 발전 강화시켰다. 중화민족의 이익에
중점을 두고 중화민족 대단결을 위해 투쟁하고 조국통일사업을 실현해 더욱
풍부하고 발전된 당의 민족단결정책사상을 확립했다.

　金炳鎬는, 등소평은 민족단결을 매우 중요시했으며, 특히 민족 단결에 큰
의미를 두고 민족단결을 위한 길을 열고 민족단결의 진보를 위한 방향을 제
시했다고 말한다. 그는 등소평의 민족단결 사상 중 당의 기본노선의 공고함
이 민족단결의 정치기초가 되었고 소수민족과 소수민족 경제발전이 민족단결
의 경제기초가 되고 있으며, 당의 단결은 곧 민족의 단결이라며 지도자의 단
결을 강조했다. 또한 大漢族主義와 地方民族主義를 강력히 반대하고 민족
간의 거리는 단결을 방해하는 것이라고 말했다.. 등소평의 민족단결사상은 전

체 중화민족의 대단결을 강조하며, 단지 광범위한 민족단결만을 주장하는 것이 아니라 어떻게 단결을 이끌어낼까, 민족단결의 근본목표는 무엇일까, 어떻게 하면 민족경제를 발전시킬까 하는 세세한 부분까지 포함되어 있다.

劉紹川, 張炯의 〈민족단결의 강화는 조국통일을 촉진한다-등소평의 민족단결과 조국통일촉진을 위한 어록 중에서〉은 등소평의 민족단결사상을 논한 글로, 등소평의 민족단결사상은 7가지 내용을 포함한다고 말한다. 1. 전 당의 단결은 전 인민단결의 기본 조건이다. 2. 당 지도자의 개선은 당과 각 민족인민단결의 열쇠다. 3. 전국 각 민족인민의 단결은 중국공산당 사상이론담당자들의 공동임무이다. 4. 전국 각 민족들의 모범적인 노동과 혁명은 인민단결의 핵심이다. 5. 전국 각 민족 인민의 첫 번째 임무는 조국통일전략공작이다. 6. 민족구역자치를 실행하고 소수민족의 이익을 우선하여, 선진지역은 낙후된 지역을 도와 공동번영을 이룩해야 하며, 이것이 민족 대단결을 보장한다. 7. 조국통일과 민족통일의 실현을 위해 투쟁하며, 민족문제 해결을 위한 모든 수단을 동원하다.

黃賢友는 등소평 민족단결이론은 당의 "하나의 중심과 두 개의 기본점"인 기본노선을 고수하고 4개의 기본원칙과 개혁개방을 지지하는 것이라고 말한다. 등소평의 민족단결이론은 6가지 내용을 포함하는데 1. 개혁개방을 실시하여 각 민족 단결과 왕래의 물질기반을 제공한다. 2. 민족단결의 강화는 각 민족인민의 단결을 의미하며, 또한 중화민족의 대단결을 의미한다. 3. 중국특색사회주의건설은 각 민족단결 속에 내재되어 있는 기본 요소이다. 4. 진정한 민족평등은 민족단결의 전제조건이다. 5. 민족단결을 이루기 위해서는 먼저 대민족주의와 지방민족주의를 반대하고 실사구시의 태도로 임해야 한다. 6. 민족단결의 목표는 경제발전을 이루는 것이다. 杜玉亭은 등소평이 지적한 "정치관점의 차이를 떠나 중화민족이라는 입장으로 대륙과 대만, 홍콩, 마카오 세계 화교가 포함된 중화민족 대단결을 실현해야 한다"에 따라 조국통일은 중화민족 모두의 이익에 대변하는 민족단결정책사상이라며 높이 찬양했다.

(3) 민족구역자치

등소평의 민족구역자치제도는 등소평의 민족공작사상의 핵심내용이다. 등소평은 민족구역자치이론과 정책제도를 강력히 지지했는데 1. 민족자치제도는 중국 국내 상황을 잘 표현한 정책이다. 2. 〈공동강령〉이 규정한 민족구역자치정책은 당의 약속의 실현이다. 3. 민족구역자치는 민족경제발전을 기초로 한다. 4. 사회주의민주와 법제건설의 강화는 소수민족거주지역의 진정한 민족자치를 이끈다. 또한 그는 등소평이 제시한 소수민족지구의 진정한 자치의 실행은 두 가지 내용을 포함한다고 말한다. 1. 각 소수민족거주지구는 당연히 민족구역자치를 실행해야 한다. 2. 중국의 민족구역자치제도는 각 민족자치구역에 충분한 자치권을 인정하고 민족자치구역은 민족사회주의 현대화 건설에 공헌해야 한다.

何群은 〈등소평의 "진정한 실행'에 관한 사상의의〉라는 글에서 "진정한 실행이란 책 속에만 존재하는 것이 아니라 실전 속에서 이루어내는 것이라고 말하고 있다. 또한 적극적으로 민족지구자치정책을 실현하고 소수민족을 신용하며 소수민족지구자치 영역을 강화하는 것이라고 말한다. 또한 그는 등소평이 주장하는 진정한 민족구역자치란 민족공동번영과 사회주의본질의 관계를 정확히 이해하는 것으로 등소평의 민족구역자치사상은 實事求事의 정책표현으로 그 현실意義와 이론意義가 매우 중요하다는 것이다.

杜耀富의 〈모택동, 등소평의 민족구역자치법 건설의 역사적 공헌〉은 등소평이 시대의 필요에 응해 민족구역자치와 자치법을 더욱 강화하여 더욱 완벽한 민족자치제를 만들었다고 말하고 있다. 그는 등소평이 서남지구에 실행한 민족구역자치을 위한 고된 사업은 당과 국가를 위한 고귀한 재산이며 경험이라고 말하고, 등소평의 민족구역자치법 건설은 신시대 중국 민족사업에 큰 역사적 공헌을 했다고 말한다. 등소평은 1982년과 1984년 〈민족구역자치법〉을 제정 실행했다. 그는 또한 등소평의 민족구역자치법은 중국특색사회주의 민족구역자치법 건설이라는 주요과제를 성공적으로 해결했다고 말한다. 1. 4가지 기본원칙을 고수한다. 2. 민족구역자치법의 기본원칙을 창건하고, 민족문제해결에 있어 마르크스-레닌주의를 충실히 따르며 현실중심원리를 고수한다. 3. 민족구역자치법 건설의 근본임무를 확립한다. 4. 낙후된 민족지구발전에 힘쓴다. 王玉은 '등소평의 민족지구자치사상의 주요表現으로 3가지를 들고 있는데, 1. 중국의 민족지구자치정책은 중국실제상황에 맞는 정확한 마르크스주의 정책사상이다. 2. 소수민족의 진정한 민족평등을 위해서는 진정한 민족구역자치사상의 실행이 필요하다. 3. 민족구역자치정책사상의 발전을 꾀해야 한다.

(4) 소수민족발전과 민족공동번영

소수민족지구를 발전시키고 민족공동번영을 이룩하는 것은 등소평 민족이론의 핵심이며 주요목표이자 등소평 민족이론사상 연구의 쟁점문제이다. 金炳鎬는 '민족경제를 발전시키고 민족공동번영을 촉진하는 것이 등소평 민족공작사상의 중심내용으로 당대 민족문제를 해결하는 핵심사상이라고 말한다. 민족지구사회생산력을 발전시키고 각 민족 공동의 번영을 이룩하는 것은 등소평 민족공작의 근본 목표이다. 王勳銘은 〈각 민족공동번영의 이론목표-등소평의 중국특색사회주의이론학습〉이란 글에서 민족공동번영의 실현을 위한 객관적 조건으로 두 가지를 들고 있다. 1. "생산력해방과 생산력 발전", 각 민족번영을 위한 물질기초 확립, 2. "착취의 소멸"과 '양극화의 소멸', 사회주의제도는 각 민족의 공동번영을 위한 우수한 사회환경을 제공한다. 이 조건은 민족공동번영을 실현하는 가장 효과적인 수단이다. 그는 또한 '등소평의 민족발전의 실질은 발전이라며, 중국공산당은 각 민족 공동발전과 번영을 위한 정치적 보장이라고 말한다.

劉甲金은 〈지역 차와 조화로운 발전-등소평의 공동번영사상에 관한 학습〉

에서 공동번영은 사회안정과 통일 그리고 민족 시장경제 형성까지 포함된다고 말한다. 민족지구의 지역 차가 좁아지고 경제가 발전되어야 비로소 진정한 민족공동번영이 가능하다고 말하고 있다.

金炳鎬는 등소평은 "일부지구의 우선적인 발전전략"이 가져오는 문제(민족문제 포함)에 대해 인식하고 낙후된 지역의 협력과 경제, 문화발전의 중요성 또한 강조했다고 말하고, 민족경제의 발전과 사회주의 현대화건설은 민족공동의 번영을 촉진하며, 이는 등소평 동지가 주창한 중국특색사회주의의 중요한 방침이자 중국사회주의 민족정책의 근본원칙이라고 말했다.

〈신시대 민족발전관의 확립〉이란 글은 "사회주의 시장경제 아래에서 경제발전은 곧 민족공동의 번영이며, 평등단결의 기초이고 정치안정의 보장이며, 사회 안정의 기초라고 말하고 있다. 〈등소평과 변방지역 경제발전〉이라는 글에서는 변경민족지구경제발전은 각 민족의 공동번영을 실현시키고, 사회주의시기의 민족문제를 해결하는 길이라고 말하고 있다. 施正一은 〈소수민족지구경제발전전략방침-등소평 동지의 발전전략지도사상학습〉에서 발전전략사상의 내용, 대책, 전략목표 등 등소평 발전전략 지도사상에 대해 논하고, 이러한 방침을 실현하기 위해서는 소수민족지구의 구체적인 전략이 필요하다며 14가지 발전전략에 필요한 구체적인 대책을 내세웠다. 민족지구는 반드시 기회를 잡고, 빠른 발전을 이룩해야 한다. 이것은 등소평의 민족발전사상의 중요내용이다.

〈사회주의시장경제와 민족번영의 관계-등소평의 중국특색사회주의 이론학습〉에서는 사회주의 시장경제와 각 민족공동의 번영관계를 논하고, 사회주의 시장경제의 목표는 민족지구의 번영을 위한 길을 개척하는 것이라고 말하고 있다. 周健은 〈사상해방, 신 관념, 민족지구 시장경제건설〉이라는 글에서 민족지구 시장경제가 왜 사상해방과 새로운 관념을 필요로 하는지, 어떠한 새로운 관념이 필요한지, 어떻게 새로운 관념에 도달할 수 있는지, 또 어떻게 새로운 관념이 민족지구의 시장경제를 촉진하는지에 대한 문제에 대해 논하고 있다.

민족지구의 발전은 국가와 선진지구의 도움 없이는 불가능하다. 빈곤지구
의 협력사업은 등소평의 발전사상의 중요한 내용이다. 朱培民은〈등소평의 민
족경제발전이론과 실전〉이라는 글에서 등소평은 국가의 소수민족지구에 대한
경제지원뿐 아니라 발달된 지구의 소수민족지구에 대한 지원 또한 강조하고
있다고 말하고 있다.

(5) 소수민족지구의 사회주의 정신문명 건설

등소평의 중국특색사회주의이론은 물질문명과 정신문명의 건설을 강조한다.
민족지구 사회주의 정신문명의 건설은 등소평 민족이론의 중요한 내용이다.
金炳鎬는 '민족지구 사회주의 정신문명 건설은 등소평 민족공작 사상의 중요
한 일부분이다. 물질문명과 정신문명과의 관계처리문제는 중국특색사회주의의
근본문제이기도 하다. 등소평은 사회주의 정신문명의 건설의 중요성과 임무
를 강하게 말하고, 정신문명의 건설을 위한 원칙과 방법을 제시했다. 또한
그는 민족지구 사회주의 문명건설의 兩大임무로 1. 도덕사상의 건설, 2. 과
학문화의 건설을 들고 있다. 藍荃彬은〈등소평의 중화민족 사회주의 정신문
명 건설전략 사상〉이라는 글에서 등소평은 이상과 도덕 문화, 규율이 있는
새로운 사람을 만드는 것이 사회주의 정신문명의 근본임무라고 말하고 있다.
애국주의를 고양하고 사회주의 도덕을 건설하는 것은 민족정신 문명건설의
주요내용이다.

金炳鎬는 전면적으로 또 역사적으로 등소평의 민족정신의 함의를 이해해야
한다고 말한다. 등소평이 말하는 민족정신이란 민족의 자존심 민족의 자신감,
그리고 민족의 자긍심을 기본 내용으로 하며 조국의 이익을 보호하고 존중하
는 것이 그 핵심내용이다. 또한 민족정신의 올바른 이해만이 민족정신을 올
바로 이끌 수 있다고 말하고 있다. 何常林은〈등소평의 민족정신〉이라는 글
에서 등소평 민족정신의 3가지 함의를 제시하고 있다. 1. 민족자존심과 자신

감, 2. 민족 자주자립의 정신, 3. 민족자치정신. 등소평은 민족自立自强정신
의 핵심은 自立自主와 自力更生이며 중국특색사회주의 길을 걷는 것이라고
말하고 있다. 朱在憲은 등소평의 민족의 자긍심과, 자존심, 자신감의 강조는
등소평 민족관의 支柱이며 중화민족발전의 근본정신이라고 말한다. 蔡孝恒은
4가지 방면에서 등소평의 소수민족지구 구제사업에 대해 논하고 있는데, 등
소평의 소수민족 구제사업은 소수민족지구의 발전과 번영뿐만 아니라 전 국
가의 발전과 안정과도 관계되는 일이라고 말한다. 또한 등소평이 강조하는
소수민족 구제사업을 5가지로 요약하고 있다. 1. 모든 당은 내륙과 소수민족
지구의 구제사업에 고도의 관심을 가져야 한다. 당 중앙은 내륙과 소수민족
지구의 발전을 위해 지원을 아끼지 말아야 한다. 2. 국가는 소수민족지구에
경제적 지원을 해야 한다. 또한 소수민족지구에 고급인재를 파견해야 한다.
3. 우선적으로 발전된 지역은 낙후된 지역과 소수민족지구를 지원해야 한다.
4. 소수민족지구의 교육사업과 인재배양, 인민 의식수준 고양 등은 소수민족
지구가 빈곤에서 벗어날 수 있는 방법이다. 5. 국가의 지원과 소수민족 자력
의 노력이 합쳐져야만 진정한 발전을 이룰 수 있다.

　민족지구 경제발전은 반드시 발전과 안정의 관계를 잘 처리해야 한다, 李
瑞는 〈등소평의 발전과 안정과의 관계에 대한 사상－내몽골을 중심으로〉라는
글에서 내몽골을 예로 민족지구 발전과 안정의 관계를 논하고 있다. 그는 변
경지역민족들은 반드시 발전을 가장 우선순위에 놓고 발전 중에 나타나는 불
안정한 요소를 극복해 지역안정을 강화해야 한다고 말하고 있다.

　발전과 민족공동번영과의 관계문제에 대해, 杜玉亭은 〈발전과 각 민족공동
번영〉이라는 글에서 발전은 중국 소수민족뿐만 아니라 한족 또는 세계민족
모두에게 공용되는 개념이며, 공동번영은 중국소수민족 현대화 발전에서 사
용되는 실용적인 개념이라고 말한다. 또한 그는 각 민족의 공동번영은 중국
특색사회주의이론의 중요한 기본원칙임으로 민족공동번영이론의 실제 의미에
대한 깊은 연구가 요구되고 있다고 말하고 있다.

3) 민족공작사상 연구

(1) 민족공작 지도사상

등소평의 민족공작 지도사상은 등소평 민족이론의 중요 구성부분이며, 중국공산당의 새로운 시기의 민족공작의 이론지침이다. 이 지도사상에 관하여 많은 학자들이 심오한 연구를 하고 있다. 金炳鎬는 '등소평은 민족공작을 매우 중요시하며, 민족지구의 발전을 강조하고 전국 각 민족의 공동번영을 강조, 전 중국 중화민족의 번영을 위해 노력했다고 말하고 있다. 그는 현대화전략의 근본목적은 중국을 부강하게 하는 것이며 이는 곧 전 인민의 공동번영과 부강을 뜻한다고 말한다. 민족지구 사회생산력의 발전과 민족공동번영의 실현은 등소평의 중국민족공작의 근본 지도사상이다.

〈등소평의 민족공작원칙과 방법〉이라는 글은 등소평의 민족공작 지도사상은 민족발전이 민족지구의 모든 성패를 가늠하는 객관적인 표준이라고 말한다. 민족지구의 모든 사업과 방침 정책은 모두 민족지구 생산력 발전이라는 불변의 목적을 가장 우선시해야 한다. 이것만이 사상해방을 이끌고 관념을 개선하고 민족경제를 촉진하여 민족지구의 발전을 가져오기 때문이다. 爲劍峰은 등소평의 민족공작에 대한 지도사상은 경제발전을 민족공작발전의 지표로 한다고 말하고 있다. 莫百生의〈등소평의 민족사상〉은 민족평등을 지지하고, 민족단결을 강화하는 것은 마르크스주의 민족관의 기본원리이며 관점이다. 등소평은 민족평등과 민족단결을 매우 중요시하며 민족평등과 민족단결을 신시대 민족공작 지도사상으로 만들었다고 말한다.

張炯은〈민족단결과 조국통일은 신시대 등소평 민족사상의 핵심이다〉라는 글에서 민족단결을 지지하고, 조국통일을 보호하는 것은 민족공작의 최고원칙이며 지도사상이다. 민족공작은 반드시 두 가지 조건을 충족해야 한다. 1. 각 민족은 모두 사회주의 기본방향을 따라야 한다. 사회주의 안에서만 진정한 공동번영과 공동발전이 가능하다. 2. 각 민족은 우애 있게 지내며 서로협력하여 단결해야 한다고 말한다. 翁乾麟은 등소평의 민족공작 지도사상을 6가지로 개괄했는데 그 중 하나는 민족공작은 반드시 신중하고 온건적인 방법으로 실행해야 한다는 것이다. 施正一은 등소평의 민족공작 지도사상에 대하여 '경제건설만이 민족지구의 낙후된 모습을 구제할 수 있으며, 각 민족의 공동번영을 실현시킬 수 있다. 개혁개방의 지지는 곧 민족지구의 생산력 발전을 뜻하며, 민족경제의 발전을 뜻한다. 또한 4개 기본원칙의 고수만이 국가의 통일과 안정 민족 평등단결을 보장하고, 민족지구의 순조로운 개혁개방과 사회주의에 걸맞은 경제 현대화를 보장한다고 말했다. 楊金銀은 〈신시대민족공작지침〉에서 등소평 민족공작사상에 대해 5가지로 요약하고 있다. 1. 실사구시 사상노선은 신시대 민족공작의 근본지침이다. 2. 각 민족공동번영은 민족공작의 근본 목적이다. 3. 민족구역자치의 실행은 민족공작의 기본정책이다. 4. 경제발전은 신시대 민족공작의 중심임무이다. 5. 민족단결은 사회주의현대화건설의 근본보장이다.

(2) 민족공작 기본원칙

등소평 민족공작 기본원칙은 마르크스-레닌이론과 중국 공산당의 민족정책 및 소수민족지구의 구체적인 실제상황을 결합시킨 것으로 다음 4가지로 개괄할 수 있다. 1. 민족의 장기성과 복잡성 중요성을 충분히 인식하는 것은 민족공작의 우선원칙이다. 2. 민족공작과 중국특색사회주의 건설의 총 임무와 목표는 같은 것으로 이는 민족공작의 중요원칙이다. 3. 정치, 경제, 문화 방면에서 성심성의껏 소수민족을 도우며 소수민족을 위해 봉사해야 한다. 이는 민족공작의 기본원칙이다. 4. 안정된 진보를 이끈다. 이는 민족공작의 기본방침이다.

馬俊毅는 등소평 민족공작기본원칙은 민족공작의 장기성, 복잡성, 중요성의 사상인식을 수립하고 정치, 경제, 문화 방면에서 성심성의껏 소수민족을 돕고 봉사하며 민족공작의 안정된 진보를 이끌고 정확한 민족정책을 제정하여 소수민족과 함께 의논하는 현실위주의 원칙이라고 말한다. 翁乾麟은 "등소평은 중국 민족공작의 경험과 교훈을 과학적으로 정리하여 중국의 현 단계에 맞는 민족문제 근본원칙을 만들었다고 말한다. 먼저 민족평등원칙의 지지는 마르크스주의 민족문제해결의 기본준칙으로 중국의 마르크스—레닌주의 민족이론과 민족정책의 고수를 말한다. 다음으로 민족구역자치제도의 실행은 소수민족지구의 발전을 이끄는 데 두 가지 문제점을 잘 해결해야 한다. 1. 어떻게 중국의 東西部관계를 정확히 처리하여 공동 번영을 이룩할 것인가, 2. 어떻게 다른 민족을 학습하고 다른 국가의 선진된 기술을 도입할 것인가? 朱在憲은 민족공작 중요원칙에 관하여 등소평 동지는 소수민족지구공작을 강조하며, 모든 공작은 반드시 소수민족과 함께 의논해야 한다는 원칙을 고수해야 한다고 말했다. 楊發仁은 사상해방과 實事求是는 모두 현실에 중점을 두고 있다며 이는 등소평의 민족공작의 중요원칙이라고 말한다. 이 원칙의 고수만이 마르크스-레닌주의 모택동 사상의 민족이론과 당의 기본노선, 방침정책을 중국의 민족지구실제상황과 결합시켜 민족지구의 각종공작을 처리하고 민족단결과 사업의 발전을 이끌 수 있다고 말한다.

(3) 민족공작의 주요방법

등소평 민족공작 주요방법에 대해 金炳鎬는 1. '정책은 즉 생명이다', 정확한 정책의 재정과 실행은 민족공작 성패의 중요한 열쇠이다. 2. 소수민족과의 상담은 민족공작의 기본방법이다. 3. 상황을 정확히 판단하고 연구조사를 철저히 하는 것은 민족공작의 기본방법이다. 4. 원칙성과 특수성의 결합, 구체적인 상황에 대한 대응은 민족공작의 중요한 방법이다. 이에 대해 劉紹川, 張炯는 〈등소평 민족사상연구〉라는 글에서 '등소평동지는 소수민족과의 상담을 통한 민족공작 전개라는 원칙과 공작방법을 고수하고 당의 통일전선 공작 방법 또한 소수민족 내부관계를 통해 이룩한다는 방침을 세우고 있다고 말한 다. 朱在憲은 '민족공작방법에 관하여 등소평 동지는' 안정된 방법으로 상황을 정확히 판단하여 진행하며 모든 일은 소수민족과 함께 협상을 통해 이뤄야 한 다. 민족공작에 대한 태도는 實事求是로 언제나 성심성의껏 대처해야 한다고 말한다. 劉紹川, 張炯은 '實事求是와 조사연구는 등소평 동지의 민족공작해결 방안으로, 등소평 동지는 소수민족문제해결을 위한 조사연구를 중시했다고 말 한다. 이러한 조사를 통한 상황 이해와 문제해결 및 공작전개, 각 방면의 대 표자의 의견수렴 등은 중국민족공작에 실질적인 지도意義를 가진다.

등소평의 민족이론은 그 내용이 매우 풍부하며 중국 학술계의 연구 또한 매우 광범위하다. 본문은 그중 일부분의 내용을 기재 논술했다. 등소평의 민족이론은 등소평 이론의 중요한 구성부분으로 마르크스-레닌주의와 모택동 사상의 기초 위에 중국의 개혁개방과 사회주의 건설실전 그리고 당대 시대적 특징을 결합시켜 발전시킨 민족문제에 대한 기본관점과 방침 정책의 이론체계이다. 등소평 민족이론은 실전 속에서 마르크스주의 민족이론을 더욱 발전시켰으며, 모택동 민족이론의 새로운 발전을 이룩했다. 또한 중국 신시대의 새로운 민족공작지도사상으로 대두했다. 개혁개방이래 등소평 민족이론에 대한 연구가 매우 활발히 행해지고 있으며 우리는 이러한 연구가 앞으로 더욱 큰 발전을 가져올 것을 믿는다.

3 제3대 지도자 집단의 민족이론

13회 4중전회 이후, 강택민을 핵심으로 하는 중국 공산당 제3대 지도자 집단은 복잡한 국내 정세 아래, 중국의 민족사업에 새로운 성과를 거뒀다. 특히, 1992년 중앙민족공작회의와 당의 제14차 전국대표대회, 15차 전국대표대회 이래, 중국 공산당 제3대 지도자 집단은 중국의 민족문제 해결과 민족 사업과정 중, 마르크스-레닌주의, 모택동 사상, 등소평 이론을 기초로, 세계의 민족문제에 대한 경험과 교훈, 중국 국내의 새로운 민족사업의 경험 등을 바탕으로 중국 특색의, 체계가 완벽한 신시대에 걸맞은 민족이론을 만들어냈으며, 이는 모택동 사상을 계승하며, 등소평 이론 이후 더욱 더 마르크스-레닌주의를 발전시킨, 중국 민족이론 발전의 세 번째 단계이다.

중국공산당 제13대 지도자 집단의 민족이론에 대한 연구는 90년대 초부터 시작되었다. 1992년 1월 중앙민족공작회의와 동년 10월 제14차 전국대표대회이래, 민족이론 계에서는 민족공작강령과 민족공작사상 각도에서 중국공산당 제3대 지도자 집단의 민족이론에 대해 다량의 연구를 실시했다. 朱在憲의 〈중국 민족공작강령에 관하여-중앙민족공작회의 중 강택민 동지의 연설을 중심으로〉, 赤民의 〈제14차 전국대표대회 보고가 민족공작이론에 미친 공헌〉 등이 바로 그것이다. 그러나 당의 제15차 전국대표대회 이전까지 중국공산당 제3대 지도자 집단의 민족이론에 대한 연구는 대부분 어떤 특정부분이나, 특정 연설 내용에만 집중되어 심도 있는 연구가 이루어지지 못했었다.

당의 제15차 전국대표대회는 중국 공산당 역사상 매우 중요한 회의로 등소평 이론의 위대한 업적을 깃발로, 21세기를 향해 더욱 적극적으로 중국특색 사회주의 건설사업을 추진하며, 또한 민족이론도 더욱 발전시켰다. 당의 15차 전국대표대회 이후, 중국공산당 제3대 지도자집단은 중국의 민족문제 해결에 있어 전면적이고 체계적인 연구를 시작했다. 제3대 지도자들은 민족이론의 관점과 민족정책실행방법, 민족공작사상과 민족공작의 실전 등을 제시했다. 예를 들어 金炳鎬의 〈중국민족이론 발전 현상과 전망, 중국 공산당 제3대 지도자 집단의 민족이론의 발전〉, 〈중국 민족이론 발전 20년사〉, 楊岳儒의 〈당의 제3대지도자들의 중국 민족문제이론 해결과 발전〉, 王鐵志의 〈신시대 당의 민족정책이론과 실전, 제3대 지도자 집단의 민족공작 사상이 민족정책에 미친 영향〉, 龔學增의 〈신시대의 중국공산당의 마르크스주의 민족이론에 대한 발전〉 宋全의 〈당의 제3대 지도자집단의 중국민족문제에 대한 기

본해결 사고 방향〉등이 있다. 이러한 논문과 과제 등은 주로 중국 공산당
제3대 지도자집단의 민족이론 체계와 주요 내용, 실전을 연구한 것이다. 이
제부터 이러한 연구성과에 대해 논하고자 한다.

1) 민족이론 체계 연구

(1) 민족이론 형성기반

등소평 이론은 마르크스-레닌주의를 중국의 실제상황에 부합시킨 것으로,
모택동 사상을 계승 발전시킨 이론이다. 등소평 이론의 중요한 구성부분인
등소평 민족이론은 마르크스-레닌주의, 모택동 사상을 계승 발전시킨, 당대
중국의 마르크스-레닌주의 민족이론이며, 마르크스-레닌주의 민족이론의 중
국에서의 새로운 발전이다. 중국 3대 지도자 집단의 민족이론은 등소평 이론
의 지도 아래 등소평 민족이론을 계승하고, 중국의 민족문제의 기본사실을
철저히 인식하여, 사회주의의 발전 속에 나타나는 민족문제를 해결하고, 해외
의 민족문제에 대한 경험과 교훈을 기초로 형성 발전된 이론이다. 그래서 중
국 공산당 제3대 지도자 집단의 민족이론은 등소평 이론의 계승 발전이며,
마르크스-레닌주의의 중국에서의 새로운 발전이다.

(2) 민족이론의 주요 내용

중국공산당 제3대 지도자집단의 민족이론은 마르크스-레닌주의, 모택동 사상,
등소평 민족이론을 계승하였으며, 더욱 광범위한 범위와 내용-민족문제의 기본
사상, 기본 이론, 정책사상, 기본원칙, 방침사상 등을 다루고 있다. 중국공산당 제

3대 지도자집단의 민족이론 주요 내용은: 등소평의 민족이론을 민족문제해결의 지표로, 민족평등을 지지하고, 실전 중에 민족평등들을 보장하며, 소수민족발전과 민족지구경제의 발전을 도모하고, 새로운 고도의 민족지구자치제도를 확립하고, 민족간부 육성에 힘쓰며, 민족법을 더욱 강화하고, 민족정책의 우수성을 발휘하여 발전된 사회주의 민족관계를 확립하고, 각 민족공작 지도자들의 지도 아래, 지역 모순과 민족모순, 인민모순을 처리하고 민족지구의 안정과 민족문화의 발전, 민족지구의 정신문명의 발전을 도모한다. 또한 종교와 민족의 연관성을 고려하여, 사회주의에 걸맞은 새로운 종교목표를 세우고, 사회주의와 국가에 대한 애국심을 키우며, 중화민족의 응집력을 강화하고 민족분리주의를 강하게 반대한다.

(3) 민족문제 해결에 대한 기본사상

당의 15대는 중국 공산당의 사회주의 초급단계의 강령을 제시하고, 중국이 실행하고 있는 중국특색사회주의의 경제, 정치, 문화의 기본내용을 서술했다. 중국공산당 제3대 지도자집단은 민족문제해결을 민족공작의 전개 속에서 구체화하는, 즉 민족단결을 강화하고, 민족공동 발전과 번영을 촉진시키며, 전체사회주의 초급단계의 민족공작을 행동강령으로 한다. 새로운 시기의 민족공작 목표는, 소수민족 민족지구 경제사회의 진보를 중심으로, 정부의 대대적인 지원으로 빈곤지역의 경제를 살리고, 개혁개방의 步調를 더욱 활발히 하며, 합리적인 지역 분배를 달성하고, 조화 있는 지역경제를 이룩하는 것이다.

정치상의 책임은, 민족지역 자치제도를 중심으로 당의 지도자를 강조하고, 민족법제를 강화하고, 민족 간부를 육성하며, 종교공작을 통제하고, 세력분열을 방지하는 것이다. 문화목표는, 중화민족의 응집력을 중심으로, 사회주의와 애국주의를 고양하고, 민족문화를 널리 홍보하며, 광범위하고, 깊이 있게 또한 지속적으로 마르크스주의 민족관과 당의 민족정책을 교육하는 것이다. 중국공산당 제3대 지도자집단은 이상 몇 개의 방면에서 자신의 이론사상을 전

개했으며, 사회주의초급단계의 민족공작과 기본강령, 현실의 민족공작실전과
결합시켜, 중국민족공작의 새로운 시기를 열었다.

(4) 민족문제 해결의 기본전략

중국공산당 제3대 지도자집단은 4대 발전 전략을 제시, 실행하고 있다.(沿
邊개방전략, 과학기술전략, 지속적인 발전 전략, 4部개발전략.) 이러한 전략
과 민족지구의 발전은 서로 밀접한 상관관계를 가지고 있으며, 민족지구의
개혁개방과 현대화의 추진은 중국공산당 제13대 지도자집단의 민족문제에 대
한 기본전략이자 방침이다.

대외개방은 중국의 기본국책이다. 80년대 중국의 대외개방의 중점은 동부해
안지구였다. 90년대 초 중국은 四沿개방방침을 발표했는데, 여기서 四沿이란,
沿海, 沿邊, 沿江, 沿線(주요교통간선)을 말한다. 변방민족지구는 개방과 함
께 개혁의 최우선지로 변했다. 李鵬은 1992년 중앙민족공작회의에서 "적극적
인 변경지역의 무역발전과 육지 변경지역의 대외개방 확대는 중국 전체 대외
개방 다원화의 중요한 일부분이다. 중국은 변방지역 발전에 필요한 정책을 최대
한으로 활용해 변경지역 무역과 주변국가의 경제를 발전시키고, 변경지역 인민
의 생활을 부유하게 하며, 변경지역의 번영과 안정을 도모할 것이다. 변경지
역전략은 이곳 민족지구의 경제 발전과 사회 진보를 가지고 올 것이다.

1995년 5월 중공중앙과 국무원은 "科敎興國"전략을 제시했다. 당의 十五
大가 실행하는 이 전략은 과학기술의 빠른 성장을 경제사회발전의 중요한 열
쇠로 생각하고, 경제건설의 중점을 과학기술의 진보와 노동자의 의식발전에
두고 있다. 중국공산당 제3대 지도자집단은 민족교육과 민족지구과학기술사
업, 민족지구 경제건설을 연계하여, 민족지구를 더욱 발전시키는 科敎興國전
략의 실행에 혼신을 다하고 있다. 이를 위해서는 먼저 교육사업을 발전시키
고, 노동자의 의식수준을 높이며, 과학기술을 개발하고, 고도의 과학기술을

적극 도입하여, 과학시술의 인재를 민족지구에 합리적으로 활용한다. 대대적인 교육과 과학기술의 발전을 통해, 민족지구 경제성장에 근본적인 변화를 가져와, 새로운 민족지구발전의 길을 개척한다.

당의 14회 5중전회와 十五大는 명확한 전략을 제시했는데, 계획출산과 환경보호를 국가의 국책으로, 경제발전과 인구, 자원, 환경의 관계를 정확하게 처리하는 방침을 내세웠다. 중국민족지구의 대부분의 서부지역은 자연환경이 열악하다. 서부지역은 長江, 黃江, 珠江등의 주요강의 발원지로, 서부지역의 자연환경은 전국에 매우 중요한 영향을 미친다. 중국 공산당 3대 지도자집단은 민족지구의 생태환경을 보호하고, 자연환경의 경제발전에서의 중요한 지위를 강조하고, 민족지구의 인구, 자원, 환경과 경제사회의 조화로운 발전을 도모하고, 소수민족의 현실을 반영하여, 계획출산과 교육의 중요성을 강조하여 소수민족지구 인민의 의식수준을 높여, 인구증가와 경제발전의 합리적인 해결을 모색하고 있다. 제3대 지도자집단은 경제발전과 환경보호의 조화 속에서 비로소 민족경제는 발전할 수 있다고 강조하고 있다.

당의 제14회 5중전회에서 강택민은, 地區經濟의 조화로운 발전에 대한 전략문제-동 서부 경제발전전략을 제시했으며, 이는 서부민족지구의 개발과 발전에 큰 영향을 미치고 있다.

(5) 민족이론의 기본 특징

중국 제3대 지도자집단의 민족이론은 마르크스-레닌주의, 모택동 사상, 등소평 이론의 민족이론과 중국 민족과 민족문제의 구체적인 실제상황을 접목시켜 큰 성과를 거두었다. 중국 공산당 제3대 지도자집단의 이론은 시대성과 실제성 계통성을 가지고 있다는 특징을 가지고 있다. 모든 이론의 탄생과 발전은 역사환경과 시대적 배경에 영향을 받는다. 또한 이론은 현실적인 요구에 의해 탄생하며 발전하는 것이다. 강택민을 핵심으로 하는 중국 공산당 제

3대 지도자집단은 사회주의 현대화 건설과정 중, 갖가지 새로운 민족문제에 봉착했는데, 이러한 새로운 형태의 민족문제는 시대성이 민족문제에 얼마나 큰 영향을 미치는지를 설명해주고 있다.

중국공산당 제3대 지도자집단의 민족문제의 해결의 핵심은 정책의 실제적인 효과에 중점을 두고 있다는 것이다. 중국공산당 제3대 지도자집단의 민족이론은 實戰에 그 근본을 두고 있다. 중국공산당 제3대 지도자집단의 민족이론은 중국의 민족이론에 새로운 대안을 마련했고, 이러한 대안은 구체적인 전략, 정책, 방법을 제시, 민족문제 해결에 끊임없는 발전을 가져오고 있다. 중국 공산당 제3대 지도자집단의 민족이론에는 다음과 같은 특징이 있다.

중국공산당 제3대 지도자 집단의 민족이론은 조직적 특징을 가지고 있다. 중국공산당 제3대 지도자집단은 13회 4중전회 이후 9년의 연구 끝에 민족공작에 대한 새로운 이해를 가지고, 신시대에 맞는 방침, 원칙, 방법을 세우게 되었다. 즉 중국공산당 제3대 지도자집단의 민족이론은 마르크스주의의 입장과 관점, 방법을 가지고 조직적이며 과학적으로 새로운 시기에 발생하는 중국의 민족문제에 대응하고 있어 큰 성과를 거둘 수 있는 것이다.

2) 민족문제이론의 주요 내용

중국공산당 제3대 지도자집단의 민족이론은 그 내용이 매우 풍부한데, 중국 민족문제의 여러 방면뿐 아니라 사회주의 초기단계의 민족문제의 발전방향과 세계 민족문제에 대한 광범위한 이해를 가지고 있다.

(1) 민족과 민족문제에 대한 기본관점

강택민은 1992년 11월 개최한 중앙민족공작회의에서 중국은 마르크스-레닌주의, 모택동 사상을 통한 민족문제의 관찰과 처리과정에서 기본적인 관점과 정책이 만들어졌다고 말했다. "민족의 탄생과 발전 멸망은 모두 긴 역사적 한 과정으로, 민족문제는 오랜 기간 존재하며, 사회주의단계는 민족이 공동 번영하는 시기로, 각 민족의 공통점이 많아질수록 또한 각 민족 고유의 특징도 늘어나 사회적 문제가 될 수밖에 없다. 이러한 사회적 문제를 해결하는 방법으로는 사회주의 건설의 공동추진에 의해서만 가능하다. 모든 민족은 인구의 많고 적음, 역사의 길고 짧음, 발전수준의 높고 낮음에 상관없이 모두 중국문명에 크나큰 공헌을 했고 그렇기 때문에 모두 평등하며, 모든 민족은 서로 단결해야 한다. 이것은 중국 공산당 제3대지도자집단의 민족과 민족문제에 대한 기본관점이다.

(2) 민족문제에 대한 주요사상

모든 당은 민족문제의 長期性과 복잡성, 중요성에 대해 충분히 인식하고 있으며, 민족과 종교사업에 대해 큰 관심을 가지고 있다. 강택민은 1993년 11월7일 전국통일전선공작회의에서 그의 중요한 사상을 발표했다. 그에 앞서 1992년 1월 14일 그는 "나는 민족문제의 장기성과 복잡성, 중요성을 충분히 인식하고 있으며, 반드시 중화민족과 사회주의를 발전시킬 것이다. 라고 말했다." 당과 주요지도자들은 이같이 민족문제의 "三性"(長期性, 複雜性, 重要性)을 강조하고 있다.

민족문제는 국가의 중대문제이다. 강택민은 1989년 9월 20일 전국소수민족지구 구제공작회의에서 "민족문제는 마르크스주의 이론 중 중요한 문제다." 라고 말했다. 1992년 1월 14일에는 "민족문제는 중국혁명과 사회주의 건설의 중대한 문제다 중국공산당은 성립이후 지속적으로 민족문제를 중시해왔다. 민족문제는 과거와 현재, 미래사회에 커다란 영향을 미친다."라고 말했다. 1993년 11월 7일에는 "민족문제는 중국의 통일과 관련한 문제로 사회와 변방지역 안정 그리고 사회주의 건설의 승리에 큰 영향을 미친다. 사회주의 조건 아래 정확히 민족문제를 처리하는 것은 매우 중요한 문제로, 민족문제를 잘 해결하고 민족사업을 잘 이끌어 가는 것은 사회 전체 문제와도 관련된 것이다. 또한 국제사회의 복잡한 상황 아래, 중국은 민족문제를 중시해야 한다."라고 말했다. 강택민은 마르크스주의 이론에 의거해 혁명과 건설과정 중 민족문제해결의 중요성을 강조하고 있다.

(3) 민족평등사상의 보장

중국공산당 제3대 지도자집단은 민족평등원칙을 기본으로 하며, 각종 사업을 통해 소수민족의 평등한 권리를 보장, 각 민족 간의 평등한 관계를 확립했다. 중국공산당 제3대 지도자집단의 민족 평등문제에 대한 기본 입장은 중국에 있는 모든 민족은 인구, 지역, 발전수준에 관계없이 모두 중국의 현대화를 위해 공헌했으며, 모두 중화 대가정의 평등한 일원이다. 모든 민족은 정치, 경제, 사회, 문화생활 등 각종 영역에서 평등한 권리와 의무를 가진다. 중국 공산당 제3대 지도자집단은 "평등을 기초로 한 민족의 단결과 조국의 통일을 강조하고 있다. 十五大는, 사회주의 민족관계의 평등한 발전과 단결, 협력을 공고히 하고, 민족공동번영과 진보를 강조하고 있다.

실제상황에서 어떻게 하면 소수민족이 평등한 권리를 보호받을 수 있을까하는 문제에 대해 강택민은 소수민족지구 구제공작회의 중 이렇게 말하고 있다. "우리는 민족지구자치법의 진일보한 선전과 사업을 통해, 자치제도의 법제를 강조하고, 소수민족의 경제와 문화(언어)의 평등한 권리를 보호하고, 소수민족의 풍습습관을 존중하며, 종교신앙의 자유를 인정하고, 민족지구의 확실한 자치를 인정한다." 같은 해 李鵬은 "중국이 취하고 있는 정책은 소수민족을 중화대가정의 일원으로 여기며, 일원으로서의 권리를 보장하고, 경제, 교육, 문화 등 각종 방면에서 비교적 낙후해 있는 소수민족의 상황을 개선시키는 것이다"라고 말하고 있다. 이것은 중국제3대 지도자집단의 민족평등문제에 대한 공고한 입장을 충분히 나타내고 있다.

(4) 민족단결과 조국통일

민족평등의 기초 아래 민족 단결과 조국통일의 강조는, 모든 민족의 이익을 반영하는 것이다. 이것은 민족문제에 대한 강택민의 기본사상이다.

민족단결은 사회안정의 전제이며, 국가통일의 기초이다. 사회안정과 국가통일은 민족 전체의 번영과 진보를 가져온다. 강택민은 "만약 국가가 통일되지 않으면 민족은 단결할 수 없고, 사회도 안정될 수 없으며, 각 민족의 공동발전 역시 불가능하다고 말했다. 강택민은 중국민족의 단결현황과 중요성을 분석하고 다음과 같이 말했다. "중국 각 민족의 단결은 매우 공고하며, 이러한 민족 간의 단결이 사회진보, 경제발전, 정치안정을 보장하고 있다. 중국의 국가통일, 민족단결은 민족을 부흥시키는 것이며, 국가분열, 민족분쟁은 나라를 망하게 하는 것이다. 단결은 즉 번영, 분열은 멸망을 의미한다.

강택민은 진일보한 민족의 대단결과 조국 통일을 강조하고 있다. 각 민족의 대단결을 위해 大民族主義와 地方民族主義를 반대하며, 민족단결과 사회안정을 파괴하는 모든 단체나 사상은 엄격하게 처벌할 것이다. 또한 전국의 소수민족과 한족의 관계개선을 위해 노력할 것이며, 지방정부는 자치민족과 기타 민족 간의 관계에 주의를 기울일 것이다. 또한 지속적으로 민족단결을 위해 공헌한 각종 단체와 인물을 표창하며, 이러한 활동을 적극 지지할 것이다. 多民族居住區, 특히 변방민족지구에서는 군인과 지방정부 그리고 소수민족의 단결을 더욱 강조할 것이다. 또한 조국의 통일을 위해서는 어떤 분열주의자하고도 투쟁할 것이다.

(5) "三個不離開"

강택민은 1990년 9월 新疆시찰 중 "56개 민족으로 구성된 위대한 중화민족은 조국의 대가정이라는 틀 속에서 서로 협력하며 생활하고 있다. 각 민족 간의 관계는 사회주의의 새로운 형태의 민족관계로, 한족은 소수민족 없이 존재 불가능하며, 소수민족 역시 한족 없이는 존재 불가능하다. 또한 소수민족과 소수민족의 협력 없이는 중화민족은 역시 존재 불가능하다. 이러한 '三個不離開' 사상은 중국공산당 제2대 지도자집단의 한족과 소수민족의 "兩個不離開" 사상의 진일보한 발전이다. 1990년 9월 강택민은 내몽골 시찰 중 중화민족은 중화 대가정과 사회주의 조국 속에서, 서로 떨어질 수 없는 친밀한 관계로 성장했다고 말했다. 1989년 7월 강택민은 西藏시찰 중, 수십 년에 걸친 한족과 기타 민족 간의 협력을 西藏인민들은 잊을 수 없을 것이다"라고 말했다. 1994년 7월 강택민 동지는 제3차 西藏공작회의에서 상품사회의 발전과 사회주의 시장경제체계의 건립으로 장족은 기타민족과 상호 협력, 의존 공동진보를 이룩했으며, 서로가 서로를 떠날 수 없는 관계로 성장했다. 이것은 사회발전과 민족진보의 필연적인 결과로, 중국은 이러한 민족의 발전방향을 환영한다. 이러한 三個不離開사상 지도 아래, 중국의 사회주의 민족관계는 더욱 발전, 개선되었다.

(6) 민족지구자치제도

소수민족자치제도는 중국민족문제해결의 근본제도이다. 강택민은 15大정치보고 중 소수민족 자치제도를 중국의 3대 기본민주제도로 정했다. 이것은 등소평의 "진정한 민족자치의 실행"의 계승으로 중국민족 자치제도는 큰 발전을 가져왔다. 강택민은 1993년 11월 전국 통일전선공작회의에서 민족자치제도의 지지와 발전을 강조했다. 또한 1992년 1월 중앙민족공작회의에서는 소수민족과 민족자치구의 정책과 법규는 자치법의 정신을 받아들여, 자치법이 더욱 효과적으로 실행될 수 있도록 해야 한다고 했다. 중국공산당 제3대 지도자집단뿐만 아니라 기타 여러 지도자들도 민족자치제도의 발전을 강력히 강조하고 있다.

민족구역자치제도는 중국의 기본정치제도이며, 이는 지도자와 소수민족을 서로 단결하게 하는 정치제도이다. 국가통일과 민족구역자치의 관계는, 국가는 민족자치지방의 자치권리를 보호하고, 민족자치지방은 국가의 방침과 정책을 지지하며, 국토통일을 지지한다. 중국 제3대 지도자집단은 민족구역자치제도를 중요시하며, 새로운 환경 속에서 더욱 발전된 제도의 실행을 위해 노력하고 있다.

(7) 민족지구 발전과 민족공동번영

균형된 지역경제발전의 추진과 서부지역(민족지역포함)경제개발의 촉진, 각 민족의 공동번영의 실현은, 강택민을 핵심으로 하는 중앙당의 중국특색사회주의현대화건설의 중요사상이며 사회안정을 보장하는 것이기도 하다. 1992년 1월 14일 강택민은 중앙민족공작회의에서 소수민족과 민족지구경제 사회발전은 곧바로 중국 전체 현대화의 실현에 영향을 미친다. 민족지구의 현대화는 전국 기타 지역의 현대화이며, 소수민족의 번영은 중화민족의 번영이다. 이들은 서로 불가분의 관계이며 서로 돕고 협력해야 한다. 각 민족의 발전과 공동번영은 경제뿐 아니라 정치와도 밀접한 관계를 가지고 있다. 중국의 경제발전은 동부지역을 빼고는 이야기할 수 없으며, 중부 서부 민족지구의 발전을 빼놓고도 논할 수 없다. 중부 서부지역(민족지구 포함)의 개발은 이미 중국 경제발전의 필연적 선택이다. 생산력의 합리성과 지역경제의 균형성은 중국의 현대화 건설과 각 민족의 단결을 위해 매우 중요한 의미를 가지고 있다. 강택민은 "새로운 역사시기 속에서 민족사업을 효과적으로 처리하고, 민족단결을 강화하며, 소수민족지구의 경제문화발전을 촉진하여 민족공동의 번영을 이룩한다. 이것은 소수민족과 민족지구 인민 전체의 요구이며, 또한 사회주의민족정책의 기본원칙이라고 말했다.

1994년 강택민은 "한족과 소수민족의 협력 없이는 공동진보란 있을 수 없으며, 소수민족지구의 자원과 합리적인 개발 없이는 균형 있는 경제발전은 불가능하다. 역사와 현실이 중국 각 인민의 운명을 하나로 만들었으며, 중화민족의 부흥은 즉 56개 민족의 공동번영을 뜻한다. 중국인민은 당의 기본 노선과 요구에 따라 경제건설을 중심으로 민족지구의 생산력 발전에 힘쓰고, 각 인민의 생활수준을 높여야 한다. 경제발전은 민족단결의 물질적 기초이다. 민족지구는 자력갱생을 강조하고 자신의 경제적 우세를 발휘해야 한다. 정부는 민족지구의 경제발전을 위해 도움을 주어야 하며, 중국 내 발달된 지역도 민족지구에 대한 지원을 아끼지 않아 공동된 발전과 번영을 이룩해야 한다. 1995년 3월 6일 강택민은 제8회 인민대표회의 제3차회의 중 新疆과 내몽골, 廣西대표단공작 보고에서 한족 지구와 경제발전지구는 적극적으로 소수민족지구의 경제발전과 사회진보를 위해 지원해야 한다고 강조했다. 이것은 민족문제 처리의 지도사상이며, 장기간 관철해온 사상이다. 중국특색사회주의 건설과정 중 각 지역의 불균형한 발전이 장기간 존재할 것이다. 중국은 일부분 지역의 발전을 먼저 이룩하고, 차차 전 지역의 발전을 거두어 마침내는 전국의 공동된 번영을 이룩할 것이다.

중국공산당 3대 지도자집단은 소수민족지역의 발전을 강조하고, 중국사회주의 사회의 본질요구를 민족사업에서 실천해나갈 것이다. 그럼으로 민족문제는 중요한 경제문제이기도 하지만 역시 매우 중대한 정치문제이기도 하다.

(8) 소수민족 간부 육성

소수민족 간부 육성은 매우 중요한 사업 중 하나이다. 강택민은 1992년 1월 중앙민족공작회의에서 도덕소양이 갖추어진 우수한 소수민족청년간부를 육성하는 것은 민족공작을 효과적으로 발휘하고 민족문제를 해결하는 방법이라고 말했다. 또한 강택민은 1990년 2월 15일 "소수민족 간부 육성의 많은 관심이 민족지구발전과 민족문제해결에 큰 성과를 거둘 것이다. 우리는 지속적으로 소수민족 간부육성에 관심을 가지고 많은 소수민족 중급/고급 간부를 배출해야 한다. 마르크스주의에 대한 심도 있는 이해와 정치사상 그리고 당의 노선과 방침을 잘 아는 과학과 문화 방면에 지식이 풍부한 소수민족 간부만이 민족과 종교의 문제를 순조롭게 해결할 수 있을 것이다. 우리는 소수민족 간부의 지적 소질을 높여 민족지구 발전에 이바지해야 한다고 말했다. 또한 1990년 新疆 사찰 시, 민족자치지구의 능력 있는 소수민족 간부육성은 당의 노선과 방침정책을 보장하고 각종사업을 실행하는 데 중요한 의미를 갖는다. 소수민족 간부의 육성은, 소수민족 간부 수량의 확대에 중점이 있는 것이 아니라 정치적 소양이 높은 간부를 육성하는 데 그 중점이 있다고 말했다.

胡錦濤는 1993년 6월 전국 소수민족 간부육성공작회의에서 "소수민족 간부를 육성 배출하는 것은 전략적 의미를 가지는 매우 중요한 일이다. 소수민족 간부의 육성사업은 사회주의현대화건설의 성공을 가늠하는 일로 민족문제를 정확하게 처리하는 것이 사회와 국가를 안정시키는 일이다"라고 말했다. 1994년 李瑞環은 "민족사업을 효과적으로 처리하고 민족문제를 잘 해결하기 위해서는 도덕 소양이 갖춰진 소수민족 간부가 필요하며 이것은 중국의 다년간의 경험에 의한 것이다. 중국 공산당 제3대 지도자집단은 민족 간부 육성과 이론 발전에 힘쓸 것이다"라고 말했다.

(9) 민족문화와 민족지구 사회사업

소수민족과 민족지구사회사업의 발전은 각 민족의 진보를 의미한다. 이것은 강택민이 1992년 1월 중앙민족공작회의에서 제시한 중요한 사상으로, 소수민족문화를 발전시키고, 민족지구의 정신문명을 건설하는 것은 매우 중요하다. 회의에서 강택민은 "소수민족지구의 교육, 과학, 문화, 위생, 체육 등의 사회사업을 적극 발전시키고, 소수민족의 과학, 문화 사상, 도덕 수준과 신체건강을 높이며 사회주의 정신문명을 건설하는 것은 사회주의 생산력을 발전시키고 각 민족의 공동번영을 이룩하는 길이다. 라고 말했다. 또한 강택민은 민족교육을 적극 발전시키고 과학기술 사업을 발전시키며, 사회주의사상문화를 공고히 하여 각 민족의 우수한 문화전통을 지켜야 한다고 했다. 또한 민족언어와 문자를 텔레비전, 신문 등 언론 매체에서 더욱 많이 사용할 것을 권하고 의료 위생사업의 중요성을 강조했다. 민족체육활동을 통한 건강한 체질의 인민 육성을 강조하고 사회주의 사상, 문화의 확대와 공고화는 소수민족과 민족지구문화사업의 근본임무라고 말했다. 과학부흥전략을 강조하고, 민족문화전통 계승과 민족지구 정신문명 건설을 강조, 전체민족의 진보를 촉진하는 것은 중국 공산당 제3대 지도자집단의 주요 사상이다.

(10) 인민 내부모순 처리와 민족지구 안정

사회주의제도 아래에서 민족문제는 곧 인민 내부 모순을 의미한다. 이것은 중국 공산당 제3대 지도자 집단의 현 단계 중국민족문제에 대한 기본 관점이다. 강택민은 1993년 11월 전국통일전선공작회의에서 민족과 종교 간의 모순은 대부분 인민 내부 모순이라고 말했다. 1989년 3월 제7회 인민대표회의 제 2차 회의 정부공작보고에서 李鵬은 중국의 현 단계 민족문제에서 발생하는 문제의 근본이익의 기초에는 인민 내부의 모순이 존재한다고 말했다. 李瑞環은 1994년 7월 "현 단계 중국 민족 종교 영역에서 발생하는 주요문제는 인민 내부 모순"이라고 했다.

중국 공산당 제3대 지도자 집단은 민족지구 안정은 곧 전국의 안정을 의미하다고 생각하고 있다. 강택민은 1993년 11월 전국통일전략공작회의에서 "만약 국가가 통일되지 못하면, 민족 역시 단결할 수 없으며, 사회는 불안정해져 경제건설을 이룩할 수 없어 각 민족은 공동발전을 실현할 수 없다"라고 말했다. 그는 1991년 12월 貴州 시찰 때 "사회안정과 국가의 장기간의 치안을 보호해야 한다"고 말했으며, "新疆시찰시에는 정치안정 없이는 아무것도 이룰 수 없다"라고 말했다. 즉 민족모순을 진지하게 처리해야 하며, 민족단결을 보호하고 사회안정을 보호하는 것은 각 인민 공동의 염원이다. 이것이 중국 공산당 제3대 지도자 집단의 민족문제에 관한 사상이다.

(11) 민족분열주의 반대

"우리는 애국주의와 민족평등단결을 지지하고, 단결을 파괴하고 조국을 분열시키는 모든 활동에 반대한다." 이것은 중국 공산당 제3대 지도자 집단의 기본 강령으로 민족분열주의사상에 대해 강력히 비판하고 있다. 강택민은 1990년 2월 15일 "反분열투쟁은 정치투쟁의 하나로, 이것은 민족문제도 아니며 종교문제도 아니다. 조국통일을 보호하고 민족분열을 반대하는 것은 장기간의 정치임무이다. 민족분열분자는 각 민족 인민 전체의 적이다. 모든 인민은 반드시 민족분열주의를 반대하고, 민족 간부에 의지하여 서로 단결하며, 민족분열주의를 고립시키고 민족분열분자를 타도해야 한다"고 말했다. 이것은 중국공산당 제3대 지도자 집단의 민족문제에 대한 중요한 사상이다.

(12) 사회주의시기 민족공작

강택민은 1992년 1월 중앙민족공작회의에서 "중국은 민족사업에서 커다란 성과를 거두었으며 경험을 얻었다"며, 사회주의시기 민족공작의 특징으로 장기성, 복잡성, 그리고 중요성을 강조했다. 강택민은 민족공작의 복잡성과 장기성 중요성을 충분히 이해해야만 올바른 민족정책을 실행할 수 있다고 말했다. 강택민은 "사회주의 생산력의 발전은 사회주의 시기 민족공작의 근본 임무"라고 말했다. 또한 강택민은 민족지구 경제발전에 많은 관심을 표했는데, 1993년 11월 7일 민족지구경제발전과 사회진보를 재차 강조했다. 강택민은

경제문제뿐만 아니라 정치문제 역시 민족발전과 공동 번영을 이룩하는 중요
한 문제라고 말했다. 李瑞環은 1994년 9월 8일 민족지구의 주요임무는 경
제를 발전시키고 생활을 개선하는 것이다. 중국 공산당 제3대 지도자 집단의
지도 아래 중국의 민족사업은 큰 성과를 거두었다고 말했다.

(13) 제3대 지도자 집단의 민족법 건설과, 민족정책 발휘에 대한 사상

당의 十五大는 依法治國을 강조, 사회주의 법치국가 건설을 강조하고, 진일
보한 민족법규의 건설을 강조했다. 중국 공산당은 중국 혁명과 건설사업 과정
중 민족정책과 민족문제해결을 위한 제도를 제정했다. 이러한 기본적인 정책과
제도는 중국정치의 중요한 부분으로 민족사업의 효과적인 실행을 보장하고 있
다. 우리는 이러한 정책의 지속적인 실행을 관철하고 어떠한 일이 있어도 이
정책을 바꾸지 않을 것이다. 민족정책의 법률, 법규화, 법에 의거한 민족발전
은 시대적 요구이다. 중국공산당 제3대 지도자 집단은 민족법제의 건설을 매우
중요시하고 있다. 강택민은 1992년 1월 중앙민족공작회의에서 "〈민족지구자치
법〉을 전면적으로 관철할 것이다. 우리는 반드시 민족지구자치법을 실행하고
법규체계에 필요한 제반 시설을 확충하여, 자치법이 더욱 효과적으로 발휘될
수 있도록 노력할 것이다. 이번 세기 말에는 비교적 완벽한 사회주의법규체계
와 감독체계를 완비하고 민족자치지방의 혁명, 발전 안정을 촉진할 것이다. 이
는 중국공산당 제3대 지도자 집단의 민족공작의 중요한 사상 중 하나이다.

(14) "4가지 보호"

강택민은 1993년 7월 전국통일전선공작회의에서 종교문제를 강조했다. 1.

전면적이고 정확한 당의 종교정책을 관철할 것, 2. 법에 의거하여 종교사업을 관리할 것, 3. 종교를 사회에 순응시킬 것. 이 3가지는 당의 제3대 지도자 집단의 종교에 대한 기본 이론이다. 적극적으로 종교를 사회주의 사회를 순응시킬 것은 강택민과 李鵬이 각각 1993년 11월 1일과, 1994년 7월 4일 강조한 것이다. 李瑞環은 1996년 2월 14일 "순응"이란 모든 종교는 법률을 존중하고 인민의 이익을 보호하고 민족단결을 보호하며 국가 통일을 보호하는 것이라고 말했다. 즉 인민이익을 보호하고, 법률의 존엄성을 보호하는 것을 핵심으로 한다. 법의 존엄성과 인민의 이익, 민족 단결, 그리고 국가통일의 보호, 이 "4가지 보호 사상"이 중국공산당 제3대 지도자 집단의 민족종교 이론의 기본 사상이다.

(15) 민족공작 사상

중국공산당은 중국사회주의 사업의 핵심 역량이며 또한 중화민족단결통일의 핵심역량이다. 중국 공산당은 국제형세와 국내건설의 필요에 맞춰 지속적으로 중국의 민족문제를 해결하며, 당의 진일보한 민족공작의 지도를 강조하고 있다. 이는 강택민이 1992년 1월 중앙민족공작회의에서 제시한 내용으로 중국공산당 제3대 지도자 집단의 중요 사상이다. 강택민은 "당의 민족공작 지도에 대한 강조는 전면적인 당의 기본노선실행과 實事求是를 이념으로 한 민족문제해결이다. 또한 민족 간부에 대한 마르크스주의 민족관과 당의 민족정책, 교육 그리고 소수민족과 민족지구의 당의 사상 건설 역시 중요하다"고 말했다. 그는 중앙 및 지방 그리고 당위원회, 정부는 모두 민족공작에 심혈을 기울여야 한다고 말했다. 또한 각 당 위원회와 정부 주요담당자들은 민족공작에 직접 참여하고 실질적인 문제해결에 도움을 주어야 한다고 했다. 중국공산당 제3대 지도자 집단의 민족이론은 광범위하며 내용이 풍부하고, 마르크스주의 모택동 사상, 등소평 이론을 계승하고 더욱 발전시킨 중국민족공작의 지도사상이다.

3) 민족공작 실전 연구

강택민을 핵심으로 하는 중국 공산당 제3대 지도자 집단은 소수민족에 대한 깊은 이해를 바탕으로 민족공작의 중요성을 강조하고 있다. 중국공산당 제3대 지도자 집단의 민족공작은 1. 민족지구 시찰을 강화하고, 2. 관련 민족문제와 민족공작회의 및 대화를 강화하고, 3. 민족지구 발전과 민족단결정책을 강화한다. 중국공산당 제3대 지도자 집단은 소수민족생활에 많은 관심을 가지고 수시로 소수민족 빈곤지역을 방문하고 있다. 중국공산당 제3대 지도자 집단은 민족지구 지도 공작과 실지조사연구를 중요시하고 있으며, 조사를 통한 경험과 교훈으로 인민의 상황을 파악하고 경험(실제상황)과 이론을 복합시켜 정책을 개선하고 민족공작의 발전을 추진하고 있다.

(1) 민족지구 조사

강택민은 중국 공산당 제3대 지도자 집단의 핵심이다. 1990년 7월 20일~26일까지 강택민은 西藏시찰에 나섰다. 이것은 건국 이래 처음으로 당과 국가의 지도자가 西藏을 시찰한 것으로 중국공산당 제3대 지도자 집단이 얼마나 時藏개발을 중요시하고 있는지 나타내 주고 있다. 강택민은 西藏 경제발전 큰 관심을 가지고, 에너지 자원과 교통의 발전이 西藏경제발전의 우선조건이라고 강조했다.

1990년 8월 과 1998년 7월 강택민은 두 차례 新疆을 시찰했다. 첫 번째 시찰 시 그는 新疆지역의 안정과 발전을 공작의 주제로 시찰했으며, 두 번째 시찰 때는 국가중점사업인 南疆鐵路와 타리무油田 및 新疆발전에 기여하고 있는 각 우수 기업을 방문했다. 강택민은 新疆시찰 시 민족과 종교정책의 중요성을 재차 강조하고 민족분열주의를 비판하며, 사회정치의 안정을 강조했다. 1998년 중국공산당 제3대 지도자 집단의 新疆시찰은 중국의 민족사업과 서부개발에 있어 매우 중요한 의미를 가지고 있다.

이렇듯 강택민은 민족지구에 많은 관심을 나타내고 있다. 1990년 7월에는 西藏을 방문했으며, 1990년 8월과 1998년 7월 두 차례 新疆을 방문했고, 1990년 9월과 1999년 1월 두차례 내몽골을 시찰했으며, 1991年 7월, 1991년 8월, 1993년 7월 3차례 青海를 시찰했고, 1991년 12월, 1996년 10월 두 차례 貴州를 시찰했다. 또한 1989년 11월 운남성을 방문했으며, 1999년 4월에는 昆明엑스포 개막식에 참석하기도 했다.

중국공산당 제3대 지도자집단은 각지에 퍼져있는 소수민족발전에 많은 관심을 가지고 있다. 1996년 6월 3일 강택민은 하남성을 방문했을 때 "중국에서 소수민족은 한족에 비해 낙후되어있다. 한족은 이러한 소수민족을 도와 함께 발전해야 한다고 말했다" 중국공산당 제3대 지도자집단은 수시로 소수민족지구를 시찰하고 있는데 이러한 조사연구방법은 중국 공산당 제3대 지도자집단의 민족공작실전의 중요한 구성부분이다.

(2) 민족지구사업

중국 공산당 제3대 지도자 집단은 민족지구 빈곤구제사업에 큰 관심을 표하고 있다. 중국의 빈곤인구 중 소수민족이 차지하는 비중이 매우 크며 대부분의 소수민족 거주지는 빈곤지구에 속하고 있다. 592개 빈곤 현 중 소수민족 현은 모두 257개로 전체의 43.4%에 해당된다. 1989년 9월 강택민은 전국 소수민족빈민구제사업회의에서 자력갱생을 강조하고 강인한 투쟁정신을 강조하며 민족지구의 빈곤구제사업의 촉진을 강조했다. 중국공산당 제3대 지도자집단의 정책과 지도 아래 중국은 서부지역의 자원 개발과 기초설비건설에 정점을 두고 있다. 또한 중서부자원개발에 국가적인 투자를 행하고 있으며 지역을 뛰어넘는 에너지 자원, 교통, 통신 등 중대한 기초사업을 국가의 투자와 지도아래 건설하고 있다. 중국공산당 제3대 지도자 집단은 민족지구의 대외개방을 중시하고, 해안개방정책을 시행하고 있다. 민족지구의 대외개방의 시작은 90년 초로, 1990년 강택민은 新疆시찰 때 "대외개방의 실행은 중국의 중요국책으로 적극적으로 실행해야 한다. 新疆지방은 잠재력이 많은 지역이다. 우리는 생각을 좀더 넓혀 사회주의 전제 아래 대외개방을 효과적으로 이루어내야 한다"고 강조했다. 국무원은 1992년 黑河市, 滿洲里市, 二連浩特市, 博樂市 등 13개의 開放市를 지정하고, 전면적인 개방을 실시했다. 또한 1993년에는 延邊市, 등 7개의 민족지구를 개혁개방지역으로 지정했으며, 1997년에는 내몽골의 臨河市와 磴口縣, 五原縣, 杭綿後旗, 靑海省 剛察縣과 회족 및 토족의 자치현을 외국인개방지구로 지정했다. 이로 인해 민족지구의 외자유치가 지속적인 상승을 보이고 있다.

중국공산당 제3대 지도자 집단은 依法治國전략을 제시, 적극적으로 민족법제의 건설과 민족구역 자치제도를 실행하고, 각종 제도와 정책으로 소수민족 간부를 육성하며, 소수민족의 문학과 예술, 신문, 출판사업을 중시해 민족교육과 과학기술의 성과를 거두고 있다. 중국공산당 제3대 지도자 집단은 마르크스주의 민족 관과 민족이론, 민족정책의 선전 교육과 애국주의 교육을 강조하고, 사회전체의 폭넓은 민족단결과 진보를 중시하고 있다. 이러한 정책은 민족화목과 우애, 그리고 공동진보의 사회적분위기조성, 더 나아가서는 각 민족의 평등, 단결, 상호 협력적인 사회주의 민족관계를 건설하는 데 적극적인 작용을 발휘하고 있다. 중국공산당 제3대 지도자 집단의 민족공작실전은 중국의 민족공작에 커다란 성과를 가져왔으며, 중국민족이론의 중요한 구성부분이다.

2. 中華人民共和國 民族區域自治法

(一九八四年 五月 三十一日 第六屆全國人民代表大會 第二次會議通過)

序 言

中華人民共和國是全國各族人民共同締造的統一的多民放國家. 民族區域自治是中國共産党運用馬克思列寧主義解決我國民族問題的基本政策, 是國家的一項重要政治制度.

民族區域自治是在國家統一領導下, 各少數民族聚居的地方實行區域自治, 設立自治機關, 行使自治權. 實行民族區域自治, 休現了國家充分尊重和保障各少數民族管理本民族內部事務權利的精神, 体現了國家堅持實行各民族平等, 團結和共同繁榮的原則.

實行民族區域自治, 對發揮各族人民当家作主的積极性, 發展平等, 團結, 互助的社會主義民族關系, 鞏固國家的統一, 促進民族自治地方和全國社會主義建設事業的發展, 都起了巨大的作用. 今后, 民族區域自治制度將在國家的社會主義現代化建設進程中發揮更大的作用.

實踐証明, 堅持實行民族區域自治, 必須切實保障民族自治地方根據本地實際情况貫徹執行國家的法律和政策; 必須大量培養少數民族的各級幹部, 各種專業人才和技術工人; 民族自治地方必須發楊自力更生, 艱苦奮鬪精神, 努力發展本地方的社會主義建設事業, 爲國家建設作出貢獻; 國家根據國民經濟和社會發展計劃, 努力幫助民族自治地方加速經濟和文化的發展. 在維護民族團結的鬪爭中, 要反對大民族主義, 主要是大漢族主義, 也要反對地方民族主義.

民族自治地方的各族人民和全國人民一道, 在中國共產党的領導下, 在馬克思列寧主義, 毛澤東思想的指引下, 堅持人民民主專政, 堅持社會主義道路, 集中力量進行社會主義現代化建設, 加速民族自治地方經濟, 文化的發展, 建設團結, 繁榮的民族自治地方, 爲各民族的共同繁榮, 把祖國建設成爲高度文明, 高度民主的社會主義國家而努力奮鬪.

中華人民共和國民族區域自治法是實行憲法規定的民族區域自治制度的基本法律.

第一章 總則

第一條 中華人民共和國民族區域自治法, 根據中華人民共和國憲法制定.

第二條 各少數民族聚居的地方實行區域自治. 民族自治地方分爲自治區, 自治州, 自治縣. 各民族自治地方都是中華人民共和國不可分離的部分.

第三條 民族自治地方設立自治機關, 自治機關是國家的一級地方政權機關. 民族自治地方的自治機關實行民主集中制的原則.

第四條 民族自治地方的自治機關行使憲法第三章第五節規定的地方國家機關的職權, 同時依照憲法和本法以及其他法律規定的權限行使自治權, 根據本地方的實際情況貫徹執行國家的法律, 政策.

自治州的自治機關行使下設區, 縣的市的地方國家機關的職權, 同時行使自治權.

第五條 民族自治地方的自治機關必須維護國家的統一, 保證憲法和法律在本地方的遵守和執行.

第六條 民族自治地方的自治機關領導各族人民集中力量進行社會主義現代化建設.

民族自治地方的自治機關根據本地方的情況, 在不違背憲法和法律的原則下, 有權採取特殊政策和靈活措施, 加速民族自治地方經濟, 文化建設事業的發展.

　　民族自治地方的自治機關在國家計劃的指導下, 從實際出發, 不斷提高勞動生產率和經濟效益, 發展社會生產力, 逐步提高各民族人民的物質生活水平.

　　民族自治地方的自治機關繼承和發揚民族文化的優良傳統. 建設具有民族特点的社會主義精神文明, 不斷提高各民族人民的社會主義覺悟和科學文化水平.

第七條 民族自治地方的自治機關要把國家的整体利益放在首位, 積極完成上級國家機關交給的各項任務.

第八條 上級國家機關保障民族自治地方的自治機關行使自治權, 倂且依據民族自治地方特点和需要, 努力幫助民族自治地方加速發展社會主義建設事業.

第九條 上級國家機關和民族自治地方的自治機關維護和發展各民族的平等, 團結, 互助的社會主義民族關系. 禁止對任何民族的歧視和壓迫, 禁止破壞民族團結不和制造民族分裂的行爲.

第十條 民族自治地方的自治機關保障本地方各民族都有使用和發展自己的語言文字的自由, 都有保持或者改革自己的風俗習慣的自由.

第十一條 民族自治地方的自治機關保障各民族公民有宗敎信仰自由.

　　任何國家機關, 社會團體和個人不得强制公民信仰宗敎或者不信仰宗敎, 不得歧視信仰宗敎的公民和不信仰宗敎的公民.

　　國家保護正常的宗敎活動. 任何人不得利用宗敎進行破壞社會秩序, 損害公民身体健康, 妨碍國家敎育制度的活動.

　　宗敎團体和宗敎事務不受外國勢力的支配.

第二章 民族自治地方的建立和自治機關的組成

第十二條 少數民族聚居的地方, 根據当地民族關系, 經濟發展等條件, 并參酌歷史情況, 可以建立以一個或者幾個少數民族聚居區爲基礎的自治地方.

　民族自治地方內其他少數民族聚居的地方,　建立相應的自治地方或者民族鄉.

　民族自治地方依據本地方的實際情況,　可以包括一部分漢族或者其他民族的居民區和城鎮.

第十三條 民族自治地方的名稱, 除特殊情況外, 按照地方名稱, 民族名稱, 行政地位的順序組成.

第十四條 民族自治地方的建立, 區域界線的劃分, 名稱的組成, 由上級國家機關同有關地方的國家機關, 和有關民族的代表充分協商擬定, 按照法律規定的程序報請批准.

　民族自治地方的區域界線一經確定, 不得輕易變動; 需要變動的時候, 由上級國家機關的有關部門民族和民族自治地方的自治機關充分協商擬定, 報國務院批准

第十五條 民族自治地方的自治机關是自治區, 自治州, 自治縣的人民代表大會和人民政府.

　民族自治地方的人民政府對本級人民代表大會和上一級國家行政機關負責并報告工作, 在本級人民代表大會閉會期間, 對本級人民代表大會常務委員會負責并報告工作. 各民族自治地方的人民政府都是國務院統一領導下的國家行政機關, 都服從國務院.

　民族自治地方的自治機關的組織和工作, 根據憲法和法律, 由民族自治地方的自治條例或者單行條例規定.

第十六條 民族自治地方的人民代表大會中, 除實行區域自治的民族的代表外, 其他居住在本行政區域內的民族應當有適當名額的代表.

　民族自治地方的人民代表大會中, 實行區域自治的民族和其他少數民族代表的名額和比例, 根據法律規定的原則, 由省, 自治區的人民代表大會常務委員會決定, 并報全國人民代表大會常務委員會備案.

民族自治地方的人民代表大會常務委員會中應當有實行區域自
治的民族的公民擔任主任或者副主任.

第十七條 自治區主席, 自治州州長, 自治縣縣長由實行區域自治的民族的公
民擔任. 自治區, 自治州, 自治縣的人民政府的其他組成人員, 要
盡量配備實行區域自治的民族和其他少數民族的人員.

民族自治地方的人民政府實行自治區主席, 自治州州長, 自治縣
縣長負責制. 自治區主席, 自治州州長, 自治縣縣長, 分別主持本
級人民政府的工作.

第十八條 民族自治地方的自治機關所屬工作部門的幹部中, 要盡量配備實行
區域自治的民族和其他少數民族的人員.

第三章 自治機關的 自治權

第十九條 民族自治地方的人民代表大會有權依照當地民族的政治, 經濟和
文化的特點, 制定自治條例和單行條例. 自治區的自治條例和單
行條例, 報全國人民代表大會常務委員會批准后生效. 自治州, 自
治縣的自治條例和單行條例, 報省或者自治區的人民代表大會常
務委員會批准后生效, 并報全國人民代表大會常務委員會備案.

第二十條 上級國家機關的決議, 決定, 命令和指示, 如有不適合民族自治
地方實際情况的, 自治機關可以報經該上級國家機關批准, 變通
執行或者停止執行.

第二十一條 民族自治地方的自治機關在執行職務的時候, 依照本民族自治地
方自治條例的規定, 使用当地通用的一種或者幾種語言文字; 同
時使用幾種通用的語言文字執行職務的, 可以以實行區域自治
的民族的語言文字爲主.

第二十二條 民族自治地方的自治機關根據社會主義建設的需要, 採取各種措
施從当地民族中大量培養各級干部, 各種科學技術, 經營管理

　　等專業人才和技術工人, 充分發揮他們的作用, 幷且注意在少數
　　民族婦女中培養各級干部和各種專業技術人才.

　　　民族自治地方的自治機關可以採取特殊措施, 優待, 鼓勵各
　　種專業人員參加自治地方各項建設工作.

第二十三條 民族自治地方的企業, 事業單位在招收人員的時候, 要優先招收
　　　少數民族人員; 幷且可以從農村和牧區少數民族人口中招收. 自
　　　治州, 自治縣從農村和牧區少沙數民族人口中招收人員, 須報省
　　　或者自治區人民政府批准.

第二十四條 民族自治地方的自治機關依照國家的軍事制度和當地的實際需要,
　　　經國務院批准, 可以組織本地方維護社會治安的公安部隊.

第二十五條 民族自治地方的自治機關在國家計劃的指導下, 自主地安排和管
　　　理地方性的經齊建設事業.

第二十六條 民族自治地方的自治機關在國家計劃的指導下, 根據本地方的特
　　　点和需要, 制定經濟建設的方針, 政策和計劃.

第二十七條 民族自治地方的自治機關在堅持社會主義原則的前提下, 根據法
　　　律規定和本地方經濟發展的特点, 合理調整生産關系, 改革經濟
　　　管理体制民族自治地方的自治機關根據法律槻定, 確定本地方內
　　　草場和森林的所有權和使用權.

第二十八條 民族自治地方的自治機關依照法律規定, 管理和保護本地方自然
　　　資源.

　　　民族自治地方的自治機關保護, 建設草原和森林, 組織和鼓勵
　　　植樹種草. 禁止任何組織或者個人利用任何手段破壞草原和森林.

　　　民族自治地方的自治機關根據法律規定和國家的統一規劃,
　　　對可以由本地方開發的自然資源, 優先合理開發利用.

第二十九條 民族自治地方的自治機關在國家計劃的指導下, 根據本地方的財
　　　力, 物力和其他具体條件, 自主地安排地方基本建設項目.

第三十條 民族自治地方的自治機關自主地管理隷屬于本地方的企業, 事業.

第三十一條 民族自治地方的自治機關自主地安排利用完成國家計劃收購, 上
調任務以外的工農業産品和其他土特産品.

第三十二條 民族自治地方依照國家規定, 可以開展對外經濟貿易活動, 經國
務院批准, 可以開辟對外貿易口岸.

與外國接壤的民族自治地方經國務院批准, 開展邊境貿易.

民族自治地方的自治機關在對外經濟貿易活動中, 在外滙留成
等方面享受國家的優待.

第三十三條 民族自治地方的財政是一級財政, 是國家財政的組成部分.

民族自治地方的自治機關有管理地方財政的自治權. 凡是依照
國家財政体制屬于民族自治地方的財政收入, 都應当由民族自治
地方的自治機關自主地安排使用.

民族自治地方的財政收入和財政支出的項目, 由國務院按照優
待民族自治地方的原則規定.

民族自治地方依照國家財政体制的規定, 財政收入多于財政支
出的, 定額上繳上級財政, 上繳數額可以一定幾年不變; 收入不
敷支出的, 由上級財政機關補助.

民族自治地方的財政預算支出, 按照國家規定, 設機動資金,
預備費在預算中所占比例高于一般地區.

民族自治地方的自治機關在執行財政預算過程中, 自行安排使
用收入的超收和支出的節余資金.

第三十四條 民族自治地方的自治機關對本地方的各項開支標準, 定員, 定額,
根據國家規定的原則, 結合本地方的實際情況, 可以制定補充
規定和具体辦法. 自治區制定的補充規定和具体辦法, 報國務
院備案; 自治州, 自治縣制定的補充規定和具体辦法, 須報省
或者自治區人民政府批准.

第三十五條 民族自治地方的自治機關在執行國家稅法的時候, 除應由國家統一審批的減免稅收項目以外, 對屬于地方財政收入的某些需要從稅收上加以照顧和鼓勵的, 可以實行減稅或者免稅. 自治州, 自治縣決定減稅或者免稅, 須報省或者自治區人民政府批准.

第三十六條 民族自治地方的自治機關根據國家的教育方針, 依照法律規定, 決定本地方的教育規劃, 各級各類學校的設置, 學制, 辦學形式, 教學內容, 教學用語和招生辦法.

第三十七條 民族自治地方的自治機關自主地發展民族教育, 掃除文盲, 舉辦各類學校, 普及初等義務教育, 發展中等教育; 舉辦民族師範學校, 民族中等專業學校, 民族職業學校和民族學院, 培養各少數民族專業人才.

民族自治地方的自治機關可以爲少數民族牧區和經濟困難, 居住分散的少數民族山區, 設立以寄宿爲主和助學金爲主的公爲民族小學和民族中學.

招收少數民族學生爲主的學校, 有條件的應当採用少數民族文字的課本, 并用少數民族語言講課; 小學高年級或者中學設漢文課程, 推廣全國通用的普通話.

第三十八條 民族自治地方自治機關自主地發展具有民族形式和民族特点的文學, 藝術, 新聞, 出版, 廣播, 電影, 電視等民族文化事業.

民族自治地方的自治機關收集, 整理, 翻譯和出版民族書籍, 保護民族的名勝古蹟, 珍貴文物和其他重要歷史文化遺産.

第三十九條 民族自治地方的自治機關自主地決定本地方的科學技術發展規劃, 普及科學技術知識.

第四十條 民族自治地方的自治機關, 自主地決定本地方的醫療衛生事業的發展規劃, 發展現代醫藥和民族傳統醫藥.

民族自治地方的自治機關加强地方病防治和婦幼衛生保健,

改善衛生條件.

第四十一條 民族自治地方的自治機關自主地發展体育事業, 開展民族傳統体育活動, 增强各族人民的体質.

第四十二條 民族自治地方的自治機關積極開展和其他地方的教育, 科學技術, 文化藝術, 衛生, 体育等方面的交流和協作.

　　自治區, 自治州的自治機關依照國家規定, 可以和國外進行教育, 科學技術, 文化藝術, 衛生, 体育等方面的交流.

第四十三條 民族自治地方的自治機關根據法律規定, 制定管理流動人口的辦法.

第四十四條 民族自治地方的自治機關根據法律規定, 結合本地方的實祭情况, 制定實行計劃生育的辦法.

第四十五條 民族自治地方的自治機關保護和改善生活環境和生態環境, 防治污染和其他公害.

第四章 民族自治地方的 人民法院和人民檢察院

第四十六條 民族自治地方的人民法院和人民檢察院對本級人民代表大會及其常務委員會負責. 民族自治地方的人民檢察院幷對上級人民檢察院負責.

　　民族自治地方人民法院的審判工作, 受最高人民法院和上級人民法完監督. 民族自治地方的人民檢察院的工作, 受最高人民檢察院和上級人民檢察院領導.

　　民族自治地方的人民法院和人民檢察院的領導成員和工作人員中, 應由有實行區域自治的民族的人員.

第四十七條 民族自治地方的人民法院和人民檢察院應当用当地通用的語言檢察和審理案件. 保障各民族公民都有使用本民族語言文字進行訴訟的權利. 對于不通曉当地通用的語言文字的訴訟參與人, 應当

爲他們翻譯. 法律文書應当根據實際需要, 使用当地通用的一種
或者幾種文字.

第五章 民族自治地方內的 民族關係

第四十八條 民族自治地方的自治機關保障本地方內各民族都享有平等權利.
民族自治地方的自治機關團結各民族的干部和群衆, 充分調動
他們的積極性, 共同建設民族自治地方.

第四十九條 民族自治地方的自治機關教育和鼓勵各民族的干部互相學習語言
文字. 漢族干部要學習当地少數民族的語言文字, 少數民族干剖在
學習, 使用本民族語言文字的同時, 也要學全國通用的普通話和漢文.
民族自治地方的國家工作人員, 能够熟練使用兩種以上当地通
用的語言文字的, 應当予以獎勵.

第五十條 民族自治地方的自治機關幫助聚居在本地方的其他少數民族, 建
立相應的自治地方或者民族鄉.
民族自治地方的自治機關幫助本地方各民族發展經濟, 教育,
科學, 文化, 衛生, 体育事業.
民族自治地方的自治機關照顧本地方散居民族的特点和需要.

第五十一條 民族自治地方的自治機關在處理涉及本地方各民族的特殊問題的
時候, 必須與他們的代表充分協商, 尊重他們的意見.

第五十二條 民族自治地方的自治機關保障本地方內各民族公民都享有憲法規
定的公民權利, 并且教育他們履行公民應盡的義務.

第五十三條 民族自治地方的自治機關提倡愛祖國, 愛人民, 愛勞動, 愛科學,
愛社會主義的公德, 對本地方內各民族公民進行愛國主義, 共産
主義和民族政策的教育. 教育各民族的干部和群衆互相信任, 互
相學習, 互相尊重語言文字, 風俗習慣和宗教信仰, 共同維護國
家統一和各民族的團結.

第六章 上級國家機關的 領導和幫助

第五十四條 上級國家機關有關民族自治地方的決議, 決定, 命令和指示, 應
   当適合民族自治地方的實際情況.

第五十五條 上級國家機關從財政, 物資和技術等方面, 幫助各民族自治地方
   加速發展經濟建設和文化建設事業.

   上級國家機關在制定國民經濟和社會發展計劃的時候, 應当照
   顧民族自治地方的特点和需要.

第五十六條 國家設立各項專用資金, 扶助民族自治地方發展經濟文化建設
   事業.

   國家設立的各項專用資金和臨時性的民族補助專穀, 任何部門
   不得扣減, 截留, 挪用, 不得用以頂替民族自治地方的正常的預
   算收入.

第五十七條 上級國家機關根據國家的民族貿易政策, 對民族自治地方的商業,
   供銷和醫藥企業, 給予照顧

第五十八條 上級國家機關合理核定或者調整民族自治地方的財政收入和支出
   的基數.

第五十九條 上級國家機關在分配生產資料和生活資料的時候, 應当照顧民族
   自治地方的需要.

   上級國家機關在制定民族自治地方的工, 農業產品和其他土特
   產品的收購, 上調計劃的時候, 應当照顧民族自治地方和生產者
   的利益, 確定合理的上調基數或者購留比例.

第六十條 上級國家機關在投資, 貨款, 稅收以及生產, 供應, 運輸, 銷售
   等方面, 扶持民族自治地方合理利用本地資源發展地方工業, 發展交
   通, 能源, 發展和改進少數民族特需商品和傳統手工業品的生產.

第六十一條 上級國家機關應当組織和支持經濟發達地區與民族自治地方開展
   經濟, 技術協作, 幫助和促進民族自治地方提高經營管理水平和

生產技術水平.

第六十二條 國家在民族自治地方開發資源, 進行建設的時候, 應当照顧民族
自治地方的利益, 作出有利于民族自治地方經濟建設的安排, 照
顧当地少數民族的生產和生活.

上級國家機關隷屬的在民族自治地方的企業, 事業單位, 在招
收人員的時候, 應当優先招收当地少數民族人員.

上級國家機關隷屬的在民族自治地方的企業, 事業單位, 要尊
重当地自治機關的自治權, 接受当地自治機關的監督.

第六十三條 上級國家機關非經民族自治地方自治機關同意, 不得改變民族自
治地方所屬企業的隷屬關係.

第六十四條 上級國家機關幫助民族自治地方從当地民族中大量培養各級干部, 各
種專業人才和技術工人; 根據民族自治地方的需要, 採取多種形
式調派適当數量的教師, 醫生, 科學技術和經營管理人員, 參加
民族自治地方的工作, 對他們的生活待遇給予適当照顧.

第六十五條 上級國家機關幫助民族自治地方加速發展教育事業, 提高当地各
民族人民的科學文化水平.

國家舉辦民族學院, 在高等學校舉辦民族班, 民族預科, 專門
招收少數民族學生, 并且可以採取定向招生, 定向分配的辦法.
高等學校和中 等專業學校招收新生的時候, 對少數民族考生適
当放寬錄取標准和條件.

第六十六條 上級國家機關應当對各民族的干部和群衆加强民族政策的教育, 經
常檢查民族政策和有關法律的遵守和執行.

第七章 附則

第六十七條 本法由全國人民代表大會通過, 自一九六四年十月一日起施行.

3. 中國行政區劃 統計表

(1985年12月31日 현재)

省　　　級		地　　　級		縣　　　級		市轄區
合計	行政單位	合計	行政單位	合計	行政單位	
30	3直轄市 22省 5自治區	328	163地級市 31自治州 125地區 1行政區 8盟	2204	158縣級市 1893 縣 93自治縣 51 族 3自治族 4特區 1工農區 1林區	621
北　京　市				9	9 縣	10
天　津　市				5	5 縣	13
河　北　省	18	9地級市 9地區	140	3縣級市 2自治縣 135 縣	38
山　西　省	11	5地級市 6地區	101	5縣級市 96 縣	17
內蒙古自治區	12	4地級市 8 盟	85	12縣級市 51 旗 19 縣 3自治旗	16
遼　寧　省	13	13地級市	44	4縣級市 5自治縣 35 縣	56
吉　林　省	8	6地級市 1自治州 1地區	41	6縣級市 2自治縣 33 縣	13
黑龍江省	14	10地級市, 1地區	69	6縣級市 1自治縣 62 縣	64
上　海　市				10	10 縣	12
江　蘇　省	11	11地級市	64	2縣級市 62 縣	41
浙　江　省	11	8地級市 3地區	69	3縣級市 1自治縣 65 縣	21
安　徽　省	16	8地級市 8地區	74	7縣級市 67 縣	33
福　建　省	9	6地級市 3地區	63	4縣級市 59 縣	16
江　西　省	11	6地級市 5地區	84	6縣級市 78 縣	17
山　東　省	14	9地級市 5地區	104	10縣級市 94 縣	33
河　南　省	17	9地級市 8地區	119	9縣級市 110 縣	40

省 級		地 級		縣 級		市轄區
合計	行政單位	合計	行政單位	合計	行政單位	
	湖北省	15	8地級市 1自治州 6地區	71	6縣級市 2自治縣 62 縣 1林區	23
	湖南省	15	6地級市 1自治州 8地區	98	14縣級市 4自治縣 80縣	25
	廣東省	14	9地級市 1自治州 3地區 1行政區	100	8縣級市 3自治縣 89縣	27
	廣西壯族自治區	13	5地級市 8地區	82	6縣級市 10自治縣 66縣	21
	四川省	20	11地級市 3自治州 6地區	183	8縣級市 9自治縣 165 縣 1工農區	31
	貴州省	9	2地級市 3自治州 4地區	81	4縣級市 7自治縣 66縣 4特區	5
	雲南省	17	2地級市 8自治州 7地區	124	9縣級市 27自治縣 88縣	4
	西藏自治區	8	1地級市 7地區	77	77 縣	1
	陝西省	10	4地級市 6地區	93	4縣級市 89縣	13
	甘肅省	14	5地級市 2自治區 7地區	75	7縣級市 7自治縣 61縣	10
	青海省	8	1地級市 6自治區 1地區	38	1縣級市 7自治縣 30縣	4
	寧夏回族自治區	4	2地級市 2地區	17	2縣級市 15縣	7
	新疆維吾爾自治區	16	3地級市 5自治州 8地區	84	12縣級市 6自治縣 66 縣	10
	台湾省	5	5市	16	16 縣	

＊台湾省市，縣數未列入全國合計數.

4. 民族自治地方現況

(自治區 5개, 自治州 29개, 自治縣, 旗 75개)

民族自治地方名稱		人民政府所在地	成立日期	主要少數民族
內蒙古自治區	內蒙古自治區	呼和浩特	1947年 5月 1日	蒙古, 回, 朝鮮, 滿, 達斡爾, 鄂倫春, 錫伯俄羅斯
	鄂倫春自治旗	阿里河	1951年 10月 1日	鄂仙春, 達斡爾, 鄂溫克, 朝鮮, 滿, 蒙古
	鄂溫克族 自治旗	南屯	1958年 8月 1日	鄂溫克, 蒙古, 達斡爾, 鄂溫克
	莫力達瓦達斡爾 自治旗	尼爾基	1958年 8月 15日	達斡爾, 鄂溫克, 鄂倫春, 滿, 蒙古
黑龍江省 杜爾伯特 蒙古族 自治具		泰康	1956年 12月 5日	蒙古, 回, 滿, 朝鮮, 達斡爾
吉林省	延邊朝鮮族 自治州	延吉	1952年 9月 3日	朝鮮, 滿, 回, 蒙古
	長白朝鮮族 自治縣	長白	1958年 9月 15日	朝鮮, 滿
	前郭爾羅斯蒙 古族自治縣	前郭	1956年 9月 1日	蒙古, 滿, 回, 朝鮮, 錫伯
遼寧省	喀喇沁左翼蒙古 族自治縣	大城子	1958年 4月 1日	蒙古, 回
	阜新蒙古族 自治縣	阜新	1958年 4月 7日	蒙古, 滿, 回, 朝鮮
河北省	大歷回族自治縣	大歷	1955年 12月 7日	回
	孟村回族自治縣	孟村	1955年 11月 30日	回
寧夏回族自治區		銀川	1958年 10月 25日	回, 東鄉, 保安, 撒拉, 土, 滿
甘肅省	臨夏回族自治州	臨夏	1956年 11月 19日	回, 東鄉, 保安, 撒拉, 土, 藏
	甘南藏族自治州	合作	1953年 10月 1日	藏, 回, 蒙古, 撒拉, 東卿, 土, 滿, 保安
	天祝藏族自治縣	安遠	1950年 5月 6日	藏, 土, 回, 蒙古
	肅南裕固族 自治縣	紅門寺	1954年 2月 20日	裕固, 藏, 回, 蒙古, 土

民族自治地方名稱	人民政府所在地	成立日期	主要少數民族
甘肅省 肅北蒙古族自治縣	党城門	1950年 7月 29日	蒙古, 回, 回
阿克塞哈薩克族自治縣	博羅轉井	1954年 4月 27日	哈薩克, 回
東鄉族自治縣	鎮南堨	1950年 9月 25日	東鄉, 回
張家川回族自治縣	張川	1953年 7月 6日	回
積石山保安族東鄉族	吹廂灌		保安, 東鄉, 撒拉
青海省 撒拉族自治縣	浩門	1953年 12月 31日	藏, 蒙古, 回
海北藏族自治州	隆務	1953年 12月 22日	藏, 回, 撒拉, 蒙古, 土
黃南藏族自治州	恰卜恰	1953年 12月 6日	藏, 回, 蒙古, 土, 撒拉
海南藏族自治州	大武	1954年 1月 1日	藏
果洛藏族自治州	結古	1951年 12月 25日	藏, 回
玉樹藏族自治州	德令哈	1954年 1月 25日	蒙古, 藏, 哈薩克, 回, 土, 撒拉
海西蒙古族藏族	戚遠	1954年 2月 17日	土, 藏, 蒙古, 回
哈薩克族自治縣	巴燕	1954年 3月 1日	回, 藏, 撒拉
互助土族自治縣	積石	1954年 3月 1日	撒拉, 藏, 回
化隆回族自治縣	有干儺	1954年 10月 16日	蒙古, 藏, 回
循化撒拉族自治縣	浩門	1953年 12月 19日	回, 藏, 土, 蒙古, 撒拉
新疆維吾爾自治區	烏魯木賽	1955年 10月 1日	維吾爾, 哈薩克, 回, 柯爾克孜, 烏孜別克, 蒙古, 達斡爾, 錫伯, 塔吉克, 塔塔爾, 俄羅斯, 滿
新疆維吾爾自治區 昌吉回族自治州	昌吉	1954年 7月 15日	回, 哈薩克, 維吾爾, 蒙古, 烏孜別克, 俄羅斯, 塔塔爾, 柯爾克孜, 塔吉克
巴音郭□蒙古自治州	康爾勒	1954年 6月 23日	蒙古, 維吾爾, 哈薩克, 俄羅斯, 柯爾克孜, 回
博爾塔拉蒙古自治州	博兵	1954年 7月 13日	蒙古, 哈薩克, 維吾而, 回, 俄羅斯, 錫伯 柯爾克孜, 塔塔爾, 烏孜別克

民族自治地方名稱		人民政府所在地	成立日期	主要少數民族
新疆維吾爾自治區	伊犁哈薩克自治州	伊寧	1954年 11月 27日	哈薩克, 維吾爾, 蒙古, 回, 俄羅斯, 錫伯 柯爾克孜, 塔塔爾, 滿, 達斡爾, 塔吉克
	巴里坤哈薩克自治州	巴里坤	1954年 9月 30日	哈薩克, 蒙古, 維吾爾, 回, 烏孜別克, 滿, 柯爾克孜
	塔什庫爾干塔吉克自治縣	塔什庫爾干	1954年 9月 17日	塔吉克, 柯爾克孜, 維吾爾
	木壘哈薩克自治縣	木壘	1954年 7月 17日	哈薩克, 維吾爾, 回, 滿, 烏孜別克, 塔塔爾 俄羅斯, 柯爾克孜
	焉耆回族自治縣	焉耆	1954年 3月 15日	回, 維吾爾, 蒙古, 哈薩克, 俄羅斯, 錫伯, 塔塔爾, 柯爾克孜, 滿, 烏孜別克, 藏
	察布查爾錫伯自治縣	察布查爾	1954年 3月 25日	錫伯, 哈薩克, 維吾爾, 回, 柯爾克孜, 蒙古
	和布克賽爾蒙古自治區	和布克賽爾	1954年 9月 10日	蒙古, 哈薩克, 維吾爾, 塔塔爾, 回, 烏孜別克
西藏自治區		拉薩	1965年 9月 9日	藏, 回, 門巴, 珞巴
四川省	阿壩藏族自治州	馬爾康	1953年 1月 1日	藏, 回
	涼山彝族自治州	西昌	1952年 10月 1日	彝, 苗, 回, 藏
	甘孜藏族自治州	康定	1950年 11月 24日	藏, 彝, 回
	木里藏族自治州	博瓦	1953年 2月 19日	藏, 彝, 苗
	茂文羌族自治縣	鳳仙	1958年 7月 7日	羌, 回, 藏
云南省	西双版納傣族自治州	允景洪	1953年 1月 24日	傣, 哈尼, 布朗, 彝, 瑤, 佤, 回, 拉祜, 基諾
	文山壯族苗族自治州	文山	1958年 4月 1日	壯, 苗, 瑤, 回, 彝
	紅河哈尼族彝族自治州	個旧	1957年 11月 18日	哈尼, 彝, 苗, 壯, 瑤 傣, 回
	德宏傣族自治州	芒市	1953年 7月 24日	傣, 景頗, 阿昌, 傈僳, 崩龍
	怒江傈僳族自治州	六庫	1954年 8月 23日	傈僳, 怒, 白, 獨龍, 彝, 藏
	楚雄彝族自治州	楚雄	1958年 4月 15日	彝, 苗, 傣, 壯, 回, 傈僳, 白
	迪獻藏族自治州	中甸	1957年 9月 13日	藏, 傈僳, 納西, 彝, 白, 怒, 普米

民族自治地方名稱	人民政府所在地	成立日期	主要少數民族
河口瑤族自治縣	城關	1963年 7月11日	瑤, 苗, 彝, 壯, 傣
屏邊苗族自治縣	玉屏	1963年 7月 1日	苗, 彝, 瑤, 壯
貢山獨龍族怒族自治縣	丹珠	1956年10月 1日	獨龍, 怒, 傈僳, 藏, 納西, 白
巍山彝族回族自治縣	巍城	1956年11月 9日	彝, 白, 回, 苗, 傈僳
尋甸回族自治縣	仁德	1979年12月20日	回, 彝, 苗
墨江哈尼族自治縣	玖騂	1979年11月28日	哈尼, 傣, 彝, 回
南澗彝族自治縣	南澗	1965年11月27日	彝, 回, 傣, 白, 傈僳, 苗
新平彝族傣族自治縣	城關	1980年 月	彝, 傣, 哈尼
元江哈尼族彝族自治縣	城關	1956年 3月	哈尼, 彝, 傣
□東南苗族侗族自治州	凱里	1956年 7月 23日	苗, 侗, 水, 壯, 布依, 環, 仡佬
□南布依族苗族自治州	都勻	1956年 8月 8日	布依, 苗, 水, 侗, 瑤
松桃苗族自治縣	松桃	1966年 12月 31日	苗
眞豊布依族苗族自治縣	城關	1966年 2月 3日	布依, 苗, 瑤, 仡佬, 回
望漠布依族苗族自治縣	復興	1966年 2月 1日	布依, 苗
冊亨布依族苗族自治縣	者樓	1966年 2月 1日	布依, 苗
安龍布依族苗族自治縣	城關	1963年 2月 7日	布依, 苗
□寧布依族苗族自治縣	城關	1966年 9月 11日	布依, 苗
紫云苗族嵌布依族自治縣	松山	1954年 2月 11日	苗, 布依
威宇彝族回族苗族自治縣	城關	1954年 11月 11日	彝, 回, 苗, 布依
廣西壯族自治區	南寧	1958年 3月 15日	壯, 瑤, 苗, 侗, 仫佬, 毛難, 回, 彝, 水京, 仡佬

위 표에서 省 구분: 云南省, 貴州省

民族自治地方名稱		人民政府所在地	成立日期	主要少數民族
廣西壯族自治區	都安瑤族自治縣	安陽	1955年 12月 15日	瑤, 壯, 苗, 仫佬, 毛難, 回
	融水苗族自治縣	融水	1952年 11月 26日	苗, 壯, 侗, 瑤, 水, 仫佬
	三江侗族自治縣	古宜	1952年 12月 3日	侗, 苗, 瑤, 壯
	龍勝各族自治縣	龍肋	1951年 8月 19日	仙, 壯, 苗, 瑤
	防城各族自治縣	防城	1958年 5月 1日	壯, 瑤, 京
	隆林各族自治縣	新州	1953年 1月 1日	壯, 苗, 瑤, 彝, 仡佬
	金秀瑤族自治縣	金秀	1952年 5月 28日	環, 壯
	巴馬瑤族自治縣	巴馬	1956年 2月 6日	環, 壯
廣東省	海南黎族苗族自治州	通什	1952年 7月 1日	黎, 苗, 回
	連南環族自治縣	三江	1953年 1月25日	瑤
	連山壯族瑤族自治縣	吉田	1962年 9月26日	壯, 瑤
	乳源瑤族自治縣	城關	1963年10月 1日	瑤
湖南省	湘西土家族苗族自治縣	吉首	1957年 9月20日	土家, 苗, 瑤, 回
	江華瑤族自治縣	水口	1955年11月25日	瑤, 壯
	城步苗族自治縣	儒林	1956年11月30日	苗, 瑤, 侗, 壯, 回
	通道侗族自治縣	双江	1954年 5月 7日	侗, 苗, 瑤
	新晃侗族自治縣	城關	1956年12月 5日	侗, 苗, 瑤, 回
湖北省	來風土家族自治縣	城關	1980年 5月21日	土家
	鶴峰土家族自治縣	城閣	1980年 5月25日	土家

자료.「中國少數民族」pp.587~594

5. 中國의 民族名稱

漢語名	로마字表記	主要分布地	漢語名	로마字表記	主要分布地
1. 蒙古	Mongolia	內蒙古	29. 土	Tu	靑 海
2. 回	Hui	寧夏·全國	30. 達幹爾	Tahur	內蒙古
3 藏	Tibetan	西藏·靑海	31. 仫佬	Mulao	廣 西
4. 維吾爾	Uighur	新疆	32. 羌	Chiang	四 川
5. 苗	Miao	貴州·湖南	33. 布朗	Pulang	雲 南
6. 彛	Yi	四川·雲南	34. 撒拉	Sala	靑 海
7. 壯	Chuang	廣西·雲南	35. 毛難	Nlaonan	廣 西
8. 布依	Puyi	貴州	36. 仡佬	Kelao	貴 州
9. 朝鮮	Korean	東北	37. 錫伯	Sibo	新疆·東北
10. 滿	Manchu	東北·北京	38. 阿昌	Achang	雲 南
11. 侗	Tung	貴州·湖南·廣西の境	39 普米	Pumi	雲 南
12. 瑤	Yao	廣西·廣東	40. 塔吉克	Tajik	新 疆
13. 白	Pai	雲南	41. 怒	Nu	雲 南
14. 土家	Tuchia	湖南·湖北	42. 烏孜別克	Uzbek	新 疆
15. 哈尼	Hani	雲南	43. 俄羅斯	Russian	新 疆
16. 哈薩克	Kazakh	新疆	44. 鄂溫克	OWenke	內蒙古
17. 傣	Tai	雲南	45. 崩龍	Penglung	雲 南
18. 黎	Li	海南島	46. 保安	Paoan	甘 肅
19. 傈僳	Lisu	雲南	47. 裕固	Yuku	甘 肅
20. 佤	Wa	雲南	48. 京	Ching	廣 西
21. 畲	She	福建·浙江	49. 塔塔爾	Tartar	新 疆
22. 高山	Kaoshan	台湾	50. 獨龍	Tulung	雲 南
23. 拉祜	Lahu	雲南	51. 鄂倫春	Olunchun	內夢古
24. 水	Shui	貴州	52. 赫哲	Hoche	黑龍江
25. 東鄕	Tunghsiang	甘肅	53. 門巴	Nonba	西 藏
26. 納西	Nahsi	雲南	54. 珞巴	Lopa	西 藏
27. 景頗	Chingpo	雲南	55. 基諾	Jinuo	雲 南
28. 柯爾克孜	Kbalkhas	新疆	56. 漢	Han	全 國

6. 中國 民族言語 系統表

語系	語族	語 支
漢藏語系	壯侗語族	1. 壯傣語支 壯族, 布依族, 傣族 2. 侗水語支 侗族, 仫佬族, 水族, 毛難族 3. 黎語支 黎族
	壯緬語族	1. 彝語支 藏族, 門巴族 2. 藏語支 彝族, 傈僳族, 納西族, 哈尼族, 拉祜族, 基諾族, 白族 3. 景頗語支 景頗族, 獨龍族 4. 羌語支 羌族, 普米族 5. 語支未定 珞巴族, 怒族, 阿昌族
	苗瑤語族	1. 苗語支 苗族, 畲族 2. 瑤語支 瑤族 ① 　　語族·語支未定 土家族, 仫佬語
	漢語族	回, 滿族 ②
阿爾泰語系	突厥語族	維吾爾, 撒拉語, 烏孜語, 別克語, 哈薩克語, 塔塔爾語, 裕固語(无乎爾) ③, 柯爾克孜
	蒙古語族	蒙古語, 土語, 東鄉語, 達斡語, 保安語, 裕固語(恩格爾)③
	滿─通古斯語族	1. 滿語支 滿(2) 錫伯語, 赫哲語 2. 通古斯語支 丸 鄂倫春語, 鄂溫克語 　　語族·語支未定 : 朝鮮語
	南亞語系	佤語, 崩龍語, 布明語
	南烏語系	高山語
	印歐語族	1. 斯拉夫語族 : 東斯拉夫語支 : 러시아語 2. 伊朗語族 : 塔吉克語
	語系	語族·語支未定 : 京語

註: ① 瑤族은 세 가지의 言語를 가지고 있다.
　　"勉"語는 瑤語支에, "布努"語는 苗語支에, "拉加"語는 壯侗語族 侗語支에 각각 속한다.
　　② 回族과 滿族은 滿語를 사용하나 少滿族은 漢語를 사용
　　③ 裕固族은 두개의 서로 다른 언어를 가지고 있다.

7. 中華人民共和國 各級 民族自治地方一覽表

省, 自治區		民族自治地方名稱	合計
統 計		5自治區 31自治州 93自治縣 3自治旗	
自 治 區		內蒙古自治區, 廣西壯族自治區, 西藏自治區 寧夏回族自治區, 新疆維吾爾自治區	5
自 治 州	吉林省	延邊朝鮮族自治州	1
	湖北省	鄂西土家族苗族自治州	1
	湖南省	湘西土家族苗族自治州	1
	廣東省	海南黎族苗族自治州	1
	四川省	阿垻藏族自治州, 甘孜藏族自治州, 凉山彝族自治州	3
	貴州省	黔西南布依族苗族自治州, 黔西南苗族侗族自治州 黔西南布依族苗族自治州, 文山壯族苗族自治州 紅河哈尼族彝族自治州, 西雙版納傣族自治州,	3
	雲南省	楚雄彝族自治州, 大理白族自治州, 德宏族頗族自治州 怒江傈僳族自治州, 迪慶藏族自治州	8
	甘肅省	甘南藏族自治州, 監夏回族自治州	2
	靑海省	海北藏族自治州, 黃南藏族自治州, 海南藏族自治州 果洛藏族自治州, 玉樹藏族自治州, 海西蒙古族藏族自治州	6
	新疆維吾爾 自治區	克孜勒蘇柯爾克孜自治州, 巴音郭楞蒙古自治州, 昌吉回族自治州 博爾塔拉蒙古自治州, 伊犁哈薩克自治州	5
自 治 縣	河北省	大廠回族自治縣, 孟村回族自治縣	2
	遼寧省	新賓滿族自治縣, 岫岩滿族自治縣, 鳳城滿族自治縣 阜新蒙古族自治縣, 喀喇沁左翼蒙古族自治縣	5
	吉林省	長白朝鮮族自治縣, 前郭爾羅斯蒙古族自治縣	2
	黑龍江省	杜爾伯特蒙古族自治縣	1
	浙江省	景寧畲族自治縣	1
	湖北省	五峰土家族自治縣, 長陽土家族自治縣	2
	湖南省	江華瑤族自治縣, 城步苗族自治縣, 新晃侗族自治縣, 通道侗族自治縣	4
	廣東省	連山壯族瑤族自治縣, 連南瑤自治縣, 乳源瑤族自治縣	3

省, 自治區		民族自治地方名稱	合計
統 計		5自治區　　31自治州　　93自治縣　　3自治旗	計
自治縣	廣西壯自治區	都安瑤族自治縣, 巴馬瑤族自治縣, 羅城仫佬族自治縣 融水苗族自治縣, 三江侗族自治縣, 金秀瑤族自治縣 龍勝各族自治縣, 富川瑤族自治縣, 防城各族自治縣 隆林各族自治縣	10
	四川省	峨邊彝族自治縣, 馬邊彝族自治縣, 石柱土家族自治縣 秀山土家族苗族自治縣, 西陽土家族苗族自治縣 黔江土家族苗族自治縣, 彭水苗族土家族自治縣 茂汶羌族自治縣, 木里藏族自治縣	9
	貴州省	玉屛侗族自治縣, 松桃苗族自治縣, 威寧彝族回族苗族自治縣 鎮寧布依族苗族自治縣, 紫雲苗族布依族自治縣 關岭布依族苗族自治縣, 三都水族自治縣	7
	雲南省	路南彝族自治縣, 祿勸彝族苗族自治縣, 尋甸回族彝族自治縣 峨山彝族自治縣, 新平彝族傣族自治縣, 元江哈尼族彝族傣族自治縣 普洱哈尼族彝族自治縣, 景東彝族自治縣, 景谷傣族彝族自治縣 墨江哈尼族自治縣, 孟連傣族拉祜族佤族自治縣, 瀾滄拉祜族自治縣 西盟佤族自治縣, 江城哈尼族彝族自治縣 雙江拉祜族佤族布朗族傣族自治縣, 耿馬傣族佤族自治縣 滄源佤族自治縣, 麗江納西族自治縣, 寧蒗彝族自治縣 金平苗族瑤族傣族自治縣, 屛邊苗族自治縣, 河口瑤族自治縣 漾濞彝族自治縣, 南澗彝族自治縣	27
	甘肅省	張家川回族自治縣, 天祝藏族自治縣, 肅南裕固族自治縣 阿克塞哈薩克族自治縣, 肅北蒙古族自治縣, 東鄕族自治縣 積石山保安族東鄕族撒拉族自治縣	7
	靑海省	大通回族土族自治縣, 民和回族土族自治縣, 互助土族自治縣 化隆回族自治縣, 循化撒拉族自治縣, 門源回族自治縣 河南蒙古族自治縣	7
	新疆維吾爾自治區	巴里坤哈薩克自治縣, 塔什庫爾干塔吉克自治縣, 焉耆回族自治縣 木壘哈薩克自治縣, 察布査爾錫伯自治縣, 和布克賽爾蒙古自治縣	
自治旗	內蒙古自治區	鄂倫春自治旗, 莫力達瓦達幹爾族自治旗, 鄂溫克族自治旗	3

參考文獻

(1) 全國人大民族委員會辦公室編寫組, 中央人民廣播電台民族部 編,
　　「民族區域自治法講話」(中國廣播電視出版社, 1985)
(2) 郭和均, 「中華人民共和國 行政區劃圖冊」(北京, 地圖出版社, 1986)
(3) 國務院人口普查辦公室, 國家統計局人口統計司 編 「中國 1982年 人口普查
　　資料」(中國 統計出版社, 1985)
(4) 龔書鐸, 方修翰 編, 「中國近代史綱」(北京大學 出版社, 1985)
(5) 翁獨健 編, 「中國民族關係史研究」(中國 社會科學出版社, 1984)
(6) 王國棟, 「民族問題常識」(寧夏 人民出版社, 1982)
(7) 民族工作編輯部, 「民族工作手冊」(云南人民出版社, 1985)
　　中國人民對外友好協會 編, 「中國分省槪況手冊」(北京出版社, 1984)
(8) 劉先照·韋世明 共著, 「民族文史論集」(民族出版社, 1985)
(9) 梁釗韜, 陳啓新, 楊鶴書 編著, 「中國人民族學槪說」(云南 人民出版社, 1985)
(10) 史爲樂 編, 「中華人民共和國政區沿革」(1949-1979), (江蘇人民出版社, 1981)
(11) 周光大 外 共著, 「民族問題基本知識」(廣西 民族出版社, 1984)
(12) 李維漢, 「統一戰線問題與民族問題」(人民出版社, 1981)
(13) 甘肅省民族硏究所, 甘肅省民族學學會編, 「中國民族關係史論文選集」(甘肅
　　民族出版社, 1983)
(14) 李紹明, 「民族學」(四川 民族出版社, 1986)
(15) 林輝華, 「民族學硏究」(中國社會科學出版社, 1985)
(16) 牙含章, 「民族問題與宗敎問題」(中國社會科學出版社, 1984)
(17) 西藏自治區槪況 編寫組, 「西藏自治區 槪況」(西藏 人民出版社, 1984)
(18) 國家民委 民族問題五種叢書編輯委員會(中國少數民族) 編寫組, 「中國少數民
　　族」(人民出版社, 1984)
(19) 新疆維吾爾自治區槪況 編寫組, 「新疆維吾爾自治區槪況」(新疆 人民出版出版

社, 1983)

(20) 邊近朝鮮族自治州槪況 編寫組, 「延邊朝鮮族自治州槪況」(延邊 人民出版社, 1983)

(21) 謝啓晃 外 編著 「中國少數民族歷史人物志」(民族出版社, 1985)

(22) 廣西壯族自治區 民族事務委員會 編, 「廣西少數民族」(廣西 人民出版社, 1986)

(23) 云南省社會科學院歷史研究所 編, 「云南地方民族史論叢」(云南人民出版社, 1986)

(24) 中國西南民族研究學會 編, 「西南民族研究」(四川 民族出版社, 1983)

(25) 國家民族事務委員會政策研究室 編, 「中國民族關係史論文集」(上下), (民族出版社, 1982)

(26) 楊堃, 「民族學槪論」(中國社會科學出版社, 1984)

(27) 馬寅主 編, 「中國少數民族常識」(中國靑年出版社, 1984)

(28) 烏丙安「中國民俗學」, (遼寧大學出版社, 1985)

(29) 中國少數民族經濟硏究會, 中國民族學院少數民族經濟硏究所 編 「民族經濟學硏究」, (寧夏 人民出版社, 1983)

(30) 施正一 編, 「民族辭典」(四川 民族出版社, 1984)

(31) 張煥光 外 編 「中華人民共和國 行政法資料選編」(群衆出版社, 1984)

(32) 中國人類學會 編, 「中國八個民族體質調査報告」(云南 人民出版社, 1982)

(33) 中華人民共和國公安部三局編, 「中國城鎭人口資料手冊」(地圖出版社, 1985)

(34) 張卓元 主編, 「政治經濟學 社會主義部分」(中國展望出版社, 1985)

(35) 熊長麟 編, 「云南少數民族婚俗志」(云南 民族出版社, 1983)

(36) 「中國地圖冊」(地圖出版社, 1983)

(38) 國家統計局 編, 「中國統計年鑑」(中國統計出版社, 1985)

(39) 梁釗主 編, 「發展農村商品經濟問題解答」(中共中央黨校出版社, 1985)

(40) 張留記, 「農村專業戶的若干問題」(農村讀物出版社, 1986)

(41) 袁振宇, 金仁雄 共著, 「國營企業 利改稅」(中國財政經濟出版社, 1985)

(42) 廣東省民族研究所 編, 「廣東少數民族」(廣東 人民出版社, 1982)

(43) 「中華人民共和國 國民經濟和社會發展 第七個五年計劃」(1986~1990) (人民出版社, 1980)

(44) 翁獨健 編, 「中國民族關係史研究」(中國社會科學, 1984)

(45) 國勢院人口普查辦公寶, 國家統計局人口統計國 編, 「中國 1982年 人口普査資料」(中國統計出版社, 1985)

(46) 王國棟, 「民族問題常識」(寧夏 人民出版社, 1982)

(47) 袁守啓, 「工業生産經濟責任制」(山東 人民出版社, 1984)

■ 學術誌

「政治學研究」(中國社會科學院 政治學研究所 編)

「吉林大學 社會科學學報」(吉林大學 編)

「寧夏社會科學」(寧夏社會科學 編輯部 編)

「中國民族學院 學報」(中國民族學院 學報編輯部 編)

「新疆社會科學」(新疆社會科學 編輯部 編)

「貴州民族研究」(貴州省 民族研究所)

「民族文化」(云南 民族出版社)

「民族研究」(中國社會科學出版社)

「國際問題研究」(世界知識出版社)

「內蒙古社會科學」(內蒙古社會科學院 雜志社)

「民族團結」(民族團結雜志社)

「人口研究」(中國人民大學出版社)

「民族學研究」(中國民族學研究會編, 民族出版社)

「中央民族學院報」(中央民族學院 編)

「中南民族學院報」(中南民族學院 編)

조정남(趙 政 男)

> 고려대학교 정치외교학과 동 대학원 졸업 (정치학 박사)
> 고려대학교 정경대학 정치외교학과 교수

* 단독저서	* 편- 역서
『소련반체제론』	『사회주의체제 비교론』 (공저)
『사회주의체제론』	『자유민주주의의 이해』 (편)
『소련의 민족문제』	『현대정치학의 쟁점』 (편)
『러시아민족주의 연구』	『정치와 종교』 (역)
『일본의 민족문제』	『새로운 러시아 사람들』 (역)
『현대정치의 이념구조』	『사상과 혁명』 (역)
『현대정치와 민족문제』	『북한의 재외동포정책』 (공저)
	『외국노동자정책 국제비교』 (편)

● 현대중국의 민족정책

• 초판 인쇄	2006년 4월 5일
• 초판 발행	2006년 4월 5일
• 지 은 이	조정남
• 펴 낸 이	채종준
• 펴 낸 곳	한국학술정보㈜
	413-756, 경기도 파주시 교하읍 문발리 526-2
	파주출판문화정보산업단지
	전화 031) 908-3181(대표) · 팩스 031) 908-3189
	홈페이지 http://www.kstudy.com
	e-mail(e-Book사업부) ebook@kstudy.com
• 등 록	제일산-115호(2000. 6. 19)
• 가 격	39,000원

ISBN   89-534-4884-0 93340 (Paper Book)
            89-534-4885-9 98340 (e-Book)